문학이론의 주체적 수용과 한국 현대문학

문학이론의 주체적 수용과 한국 현대문학

인 쇄 | 2019년 11월 1일
발 행 | 2019년 11월 5일

저 자 | 임환모
발행인 | 정병석
발행처 | 전남대학교출판문화원

등록 | 1981. 5. 21. 제53호
주소 | 61186 광주광역시 북구 용봉로 77
전화 | (062) 530-0571~2 마케팅 530-0573
팩스 | (062) 530-0579
홈페이지 | http://www.cnup.co.kr
이메일 | cnup0571@hanmail.net

값 20,000원

ISBN 978-89-6849-667-7 (93800)

이 도서의 국립중앙도서관 출판예정도서목록(CIP)은
서지정보유통지원시스템 홈페이지(http://seoji.nl.go.kr)와
국가자료공동목록시스템(http://www.nl.go.kr/kolisnet)에서 이용하실 수 있습니다.
(CIP제어번호 : CIP2019044017)

문학이론의 주체적 수용과 한국 현대문학

임환모 저

전남대학교출판문화원

서문

지난 30여 년간 문학을 연구하고 교육하는 것을 업으로 살아왔지만 아직도 '문학이란 무엇인가'라는 화두에서 벗어나지 못하고 있다. 11년 전에 『한국 현대소설의 서사성과 근대성』을 상재할 때까지만 해도 문학을 하나의 사회체계로 인식한 점이 없지 않았다. 문학 텍스트를 고정불변의 정태적 언어 구성물로 인식하고 주제가 어떻게 실현되어 심미적 소통을 가능하게 하는가를 밝히는 데 역점을 두었던 듯하다. 언어의 예술로 구축된 사회적 산물로서의 문학체계라는 것이 다른 사회체계들과의 연관성 속에서 범주화될 수 있다고 믿었던 것이다. 그런데 들뢰즈와 벤야민을 만나면서부터 문학적 글쓰기를 범주화된 제도로 연구하고 가르치는 것이 또 다른 폭력일 수 있음을 깨닫게 되었다. 제도란 그것을 구성하고 거기에 정박한 본능들, 곧 욕망과 습관, 지루하고 일상적인 반복 형태들의 퇴적물일 수도 있다는 의심이 발동했기 때문이었다. 제도로서의 문학체계가 규범적 원리로 작동하는 문학은 의도하지 않게 지배체제를 강화하는 데 일조할 수 있겠다는 의구심이 생긴 것이다. 그래서 문학이론에 대한 공부를 시작했고 거기서 만난 사람들이 벤야민, 들뢰즈, 푸코, 라캉, 데리다, 지젝, 아감벤, 바디우, 랑시에르, 네그리, 하트 등이다. 그들 덕분에 10여 년 남짓 행복한 시간을 보냈고, 그들에게 문학 텍스트를 읽고 해석하는 것보다 문학적 글쓰기로서의 문학행위를 이해하고 그 속에서 지배적 압제 현상을 극복할 수 있는 감각적 새로움을 '생성'하는 것이 중요하다는 것을 배웠다.

이 책은 지난 10년 동안 써온 한국문학 연구논문들을 수정·보완하여 묶은 것이다. 개중에는 문학행위보다는 문학체계로 연구된 것이 다소 섞여 있다. 때로는 상황에 따라 필요하다고 믿었기 때문이다. 제1부에는 벤야민과 들뢰즈의 문학이론의 수용이 한국의 시대적 상황과 어떻게 연계되고, 그 문학이론의 핵심이나 본질은 무엇이며, 그것의 수용이 얼마나 적합성을 지니고 한국문학에 새로움으로 기능하고 있는가를 밝힘으로써 외국 문학이론의 주체적 수용이 어떤 양태로 전개되어야 바람직한가를 가늠한 논문 두 편, 소설교육에서 서사적 소통행위를 서술자와 피서술자, 내포작가와 내포독자, 실제작가와 실제독자라는 세 차원에서 문학행위가 어떻게 이루어지는 것이 생산적인가를 밝힌 논문, 4·19의 관념의 근대성과 5·16의 기술의 근대성이 어떻게 길항작용을 하면서 1960년대 한국문학의 장을 확장하고 있는가를 밝힌 논문, 한국전쟁 기간 중에 『시문학』의 계승지로서의 『신문학』이 어떤 문학적 성과를 산출했고 그것의 문학사적 의의가 무엇인지를 밝힌 논문 등을 실었다. 이것들은 주로 모든 시대는 바로 다음의 시대를 꿈꿀 뿐만 아니라 꿈을 꾸면서 꿈으로부터의 각성을 촉구하기도 하고, 각각의 시대는 자체의 종말을 안으로 감추고 그러한 종말을 간지로 전개해간다는 벤야민의 논리에 따라 우리 시대의 문학적 글쓰기가 부르주아들이 세운 기념비들이 실제로 붕괴하기도 전에 이미 그것들을 폐허로 간파하는 일이었다.

제2부에서는 기억의 몽타주로서 자기를 타자화하는 최인훈의 글쓰기가 『화두』에서 어떻게 실현되어 난민의식에 대한 소설의 몸을 얻게 되었는가를 밝히고, 가난으로 야기된 존재론적 숙명에서 오는 상처와 시대적 압력에서 오는 폐해와 죄의식을 해결하기 위해 인문주의적 상상력을 동원하여 화해와 합일의 세계를 소망하는 이청준의 글쓰기가 시골내기인 작가가 도시 지식인으로서의 균형을 잡기 위한 실존적 문학행위였음을 규명하였다. 또 송기숙의 모든 소설에는 '사람이 사람답게 살자'라는 미장아빔이 다르게 반복되고 있는데 이것은 동학혁명의 정신에 맞닿아 있

고, 조정래의 『태백산맥』에도 그것이 다르게 반복되고 있음을 확인하였다. 그리고 1937년 블라디보스토크에서 중앙아시아로 강제 이주된 고려인들이 존재 증명으로서의 글쓰기를 시도했던 김기철의 「복별」, 한상진의 「공포」, 송 라브렌찌의 「삼각형의 면적」 등이 자기 정체성을 확립하기 위한 문학행위였음을 밝혔다. 제3부는 호남의 시문학을 탐구한 것인데 시문학파의 한 사람인 김현구의 시가 김영랑과 달리 빛나는 설움의 세계를 순간의 아름다움으로 그려내고, 손광은의 첫 시집 『파도의 말』에 실린 시들이 4·19혁명의 부채의식에서 내면의 소리에 귀 기울이면서 '미학의 물결'로서의 건강한 생명력을 형상화하고, 경험의 세계에서 출발한 범대순의 시작 활동이 야성적 힘에의 의지에서 출발하여 역설의 미학을 거쳐 자연 순환의 이법에 따른 자성적 삶의 실천이었음을 탐구하였다.

책을 낼 때마다 느끼는 심정이지만 늘 부끄러움이 앞선다. 삶이란 가도가도 부끄러움뿐이 듯이 문학연구라고 달라지랴! 다만 이 연구가 후속 학문세대에 작은 보탬이라도 되기를 바랄뿐이다. 앞서 가는 자의 시행착오는 뒤에 오는 자들에게 타산지석이 될 터이기에. 그간의 연구가 책으로 꾸려질 수 있었던 것은 전남대학교 학술저서 출판지원사업의 지원을 받았기 때문이다. 정병석 총장에게 감사드리고, 더불어 원고를 예쁘게 책으로 만들어준 전남대학교출판문화원 식구들에게도 고마움을 전한다.

2019년 10월 가슴 시린 날

임환모 삼가 쓰다

목차

제1부 문학이론과 한국문학

제2부 한국 현대소설의 지형도

제3부 호남의 시문학

제1부 문학이론과 한국문학

벤야민의 문학이론과 한국문학

1. 머리말

한국의 근대적인 문학 양식은 서구적인 문학이론의 수용 과정에서 형성되고 성숙해졌다. 1918년 『태서문예신보』에서 김억과 황석우가 프랑스 상징주의 시와 시론을 수용하면서부터 시작된 외국의 문학작품과 문학이론은 지금까지 끊임없이 번역 소개되면서 한국문학에 적지 않은 영향을 미쳐왔다. 특히 1980년대는 민주화를 열망하는 시대적 사명을 완수하기 위해 루카치나 골드망, 알튀세르 등의 리얼리즘이론이 주류를 이루었다면, 1989년 현실사회주의가 몰락하면서부터는 거대담론이 무너지고 '포스트모더니즘'이라는 후기산업사회의 문화적 징후가 이 좌파적 이념의 공백 상태를 메우면서 우리 문학계를 풍미하게 되었다. 이와 동시에 학계에서는 조심스럽게 반-세계주의의 좌파 및 자본주의에 대한 저항을 위한 이론적 근거로 프랑스의 후기구조주의의 사상이 수용되었다. 1997년 IMF를 경험하고 2001년 9·11테러를 목격한 이후에는 '몫 없는 자'들을 위한 '윤리'의 문제가 제기되어 알랭 바디우, 조르조 아감벤, 자크 랑시에르, 한나 아렌트, 슬라보예 지젝 등이 수용되고 있다. 이들의 수용 과정에서 벤야민을 주목하게 되고, 2000년대 중반 이후부터 그의 사상과 문학이론이 활발하게 수용되었다. 오늘날에는 거의 모든 영역에서 그의 이론이 적용되거나 활용되고 있다.

그런데 그러한 외국 문학이론의 수용이 얼마나 주체적이었는지는 아직 미지수이다. 물론 '외국 문학이론의 주체적 수용'이라는 말은 자칫하면 한국문학(이론)이라는 주체가 있고 그것의 밖에 있는 이질적인 외국이론이라는 타자를 한국문학의 정체성이나 전통에 비추어 필요하고 유익한 것만을 선별적으로 덧보탬으로써 한국문학의 이론을 보강하거나 풍요롭게 한다는 의미로 받아들여질 여지가 없지 않다. 그럼에도 굳이 '주체적'이라는 수식어를 붙이는 것은 '수용'이 갖는 특수성 때문이다. 수용은 그대로 옮겨오는 '이식'과는 달리 양쪽의 논리가 상호작용을 거친 다음 역사적 '현재성'으로서의 '지금-여기'가 처해 있는 제 현상의 내적 본질을 설명하고 나아가서 문제를 해결할 수 있는 방법론을 제공해주기 때문이다.

2000년대 이후부터는 너무나 다양한 서구의 문학이론이 수용되어 마치 이론의 전시장 같다. 외국의 문학이론이 하나의 유행처럼 전시되다가 때가 지나면 다른 이론이 그 자리를 차지하고 있다. 이런 과정에서 터져나온 것이 2009년 『창작과비평』에서 전개된 황정아와 서동욱의 '외국이론 수용의 문제'에 대한 논쟁이다. 황정아는 '윤리'와 관련하여 당시 많이 거론되는 두 외국 이론가, 알랭 바디우와 조르조 아감벤이 국내 비평가 세 사람에게 어떻게 인식되고 다루어지는가를 비판적으로 검토하고 있다. 황정아가 보기에 이들의 '윤리' 비평은 "상당히 급진적인 수사를 동반하는 데 비해 치밀한 점검을 생략하고 해당 이론가 스스로가 강조한 주장을 덮어버린 면"이 없지 않다는 것이다.

> 그것들이 예전 '거대담론'의 문학적 변형인지 변명인지, 혹은 새로운 정치에 대한 모색인지 회피인지 우려와 기대가 엇갈리는 것도 이와 무관하지 않을 것이다. 우려가 아니라 기대에 부합하기 위해서는 우리 비평이 개념과 사유의 진화 가능성에 좀 더 열려 있어야 하며, 이제 '상수常數'

가 된 외국이론들을 더 면밀하게 들여다보고 때로 맞부딪치게 몰아세우기도 해야 '윤리'에 관해서건 '정치'에 관해서건 우리의 비평담론이 더 풍성해질 수 있을 것이다.[1]

황정아가 제기한 외국이론의 수용에 대한 비판의 핵심은 복잡하고 섬세한 외국이론을 1980년대식 마르크스주의적 거대담론으로 수렴시키는 비평의 안일함과 "외국이론들을 더 면밀하게 들여다보고 때로 맞부딪치게 몰아세우기도" 하는 성실한 독해와 비판적 이해의 미흡함이다.

이러한 비판에 대해 서동욱은 똑같은 방법으로 반론을 제기한다. 서동욱이 보기에 황정아야말로 외국이론을 잘못 이해하고 있다는 것이다. 바디우와 아감벤을 통해 '윤리'를 이야기하면서 "이들과 전혀 다른 태도로 접근한 지젝을 참조하는 것도 한 가지 방법일지 모른다"는 처방은 황정아의 자가당착이라는 논리이다. 서동욱의 반론 태도와 논점은 "공부가 제대로 이루어지고 있는지 서로 이야기해보는 것은 늘 의미 있는 일이겠지만, 근거 없는 비판이 이 일에 개입한다면 우리가 방황해야 될 우회로는 쓸모없이 더욱더 길어질 것이다."[2]라는 점에 놓여 있다.

이 논쟁에서 우리가 확인할 수 있는 것은 누가 더 외국이론을 정확히 이해하고 있는가의 문제이다. 엥겔스가 마르크스 사후에 생산관계의 물적 토대인 하부구조와 상부구조를 단선적으로 일치시키는 마르크스주의의 속류화를 막기 위해 노력한 것도 이론의 정확한 이해의 문제라고 할 수 있다. 우리의 외국 문학이론의 수용도 이러한 속류화에서 자유롭지 않다. 복잡한 라캉의 이론을 상상계, 상징계, 실재계라는 단선적 이해를 바탕으로 우리 문학연구에 적용했던 것이 그 대표적인 예이다. 이와

1 황정아, 「묻혀버린 질문 – '윤리'에 관한 비평과 외국이론 수용의 문제」, 『창작과비평』 제37집 제2호, 2009년 여름호, 120쪽.

2 서동욱, 「무엇이 외국이론 수용의 문제인가 – 지난호 황정아의 비판에 대한 반론」, 『창작과비평』 제37집 제3호, 2009년 가을호, 345쪽.

같은 문학이론의 단순화와 속류화는 문학연구에서 가장 경계해야 할 점이라고 할 수 있다. 어떤 하나의 주장을 내세우기 위해 '기분 좋은 도구상자'에서 이것저것 속류화된 외국이론들을 필요할 때마다 꺼내어 사용하면 자칫 문학현상들의 미세한 차이를 왜곡할 우려가 없지 않기 때문이다.

그렇다면 여기에서 외국 이론을 수용할 때 그것을 정확히 이해하고 그 방법을 그대로 한국문학에 적용하는 것이 바람직한가, 아니면 헤롤드 블룸이 말하는 '창조적 오독'이나 슬라보예 지젝이 말하는 '생산적 오해'를 통해 외국이론을 '비역질'함으로써 연구자 자신만의 독자적인 이론을 만드는 것이 바람직한가의 문제가 심각하게 대두된다.[3] 결론부터 말하면 외국 문학이론의 수용은 가능한 정확하게 이해하고 그것을 한국문학의 현실에 '밀침'으로써 독특한 들뢰즈식의 '괴물'을 생성해내는 것이라야 할 것이다.

여기에서는 벤야민의 문학이론을 중심으로 외국 문학이론의 주체적 수용에 대한 문제를 짚어보고자 한다. 그렇기 위해서는 벤야민 문학이론의 수용 과정이 한국의 시대적 상황과 어떻게 연계되어 있는지, 그 문학이론의 핵심이나 본질은 무엇인지, 그것의 수용이 얼마나 적합성을 지니고 한국문학에 새로움으로 기능하고 또 어떤 가능성을 가지고 있는가를 벤야민 문학이론의 수용 양상을 분석함으로써 밝히고자 한다.

2. 벤야민의 수용 과정

벤야민의 글쓰기는 자신의 '삶과 생명의 그래픽 공간'을 지도 위에 그리는 '지도 그리기'에 해당한다. 자신의 삶 전체를 글쓰기를 통해 텍스트에 펼침으로써 시간을 공간화한 것이다.[4] 벤야민에게는 글쓰기가 곧 삶

3 임환모, 「한국문학과 들뢰즈」, 『국어국문학』 제158호, 국어국문학회, 2011. 8, 74-77쪽 참조.

이고, 삶이 곧 글쓰기였다. 마치 『천일야화』에서 세헤라자데가 이야기하기를 통해 죽음을 유예하였듯이 벤야민은 삶의 파탄을 유예시키기 위해 사유 이미지의 글쓰기를 온몸으로 시도했다. 몇몇 저술을 빼고는 거의 모든 저작이 세계를 해석하거나 변혁하려는 것이 아니라 완전히 해체해서 다시 조립하는 몽타주의 방법을 사용하기 때문에 아포리즘의 성격이 매우 강하다. 그의 몽타주적 글쓰기는 자본주의적 삶의 파탄을 알레고리적으로 해체 구성하여 그 속에 메시아적 구원을 표현하려고 하였다.

그가 1912년부터 1940년까지 500여 편이 넘는 글을 썼지만 그의 생전에 출간된 단행본은 겨우 5편에 불과하다.[5] 그의 이론이 알려지기 시작한 것도 아도르노 부부에 의해 편집되어 독일 주어캄프출판사에서 『선집』 두 권을 출간한 1955년부터이다. 1972년부터 1989년까지 『전집』 7권이 출간되면서부터 그에 대한 본격적인 연구가 베른트 비테·안나 스튀시·빈프리트 메닝하우스·마를렌 스퇴셀 등에 의해서 시작되었다. 특히 롤프 테디만이 편집해서 『파사젠베르크』를 간행한 1982년 이후부터는 영미권의 학자들, 테리 이글턴·한센·앤드루 벤야민·수잔 벅-모스·베르너 하마허·그램 질로크·사무엘 웨버 등에 의해서 활발하게 수용되었다. 2000년대 이후에는 그의 사상이 슬라보예 지젝·조르조 아감벤·알랭 바디우·자크 랑시에르·지그문트 바우만·데이비드 하비·수전 손탁·프레드릭 제임슨·주디스 버틀러 등에 의해 거듭 언급되고 수용되면서 오늘날에는 '벤야민 커넥션'이라 불릴 만큼 문학·정치·경제·사회·문화·예술

4 "오랫동안 다시 말해 수년 전부터 나는 내 삶과 생명의 그래픽 공간을 지도 위에 그려보겠다는 생각을 해왔다." 벤야민(Walter Benjamin), 「베를린 연대기」, 윤미애 옮김, 『발터 벤야민 선집3』, 도서출판 길, 2007, 158쪽. 앞으로는 『발터 벤야민 선집』을 『선집』으로 약식 표기함.

5 『독일 낭만주의 예술비평 개념』(1920, 박사학위논문), 『샤를 보들레르: 파리 풍경』(1923), 『독일 비애극의 원천』(1928, 프랑크프루트대학 교수자격 논문), 『일방통행로』(1928), 『독일인들: 일련의 편지들』(1936)

등 모든 분야에서 벤야민의 열풍이 불고 있다.[6]

벤야민의 문학이론이 우리나라에 처음 소개된 것은 1979년 차봉희에 의해서이다.[7] 그리고 이어서 차봉희는 벤야민의 저작들을 편역해서 『현대사회와 예술』(문학과지성사, 1980)이라는 이름으로 출간했다. 또 1983년에는 반성완이 편역한 『발터 벤야민의 문예이론』(민음사)이 간행된다. 여기에는 벤야민의 중요한 저술들이 대부분 소개되었다. 1980년대는 민주화를 열망하는 시대인지라 우리 사회를 진단해서 사회의 본질을 밝히는 '재현적 진실'과 '전형의 창조'를 통해 미래에 대한 전망을 동시에 형상화하려는 루카치 계열의 리얼리즘이 지배적이었다. 그래서 벤야민의 수용도 리얼리즘의 경직성을 보완하려는 태도에서 벤야민의 문학이론을 프랑크프루트학파 이론 중의 하나로 이해하려는 경향이 강했다. 서구적 미학주의를 표방한 김현은 『문학사회학』(문학과지성사, 1983)에서 벤야민의 이론이 정치적 행위와 문학적 행위가 합치되는 외적 표현 행위인 '예술의 정치화'를 추구한 것으로 인식하고, 여기에서 '혁명적인 에너지'를 발견하려고 하였다.[8] 이러한 인식 태도는 허창운에게도 동일하게 나타난다. 그는 「생산자로서의 작가」(1934)에만 의존하여 『현대 문예학 개론』(서울대출판부, 1986)에서 벤야민의 문학이론을 제2장 5절 '마르크스주의와 문학'에서 다루면서 벤야민을 "문화기구들과 생산수단들의 발전을 고려하지 않고서는 이러한 연관관계들을 유물론적으로 분석하는 일이 불가능함을 분명하게 해준 사람"[9]으로 규정하고 있다. 다른 리얼리즘논자들도 벤야민을 '변혁'의 이론적 근거로 수용하고 있다.

1990년대에 오면 거대담론이 쇠퇴하면서 벤야민의 수용은 훨씬 유연

---

6 외국에서의 벤야민 수용사는 최성만, 「한국에서 벤야민의 저작 번역과 수용에 대하여」, 『발터 벤야민 기억의 정치학』, 도서출판 길, 2014, 393-399쪽 참조.

7 차봉희, 「발터 벤야민의 예술 이론」, 『문학과지성』 통권36호, 1979년 여름.

8 김현, 『김현문학전집1』, 문학과지성사, 1991, 279-281쪽 참조.

9 허창운, 『현대 문예학 개론』, 서울대출판부, 1986, 189쪽.

해진다. 1992년에 『베를린의 유년시절』(솔)이 박설호 편역으로 소개되었다. 그 후 포스트모더니즘이나 후기구조주의에 밀려 벤야민의 이론은 13년 동안 번역되지 못했다. 그러다가 벤야민의 저작이 본격적인 번역되기 시작한 것은 2005년부터이다. 이 해에 『아케이드 프로젝트』(새물결)가 조형준에 의해 번역되었고, 또 김남시에 의해 『모스크바 일기』(그린비)가 번역되었다. 2007년에는 최성만이 주도적으로 도서출판 길에서 『발터 벤야민 선집』을 전 15권으로 기획하고 지금 현재 9권이 출간된 상태이다.[10] 그리고 『독일 비애극의 원천』(최성만·김유동 옮김, 한길사, 2009)과 『독일 낭만주의의 예술비평 개념』(심철민 옮김, 도서출판b, 2013)이 번역 출간되었다. 아직도 벤야민의 저작은 카프카에 대한 글들, 브레히트와 유물론에 관한 글, 『독일인들: 일련의 편지들』을 포함한 많은 편지글들, 도시 이미지와 미학 관련 에세이들이 번역 소개되지 않고 있다. 벤야민의 저작들에 대한 정확한 번역작업이 모두 이루어져야 그의 사상과 이론에 대한 수용의 전제조건을 갖추게 될 것이다.

벤야민의 저작에 대한 번역과 함께 그의 사상에 대한 비판적 검토를 담은 저술들도 번역되었다. 중요한 것만을 연대순으로 살펴보면, 베르너 풀트의 『발터 벤야민: 그의 생애와 사상』(이기식·김영옥 옮김, 문학과지성사, 1985)을 필두로 베른트 비테의 『발터 벤야민』(안소현 옮김, 역사비평사,

10 『선집1』(2007)에서는 「일방통행로」와 「사유이미지」를 김영옥, 윤미애, 최성만이 옮겼다. 『선집2』(2007)에서는 「기술복제시대의 예술작품」과 「사진의 작은 역사」 등을 최성만이 옮겼다. 『선집3』(2007)에서는 「1900년경 베를린의 유년시절」과 「베를린 연대기」를 윤미애가 옮겼다. 『선집4』(2010)에서는 보들레르에 관한 에세이들을 김영옥과 황현산이 옮겼다. 『선집5』(2008)에서는 「역사의 개념에 대하여」, 「폭력비판을 위하여」, 「초현실주의」 등을 최성만이 옮겼다. 『선집6』(2008)에서는 「언어 일반과 인간의 언어에 대하여」, 「번역자의 과제」 등을 최성만이 옮겼다. 『선집9』(2012)에서는 횔덜린, 헤벨, 켈러, 크라우스, 프루스트, 발레리, 레스코프 등에 관한 비평문을 최성만이 옮겼다. 『선집10』(2012)에서는 「괴테의 친화력」을 최성만이 옮겼다. 『선집14』(2015)는 2005년에 김남시가 번역한 「모스크바 일기」를 선집에 포함시켜 다시 출간했다.

1994 ; 윤미애 옮김, 한길사, 2001), N. 볼츠·W. 라이엔의 『발터 벤야민: 예술, 종교, 역사철학』(김득룡 옮김, 서광사, 2000), 게르숌 숄렘의 『한 우정의 역사: 발터 벤야민을 추억하며』(최성만 옮김, 한길사, 2002), 그램 질로크의 『발터 벤야민과 메트로폴리스』(노명우 옮김, 효형출판, 2005), 수잔 벅-모스의 『발터 벤야민과 아케이드 프로젝트』(김정아 옮김, 문학동네, 2005), 몸메 브로더젠의 『발터 벤야민』(이순예 옮김, 인물과사상사, 2007), 테리 이글턴의 『발터 벤야민 또는 혁명적 비평을 향하여』(김정아 옮김, 이앤비플러스, 2012), 에르트무트 비치슬라의 『벤야민과 브레히트: 예술과 정치의 실험실』(윤미애 옮김, 문학동네, 2015) 등이 있다. 이러한 벤야민에 대한 소개와 연구서들은 벤야민 수용에 적지 않은 영향을 미쳤다.

우리나라에서 벤야민의 사상과 이론에 대한 개론서는 2009년에 출간된 권용선의 『세계와 역사의 몽타주, 벤야민의 아케이드 프로젝트』(그린비)와 신혜경의 『벤야민 & 아도르노: 대중문화의 기만 혹은 해방』(김영사)이 처음이다. 『아케이드 프로젝트』를 중심으로 벤야민의 사유체계를 탐색한 권용선에 따르면 궁극적으로 벤야민에게 중요했던 것은 판타스마고리아의 세계(꿈)에서 벗어나(혹은 깨어나) 자기 자신과 시대를 '각성'하는 것, 그것을 통해 '혁명'의 에너지를 얻는 것이다. 그리고 신혜경은 벤야민과 아도르노의 미학사상을 비교하면서 그들의 대중문화에 대한 시각의 차이를 통해 대중문화가 인류의 야만 상태를 구원할 수 있는가를 탐색하였다.

벤야민의 사상과 이론을 전체적으로 다룬 것은 2010년에 출간된 『발터 벤야민 모더니티와 도시』(라움)가 처음이다. 벤야민의 이론을 3부(1부 도시, 파사주 프로젝트, 정신분석 ; 2부 바로크 비극, 초현실주의, 보들레르 ; 3부 예술철학, 역사철학, 사회)로 나누고 10명의 연구자(노명우, 홍준기, 강재호, 볼파르트, 김동훈, 남인숙, 김영옥, 하선규, 고지현, 심혜련)가 각각 하나의 주제를 잡고 그 이론을 소개하고 있다.

벤야민의 이론을 비판적으로 검토하여 체계적으로 설명하고 있는 것은 강수미의 『아이스테시스: 발터 벤야민과 사유하는 미학』(글항아리, 2011)이다. 그는 일차적으로 '벤야민의 전체 사유 구조와 방법론에 대한 지도 그리기'를 목적으로 삼아서 벤야민의 이론적 성과와 한계를 짚고, 나아가서 현재 여러 학문 및 이론들과의 교차 논의를 통해 동시대의 미학에서 벤야민 이론을 생산적으로 확장할 수 있는 지점을 제안하려고 하였다.

최문규는 『파편과 형세 – 발터 벤야민의 미학』(서강대학교 출판부, 2012)에서 사물의 조각, 아포리즘 형식, 이미지적 사유 등과 관계하는 것으로 일종의 형식 개념인 '파편'과 이념적·사상적 측면의 '형세'(성좌)가 벤야민의 모든 저작의 원리라고 판단하고 대체로 소개하는 차원에서 그의 사상과 이론을 10개의 장으로 나누어 설명하고 있다.

이어서 조효원은 『부서진 이름(들) (발터 벤야민의 글상자)』(문학동네, 2013)에서 벤야민의 언어철학과 정치신학이 만나는 지점을 파고들었다. 벤야민의 초기 언어철학이 카를 크라우스, 프란츠 카프카 등과 만나 메시아주의적 사유가 어떻게 구체화되는지를 밝히고 있다.

최성만은 벤야민 저작의 주 번역자답게 『발터 벤야민 기억의 정치학』(길, 2014)에서 벤야민의 저작을 시기별로 5개의 장으로 나누고, 각 시기의 개별 저작들을 매우 구체적으로 해석하여 설명하고 있다. 그가 해석한 벤야민의 구상은 정치를 심미화하는 전체주의 국가와 대중에게 표현할 권리만을 부여한 채 신체와 정신을 눈멀게 하는 전쟁과 시장에 동원하는 그런 체제에 맞서 이 대중을 스스로 깨어나게 하는 '예술의 정치화'를 위한 전략을 세우는 일이라고 보았다.

마지막으로 문광훈은 벤야민의 이론을 비판적으로 검토하면서 독자적 해석과 관점을 어느 정도 유지하고 있다. 그는 『가면들의 병기창 – 발터 벤야민의 문제의식』(한길사, 2014)에서 벤야민의 사유방식을 '해체구성의 변증법'으로 규정하고, 그의 사유공간은 "세상과 대결하기 위해 예술이라는 무기를 벼리는 곳이고, 그의 글 전체는 예술의 이 저항적 가능성을 탐색하는 병기창"[11]으로 인식한다. 그는 벤야민의 문제의식을 일곱 가지로 보고 있다. 그의 사유가 첫째 전적으로 새롭다는 점, 둘째 이 새로움 속에서 신화적 굴레를 타파하면서 지식을 구제하려 한다는 점, 셋째 그러나 이때의 언어는 투명하되 신학적 초월성을 배제하지 않는다는 점, 넷째 그것은 세속적 구제 또는 현세적 쇄신을 꾀한다는 점, 다섯째 이런 쇄신을 위해 그가 의지하는 한 출구가 바로 예술이라는 점, 여섯째 그는 예술에 기대어 세계의 이율배반과 싸운다는 점, 일곱째 그러나 이 사유는 기이하게도 급진적이면서 동시에 온화하다는 점이다. 이러한 문제의식을 4부로 나누어 살피면서 벤야민 이론의 현재성을 탐색하고 있다.

이상에서 살펴본 대로 벤야민의 저작들이 대부분 번역되어 그 실체를 확인할 수 있게 되었고, 이러한 번역서를 바탕으로 믿을 만한 안내서나 개론서가 상당수 간행되었다. 그리고 그의 사상과 이론에 대한 비판적 검토를 담은 저술이 꾸준하게 출간되고 있다는 점에서 벤야민 수용의 예비 작업은 마무리되어 간다고 할 수 있다.

3. 벤야민의 글쓰기와 문학이론

벤야민의 저작들은 "당시의 삶 그리고 외견상으로는 부차적이고, 지금은 사라져버린 듯한 형식들로부터 오늘날의 삶, 오늘날의 형식들을 읽어내려는 것"[12]이다. 오늘날의 삶과 형식을 읽어내는데 그에게 중요한 것은 과거도 미래도 아니고 바로 '지금-여기'의 시공간으로서 현재(성)이다. 이것을 그는 '지금시간Jetztzeit'이라고 명명하는데, "순간에 일어나는 일을 정확하게 인지하는 것, 이것이야말로 저 멀리 놓여 있는 것을 미리 아는 것보다 더 결정적"[13]이라고 믿기 때문이다. 다시 말하면, 그가 "메

---

11 문광훈, 『가면들의 병기창 - 발터 벤야민의 문제의식』, 한길사, 2014, 25쪽.

12 벤야민(W. Benjamin)/ 조형준 옮김, 『아케이드 프로젝트 Ⅰ』, [N1, 11], 한길사, 2005, 1047-1048쪽.

시아적 시간의 모델로서 전 인류의 역사를 엄청난 축소판으로 요약하고 있는 '지금시간'은 우주 속에서 인류의 역사가 이루는 앞의 모습과 엄밀하게 일치한다."[14]고 보기 때문이다.

그런데 이 '지금시간'이 전 인류의 축소판이면서 미래 역사의 모습을 담지하기 위해서는 '변증법적 이미지'를 만들어내는 '인식'이 "오직 번개의 섬광처럼" 이루어져야 하고, "그런 후에 길게 이어지는 천둥소리 같"[15]은 텍스트를 만드는 사유(글쓰기)가 가능하게 된다. 따라서 벤야민의 글쓰기는 이러한 '사유 이미지'를 가지고 과거와의 관련 속에서 '지금-여기'를 진단하고 미래의 '희망'을 표현하는 것이다.

> 과거가 현재에 빛을 던지는 것도, 그렇다고 현재가 과거에 빛을 던지는 것도 아니다. 오히려 이미지란 과거에 있었던 것이 지금Jetzt과 섬광처럼 한순간에 만나 하나의 성좌를 만드는 것을 말한다. 다시 말해 이미지는 정지 상태의 변증법이다. 왜냐하면 현재가 과거에 대해 갖는 관계는 순전히 시간적·연속적인 것이지만 과거에 있었던 것이 지금에 대해 갖는 관계는 변증법적인 것이기 때문이다. 즉 진행적인 것이 아니라 이미지적인 것이며, 비약적인 것이다. - 변증법적 이미지만이 진정한(태곳적 이미지가 아니다) 이미지이다. 그리고 우리가 이러한 이미지들을 만나는 장소, 그것이 언어이다.[16]

---

13 벤야민(W. Benjamin), 「일방통행로」, 김영옥·윤미애·최성만 옮김, 『선집1』, 도서출판 길, 2007, 153쪽.

14 벤야민(W. Benjamin), 「역사의 개념에 대하여」, 최성만 옮김, 『선집5』, 도서출판 길, 2010, 349쪽.

15 "우리가 다루게 될 영역에서 인식은 오직 번개의 섬광처럼 이루어진다. 텍스트는 그런 후에 길게 이어지는 천둥소리 같다." 벤야민(W. Benjamin), 조형준 옮김, 앞의 책, [N1, 1], 1043쪽.

16 위의 책, [N2a, 3], 1054쪽.

벤야민의 사유와 글쓰기는 '성좌로서의 이념'을 만들어내는 것이다. 여기서 '이념'이란 플라톤이 말하는 이데아가 아니다. 그가 말한 이념이란 "일회적·극단적인 것이 또 다른 일회적·극단적인 것과 맺는 연관의 형상화"[17]이다. 그에게 이념은 곧 '한순간에 빛나는' 변증법적 이미지이다. 이 이념과 사물의 관계는 별자리와 별들의 관계와 같다. 하늘에 떠 있는 별들은 몇 억 광년에서 수십 광년까지, 지금은 그 자리에 그 별이 있는지 확인할 수 없는, 아주 오래 전부터 최근까지 수많은 별들에서 출발한 별빛이 밤하늘을 수놓고 있다. 그 중에서 몇몇 별들 사이에 선을 그어 별자리를 만드는 것, 이 별자리(성좌)가 이념이다. 벤야민은 밤하늘에 펼쳐진 별들을 바라보며 인용부호 없는 인용이나 재인용, 즉 문학적 몽타주의 방법론을 구상했다. "수십만 년 전 과거로부터 빛의 속도로 날아와 지금 내가 보는 밤하늘에서 빛난다. 별의 반짝임 자체가 과거가 현재화되는 방식이며, 별과 별 사이를 이어서 만들어 내는 별자리는 과거가 우리에게 보여주는 하나의 이미지이다. 밤하늘의 별을 보며 우리는 과거와 만난다. 이러한 태도로 벤야민은 19세기를 '철저하게 긍정적으로' 보려고 한다."[18] 마치 우리가 별의 반짝임을 아름답게 보듯이. 벤야민은 세계를 해석하거나 변혁하는 것이 아니라 성좌로서의 이념을 몽타주적 방법으로 다시 구성(조립)하려는 인식론적 입장을 보여준다. 개념적인 언어로 역사나 현상을 설명하고 해석하는 것이 아니라 그것들의 '이미지'를 보여줌으로써 '지금'의 위기를 극복할 수 있는 비전의 선취가 자연스럽게 드러날 수 있도록 배려한다. 이러한 '인용부호 없이 인용하는 기술'을 벤야민은 '문학적 몽타주'[19]라고 불렀다.

---

17 벤야민(W. Benjamin), 「인식비판적 서론」, 최성만 옮김, 『선집6』, 도서출판 길, 2008, 157쪽.

18 권용선, 『세계와 역사의 몽타주, 벤야민의 아케이드 프로젝트』, 그린비, 2012, 83쪽.

19 벤야민(W. Benjamin), 조형준 옮김, 앞의 책, [N1, 10], 1047쪽, [N1a, 8],

여기에서 우리는 이러한 성좌로서의 이념에서 만들어진 변증법적 이미지들을 만나는 장소가 '언어'라는 데 주목할 필요가 있다. 벤야민에게 성좌구조의 이념은 '언어적인 것'이다. 그에게 언어는 전달의 수단이 아니라 전달의 매체이다. 그는 언어이론에서 정신적 본질과 그것이 전달되는 언어적 본질을 구별하는데, 그것의 핵심은 "이 정신적 본질이 언어 속에서 전달되는 것이지 언어를 통해서 전달되는 것이 아니라는 것"[20]이다. 정신적 본질은 그것이 전달 가능한 한에서 언어적 본질과 동일하다. 따라서 언어는 사물들이 지닌 각각의 언어적 본질을 전달하며, 언어가 그 사물의 정신적 본질을 전달하는 것은, 그것이 언어적 본질에 직접적으로 들어 있는 한에서, 즉 그것이 전달 가능한 한에서이다. 달리 말하면 모든 언어는 자기 자신 속에서 전달되며, 가장 순수한 의미에서 전달의 매체이다. 이 매체적인 것이 정신적 전달의 직접성이며 언어이론의 근본 문제라는 것이다. 그는 『성서』의 「창세기」 1장을 토대로 언어의 본질을 탐색하였는데, 신의 말씀이 인간(아담)의 명명 행위를 통해 사물의 정신적 본질을 이루고 있다고 본 것이다. 그래서 "사물의 언어를 인간의 언어로 번역하는 일"[21]이 언어이론의 심층을 이루고 있다.

문체주의자로서의 벤야민의 모든 글들이 감각적이고 미려한 이유가 여기에 있다. 언어를 통해서가 아니라 언어 속에 자신의 생각이나 느낌, 또는 사유를 하나의 이념(이미지)으로 기술하기 때문이다. 그래서 그는 "언어이론에 대한 이해는 바로 이 문장을 동어반복의 기미까지 완전히 없앤 명징明澄한 문장으로 만드는 데 달려 있다."[22]라고 명시하고 있다.

그에게 '진리'란 일회적이고 극단적인 것이 또 다른 일회적이고 극단적인 것과 맺는 연관의 형상화인 이념들로 형성된 '무의도적인 존재'이

1050쪽.

20 벤야민(W. Benjamin), 「언어 일반과 인간의 언어에 대하여」, 『선집6』, 74쪽.

21 위의 글, 위의 책, 86쪽.

22 위의 글, 위의 책, 74쪽.

다. 진리란 어떤 의도 속에서 이루어진 인식의 대상 그 자체가 아니기 때문이다. 따라서 진리에 합당한 태도는 "인식 속에서 어떤 의견을 표명하는 일이 아니라 그 진리 속으로 몰입해 사라지는 것이다."[23] 쉽게 말하면, 글쓴이가 자신의 의도를 버리고 이념들의 관계망을 동어반복의 기미까지 완전히 없앤 명징한 문장 속으로 몰입하여 자신의 모습을 감추는 것이 벤야민의 글쓰기 방법이다.

그런데 이 이념들은 어떤 근원언어 속에 주어져 있다기보다 근원적인 청각적 지각 속에 주어져 있다. 경험적인 청각적 지각 속에 '이념으로서의 말'들이 분해되어 하나의 변증법적 이미지를 생성하기 때문에 여기서 형성된 진리는 감각적 지각(앎)으로서의 아이스테시스aisthesis이다. 이러한 청각적 지각 속에서 말들은 자신의 다소간 숨겨진 상징적 측면과 더불어 명백하게 범속한 의미를 지닌다. 말의 상징성(기호체계) 속에서 이념은 외부로 향하는 모든 전달에 반대되는 자기이해에 이르게 되는데, 철학자의 일은 말의 상징적인 성격에 이념이 지닌 우위를 재현을 통해 되돌려주는 일이다. 철학이 주제넘게 계시하는 자세로 이야기해서는 안 되는 이러한 재현은 우선적으로 근원적인 청각적 지각으로 되돌아가는 '기억하기'를 통해서만 가능하게 된다.[24]

벤야민에게 '기억'은 역사를 이해하는 중요한 매체이다. 프루스트가 『잃어버린 시간을 찾아서』에서 '인생 최고의 변증법적인 단절점', 즉 각성의 순간('지금시간')에 인생 전체에 대해 쓰기 시작했는데, 그는 깨어나고 있는 마르셀의 시공간과 어린 시절인 과거와의 연관을 섬광 같은 성좌로서의 이념으로 만들어냈다. 벤야민의 이론은 프루스트의 이러한 기억의 변증법에 빚지고 있다.

---

23 벤야민(W. Benjamin), 「인식비판적 서론」, 『선집6』, 159쪽.

24 위의 글, 위의 책, 161쪽.

기억은 지나간 것을 알아내기 위한 도구가 아니라 오히려 매개물[매체]이라는 사실을 언어가 의미하고 있다는 것은 오해의 여지가 없다. 옛 도시들이 흙에 뒤덮여 파묻혀 있는 땅이 매개물이듯이, 기억은 체험된 것의 매개물[매체]이다. 파묻힌 자신의 과거에 다가가고자 하는 사람은 발굴 작업을 수행하는 사람과 같은 태도를 취해야 한다. 무엇보다도 그는 거듭해서 동일한 사태로 되돌아가는 것을 주저하지 말아야 한다. 발굴할 때 흙을 흩뿌리는 것처럼 그 사태를 흩뿌려야 한다. 그리고 발굴할 때 땅을 헤집듯이 그 사태를 헤집어야 한다. 왜냐하면 '사태들'이란 조심스레 탐색할 때 비로소 발굴의 목적이었던 바로 그것을 내보이는 지층들에 다름 아니기 때문이다. 즉 '사태들'은 이미지들이다. 이 이미지들은 모든 이전의 관계망에서 떨어져 나와 우리들이 후에 얻게 된 통찰의 냉정한 방에 놓여 있는 귀중품들이다. 마치 수집가의 갤러리에 놓여 있는 상반신의 조각들인 토르소처럼. 물론 발굴 작업을 할 때 계획에 따르는 것은 유용할 것이다. 그러나 어두운 대지 속으로 조심스레, 손으로 더듬듯 삽질을 하는 것 역시 필수불가결하다. 만일 발굴된 물건들의 목록에만 신경을 쓰고 옛것이 보관되어 있던 장소를 오늘날의 대지에 표시하지 못하는 사람이 있다면 그는 가장 소중한 것을 놓치는 셈이다. 그렇듯 진정한 기억들은 어떤 사실을 보고한다기보다는 그 기억들이 떠오르게 된 바로 그 장소를 표시해야 한다. 따라서 진정한 기억은 기억을 하는 사람의 이미지를 엄격한 의미에서 서사적으로 그리고 랩소디적으로 전달해야 한다. 좋은 고고학적 보고서가 발굴된 물건들의 출처뿐 아니라 그것들이 발굴되기 위해 탐색되었던 이전의 지층들에 대해서도 보고하고 있는 것처럼 말이다.[25]

벤야민에게 '기억하기'는 고고학적 발굴과 다를 것이 없다. 언어가 전달의 수단이 아니라 전달의 매체이듯이 기억은 지나간 것을 알아내기 위

25 벤야민(W. Benjamin), 「사유이미지」, 『선집1』, 182-183쪽.

한 수단이 아니라 오히려 매체이다. 기억은 언어의 청각적 감각과 관련된 이념적인 것이기 때문이다. 이 몸의 기억이 '무의지적 기억'이다. 고고학자의 발굴 작업이 땅이라는 매체를 조심스럽게 헤집고 사기그릇의 파편과 같은 유물들을 수집하고, 그것들을 연구실에서 냉철하게 구성함으로써 옛 사람들의 삶의 양식을 추론하듯이 철학자나 소설가는 기억의 지층들을 지속적인 관계의 망에서 떼어내어 정지시킴으로써 '지금시간'과의 성좌구조를 만들어낸다. 이것의 글쓰기는, 좋은 고고학적 보고서가 발굴된 물건들의 출처와 그것들이 발굴되기 이전의 지층들뿐만 아니라 발굴 상황을 구체적으로 기술하듯이, 기억된 사실을 보고하기보다는 그 기억이 떠오르게 된 그 장소를 표시해야 하고, 몸이 기억하는 무의지적 기억을 되살리는 '지금시간'의 상황에 대하여도 기술하여야 한다. 이것을 우리는 벤야민의 '고고학적 사유(글쓰기)의 방법'이라고 할 수 있을 것이다.

그런데 지나간 과거를 이해하기 위한 매체인 '기억'에서 만들어진 이미지는 팔다리가 잘려나간 토르소와 같이 질료적이다. 우리가 살았던 과거는 토르소의 형상과 다를 것이 없다. 벤야민은 역사를 언제나 지배 이데올로기의 강압에 의한 '야만'의 역사로 인식[26]하기 때문에 과거는 현재의 순간에 우리의 '미래의 상'을 조각해내야 할 소중한 덩어리일 수 있다.[27] 그런데 토르소와 같은 과거는 '기억하기'라는 변증법적 성좌구조 속에서 단자적인 방법으로 '이념'을 구성한다.[28]

26 "야만의 기록이 아닌 문화의 기록이란 없다." 벤야민(W. Benjamin), 「역사의 개념에 대하여」, 『선집5』, 336쪽.

27 "**토르소** 자신의 과거를 강압과 고난의 소산으로 바라볼 줄 아는 사람만이 그 과거를 현재의 순간에 최고로 가치 있게 만들 줄 알 것이다. 우리가 살았던 과거는 기껏해야 운반 중에 모든 사지가 잘려 나간 아름다운 형상에 비유할 수 있기 때문이다. 그 형상은 이제 우리가 우리의 미래의 상을 조각해내야 할 소중한 덩어리 이외의 아무것도 아닌 것이다." 벤야민(W. Benjamin), 「일방통행로」, 『선집1』, 117쪽.

벤야민은 역사를 연속체로 보는 역사주의 방법이나 진보 이론을 철저하게 부정한다. 그는 평생의 작업인 파사주 프로젝트 N항목('인식론에 관해, 진보 이론')과 「역사의 개념에 대하여」에서 '역사에서의 인류의 진보'라는 생각이나 믿음을 철저히 부정하고 현재성을 강조한다. 왜냐하면 역사가 "균질하고 공허한 시간을 관통하여 진행"해나갈 수 없기 때문이다. 역사주의의 진보 이론은 설정된 현재를 중심으로 과거를 전유한다. 과거의 고통과 억압을 현재를 위해 어쩔 수 없이 겪어야 했던 밑거름으로 본다. 이것은 과거의 고통과 억압을 사후적으로 정당화하는 강력한 이데올로기가 된다. 그리고 현재를 미래에 투사하는 마르크스주의도 다를 것이 없다. '해방된 미래'를 위해 현재의 삶을 자제하고 인내하면서 혁명에 동참하기를 요구하는 것 역시 진보 개념에 다름 아니다.[29] 그래서 마르크스가 혁명을 '세계사의 기관차'라고 여겼다면 벤야민은 "혁명은 이 기차를 타고 여행하는 사람들이 잡아당기는 비상 브레이크일 것"[30]이라고 판단한 것이다. 여기가 벤야민의 유물론적 역사철학이 마르크스의 유물론과 구별되는 지점이다. 그래서 벤야민은 역사의 연속체를 폭파하기 위해 역사를 정지시켜 '과거와의 유일무이한 경험'을 하나의 단자로 구성하려고 하였다. 그는 작은 것, 미시적인 것에 대한 애호와 관심을 가지고 신(창조자)의 형상이 피조물에 내재적으로 잠재되어 있는 것처럼 단자적인 것 속에서 전체적인 모습을 보려고 하였다.

> 유물론적 역사서술은 이와는 반대로 하나의 구성의 원칙에 근거를 둔

28 "이념의 구성은 단자(Monade)적이다. 이념은 단자이다. 전사와 후사를 가지고 그 이념 속으로 들어가는 존재는 자신의 숨겨진 형상 속에 여타 이념세계의 축소되고 어두워진 형상을 보여준다." 벤야민(W. Benjamin), 「인식비판적 서론」, 『선집6』, 180쪽.

29 김남시, 「"역사의 기관차", 역사를 보는 발터 벤야민의 시각」, 『비교문학』 제60집, 2013. 6, 183쪽 참조.

30 벤야민(W. Benjamin), 「「역사의 개념에 대하여」 관련 노트들」, 『선집5』, 356쪽.

> 다. 사유에는 생각들의 흐름만이 아니라 생각들의 정지도 포함된다. 사유는, 그것이 긴장으로 가득 찬 상황(성좌) 속에서 갑자기 정지하는 바로 그 순간에 그 상황에 충격을 가하게 되고, 또 이를 통해 그 상황은 하나의 단자Monade로 결정된다. 역사적 유물론자는 역사적 대상에 다가가되, 그가 그 대상을 단자로 맞닥뜨리는 곳에서만 다가간다. 이러한 단자의 구조 속에서 그는 사건의 메시아적 정지의 표지, 달리 말해 억압받은 과거를 위한 투쟁에서 나타나는 혁명적 기회의 신호를 인식한다. 그는 균질하고 공허한 역사의 진행 과정을 폭파하여 그로부터 하나의 특정한 시대를 끄집어내기 위해 그 기회를 포착한다. 이런 식으로 그는 한 시대에서 한 특정한 삶을, 필생의 업적에서 한 특정한 작품을 캐낸다. 이러한 방법론에서 얻어지는 수확은, 한 작품 속에 필생의 업적이, 필생의 업적 속에 한 시대가, 그리고 한 시대 속에 전체 역사의 진행 과정이 보존되고 지양되는 것이다. 역사적으로 파악된 것의 영양이 풍부한 열매는, 귀중하지만 맛이 없는 씨앗으로서의 시간을 그 내부에 간직하고 있다.[31]

역사주의가 추구하는 보편사의 방법론이 균질하고 공허한 시간을 채우기 위해 사실의 더미를 모으는 데 급급한 반면, 역사적 유물론은 역사의 흐름의 연속성으로부터 대상을 떼어내어 단자들의 몽타주를 만들려고 한다. 위험의 순간에 역사적 주체에게 예기치 않게 나타나는 과거의 이미지를 붙잡으려고 하는 이유는 그 단자의 구조 속에서 '사건의 메시아적 정지의 표시' 즉 억압받은 과거와 현재가 맞부딪혀 섬광처럼 빛나는 순간에 만들어진 단자에서 '혁명적 기회의 신호'를 발견할 수 있기 때문이다.

이 단자는 유대교적인 신학과 라이프니츠의 단자론과 연결된다. 라이프니츠의 범신론적 견해에 따르면 신(무한자, 총체성)은 자신의 창조물인

31 위의 글, 위의 책, 347-348쪽.

모든 단일한 요소(유한자, 특수성)를 통해서 현현한다.[32] 마치 가장 작은 미립자들도 우주의 원리와 동일한 구조로 작동하고 있는 것과 같은 현상이다. 성좌로서의 이념이 만들어낸 변증법적 이미지도 모두 그러한 단자이다. 벤야민은 "이념의 재현을 위해서는 다름 아닌 이 세계의 이미지를 축소판으로 그려내는 일이 과제로 주어져 있다."[33]라고 언급하면서 이미지의 모습을 하고 있는 단자를 가지고 균질하고 공허한 역사의 진행과정을 폭파하려고 한다. 이러한 글쓰기의 태도는 그의 모든 저작에서 구체화된다. 예를 들면, 벤야민은 회상의 방법을 통해 1900년경 베를린의 유년시절을 30개의 단자로 만들어 "그에게 주어졌던 안전을 훗날 얼마나 철저히 빼앗기게 되는지를 그 이미지들"이 극명하게 드러나기를 바랐다. 그의 유년시절의 단자화된 이미지들이 "미래의 역사적 경험을 미리 형상화할 수 있는 능력을 갖게 된 것"[34]은 그러한 단자가 미래의 모습을 선취하고 있음을 반증한다. 그의 이미지화된 단자들은 히틀러의 집권이 임박하는 시점에서 전체주의에 대한 비판과 저항을 매우 우회적인 방법으로 보여줄 뿐만 아니라 파시즘이 자신을 포함한 인류의 삶을 얼마나 철저하게 파괴할 것인가를 예언적으로 표현한 것이다.

그가 몽타주의 원리를 역사 속에 도입하는 것은 "극히 작은, 정밀하고 잘라서 조립할 수 있는 건축 부품들로 큰 건물을 세우는 것"처럼 "실로 자그마한 개별적 계기들에 대한 분석을 통해 전체 사건의 결정체를 찾아내는 것"에 해당한다.[35] 그래서 그에게 "상상력이란 무한히 작은 것 속으로 파고들어갈 줄 아는 능력이고, 모든 집약된 것으로도 새로운, 압축된

---

32 질로흐(G. Gilloch)/ 노명우 옮김, 『발터 벤야민과 메트로폴리스』, 효형출판, 2005, 22쪽 참조.

33 벤야민(W. Benjamin), 「인식비판적 서론」, 『선집6』, 180쪽.

34 벤야민(W. Benjamin), 「1900년경 베를린의 유년시절」, 윤미애 옮김, 『선집3』, 도서출판 길, 2007, 34쪽.

35 벤야민(W. Benjamin), 조형준 옮김, 앞의 책, [N2, 6], 1052쪽.

내용을 풍부하게 부여할 줄 아는 능력이다. 요컨대 상상력은 어떤 이미지든 접어놓은 부채로 여길 줄 아는 능력, 그 부채가 펼쳐져야 비로소 숨을 쉬게 되고 또 새로이 펼쳐진 폭에서 사랑하는 사람의 특성들을 내부에서 연출해 보이는 그러한 능력이다."[36]

역사의 연속체를 폭파하는 파괴적인 성격은 '염세주의 조직하기'[37]로 이어진다. 영원성을 믿는 전통의 신화적 세계와 모든 것이 결국은 실패로 끝날 수밖에 없다는 것을 인식하고 있기 때문이다. 부르주아계급도 내적 모순으로 인해 결국은 몰락할 것이라는 인식도 같은 맥락이다.[38] 기왕에 존재하는 것을 산산이 부수는 이러한 파괴는 "부수어진 조각들을 위해서가 아니라 그 조각난 것들 사이를 뚫고 생겨날 길을 위해서다."[39] 따라서 "모든 시대는 자체의 종말을 안으로 감추고 그러한 종말을 간지奸智로 전개해 나간다."고 믿는 벤야민의 사유와 글쓰기는 "부르주아지가 세운 개념비들이 실제로 붕괴하기도 전에 이미 그것들을 폐허로 간파"하는 일이었다.[40]

---

36 벤야민(W. Benjamin), 「일방통행로」, 『선집1』, 116쪽.

37 "염세주의를 조직한다는 것은 정치에서 도덕적 메타포를 추방하는 일, 정치적 행동의 공간에서 백 퍼센트의 이미지 공간을 발견하는 일 이외의 다른 것을 뜻하지 않는다." 벤야민(W. Benjamin), 「초현실주의」, 『선집5』, 165쪽.

38 "계급투쟁을 사람들은 잘못 생각할 수 있다. 계급투쟁은 누가 이기고 누가 질 것인지가 결정될 힘겨루기가 아니다. 그것은 그 결말에 따라 승리자는 잘되고 패배자는 좋지 않게 되는 어떤 씨름이 아니다. 그렇게 생각한다는 것은 사실들을 낭만적으로 호도하는 것을 뜻한다. 왜냐하면 부르주아계급이 투쟁에서 이기든 지든, 그들은 시간이 흐르면서 그들에게 치명적으로 작용할 내적 모순들로 인해 결국 몰락할 수밖에 없기 때문이다. 문제는 단지 그들이 스스로 몰락하느냐 아니면 프롤레타리아계급에 의해 몰락하느냐이다." 벤야민(W. Benjamin), 「일방통행로」, 『선집1』, 124쪽.

39 벤야민(W. Benjamin), 「사유이미지」, 위의 책, 179쪽.

40 벤야민(W. Benjamin), 「파리- 19세기 수도(1935년의 개요)」, 조형준 옮김, 앞의 책, 112쪽.

이상과 같은 벤야민의 사유는 한마디로 시공간에 대한 해체 구성의 변증법이라고 할 수 있다. 이것은 역사의 시간을 '위기의 순간'이라고 하는 '지금시간'에 하나의 이미지로 공간화하여 그것 속에서 미래의 '씨앗으로서의 시간'을 발견하려는 사유 방식이다. 이러한 사유가 구체적인 글쓰기에서는 '문지방'의 개념으로 나타난다. 그에게 문지방(문턱)은 경계선과는 분명히 구분되는 일종의 영역이다.[41] 이것은 어떤 변곡점 주변의 공간으로서 분극이 일어나는 곳이라고 할 수 있다. 이것이 역사에서는 전사와 후사로 나누어지는 시공간이 된다. 벤야민의 저작에서 문지방적 사유로 사용되고 있는 개념들은 로지아, 아케이드, 산책자, 보헤미안, 매춘부 등이다.

대부르주아 저택의 후면에 위치하여 골목 마당 쪽으로 난 로지아는 전형적인 문지방 공간이다. 이곳은 부르주아의 '실내'와 대중의 집인 '거리'의 중간에 존재하는 매개적 공간이다. 벤야민이 마치 "오래 전부터 그에게 할당된 왕릉"이라도 되는 것처럼 그곳에 머물면서 경험했던 유년시절을 회상하는 것이 「1900년경 베를린의 유년시절」이다.[42] 이 '도시의 문지방'이 극명한 모습을 보이는 곳은 자본주의 초기단계의 상업지역인 아케이드이다. '집이면서 동시에 도로이기도 한 아케이드'는 다음 세대를 꿈꾸는 '물신으로서의 상품'을 전시하는 자본주의의 판타스마고리아가 지배하는 공간이다. 부르주아의 모든 오류와 유토피아적 소망이 담겨 있는 곳이 아케이드였기 때문에 이곳은 "꿈꾸는 집단의 내면의식, 아니 무의식의 정확한 물질적 복제물"[43]이라고 할 수 있다. 아케이드가 단단한 철 지주와 깨지기 쉬운 유리 천장으로 구성되어 있는데, 이 거리의 철과 같은 성격의 소유주들이 '뚜쟁이'로서의 부르주아라면, '유리'처럼 깨지

41 위의 책, [O2a, 1], 1119쪽.

42 벤야민(W. Benjamin), 「1900년경 베를린의 유년시절」, 『선집3』, 137-138쪽.

43 벅-모스(S. Buck-Morss)/ 김정아 옮김, 『발터 벤야민과 아케이드 프로젝트』, 문학동네, 2004, 63쪽.

기 쉬운 것은 매춘부로서의 대중들이다. 그래서 아케이드는 "노동자들에게는 도시의 내실로 들어가는 입구이다."[44] 벤야민은 지금은 폐허가 된 아케이드를 추적하면서 그 폐허에서 오늘날의 상품 물신과 자본주의의 몰락을 또 다른 문지방적 사유자인 산책자의 방법으로 읽어낸다.

> 보들레르에게 와서 파리는 최초로 서정시의 대상이 된다. 이 시는 결코 고향 찬가 같은 것이 아니다. 오히려 이 도시를 응시하는 알레고리 시인의 시선, 소외된 자의 시선이다. 그것은 또한 산책자의 시선으로, 그의 생활 형태는 마음을 달래주는 어슴푸레한 빛 뒤로 대도시 주민에게 다가오고 있는 비참함을 감추고 있다. 산책자는 여전히 문턱 위에, 대도시뿐만 아니라 부르주아 계급의 문턱 위에 서 있다. 아직 어느 쪽도 완전히 그를 수중에 넣지는 못하고 있다. 그는 어느 쪽에도 안주하지 못한다. 그는 군중 속에서 피신처를 찾는다. 군중의 관상학에 대한 초기의 기여는 이미 엥겔스와 포에 의해 이루어진 바 있다. 군중이란 베일로서, 그것을 통해 보면 산책자에게 익숙한 도시는 환(등)상으로 비쳐진다. 군중 속에서 도시는 때로는 풍경이, 때로는 거실이 된다. 곧 이 두 가지는 백화점의 요소가 되며, 백화점은 정처 없이 어슬렁거리는 것조차 상품 판매에 이용한다. 백화점은 산책자가 마지막으로 다다르는 곳이다.[45]

---

44 "거리는 집단의 거처이다. 집단은 영원히 불안정하며 영원히 유동적인 존재로, 자택에서 사방의 벽으로 보호받고 있는 개인만큼이나 집의 벽들 사이에서 많은 것을 경험하고 체험하고, 인식하고 생각한다. 이러한 집단에게 반짝반짝 빛나는 에나멜 간판은 부르주아의 응접실에 걸린 유화만큼이나 멋진 – 어쩌면 더 나은 – 벽장식이며, '벽보 금지'가 붙어 있는 벽은 집단의 필기대, 신문 가판대는 서재, 우편함은 청동상, 벤치는 침실의 가구이며, 카페의 테라스는 가사를 감독하는 출창(出窓)이다. 노상의 노동자들이 웃옷을 걸쳐놓는 난간은 현관이며, 안마당에서 옥외로 이어지는 출입구는 시민들에게 깜짝 놀랄 만큼 긴 복도로, 이것은 노동자들에게는 도시의 내실로 들어가는 입구이다. 노동자들 입장에서 보면 아케이드는 응접실이었다. 거리는 다른 어느 곳에서보다도 더 이 아케이드에서 대중에게 가구를 구비한 편안한 실내로 모습을 드러낸다." 벤야민(W. Benjamin), 조형준 옮김, 앞의 책, [M3a, 4], 977–978쪽.

산책자는 부르주아계급의 '실내'와 못가진 자들(대중 집단)의 거처인 '거리' 사이인 아케이드(문지방)에서 자본주의의 속살이라고 할 수 있는 환등상Phantasmagoria을 보고 경험한다. 문인들도 그 산책자 형태의 지성으로 시장에 발을 들여놓는다. 그런데 그들은 겉으로는 시장을 둘러보기 위해서라고 말하지만 실제로는 자기를 살 사람을 찾기 위해서이다. 마치 판매인과 상품을 한 몸에 겸하고 있는 매춘부가 자신의 몸을 상품으로 파는 것과 다를 것이 없다.

이 산책자는 감정이입의 도취 속에서 바슐라르적인 몽상을 통해 상품물신의 단자적 이미지를 찾아낸다. 벤야민은 『보바리 부인』에 전념하고 있을 때 쓴 것으로 추정되는 플로베르의 글을 인용하면서 몽상에 빠진 산책자의 모습을 구체화한다.[46] 이러한 몽상을 통해 보면 자본주의 생산관계에서 만들어지는 상품은 천국과 지옥의 성격을 동시에 가지고 있다. 지옥의 시간이자 천국의 시간인 '현대'에서 "대중을 선도하는 것은 매번 최신의 것이지만 그것이 대중을 선도할 수 있는 것은 이 최신의 것이 실제로는 가장 오래된 것, 이미 존재했던 것, 가장 친숙한 것의 매개를 통해 나타나는 경우에 한해서이다."[47] 벤야민은 '신은 죽었다'는 역사적 경험에서 "새로운 일은 더 이상 일어나지 않는다."는 니체의 영웅적 태도와 흡사하게 보들레르가 이러한 새로움(현대성) 속에서 가장 오래된 것을 읽어내는 파괴적 열광의 영웅주의를 보여준다고 평가한다.[48] 보들레르의 시에 나타난 산책자의 아랑곳하지 않는 태도는 결국 '생산과정의 속도에

---

45 벤야민(W. Benjamin), 「파리 – 19세기의 수도」(1935년의 개요), 위의 책, 105쪽.

46 "오늘 예를 들어 남자인 동시에 여자로, 사랑하는 남자인 동시에 사랑받는 여인으로서 나는 가을 오후에 말을 타고 노란 나뭇잎들 아래를 산책했는데, 나는 또한 말이며, 나뭇잎이며, 바람이며, 사람이 내뱉는 말들이며, 심지어 사랑에 빠진 사람들의 눈을 거의 감게 만든 붉은 태양이기도 했다." 플로베르가 1853년 12월 23일 루이즈 콜레에게 보낸 편지. 위의 책, [M17a, 4], 1028–1029쪽.

47 위의 책, [B1a, 2], 245쪽.

48 위의 책, [J60, 7], 803쪽.

대한 무의식적 항의'의 표현인 것이다.[49]

벤야민이 파사주 프로젝트의 일환으로 추구한 보들레르 연구는 자본주의의 현대성을 밝히는 것이 핵심이다. 그에게는 보들레르와 마찬가지로 일회적이고 일시적이며 우연한 것이 현대성이다. 패션이나 상품과 같은 물신 숭배에서 그러한 현대성을 보았다. 그는 '새로운 야만성'을 보들레르의 시에서 읽어내고 그를 '위대한 창조자'의 반열에 올려놓는다. 위대한 창조자들은 "시대에 일말의 환상도 품지 않으면서 그 시대에 온몸으로 몰입하는 것이 그들의 특징"이라고 정의하고, 화가 클레나 보들레르처럼 뚜렷한 예술가는 "갓 태어난 아기처럼 소리를 지르면서 이 시대의 더러운 기저귀에 누워 있는 벌거벗은 동시대인에게 눈을 돌리기 위해, 전승되어온 장중하고 고결한 인간상, 과거의 온갖 제물들로 치장한 인간상을 박차고 나온다."고 주장한다.[50] 갓 태어난 아기처럼 새로운 것, 일회적이고 일시적인 것, 유행하고 있는 현상들에서 옛것이 영원회귀로 반복되는 신화적인 것을 보고 이것을 파괴하려고 한다. '이 시대의 더러운 기저귀'로 이미지화된 자본주의의 판타스마고리아는 문지방적 사유를 통해 수없이 많은 단자들을 생성해낼 수 있다. 그래서 벤야민은 빅토르 위고보다는 보들레르에게서 그러한 사유를 확인한 것이다.

> 위고와 함께했으며 위고가 함께했던 그 군중을 위해 보들레르는 존재하지 않았다. 그러나 군중은 그를 위해 존재했다. 군중의 광경은 그에게 매일 자기 실패의 깊이를 가늠할 수 있는 기회를 주었다. 그리고 이것은 그가 군중의 광경을 찾는 이유 중 가장 하찮은 것은 아니다. 어느 정도는 발작적으로 그를 엄습하던 절망적인 오만을 그는 위고가 누린 영광에 힘입어 키워갔으리라. 그러나 아마도 위고의 정치적 고백이 그를 더욱 아프게 했으리라. 이 정치적 고백, 그것은 곧 시민이었다. 대도시의

49 위의 책, [J60a, 6], 805쪽.

50 벤야민(W. Benjamin), 「경험과 빈곤」, 『선집5』, 175쪽.

> 대중이 위고를 혼란시킬 수는 없었다. 그는 대중 속에 민중이 있음을 인정했다. 그는 그 혈육이 되고자 했다. 세속 원칙, 진보, 그리고 민주주의, 바로 이것이 그가 머리 위로 높이 흔들었던 깃발이다. 이 깃발은 대중의 현존 방식을 변용시켰다. 이 깃발은 하나의 문턱, 개인을 군중과 갈라놓는 그 문턱을 불분명하게 만들었다. 보들레르는 이 문턱의 수호자였다. 이 점에서 그는 위고와 구별된다. 그러나 그도 군중 속에 침잠되는 사회적 환상을 꿰뚫어 보지 못했다는 점에서는 위고를 닮았다. 그는 위고가 만들어낸 군중의 개념만큼이나 무비판적인 하나의 이상을 그에 대립시켰다. 영웅이 그 이상이다. 위고가 현대 서사시의 영웅으로 대중을 예찬하는 순간, 보들레르는 영웅의 피난처를 대도시의 대중 속에서 찾고 있었다. 시민으로서 위고는 군중 속에 섞여 든다. 보들레르는 영웅으로서 거기에서 떨어져 나온다.[51]

위고가 군중을 위해 존재했다면, 보들레르에게는 군중이 그를 위해 존재했다. 보들레르는 군중의 광경에서 자기 실패의 깊이를 가늠했기 때문이다. 한마디로 위고는 산책자가 아니었다. 위고는 부르주아의 시민으로서 대중 속에 민중이 있음을 인정하고 그들과 혈육이 되고자 했다. 그는 문지방을 넘어가서 민중을 위한 진보와 민주주의를 쟁취하고자 했다. 개인과 군중을 갈라놓은 그 문턱(문지방)을 불분명하게 만듦으로써 미래에 대한 희망, 즉 '전승되어온 장중하고 고결한 인간상'만을 제시하는 데에 그쳤다. 반면에 보들레르는 문턱의 수호자였다. 그런데 보들레르도 위고처럼 그 군중 속에 침잠되는 사회적 환상을 꿰뚫어보지는 못했다. 다시 말하면 보들레르는 현대적인 것이 압축되어 있는 '지금시간'에서 인류가 이룰 앞의 시간을 보지 못하고 일시적인 새로움 속에서 넝마주이처럼 현대의 파편(폐허)들을 알레고리화하여 대중의 꿈인 '집단적 무의식'만을

51 벤야민(W. Benjamin), 「보들레르의 작품에 나타난 제2제정기의 파리」, 김영옥·황현산 옮김, 『선집4』, 도서출판 길, 2010, 123쪽.

드러내고 말았다. 그렇지만 벤야민이 보기에 그의 알레고리적 솜씨가 잘 드러난 『악의 꽃』의 기술은 곧 '무장봉기의 기술'[52]이다. 위고가 변혁에 대한 진보의 동일성을 추구하고 말았다면 보들레르는 민중과 부르주아 사이에서 역사의 연속체를 폭파하는 '메시아적 정지'를 시로 보여준 것이다. 벤야민이 초현실주의의 문학적 실천에 주목한 이유도 여기에 있다.[53] 그에 따르면, 초현실주의자들은 낡은 것, 사소한 것, 우연적인 것, 아니 무의미한 것, 오해, 키치 등 진부한 일상에서 '혁명을 위한 도취의 힘들'을 끌어내려고 했다. "집단의 모든 신체적 신경감응이 혁명적 방전"이 되어야만 비로소 현실의 고난을 넘어설 수 있을 것이라는 판단이다. 따라서 벤야민의 사유는 경험의 세계를 바탕으로 하는 신체적 감각에 의존한다는 것을 확인할 수 있다.

이상과 같은 벤야민의 인식론적인 지향점은 "오로지 희망 없는 자들을 위해 우리에게 희망이 주어져 있다."[54]라는 명제에 집약되어 있다. 그가 역사의 연속체를 폭파해서 실패한 역사의 분극을 이미지화하는 것은 군중이 바라고 원했지만 결국 이루지 못한 꿈으로서의 기대와 희망을 실현하기 위해서다. 몫과 희망이 없는 자들을 구제함으로써 우리들 자신을 구원할 수 있다고 믿기 때문에 희망 없는 자들을 위해 우리에게 희망이

---

52 위의 글, 위의 책, 174쪽.

53 "집단 역시 신체적이다. 그리고 기술 속에서 그 집단에게 조직되는 자연은 그것의 정치적이고 객관적인 현실에 따라 볼 때 저 이미지 공간 속에서만, 즉 범속한 각성이 우리를 친숙하게 만드는 그 이미지 공간에서만 생성될 될 수 있다. 그 자연 속에서 신체와 이미지 공간이 서로 깊이 침투함으로써 모든 혁명적 긴장이 신체적인 집단적 신경감응이 되고 집단의 모든 신체적 신경감응이 혁명적 방전이 되어야만 비로소, 현실은 「공산주의자 선언」이 요구하는 것처럼 그 자체를 능가하게 될 것이다. 현재로서는 초현실주의자들이 그 「공산주의자 선언」이 오늘날에 내리는 지령을 파악한 유일한 사람들이다." 벤야민(W. Benjamin), 「초현실주의 – 유럽 지식인들의 최근 스냅 사진」, 『선집5』, 167쪽.

54 벤야민(W. Benjamin), 「괴테의 친화력」, 최성만 옮김, 『선집10』, 도서출판 길, 2012, 192쪽.

주어져 있다는 것이다. 그가 “어떤 문학작품의 경향은, 그것이 문학적으로 올바른 경우에라야만 정치적으로 올바르다는 점”[55]을 강조하고 있는 것도 같은 맥락이다. 이러한 벤야민의 사유는 오늘날 화두가 되고 있는 ‘윤리’의 문제로 귀결된다. 그의 사유가 아감벤이나 바디우, 랑시에르 등으로 이어지면서 문학예술의 정치성 추구에 크게 기여하고 있다.

벤야민은 아도르노와는 달리 근대의 과학기술을 긍정적으로 인식한다.[56] 과학기술의 발전이 인간의 ‘지각구조의 변화’를 초래했을 뿐만 아니라 ‘예술의 기능전환’을 가능하게 했다고 보기 때문이다. 정보산업의 발전과 함께 우리의 “정신노동은 마치 자본이 점점 더 모든 물질적 노동을 자신에게 종속시키듯이 기생적으로 모든 물질적 노동에 의존”하게 되었다.[57] 또한 자본주의의 발전이 프롤레타리아의 연대를 가능하게 했다고 본 것이다.[58] 그에 따르면, 19세기 초에 발견된 사진술이 ‘예술의 기능전환’에 기여했다. 카메라의 렌즈로 찍은 사진은 “인간이 의식을 갖고 엮은 공간의 자리에 무의식으로 엮인 공간이 들어서기 때문”[59]에 사진에는 ‘시각적 무의식의 세계’가 드러난다. 이러한 기술복제의 사진술적 구성의 선구자들을 키워낸 것이 초현실주의자들인데, 이들은 사소하고 우연적이며 키치적인 현상에서 ‘시각적 무의식의 세계’인 ‘집단적 꿈의 형상들’을 창조함으로써 ‘혁명을 위한 도취의 힘들’을 표현할 수 있었다.

> 문학이 중요한 효과를 거둘 수 있는 것은 오직 실천과 글쓰기가 정확

55 벤야민(W. Benjamin), 「생산자로서의 작가」, 반성완 편역, 『발터 벤야민의 문예이론』, 민음사, 1983, 254쪽.

56 “생산자로서의 작가의 정치적 진보의 기초가 되고 있는 것은 기술의 진보이다.” 벤야민(W. Benjamin), 「생산자로서의 작가」, 반성완 편역, 위의 책, 263쪽.

57 벤야민(W. Benjamin), 조형준 옮김, 앞의 책, [M16a, 1], 1025쪽.

58 벤야민(W. Benjamin), 「파리 – 19세기의 수도」(1935년의 개요), 위의 책, 99쪽.

59 벤야민(W. Benjamin), 「사진의 작은 역사」, 최성만 옮김, 『선집2』, 도서출판 길, 2007, 168쪽.

> 히 일치하는 경우뿐이다. 그러기 위해서는 포괄적인 지식을 자처하는 까다로운 책보다, 공동체 안에서 영향력을 행사하기에 더 적합한 형식들, 예컨대 전단, 팸플릿, 잡지 기사, 포스터 등과 같은 형식들이 개발되어야 한다. 그와 같은 신속한 언어만이 순간 포착 능력을 보여준다. 사람들의 견해란 사회생활이라는 거대한 기구에서 윤활유와 같다. 우리가 해야 할 일는 엔진에 다가가서 그 위에 윤활유를 쏟아 붓는 것이 아니다. 숨겨져 있는, 그러나 반드시 그 자리를 알아내야 할 대갈못과 이음새에 기름을 약간 뿌리는 것이다.[60]

아포리즘의 형식으로 쓰인 「일방통행로」의 첫 번째 항목 〈주유소〉에서 말하고 있는 이 인용문은 벤야민의 문학이론의 핵심을 보여준다. 미래의 희망을 실천하기 위해서는 문학적 글쓰기가 순간 포착이 가능하도록 '기능전환'이 불가피하다. 그가 말한 '예술의 정치학'이 "창조성과 천재성, 영원한 가치의 비밀과 같은 일련의 전승된 개념을 폐기"[61]하는 데에 목적이 있다면 전체성이나 동일성을 추구하는 '포괄적 지식'의 전통을 '새로운 야만성'으로 파괴하고 대중적인 전단이나 팸플릿 등과 같은 키치적인 것을 조립하는 문학적 글쓰기가 필요하다. 문학예술이 사회생활에서 윤활유 역할을 하는 것이라면, 우리가 해야 할 일은 역사의 진보를 추진하는 엔진에 윤활유를 붓는 것이 아니라 숨겨져 있는 대중의 일상적인 미시적인 삶에 기름을 약간 뿌려서 그들에게 희망을 주는 것이다. 낯설고 이질적인 양 극단을 '지금시간'에 성좌구조를 만들어 이미지를 만들어내는 문학적 몽타주의 방법이 곧 그것이다.

세상이 변하고 있는데 이것을 막는 것이 불가능하다면 변하고 있는 현실의 기술 장치를 가지고 현실의 부정적인 것을 내파하려는 것이 벤야민의 문학적 글쓰기 전략이다. 이것은 마치 상대의 칼로 상대를 찌르는 아

60 벤야민(W. Benjamin), 「일방통행로」, 『선집1』, 69-70쪽.

61 벤야민(W. Benjamin), 「기술 복제시대의 예술작품」, 『선집2』, 42쪽.

이러니의 형식인데, 이런 전복적 미학은 초현실주의나 기술복제시대의 예술작품에 대한 연구, 그리고 마르셀 프루스트와 카를 크라우스에 대한 에세이에서 얼마든지 확인할 수 있다. 예를 들면, 살롱을 들락거리며 아침을 일삼던 프루스트가 19세기 말 부르주아 세계의 귀족적 요소와 속물성을 미메시스적인 방법으로 철저하게 흉내내면서 과거와 '지금시간'을 섬광처럼 일순간에 사유이미지로 성좌구조를 만듦으로써 몰락해가는 귀족적 부르주아의 속물적 수다로 부르주아계급을 내파하고 있다고 분석[62] 하거나, 크라우스의 저널리즘 비평에서 취하는 사회비판적 태도가 거리를 두고 상대를 비판하는 것이 아니라 오히려 그 상대에 미메시스적으로 굴종하듯이 파고들어가 상대의 본질을 폭로하는 방법을 읽어내고 있는 것[63]들은 모두 벤야민이 추구하는 전복적 미학의 글쓰기 전략이다.

위기의 순간으로서의 현재가 '역사의 연속체'를 파괴한 정지된 사건과 만나 섬광처럼 만들어진 '지금시간'이 묵시(파괴와 전복에 의한 종말)의 시간인데, 이 '메시아가 들어올 수 있는 작은 문'이 곧 혁명의 시공간이다. 일시적이고 우연적이며 순간적인 것들의 양극단이 구성하고 있는 이념 속에서 미래의 희망을 미리 선취해 보여줄 수 있는 '혁명적 기회의 신호'를 발견할 수 있다는 것이 벤야민의 문학이론의 핵심이다. '메시아적 시간의 모델'로서 역사의 축소판인 '지금시간'에 일시적이고 극단적인 것들의 양극이 맺는 연관을 형상화하는 '성좌로서의 이념' 속에서 변증법적 이미지가 생성된다고 보는 벤야민의 '문학적 몽타주'는 결국 이미지에 대한 사유이다.

이미지란 '이런 저런 매체에 등장하는 유사성, 형상, 모티프, 형태를 의미'한다. 이것은 우리의 눈앞이나 상상 속에서 물질화되는 유령 같은

62 벤야민(W. Benjamin), 「프루스트 이미지」, 최성만 옮김, 『선집9』, 도서출판 길, 2012, 247-251쪽 참조.

63 벤야민(W. Benjamin), 「카를 크라우스」, 『선집9』, 310-311쪽 참조.

가상semblance이다.[64] 그리고 대상은 이미지가 등장하는 물질적 지시물, 이미지가 지시하여 보여주는 물질적 사물이고, 매체란 '예술'을 산출하기 위하여 이미지를 대상과 결합시키는 물질적 실천들의 틀set을 의미한다.[65] 이미지가 등장하게 되는 전체적 상황의 표현이 예술이다. 그래서 이 예술적 인식이나 앎은 감각적 지각이나 앎을 의미하는 아이스테시스일 수밖에 없다.

4. 한국문학에서 벤야민적 문학실천의 양상

1980년대부터 수용되기 시작한 벤야민의 이론은 처음에는 루카치적 리얼리즘의 경직성을 보완하는 차원에서 이루어졌다. 차봉희, 반성완 등에 의해 번역 수용되는 초기단계를 넘어 2000년대에 이르면 벤야민의 이론은 반영이론이 아니라 생산이론으로 해석되어 수용된다. 황호덕의 연구에 따르면 2008년부터 2011년까지 한국의 현대문학 연구논문에서 벤야민의 이론이 가장 많이 이용되었다.[66] 이 시기는 '벤야민의 르네상스'라고 일컬어질 만큼 활발하게 문학연구에 원용되었다. 근대의 공동체가 '헐벗은 삶/예외상태'에 놓여 있다고 판단하고 이러한 정치의 파국을 근대성에 내재한 고유한 문제로 파악하거나 기술의 발달에 따른 미디어와 모더니티를 설명하는 데에 벤야민의 이론이 매우 효과적이라고 믿었기 때문이다.

64 미첼(W. J. T. Mitchell)/ 김전유경 옮김, 『그림은 무엇을 원하는가: 이미지의 삶과 사랑』, 그린비, 2010, 88쪽.

65 위의 책, 4쪽 참조.

66 황호덕은 『상허학보』와 『민족문학사연구』에 실린 논문 845편을 대상으로 외국이론의 사용빈도를 조사하였는데 이 시기에 가장 빈도수가 높은 것은 벤야민, 가라타니 고진, 미셸 푸코, 부르디외, 아감벤 순이다. 황호덕, 「외부로부터의 격발들, 고유한 연구의 지정학에 대하여 – 한국현대문학연구와 이론, 예비적 고찰 혹은 그래프·지도·수형도」, 『상허학보』 제35호, 2012. 6, 76쪽 참조.

그러나 벤야민의 이론을 이해하거나 적용하는 실제에서는 그의 이론이 왜곡되거나 자의적으로 확대 해석되는 경우도 없지 않다. 허상문은 벤야민, 브레히트, 마셔레이, 이글턴 등이 토대와 상부구조 사이에 단순한 반영 또는 재생산이 일어난다는 명제를 거부하고 토대-상부구조의 관계를 새롭게 규정하려는 마르크스주의 문학이론의 다양한 변용을 생산이론이라고 부른다. 그는 '벤야민의 비평이론'이 포스트모더니즘과 후기구조주의와 같은 서구의 독점자본주의가 낳은 문화정치학의 논리에 맞설 수 있는 새로운 논리라는 점을 강조하면서 다음과 같이 결론을 맺고 있다.

> 특히 벤야민이 강조하고 있는 부르주아 생산수단과 현대의 기계복제적 기술을 역으로 이용한 예술적 실천을 통해 생산관계를 변화시켜야 한다는 점은, 생산력 발전을 통한 예술양식의 변화, 더 나아가 독자의 혁명적 참여로 인한 사회변혁의 잠재적 가능성을 찾고 있다는 점에서 그 문학적 의의는 적지 않다.67

벤야민은 과학기술의 발전이 '작가의 정치적 진보의 기초'가 되고, 또한 인간의 '지각구조'를 변화시켜 '예술의 기능전환'을 가능하게 했다는 점을 강조하지만 '예술적 실천을 통해 생산관계를 변화'시키거나 '독자의 혁명적 참여'를 주장하지는 않았다. 허상문은 벤야민의 이론을 당시에 유행한 포스트모더니즘의 가벼움에 대한 반작용으로 마르크스주의의 연장선상에서 그것의 한계를 극복한 것으로 파악하고 있다. 그런데 그의 수용은 벤야민을 자의적으로 해석하고 있는 점이 없지 않다. 벤야민은 결코 '사회변혁'을 주장하지 않았다. 다만 당시의 자본주의의 세계나 파시즘적 현상을 알레고리적 방법으로 파편화된 폐허를 조립하여 구성함

---

67 허상문, 「발터 벤야민 문학비평의 현대적 의의 – 반영이론에서 생산이론으로」, 『영미어문학』 제105호, 한국영미어문학회, 2012. 12, 171쪽.

으로써 그 자체 내에 그러한 내파의 힘들이 내재되어 있음을 표현하고 있을 따름이다.

문학연구에서 이러한 벤야민에 대한 자의적 오독은 수없이 발견된다. 예를 들어, 허난희는 이청준의 소설을 벤야민의 문학이론으로 분석하면서 "벤야민도 '소외, 물신' 같은 근대 모더니즘의 부정적인 현상, 자본주의의 환등상, 전체주의의 폭력, 유미주의 예술과 관념론의 문제를 비판하면서, 인간과 세계의 조화로운 관계 맺음, 지배와 착취 없는 사회를 인류의 유토피아적인 꿈으로 상정하며 감각의 부활을 주장했다."[68]라는 점을 근거로 이청준의 소설(「가학성의 훈련」과 「무서운 토요일」)이 권력·소외·물신 등에서 벗어나고자 했으며, 정상적인 감각을 회복하고자 했다는 점에서 남다른 미학을 추구하고 있다고 결론을 맺고 있다. 연구자가 벤야민의 이론을 가져온 곳이 강수미의 『아이스테시스: 발터 벤야민과 사유하는 미학』인데, 이 책에는 '감각의 부활을 주장했다'는 말이 어디에도 없다. 단지 강수미는 벤야민이 그러한 '소망의 성취'를 새로운 인간학의 목표로 전달하고 있음을 언급하고 있을 뿐이다.[69] 벤야민이 「초현실주의」에서 "모든 혁명적 긴장이 신체적인 집단적 신경감응이 되고 집단의 모든 신체적 신경감응이 혁명적 방전이 되어야만 비로소, 현실은 「공산주의자 선언」이 요구하는 것처럼 그 자체를 능가하게 될 것이다."[70]라고 주장한 것은 진부한 일상에서 '신체적인 집단적인 신경감응'이 '혁명을 위한 도취의 힘들'로 연결될 수 있음을 말한 것이다. 결코 '감각의 부활'을 말하고 있는 것이 아니다.

이러한 자의적 오독이나 단선적인 이해는 김효주나 나병철에게서도 발견된다. 김효주가 최명익의 소설 「비오는 길」을 분석하는 데 활용하고

68 허난희, 「이청준 소설의 감각 경험과 세계인식 연구」, 『이화어문논집』 제31집, 2013, 152-153쪽.

69 강수미, 『아이스테시스: 발터 벤야민과 사유하는 미학』, 글항아리, 2011, 294쪽.

70 벤야민(W. Benjamin), 「초현실주의」, 『선집5』, 167쪽.

있는 벤야민에 대한 이해는 매우 소박한 차원에 머물러 있다. 그는 마치 벤야민이 '진보하여 살아 꿈틀거리는 시간'의 순간을 사유하고 예술의 아우라는 정치적 반동으로 악용되어서는 안 된다는 것을 강조한 것처럼 인식하고 있다.[71] 그리고 최명익이 '살아있는 새로운 시간으로서의 가능성'을 배제하고 있다면 굳이 벤야민을 끌어올 이유도 없다. 그리고 나병철이 벤야민의 이론에서 도시의 환등상 경험이 매혹과 우울이라는 점을, 랑시에르에게서는 보이는 것과 보이지 않는 것, 발화와 소음의 경계를 정하는 권력장치로서의 '감성의 분할'이라는 점을 원용하여 세 작가(이상, 박태원, 최명익)의 작품을 분석[72]하고 있지만 연구의 결과는 기존의 성과와 크게 다르지 않다. 그의 연구는 벤야민의 이론을 자본주의의 환등상에서 경험하는 매혹의 감성과 우울의 감성만이 전부인 것처럼 단선적으로 적용하고 있다는 혐의에서 자유롭지 않다.

벤야민의 문학이론을 방법론으로 삼는 문학연구는 대체로 부분적인 원용이 대부분이다. 벤야민의 이론이 방대할 뿐만 아니라 그 내용이 아포리즘적이고 서술방식이 몽타주적이기 때문에 그럴 개연성은 충분히 있다. 함돈균은 벤야민의 「역사의 개념에 대하여」와 '벤야민에 대한 탁월한 주석가'인 아감벤의 『유아기와 역사』[73]에 의지하여 김수영 시의 시간의식을 아주 명쾌하게 분석하고 있다. 그는 아감벤이 벤야민을 주석한 것에 따라 벤야민의 시간관과 인식론[74]에 의지하여 김수영의 시 「꽃2」는 '과거와 미래가 공속하는 현재'를, 「예지」는 '정지적 시간으로서의 예감

71 김효주, 「최명익 소설에 나타난 사진의 상징성과 시간관 고찰 - 〈비오는 길〉을 중심으로」, 『한민족어문학』 제61호, 2012. 8, 516-517쪽.

72 나병철, 「근대적 환등상 경험과 비동일성의 미학」, 『한국현대문학연구』 제49집, 2016. 8, 35-63쪽.

73 아감벤(G. Agamben)/ 조효원 옮김, 『유아기와 역사』, 새물결, 2010.

74 함돈균, 「김수영 시의 시간의식 연구 – 해방적 시간과 '역사화'라는 관점을 중심으로」, 『국제한인문학연구』 제10호, 국제한인문학회, 2012, 314쪽.

적 미래'를, 「사랑의 변주곡」은 '해방적 시간으로서의 사랑의 의미'를 표현하고 있음을 논증하고 있다. 또 함돈균은 벤야민의 「폭력비판을 위하여」에 의지하여 유신시대의 기념비적 작품인 황석영의 「객지」와 조세희의 「난장이가 쏘아올린 작은 공」을 분석한 바 있다. 벤야민이 말한 국가적인 법적 폭력인 '신화적 폭력'에 대한 대항적 폭력인 '신적(메시아적) 폭력'은 파괴적이지만, 이것은 현행 세계시간 속의 재화와 법률적 제도를 파괴하는 것이지 '살아있는 자'의 영혼에 대한 폭력과는 상관없다는 논리에 따라 「난장이가 쏘아올린 작은 공」에서 은강그룹 회장에 대한 '난장이' 아들의 살인은 "'양심-사랑'을 품은 자본계급에 대한 노동계급의 살인을 현행 법률적 질서의 '중지', 그러므로 역사의 차원에서 메시아적인 것이 깃든 기도"[75]라고 해석하고 있다. 함돈균은 벤야민의 사유체계로 문학작품을 읽어내는 데에 새로운 가능성을 보여주었다.

부분적인 원용은 조연정과 이찬, 장제형에게서도 나타난다. 조연정은 번역자의 '충실성(직역)'을 강조한 벤야민의 「번역자의 과제」를 토대로 김수영의 번역체험이 그의 시와 시론에 미친 영향을 탐색하고 있다.[76] 또 이찬은 벤야민의 '알레고리' 개념(『독일 비애극의 원천』)과 바디우의 '진리의 윤리학'(『윤리학』)을 토대로 김수영 시와 산문을 분석하여 김수영의 실존적이고 자의식적인 태도가 '진리의 윤리학'이라는 개념어로 축약될

75 "역사는 물리적이고 연대기적인 것으로서의 자연적 시간성으로 주체와 무관하게 독립적으로 존재하는 어떤 것이 아니라, 주체의 의미화를 통해 충만해지는 계기적 시간성이며, 인식론적 전회를 통해 '구성'되는 주체화된 사건의 일종이다. 이러한 '역사화된 시간'에는 과거와 현재, 미래가 순차적으로 존재하는 것이 아니라, 충만한 것으로 의미화된 '지금시간(현재)'에 과거-현재-미래가 공속한다. 벤야민은 이 시간성에서 인민이 억압되고 사물의 의미가 왜곡되는 세계 시간이 '정지'하는 순간이 출현하며, 이것이야말로 진정한 역사와 해방적 시간이 계시되는 '메시아적' 시간이라고 이해하였다." 함돈균, 「인민의 원한과 정치적인 것, 그리고 민주주의」, 『민족문화연구』 제58호, 고려대 민족문화연구원, 2013, 96쪽.

76 조연정, 「'번역체험'이 김수영 시론에 미친 영향 – '침묵'을 번역하는 시작 태도와 관련하여」, 『한국학연구』 제38집, 2011. 9.

수 있고, 그의 시적 사유가 알레고리적 역사의식의 실천과 맞물려 있음을 밝히고 있다.[77] 또 그는 김수영을 '한국 모더니티에 내재된 그 복합성과 이질성을 몽타주 기법을 통해 정직하게 그려낸 시인'으로 규정하고, 벤야민의 알레고리적 방법론을 원용하여 김수영의 알레고리적 사유에 깃든 정치적-미학적 전복의 기획이 시적인 것과 산문적인 것, 사소한 일상의 편린들과 거대한 역사의 흐름, 예술성과 현실성, 미학적인 것과 정치적인 것, 전통적인 것과 서구적인 것 등등으로 연결되는 상호 이질적인 것들을 폭력적인 방법으로 결합하는 실험적 형식임을 밝히고 있다. 따라서 김수영의 문학적 실천은 "현대적 사유의 첨단과 예술적 담론의 창조적 비전을 명징하게 예증하는 구체적인 사례"[78]라고 평가하기에 이른다.

그리고 장제형은 벤야민의 박사학위논문 『독일 낭만주의 예술비평 개념』에서 집중적으로 논구된 낭만주의의 자기반영이론에 의거하여 이상의 「오감도 시 제1호」를 분석하고 있다. 그는 벤야민의 논리에 따라 이 시에서 공포란 "그 자신이 원인이자 동시에 결과인 자기반영의 근원적인 결락과 어긋남, 자기오인 등의 효과이자 그 구조화 양상의 한 국면"[79]으로 이해한다. 그는 벤야민이 예술작품은 완결되지 않고 자신만의 삶을 계속 이어간다고 말한 것처럼 80년 전에 일간지 문예면에 2차원 평면으로 납작하게 붙박인 이상 문학텍스트는 오늘날 우리의 시선 아래에 끊임없이 생동하면서 자신의 후생을 이어가고 있다고 결론을 맺고 있다.

---

77 이찬, 「김수영 시와 산문의 진리의 윤리학과 알레고리적 역사의식」, 『현대문학연구』 제30집, 2014.

78 이찬, 「김수영 산문에 나타난 알레고리적 방법론과 전복적 사유」, 『현대문학이론연구』 제59집, 2014, 250쪽.

79 장제형, 「비평가 발터 벤야민이 읽는 이상의 텍스트 실험(1) – 자기반영이론의 견지에서 '오감'한 「오감도 시제일호」」, 『비교문학』 제64집, 2014, 173쪽.

자본주의의 본질과 근대성, 그리고 대도시에서 경험하는 상품의 물신성과 판타스마고리아의 감각들에 대한 총체적인 연구인 파사주 프로젝트에 관련된 저작들은 대중문화에 대한 연구에 많이 이용되었다. 특히 「사진의 작은 역사」와 「기술복제시대의 예술작품」 등은 매체이론이나 영화이론에 많은 영향을 미쳤다. 그리고 파사주 프로젝트의 일환으로 저술된 보들레르 에세이들은 모더니즘의 소설에서 나타나는 산책자를 설명하고 분석하는 데에 중요한 장치로 활용되고 있다.[80]

조현일은 벤야민의 도시와 군중의 개념을 원용하여 박태순이 도시의 경험을 어떻게 소설화하고 그것이 어떤 의미를 갖는가를 밝히고 있다. 그는 「벌거벗은 마네킹」이 1960년대 서울의 거리에서 새롭게 싹튼 사랑에 대한 탐구를 통해 상품 물신이 지배할 때 발생하는 '저주받은 자의 성애학'의 원형적 모습을 표현한 것으로 평가한다.[81] 그리고 「무너진 극장」(1968)이 1972년과 1989년에 '혁명은 의연히 계속 진행 중'이라고 좀 더 진보적인 방향으로 개작되었다는 점을 매우 부정적으로 평가하고 있다. 이런 평가의 근거로 제시하고 있는 것이 벤야민이 「보들레르의 작품에 나타난 제2제정기의 파리」에서 언급한 '위고의 길'(군중 속에서 민중을 보는)과 '보들레르의 길'(민중과 부르주아 사이의 문지방에서 양자를 함께 보는)의 차이이다. "민중이 아니라 군중의 정치적 힘을 긍정하였던 박태순만의 성취를 전혀 다른 것으로 바꾸어버리고"[82] 말았다는 것이 개작에 대한 부정적 평가의 근거이다. '위고의 길'은 또 하나의 신화적인 것이기 때문이다. 그래서 그의 결론은 박태순의 1960년대 소설을 민중이나 리얼

80 Marzena Zgirska-Lee, 「한국 현대 소설에 나타난 배회자 모티브 연구」, 고려대 박사논문, 2008. ; 박성창, 「모더니즘과 도시 – 박태원 소설에 나타난 산책자 모티브 재고」, 『구보학보』 제5호, 2010.

81 조현일, 「대도시와 군중 – 박태순의 60년대 소설을 중심으로」, 『한국현대문학연구』 제22집, 2007. 8, 362쪽.

82 위의 글, 위의 책, 380쪽.

리즘의 개념에 입각해서 부정적으로 평가하는 것은 재고되어야 하며, 그의 소설은 "대도시의 군중에서 대도시의 정치적 활력을 찾고자 했다."는 점에 의의가 있다는 것인데, 벤야민의 논리가 그런 주장의 근거로 작용하고 있다.

과학기술의 발달로 이루어진 자본주의의 대도시 미학은 세계의 파편화와 추상화, 역사적 연속성의 해체, 지배적 범주로서의 우연성, 대중매체의 충격과 중요성 등에서 출발했다는 하선규의 논의[83]는 벤야민의 이론에 크게 빚지고 있다. 이 연장선에 있는 것이 이양숙의 「대도시의 미학과 1990년대 한국 소설」이다. 이양숙은 벤야민과 크라카우어의 이론을 중심으로 하성란의 소설을 분석하고 있다. 그는 1990년대가 본격적인 소비문화의 형성, 개성을 존중하는 적극적 자기표현의 증대, 가부장적인 권위에 대한 저항 등을 가능하게 하는 물적 토대가 마련되었기 때문에 한국 사회에서 근본적인 감각적 전환이 나타난 시기로 규정하고, 하성란이 대도시 일상 속 사물의 모습을 광범위하게 수집하면서 '클로즈업'과 같은 미시적 묘사를 통해 쉽게 드러나지 않는 도시생활의 의미를 끈질기게 추구했다고 결론을 내리는데[84], 분석의 방법은 벤야민보다는 크라카우어의 대중문화론이나 사진과 영화의 이론에 의지하고 있다. 물론 벤야민이 크라카우어의 초기 저작 『사무직 노동자』(1930)를 호평하면서 그를 '혁명의 날, 이른 새벽의 넝마주이'로 규정할 뿐만 아니라 서로 이론적 친연성을 가지고 있었기 때문에 이 둘을 합쳐도 '벤야민적 이론'이라고 해도 무방할 것이다.

벤야민을 적용한 문학연구에서 성과를 얻기 위해서는 무엇보다 그의 사유(글쓰기) 방식과 문학이론을 충분히 숙지하고 이것을 작품 분석이나

83 하선규, 「대도시의 미학을 위한 프로레고메나」, 『도시인문학연구』 제3권 2호, 서울시립대 도시인문학연구소, 2011.

84 이양숙, 「대도시의 미학과 1990년대 한국 소설 – 하성란의 초기소설을 중심으로」, 『한국현대문학연구』 제47호, 2015. 12, 631쪽.

문학적 실천에 활용하는 것일 것이다. 그러한 활용의 예를 몇몇 연구자들에서 확인할 수 있다. 먼저 손유경은 윤흥길의 「황혼의 집」(1970), 황석영의 「잡초」(1973), 오정희의 「유년의 뜰」(1980)을 벤야민의 문학이론을 바탕으로 분석하여 전쟁을 겪은 과거의 '나-아이'가 1970년대라는 현재의 '나-어른'과 맺고 있는 변증법적 관계를 드러내고, 전쟁의 기억이 산업화시대 삶의 조건을 어떻게 탈구축하고 있는가를 밝혀내고 있다. 전체적으로 연구자의 해석이 돋보이는데, 예를 들면 「유년의 뜰」의 가치는 삶이란 죽음에 곧장 닿아 있음을 몸으로 알고 있었던 '노랑눈이'의 "유년의 기억-이미지가 현재의 '나-어른'을 일깨운 각성의 순간에 '내'가 그것을 꽉 붙들고 늘어졌다는 데에서 기인"[85]한다고 보는 부분이다. '나-어른'이 유년의 기억과 만나 변증법적으로 만들어진 '유년의 기억-이미지'에는 이미 각성된 미래의 희망이 내재되어 있다는 것이다. 그는 비의지적으로 회귀하는 유년기-무의식에 정직하게 반응하는 회상의 한 '형식'이 산업화시대와 밀접히 교호함으로써 1970년대 '성장서사'('성장신화')의 무의식의 일단을 드러내고, 이것이 '아이'라는 1970년대식 타자가 이루어낸 작은 성과임[86]을 밝히고 있다.

다음으로 서동수는 벤야민의 언어철학에 입각해서 임철우의 『백년여관』(2004)이 잃어버린 낙원을 복원하기 위한 미메시스이자 자기구원의 서사임을 밝히고 있다. 그는 자기구원을 '망각-기억-구원'이라는 모색의 과정으로 살피고 있다. 그에 따르면 작중의 소설가는 망각되고, 실어증에 걸린 그들의 침묵을 다시 번역하여 거기에서 잃어버린 아담 언어의 파편들을 찾아낸다. 임철우의 글쓰기는 망각의 번역을 통해 역사의 피해자들의 기억을 복원하고 상처받은 영혼의 아픔뿐만 아니라 그들의 침묵

85 손유경, 「유년의 기억과 각성의 순간 – 산업화시대 '성장' '서사'의 무의식에 관한 일고찰」, 『한국현대문학연구』 제37호, 2012. 8, 344쪽.

86 위의 글, 위의 책, 347쪽.

속에 내재된 '잃어버린 진리'를 드러냄으로써 구원의 가능성을 발견하는 일이었다.[87]

그리고 이은애는 대도시의 거리에서 쉴 새 없이 움직이며 이동하는 '환상의 베일'과도 같은 군중 속에서, 시적 영감의 원천을 습득했던 보들레르의 미적 경험을 분석한 벤야민의 예리한 통찰력을 원용하여 김승옥의 「서울 1964년 겨울」에 드러난 인물들의 존재 방식을 분석하고, 나아가 현대 대도시 속 주체들의 '정체성' 및 심리적 현실을 정신분석적 측면에서 독해하고 있다. 그는 '사내'의 멜랑콜리적 주체를 설명할 때는 프로이트의 정신분석학적 논리를, '안'과 '나'의 도시 체험은 벤야민의 산책자 개념을 원용한다. '사내'의 죽음에서 '안'이 냉소와 무관심의 베일을 벗고 무의식에서 올라오는 '실재를 향한 열망'과 마주하게 되는데, 이 끔찍한 '쓰여지기의 불가능'의 세계인 '실재'를 보아버림으로써 김승옥이 더 이상 소설쓰기가 어려워졌다는 것이다. 그래서 김승옥이 구원의 방식으로 선택한 것은 신을 향해 나아가는 것이었다고 추론하는 것이다.[88]

마지막으로 안상원은 벤야민의 알레고리론으로 백석 시의 언술양상을 밝히고 있다. 그가 벤야민의 이론에서 가져오는 방법 틀은 역사와 자연의 몰락을 시체와 죽음 이미지로 읽어내는 알레고리론, 변증법적 이미지를 만들어내는 형식으로서의 '파편', 새로운 의미를 부여하는 '이야기하기', 관계 맺음에 실패한 멜랑콜리적 주체가 내부로 침잠하는 '숙고 혹은 정관', 찰나적으로 포착되는 '비감각적 유사성' 등이다. 세계상실을 재현하는 방식으로 하나는 '파편'이고 다른 하나는 '이야기하기'이다. 그리고 멜랑콜리적 주체가 취하는 방식은 하나는 망각된 것, 사라진 것을

87 서동수, 「망각의 번역과 자기구원의 서사 – 임철우의 『백년여관』을 중심으로」, 『한국문예비평연구』 제42집, 2013. 12, 97쪽.

88 이은애, 「소설 속에 나타난 대도시인의 '정체성' 연구 – 김승옥의 몇 가지 모티프에 관하여(1): 보들레르, 벤야민 그리고 김승옥: 「서울 1964년 겨울」을 중심으로」, 『한중인문학연구』 제49집, 2015, 141쪽.

주체 내부로 투사하는 '정관'이고 다른 하나는 미약한 대상과 동질감을 느끼고 그것이 '되는' 주체의 '비감각적 유사성'이다. 그는 백석 시의 언술방식이 알레고리적이고, 그것을 드러내는 주체는 분절되거나 분리된 것은 아니라고 주장한다.[89] 그의 시 분석은 매우 탁월하나 '비감각적 유사성'의 개념으로 설명하고 있는 「남신의주유동박씨봉방」의 '갈매나무'를 멜랑콜리적 주체의 비감각적 유사성으로 설명하는 것에는 동의하기 어렵다.

벤야민이 「메메시스 능력에 대하여」와 「유사성론」에서 구체화한 '비감각적 유사성'이란 일종의 상대적 개념이다. 벤야민에 따르면 "그 개념은 언젠가 사람들로 하여금 어떤 별들의 상태와 한 사람 사이에 존재하는 유사성에 대해 말할 수 있게 한 그 무엇을 우리는 더 이상 우리의 지각세계에 지니고 있지 않다는 것을 뜻한다. …(중략)… 소리로 말해진 것과 의도된 것 사이의 결합뿐만 아니라 글로 쓰인 것과 의도된 것 사이의 결합, 그리고 글로 쓰인 것과 소리로 말한 것 사이의 결합도 이루어내는 것이 비감각적 유사성이다. 그리고 이 때 결합은 각각의 경우 전혀 새롭고 독창적이며 도출 불가능한 방식으로 이루어진다."[90] 점성술에서 시작된 인간의 미메시스적 재능이 문자와 언어로 진입하여 언어는 미메시스적 태도의 최고의 단계가 되었고, 언어는 비감각적 유사성의 완벽한 서고이다.[91] 모든 미메시스적 능력이 전이되어 있는 언어 매체를 '전혀 새롭고 독창적이며 도출 불가능한 방식'으로 결합함으로써만 '마법의 힘들을 해체'할 수 있다고 본 것이 벤야민의 비감각적 유사성 이론이다. 따라서 안상원이 연약하고 무상한 것들과의 '비감각적 유사성'을 포착하는 주체가 갈매나무를 상상하면서 '굳고 정한' 삶의 가능성을 예감한다고

---

89 안상원, 「백석 시의 알레고리 연구」, 『한국문예창작』 제15권 제1호, 2016. 4, 39–58쪽.

90 벤야민(W. Benjamin), 「유사성론」, 『선집6』, 203–204쪽.

91 벤야민(W. Benjamin), 「미메시스 능력에 대하여」, 『선집6』, 215–216쪽 참조.

해석하는 것은 벤야민의 이론과는 거리가 있다.

이상에서 살펴본 벤야민의 수용은 아직도 이론 소개의 수준이거나 부분적으로만 적용되는 이론적 '도구상자'의 수준에서 크게 벗어나지 않고 있다. 그의 문학이론을 빌려와 한국문학 작품을 분석하여 새롭게 해석하는 데 자의적이거나 편의적으로 적용하는 경우가 많은 것은 바로 그 때문이다. 그럼에도 불구하고 벤야민의 문학이론을 연구의 방법으로 삼는 문학연구가 한국문학사에서 중요한 위치를 점하고 있는 이상, 백석, 김수영의 시와 박태원, 이청준, 김승옥, 박태순, 황석영, 조세희, 오정희, 윤흥길, 임철우, 하성란 등의 소설을 새롭게 해석할 수 있는 이론적 틀을 마련하고 있다는 점에서 큰 의의가 있다. 한국문학을 새롭게 해석할 수 있는 전거를 마련했다는 점에서 벤야민적 문학실천이 문학연구에 적지 않게 기여하고 있음을 인정해야 할 것이다.

5. 맺음말

벤야민에게 글쓰기의 궁극적인 목적은 죽음을 유예하는 일이면서 동시에 인간의 삶을 그것이 갇혀 있는 자본주의적 상황으로부터 '구원'하는 것이었다. 그것을 실현하는 방법이 '역사적 사물'을 '구원'하는 것으로 나타났다. 여기에서 역사적 사물은 역사의 연속체로부터 폭파되어 나올 때 구성된다. 역사의 '한시적 중핵'은 현재와 함께 긴장된 성좌를 이루면서 정치적 의미들로 충전되고, 변증법적 의미에서 역사의 전사와 후사로 양극화된다. 역사의 연속체로부터 '폭파되어 풀려나온' 역사적 사물의 '단자론적 구조' 속에서 역사의 전사와 역사의 후사는 식별 가능한 형태로 드러난다. 이 때 과거는 인식 가능성의 '지금-여기'에 빛나는 이미지로 고정된다. 이것이 바로 '변증법적 이미지'이며, 이러한 사유 방식이 '정지 상태의 변증법'이다. 현재와 과거가 갑자기 살아나 혁명적 의미를 갖게 되는 변증법적 이미지는 '역사적 사물' 즉 정치적으로 충전된 단자로서, 역사의 연속체로부터 '폭파'되어 나와 현재 안에서 '현실화'된다.[92] 이러한 인식의 충격을 통해 꿈꾸는 집단을 흔들어 깨움으로써 정치적 '각성'에 이를 수 있다는 논리가 벤야민의 '구원'이다.

그의 이론이 "어떤 측면에서도 영역적으로 국한시킬 수 없는, 한 시대의 종교, 형이상학, 정치·경제적 경향들의 총체적 표현"[93]인 예술을 출구 삼아 세속적인 구제와 현세적 혁신을 꾀하는 급진적 사유이면서 동시에 온화하고 섬세하다는 점에서 전적으로 새롭다는 것[94]이 벤야민의 현재성일 것이다. 현대사회가 갖고 있는 자본주의의 내적 모순을 해결하기 위해 서구의 많은 철학자들이 그의 철학을 발전적으로 계승·변용하고 있는 것에서도 그의 이론의 현재성이 확인된다. 그렇다고 해서 무비판적으로 벤야민의 이론을 그대로 답습해서도 안 될 것이고, 반대로 자의적으로 왜곡하는 일은 더욱 경계해야 할 것이다.

벤야민적인 문학실천에서 확인할 수 있는 것은 그의 이론을 가지고 한국문학을 분석하고 해석하는 데 유용한 부분이 많다는 점이다. 벤야민의 사유방식이 한국문학을 새롭게 해석할 수 있는 가능성이 높다는 것도 확인되었다. 그러나 새롭다는 것이 언제나 좋은 것만은 아니다. 벤야민의 수용이 문학연구와 비평에서 말해지지 않는 것, 말할 수 없는 것을 밀도 있게 탐색하여 드러냄으로써 한국문학을 풍요롭게 하는 데 기여할 수 있는 경우에만 '새롭다는 것'이 의미를 가질 것이기 때문이다.

나아가서 더 중요한 것은 우리의 시대나 문학작품을 벤야민의 이론이라는 틀에 따라 그대로 설명하거나 해석하는 것이 아니라 벤야민적 사유의 방법으로 우리 시대와 작품을 향해 질문하고 그 안에서 해결책을 찾는 일이다.[95] 다시 말하면 사유하는 방법으로써 들뢰즈의 '비역질'이나

---

92 벅-모스(S. Buck-Morss)/ 김정아 옮김, 앞의 책, 287쪽.

93 최성만, 『발터 벤야민 - 기억의 정치학』, 267쪽.

94 문광훈, 앞의 책, 46-98쪽 참조.

95 최문규, 『파편과 형세』, 서강대학교 출판부, 2012, 581쪽 참조.

알랭 바디우의 '밀침'과 같은 '생산적 오해'나 '창조적 오독'이 벤야민의 이론 수용에 필요하다는 말이다. 벤야민의 문학이론과 우리의 현실이나 문학이 만나는 접점에서 벤야민적인 '문지방적 사유'를 전개하여 창조적인 문학이론과 방법론을 구성하는 것이 필요하기 때문이다. 이러한 태도를 문광훈은 다음과 같이 적절하게 표현하고 있다.

> 벤야민을 읽는다는 것은, 읽고 해석하며 다시 쓴다는 것은 그가 염원한 더 바람직한 역사의 이미지를 지금 여기로 불러들이고, 이 이미지에 녹아 있는 '의미를 실제로 사는' 일이다. 그것은 마땅히 우리가 살아가는 오늘의 삶을 다시 위치 짓는 일과 이어진다. 지식의 구제란 현대성의 재검토이고, 이 현대성 아래 살아가는 우리 삶의 좌표축을 각자가 재설정하는 일이다.[96]

메시아적 역사철학에서 출발하는 벤야민의 정치적 기획은 데리다와 아감벤 같은 현대적 해석자를 경유하여 어느새 진보적 이론진영의 가장 중심적인 쟁점이 되었다.[97] 요즘은 '윤리'의 문제에 집중하여 '문학의 정치성'이 비평계와 문학연구에 중요한 주제가 되었는데, 자크 랑시에르, 알랭 바디우, 한나 아렌트, 슬라보예 지젝, 데이비드 하비 등의 이론이 유행하고 있는 것도 이런 이유 때문이다. 벤야민을 필두로 외국의 많은 이론들이 그러한 '현재성'을 가지고 한국문학 연구의 '상수'는 아닐지라도 문학에 대한 인식론적 태도나 방법으로 기능할 가능성은 매우 크다. 그렇다면 그것들을 어떻게 주체적으로 수용할 것인가가 문제이다. 새롭게 수용된 외국의 문학이론은, 들뢰즈식으로 말하면, 기존의 문학이론을 탈영토화시키는 역할을 해왔다. 그러나 그것도 머지않아 한국에서 재영

96 문광훈, 앞의 책, 1085쪽.

97 김수환, 「"책에 따라 살기" – 유리 로뜨만의 문화유형론과 '러시아'라는 유령에 관하여」, 황정아 엮음, 『다시 소설이론을 읽는다』, 창비, 2015, 124쪽.

토화되는 경향을 보여줄 것이다.

그럼에도 우리는 새로운 외국이론을 수용하면서 각자의 삶에 합당한 좌표축을 재설정하는 일을 게을리 할 수 없다. 한국문학이 지식의 구원을 통해 세계사적 보편성을 확립해야 할 것이기 때문이다.

들뢰즈의 문학이론과 한국문학

1. 들어가며 - 왜 들뢰즈인가?

1989년 현실 사회주의가 몰락하면서부터 민족문학이나 민중문학에서 주장하는 루카치적인 리얼리즘이론은 현격하게 약화되었다. '포스트모더니즘'이라는 후기산업사회의 문화적 징후가 이 좌파적 이념의 공백 상태를 매우면서 우리 문학계를 풍미하게 된다. 그러나 이때 학계에서는 조심스럽게 반-세계주의 좌파 및 자본주의에 대한 저항을 위한 이론적 근거로 프랑스의 후기구조주의의 사상을 한국에 수용하기 시작한다.

푸코의 찬사 섞인 예언[1]처럼 들뢰즈는 새로운 사유를 가능하게 하여 현대철학의 중심적 준거점을 마련했다. 그의 철학은 '우리가 이전에 결코 보지 못했던' 새로움이었기 때문에 그의 사유방식은 오늘날 '폭풍'이

---

1 "언젠가 들뢰즈라는 이름으로 주어지게 될 번득이는 폭풍이 나타날 것이다. 새로운 사유는 가능하다. 다시 말해 사유는 다시 한 번 가능해졌다. 이 사유는 새로운 시작들에서 가장 멀리 떨어져 있는 사람들에 의해 약속된 미래에 있는 것이 아니다. 그것은 밖으로 분출되고 우리 앞에서 우리 가운데에서 춤추는 들뢰즈의 텍스트 속에 있다. 다시 말해 그것들은 생기적인 사유, 강렬한 사유, 긍정적 사유, 무범주적인 사유이며 그들 각각은 인식할 수 없는 얼굴이며 우리가 이전에는 결코 보지 못했던 가면이다." 정정호, 「들뢰즈의 "초월적 경험주의" 작동시키기 또는 인문학 "부재"시대의 들뢰즈 타작(打作)하기」, 한국비평이론학회, 『들뢰즈와 그 적들』, 우물이 있는 집, 2006, 20-21쪽 재인용.

라고 할 만큼 큰 파장을 불러일으켰다. 그의 '저항하는 다중', '유목적 주체성', 정신분석에 대한 '반-오이디푸스적' 비판 등의 개념들은 오늘날 학계의 공통 통화가 되었다.[2] 그의 이론들은 철학, 문학, 영화, 미술, 음악, 건축, 문화 등 광범위한 영역에서 새로운 사유의 길을 내며 막중한 영향력을 끼치고 있다. 이론적 흐름 위에서 그의 사유는 일반적으로 '탈근대'와 '후기구조주의'로 분류되지만 그가 내고 있는 목소리는 오히려 탈근대와 후기구조주의까지도 넘어선 것처럼 보인다. 차라리 '들뢰즈적 사유'라고 하는 것이 가장 적합할 만큼 그의 사유체계는 독특하고 새로운 지평을 열어서 보여준다.

그의 이론이 '받아들여질 수 있는' 혹은 '사유될 수 있는' 영역은 매우 광범위하며, 그만큼 각 분야에 따라 각기 다른 모습으로 수용되고, 또한 다양한 의미가 부여되고 있다. 다른 분야는 필자의 한계를 벗어나는 문제이기 때문에 여기에서는 문학에 한정하여 논의를 전개하고자 한다. 그가 따로 문학이론을 전개한 일은 없지만, 그의 모든 저작에서 문학에서의 생성과 창조성을 그의 사유의 한 방식으로 삼고 있기 때문에 많은 연구자들이 들뢰즈적인 문학이론을 이끌어냈고, 또 얼마든지 다르게 생성해낼 수 있을 것이다. 정정호 교수는 '인문학의 위기'와 '문학의 죽음'시대에 어떤 문학적 사유가 가능한가를 자기반성하면서 "들뢰즈의 타작打作을 통하여 들뢰즈 이론은 문학을 다르게 바라보고 읽는 데 필요한 새로운 '비평기계'가 될 수 있다."[3]는 점을 분명히 한 바가 있다. 그러나 '문학을 다르게 바라보고 읽는 데 필요한' 비평이론을 정립하는 것이 진정으로 들뢰즈적인 문학이론인가는 의문의 여지가 많다.

질 들뢰즈(1925~1995)는 '동일성으로 환원되지 않는 차이 그 자체'를,

---

2 슬라보예 지젝(S. Zizek)/ 김지훈·박제철·이성민 옮김, 『신체 없는 기관 – 들뢰즈와 결과들』, 도서출판b, 2006, 11쪽.

3 정정호, 「"중간"문학론, "사이'버 유목 공간 그리고 영미문학론」, 한국비평이론학회, 『들뢰즈와 그 적들』, 우물이 있는 집, 2006, 62쪽.

그것이 갖는 생성적인 능력을 포착하려는 철학적 기획 속에서 자신의 저작들을 생산했다. 그는 1968년 이후 혁명적 마르크스주의자인 가타리를 만나면서 욕망과 혁명의 접속을 통해 '생성의 철학'을 구체화하였다. 그들 철학의 근간을 이루고 있는 것은 "권력이 욕망이다."라는 명제와 "욕망은 언제나 특정한 배치로서 존재하고 작동한다."는 명제이다. 이러한 명제 속에서 전개된 그의 문학적 사유는 문학작품의 의미를 밝히고 가치를 탐색하는 것과는 거리가 멀다. 오히려 언어적 질료들의 흐름이 어떤 '욕망하는 기계'를 만들어 가면서 다양체를 형성하는가를 보여줄 뿐이다.

들뢰즈의 이론은 라캉의 이론이 그랬던 것처럼 철학보다는 문학 쪽에서 먼저 수용된다. 그가 가타리와 함께 1975년에 저술한 카프카의 '소수적인 문학'에 대한 것이 조한경에 의해 1992년에 처음으로 번역 소개되었다. 그 후 10년간 들뢰즈의 대부분이 저술들이 번역되었을 뿐만 아니라 그에 대한 연구서들이 수종 번역 소개되었다. 국내 학자들의 들뢰즈 연구는 대부분 철학자들에 의해 이루어졌는데[4], 이들 대부분은 들뢰즈의 이론을 소개하는 차원에서 크게 벗어나지 않는다. 들뢰즈의 이론을 전유하여 문학에 대한 '비평기계'를 작동시키기 시작한 것은 2002년을 전후한 시기부터이다. 수유연구실+연구공간 '너머'의 강좌 '문학과 철학 사이' 혹은 '카프카, 들뢰즈를 만나다'를 준비하는 과정에서 만들어진 고미숙 외 6사람이 공동 연구한 『들뢰즈와 문학-기계』(소명출판,

4 서울사회과학연구소 편, 『탈주의 공간을 위하야』, 푸른숲, 1997. ; 박성수, 『들뢰즈와 영화』, 문화과학사, 1998. ; 이정우, 『시뮬라크르의 시대 : 들뢰즈와 사건의 철학』, 거름, 1999., 『삶·죽음·운명 : 스토아철학에서 禪으로』, 거름, 1999. ; 서동욱, 『차이와 타자』, 문학과지성사, 2000., 『들뢰즈의 철학 ; 사상과 그 원천』, 민음사, 2002. ; 이진경, 『노마디즘1·2』, 휴머니스트, 2002. ; 정형철, 『들뢰즈와 가타리 - 포스트구조주의와 노매돌로지의 이해』, 세종출판사, 2004. ; 이광래, 『유목하는 철학자들』, 지성의 샘, 2006. ; 김승숙, 『소수의 시학 - 들뢰즈와 가타리의 리좀적 사유양식』, 한국학술정보(주), 2009.

2002)에서부터 문학연구에 들뢰즈적 사유가 하나의 비평 방법이 되었다. 그 후 들뢰즈는 문학연구에 중요한 디딤돌이거나 방법론이 되고 있는 실정이다.

그렇다면 들뢰즈적 이론의 수용이 얼마나 적합한지, 그것이 한국문학의 새로움으로 기능하고 있는지, 또 어떤 가능성이 있는지를 가늠해보는 것도 중요할 것이다. 그렇기 위해서는 들뢰즈의 이론이 보여주고 있는 수많은 사유의 지평들이 문학이론에 어떻게 적용될 수 있는가를 중점적으로 살펴보아야 할 것이다. 따라서 이 연구는 들뢰즈의 철학하기로서의 글쓰기가 어떻게 이루어지고 있고, 그것들에서 어떤 문학이론을 이끌어 낼 것인가를 먼저 밝히고자 한다. 나아가서 들뢰즈적 사유를 문학연구에 적용시킨 오늘날의 문학연구가 어떤 의의와 한계를 지니는가를 검토하고, 들뢰즈적 문학연구의 가능성을 조심스럽게 탐색하고자 한다.

2. 들뢰즈의 글쓰기

들뢰즈에게 글쓰기는 철학하기와 다를 것이 없다. 그는 글쓰기란 '코드'가 아니라 '유출flux'이라고 말한다. 글쓰기는 흐름이라는 것이다. 철학사가 강요하는 개념의 선을 따르는 것이 아니라 자신의 내부에 솟아나는 '사건simulacre'[5]들을 기록하는 것이 그의 글쓰기이고 철학이었다.[6] 자신

5 시뮬라크르는 '복사물의 복사물', '무한히 떨어진 도상', '무한히 느슨해진 유사성'이다.(질 들뢰즈(이정우 역), 「플라톤과 시뮬라크르」, 『의미의 논리』, 한길사, 1999, 411쪽) 이것은 플라톤의 이데아를 한 극점이라고 할 때 그 반대편에 있는 극점이 바로 시뮬라크르이다. 이것을 이정우는 '사건' 또는 '감성적 언표'라는 말로 표현했고, 박정태는 '환상'이라는 말로 번역했다. 들뢰즈적 의미에서 시뮬라크르는 무존재, 무가치, 비본질, 순간, 혼돈, 변화, 그 어떤 올바른 견해도 있을 수 없는, 일의적 존재의 내재적인 다수 양태로서의 현실화된 존재자들 일반, 순수 사건 일반 모두를 가리키는 말이다. 알랭 바디우(박정태 역), 『들뢰즈 - 존재의 함성』, 이학사, 2001, 354-358쪽 참조.

6 질 들뢰즈(G. Deleuze)/ 김종호 역, 『대담』, 솔, 1993, 30쪽 참조.

의 '산 경험living experiences'에서 나온 그의 글쓰기는 '사건의 철학'[7]일 수밖에 없었다. 그런데 그의 글쓰기는 기존의 철학자들을 '비역질'하는 일이었다.

> 철학사를 일종의 비역, 혹은 같은 얘기 같지만, 무염시태無染始胎 같은 것으로 생각하는 것이었지. 나는 어떤 작가의 등에 달라붙어서 그의 애를 만들어낸다고 상상했지. 그것은 그의 아이가 될 것이고, 흉물스러울 것이었지. 그것은 그의 아이라는 사실이 아주 중요해. 실제로 그 작가는 내가 시키는 대로 말을 해야 했으니까. 하지만 그 아이가 괴물 같다는 사실 역시 필수적인 것이었지. 온갖 종류의 비틀기, 미끄러지기, 부수기, 그리고 은밀하고 기분 좋은 배설을 거쳐야 했으니까."[8]

들뢰즈는 철학사를 무염시태와 같은, 일종의 '비역'의 역사로 보고 있다. 어떤 철학자의 등에 달라붙어 그의 논리를 비틀고 부수고 가로질러서 흉물스런 그의 아이를 만들어내는 일이 철학하는 방법이었다. 들뢰즈는 스토아철학, 스피노자, 니체, 베르그송 등으로 플라톤을 '비역질'하여 '반플라톤주의'를 만들어냈다. 후기구조주의자들의 철학은 메타철학의 양태로서만, 다른 철학자들에 대한 독해로서만 실천될 수 있다는 점에서 동일하지만, 들뢰즈와 데리다의 철학하는 방법은 매우 상이하다. 데리다가 비판적인 해체의 양태로, 해석된 텍스트나 저자를 와해시키는 양태로 나아가는 반면, 들뢰즈는 비역질을 통해 그 자신의 최심중의 입장을 해석된 철학자에게 귀속시키며 그 철학자로부터 그것을 추출해내려고 애쓴다. 따라서 데리다가 '의혹의 해석학'에 관여하는 반면, 들뢰즈는 해석된 철학자에게 과도한 '호의'를 베푼다. 직접적인 언어사용의 수준에서

---

7 이정우, 『시뮬라크르의 시대 - 들뢰즈와 사건의 철학』, 거름, 1999.

8 질 들뢰즈(G. Deleuze)/ 김종호 역, 앞의 책, 29쪽.

보자면, 데리다가 자신의 글쓰기에 이용된 개념이 전적으로 자신의 것이 아님을 내비치면서 시종일관 인용부호에 의존해서 글쓰기를 하는 반면, 들뢰즈는 인용부호 없이 자유간접화법으로, 해석된 저자를 통해 직접 말하면서 모든 것을 승인한다. 들뢰즈에 대한 헤겔적 비역질을 감행한 슬라보예 지젝은 들뢰즈의 '호의'가 데리다적 독해보다 훨씬 더 폭력적이고 전복적이라고 말한다.[9] 그래서 들뢰즈의 비역질은 진짜 괴물을 산출하기에 이른다는 것이다.

들뢰즈가 푸코를 비역질한 『푸코』(1986)[10]에는 자유간접화법을 끊임없이 사용하고 있는데, 그의 진술은 푸코의 것도 들뢰즈의 것도 아닌 비인격적 특이성들이 말을 하고 있다. 예를 들면 우리가 "인간, 즉 힘들 사이의 힘으로서의 인간이 자신을 구성하는 힘들을 접는 일은 오로지 외부가 외부 스스로 파헤쳐 들어갈 경우에만 가능하다."라는 문장을 읽을 때, 우리는 다음과 같은 질문을 제기할 수 있다. 과연 이것이 푸코의 진술에 관한 문장인가? 아니면 그 자체가 푸코에 대한 들뢰즈의 해석에 해당하는 문장인가? 그것도 아니면 작용적인 힘과 반작용적인 힘의 놀이가 유형학적인 방식으로 인간을 구성한다는 니체에 대한 들뢰즈의 독해를 보여준다는 점에서, 또는 이 문장이 들뢰즈의 중요한 개념 가운데 하나인 '주름'의 개념을 드러낸다는 점에서 들뢰즈 자신의 한 논제에 해당하는 문장인가? 그 어떤 질문과 응답도 분명하지 않다. 여기에 대해서 바디우는 다음과 같이 말하고 있다.

> 푸코를 가로지르면서 하나의 밀침poussée 또는 강제의 경우를 행하는 것이 이제 들뢰즈 위에서 또 다른 하나의 밀침을 가하고 있는 바, 위의 문장은 바로 이 후자의 밀침으로부터 비롯된 것이다. 이처럼 사유는 언

---

9 슬라보예 지젝(S. Zizek)/ 김재훈·박제철·이성민 옮김, 앞의 책, 99-100쪽 참조.

10 이 책은 권영숙 등이 번역하여 1995년 새길출판사에서 『들뢰즈의 푸코』라는 이름으로 출판되었다.

제나 비인격적인 특이성들로 하여금 "말을 하게하는 것"이기 때문에, 결국 우리는 위에서 문제되고 있는 진술이 푸코로부터 유래하고 있는 것이다, 또는 들뢰즈로부터 유래하고 있는 것일 수도 있다는 식의 주장을 푸코와 들뢰즈 개개인의 동일성이 사라짐 속에서 무차별적으로 펼칠 수가 있게 되는 것이다.[11]

들뢰즈의 '비역'과 바디우의 '밀침(강제)'은 철학하는 방법에 대한 다른 이름이다. 이러한 '철학적 자유간접화법 스타일'의 글쓰기를 감행한 들뢰즈의 사유 방법은 '생산적 오해'나 '창조적 오독'을 유발한다. 지젝에 따르면, 알랭 바디우가 말했듯이, 철학이란 본래 공리적이며, 근본적인 통찰의 결과적 전개이다. 철학사의 모든 위대한 '대화들'은 같은 수의 오해의 사례들이라고 할 수 있다. 아리스토텔레스는 플라톤을 오해했고, 토마스 아퀴나스는 아리스토텔레스를 오해했고, 헤겔은 칸트와 셸링을 오해했고, 마르크스는 헤겔을 오해했고, 니체는 예수를 오해했고, 하이데거는 헤겔을 오해했고, 분석철학은 비트겐슈타인에 대한 오독으로부터 출현했다는 것이다. 한 철학자가 다른 철학자에게 결정적인 영향을 끼쳤던 정확히 그때, 이 영향력은 예외 없이 '생산적 오해'에 기초하고 있다는 것이다.[12]

이런 '오해'는 문학사에서도 그대로 나타난다. 해롤드 블룸에 따르면, 시적 영향이 강력하고 권위 있는 두 시인에 관계될 때 선배 시인의 시에 대한 오독, 다시 말하면 사실상 필수적으로 잘못된 해석인 창조적 수정 행위에 의해서 언제나 계속되어 왔다. 서구의 시적 영향의 역사는 영향에의 불안 및 자구책에서 비롯되는 풍자의 역사, 왜곡의 역사, 그것 없이는 근대시가 존재할 수 없었던 예상 밖의 의도적인 수정주의의 역사라는

11 알랭 바디우(A. Badiou)/ 박정태 옮김, 『들뢰즈-존재의 함성』, 이학사, 2001. 58쪽.

12 슬라보예 지젝(S. Zizek)/ 김재훈·박제철·이성민 옮김, 앞의 책, 8쪽.

것이다. 그래서 모든 독서행위는 정당한 것으로부터의 필연적인 궤도 이탈일 수밖에 없는 '창조적 오독'이 시인으로 하여금 다시 한 번 더 시의 근본원리로 복귀하게 하고, 여기에서 새롭게 시 연구를 시도할 수 있게 되었다는 것이다.[13]

이상과 같은 들뢰즈의 비역질하기로서의 글쓰기는 삶이라는 카오스를 파악하려는 시도이고, 글쓰기의 궁극적인 목적이 재현하는 것이 아니라 발명(창조)하는 것이라는 점을 분명하게 보여준다. 현상학이나 구조주의의 어떤 체계나 어휘로도 삶의 흐름을 재현하기에 부적절하다고 믿기 때문이다.[14]

> 확실히 글쓰기는 체험한 재료에 (표현)형식을 부여하는 것이 아니다. 문학은 곰브로비치의 말과 행동처럼 오히려 비정형이나 미완성을 향한다. 글쓰기는 늘 미완성으로 끝나는, 늘 일어나고 있는 생성·변화의 문제이다. 그것은 살기에 편하거나 체험된 모든 재료를 벗어난다. 글은 생성·변화와 불가분의 것이다. 우리는 글을 쓰면서 여성이 되거나 동물이 되거나 식물이 되기도 한다. 또한 미립자가 되어 지각 불가능한 것이 되기도 한다.[15]

들뢰즈에게 글쓰기는 동일화, 모방, 미메시스와 같이 체험된 재료에 어떤 표현의 형식을 부여하는 재현이 아니라 우리가 더 이상 여성이나 동물, 분자와 구분할 수 없는 그런 이웃 영역, 식별불가능하고 미분화된 지대를 찾아내는 것이다. 이것이 들뢰즈의 생성이고 '~되기'이다.

---

13 해롤드 블룸(H. Bloom)/ 윤호병 역, 『시적 영향에 대한 불안』, 고려원, 1991, 51쪽.

14 클레어 콜브룩(C. Colebrook)/ 백민정 역, 『질 들뢰즈』, 태학사, 2004, 16쪽.

15 질 들뢰즈(G. Deleuze)/ 김현수 역, 『비평과 진단』, 인간사랑, 2006, 15쪽.

3. 들뢰즈의 문학이론

현란하고 다양한 들뢰즈의 철학에서 그의 문학이론을 이끌어낸다는 것은 어쩌면 '반-들뢰즈적인 것'일 수 있다. 들뢰즈가 전 생애에 걸쳐 다양한 예술분야에 열정적인 관심을 보였지만, 가장 지속적으로 관심을 가진 분야는 문학이었다.[16] 직접적으로 문학 작품을 분석한 저술만 보더라도 '기호들'과 '문학기계'라는 개념으로 프루스트의 소설을 다루고 있는 『프루스트와 기호들』(1964), 19세기 소설가 마조흐를 사드와 비교하면서 정신분석적으로 접근한 『매저키즘』(1967), 루이스 캐럴의 작품을 가지고 의미의 생성과정을 다루고 있는 『의미의 논리』(1969), 카프카의 소설을 가지고 '소수적인 문학'을 언급했던 『카프카』(1975), D.H.로렌스·앙토냉 아르토·휘트먼·멜빌 등의 작품을 통해 문학과 삶의 관계를 성찰한 『비평과 진단』(1993) 등이 있다. 그러나 이상의 저술들에서 들뢰즈는 문학작품 안에서 표현되는 관념들이나 문맥을 찾으려고 하지 않았을 뿐만 아니라 철학 혹은 심리학의 주장들을 지지하는 일종의 기록의 형식 혹은 예나 증거로 사용하지도 않았다. 우리가 이러한 저술들을 읽는다고 해서 그가 다룬 작가나 작품을 이해하는 데 도움이 되지 않는 이유가 여기에 있다. 다만 그가 추구한 것은 '문학과 함께 사유하기'였다. 다시 말하면, "문학 텍스트와의 조우를 통해 생성되고 발전되는 철학적 이슈에 대한 성찰"[17]이었다. 들뢰즈에게 문학은 철학이나 과학과 같이 사유의 주요한 양식으로서 삶을 변화시키는 역능puissance이면서 동시에 분석의 대상이라기보다는 그 자체로 하나의 사유의 출발점이었다.

들뢰즈는 사유의 주요한 세 양식으로 '개념들의 창조로서의 철학', '지각들percepts과 감응들affects의 창조로서의 예술', 그리고 '기능들의 창조로서의 과학'을 들고 있는데, 이것들이 종횡무진 서로를 가로지르면서

---

16 로널드 보그(Bogue, R.)/ 김승숙 역, 『들뢰즈와 문학』, 동문선, 2006, 11쪽.

17 위의 책, 12쪽.

들뢰즈적 사유가 전개된다. 철학은 개념을 가지고 내재성의 판을 짜고, 예술은 감각을 가지고 구성의 판을 짜며, 과학은 기능을 가지고 좌표의 판을 짠다.[18] 철학이 우리 자신과 사유가 무엇인지를 재창조한다는 점에서 개념적인 생성이라면, 예술은 우리를 우리 자신으로부터 해방시켜 질료를 따르게 한다는 점에서 감각적인 생성이라고 할 것이다.[19] 그에게 글쓰기와 사유하기는 생성의 과정을 기술description하는 창조 행위이다. 이러한 사유 양식 중에 예술, 특히 문학은 감각의 덩어리, 즉 지각물과 감응들의 복합물이다. 따라서 문학은 느낌과 감각 가능한 경험들을 다루기 위해서 인지적이거나 지적이지 않은 감응적인 용어들로써 사유하는 역능이라고 할 것이다.

들뢰즈는 역능puissance과 힘force을 구별한다. 실재적인 것the real은 현실적인 것the actual과 잠재적인 것the virtual으로 이루어져 있다. '잠재성의 철학자'로 불릴 만큼 잠재적인 것(리좀적이고 분자적인 것)을 사유의 중심에 두고 있는 들뢰즈적 사유에서 실재가 그 어떤 최초의 불안전성에 가해진 절단으로써 건설된 차이화라고 한다면, 잠재적인 것은 모든 사유에 앞서서 '있음'으로서의 기초이며, 잠재적인 것 중에서 하나가 현실적 조건에서 실현된 것이 현실적인 것이다. 이 현실적인 것은 사물들의 상태들과 체험된 것에 의해서만 구성되는데 반해, '혼돈의 한 절단'인 '내재성의 평면plane of immanence'은 오로지 잠재적일 수만 있고 잠재성들만을 지닌다. 그래서 들뢰즈에게 잠재적인 것은 전략적인 위치를 점하는 개념이다.[20] 현실적인 것으로 현재화된 것이 '힘'이라면, '자기 원인적인 힘'으로서 실재적인 힘, 존재 교유의 잠재적인 힘이 '역능'이다. 들뢰즈는 '선험적 객관'으로 존재하는 잠재적인 것들의 비인격적 역능을 탐색하고 기술

---

18 김재인, 「고원의 미학 – 들뢰즈의 미학사상」, 『세계의 문학』 200년 봄호, 287쪽 참조.

19 클레어 콜브룩(C. Colebrook)/ 백민정 역, 앞의 책, 121쪽.

20 알랭 바디우(A. Badiou)/ 박정태 역, 앞의 책, 111쪽.

하는 것을 그의 글쓰기의 목표로 삼았다.

그래서 들뢰즈는 "능동적인 힘의 심급instance으로서의 외부가 신체를 점령하고 개별자를 선별하면서 그에게 선택 행위에 관한 선택을 명령하고 있는" 현실 상황에서 "비인격적인 역능들이 우리를 사로잡는 빈자리, 비인격적인 역능들이 우리를 강제함으써 사유가 우리를 가로질러서 존재하게 되는 바로 그 빈자리로 우리가 되돌아와야만 하는 것"이라고 주장한다.[21] 그 빈자리가 잠재적인 것과 현실적인 것이 갈라지는 변화의 순간으로서의 실재적인 것이다. 그래서 하나의 작품을 예술로써 혹은 철학으로써 독해한다는 것은 우리가 그것이 지닌 고유한 힘(비인격적인 역능)이나 그것이 삶을 분열시키는 역량임을 이해하는 것이다.[22]

들뢰즈가 궁극적으로 우리에게 요구하는 것이 "존재는 언제나 이미 의미를 분배하였기 때문에 우리는 순수한 긍정에 모든 것을 맡겨한 한다. 그리고 이 분배된 의미가 우리 자신마저도 알지 못하는 움직임을 통해서 우리를 꼼짝 못하게 하는 바로 그곳에 우리는 자아의 환영을 포기하면서 머물러야 한다."[23]면 들뢰즈적 사유함이란 "비인격적인 역능들의 놀이에 강제적으로 참여함으로써 사유가 우리를 가로질러서 존재하게 하는 그런 행위"에 불과하기 때문에 사유의 주체는 신도 인간도 아닌, 비인격적이고 전개체적인 특이성들이거나 사건들 자체라고 할 수 있다.

헤겔의 미학이 자연의 아름다움이 아니라 인간의 정신활동으로 생산된 예술의 아름다움을 대상으로 한다면, 들뢰즈에게 있어서 예술은 과학이나 철학과 더불어 '사유의 한 형식'일 뿐이다. 들뢰즈에게 사유는 카오스와 대면하는 것이고, 그 카오스를 절단하여 하나의 '내재적 평면'을 이끌어내는 것이다. 따라서 예술은 카오스로서의 '감각의 덩어리'이거나

---

21 위의 책, 52-53쪽.

22 클레어 콜브룩(C. Colebrook)/ 백민정 역, 앞의 책, 27쪽.

23 알랭 바디우(A. Badiou)/ 박정태 역, 앞의 책, 85쪽.

'지각과 정서의 복합체'일 것이다. 그렇다면 이 카오스의 운동을 그 전체성으로 포착하고 사유할 수 있는 주체는 누구인가? 들뢰즈에 따르면 그 주체는 데카르트와 같이 잘 구성되고 완성된 실체적·의식적 주체가 아니라 '발생적·유충적 주체'로서 노마드(리좀)적일 수밖에 없다.[24]

그렇다면 노마드적 주체에 의해 사유된 예술 작품이 할 수 있는 일은 무엇인가? 그것은 어떤 발생이나 생성 자체를 '고정'시키는 일에 다름 아니다.

> 그래서 의미의 논리를 구성하는 항구적인 얽힘으로써, 이 최후의 배치는 일차적인 과정의 상층으로부터의 목소리를 다시 취하는 것으로 보이며, 하지만 표면에서의 이차적인 조직화는 가장 깊은 소음들로부터 어떤 것을, 즉 의미의 일의성을 위한 덩어리들과 요소들, 요컨대 형태들 없는 시를 위한 순간을 다시 취한다. 그리고 소음들로부터 목소리로, 목소리로부터 파롤로, 파롤로부터 동사로 가는 길을 다시 취하는 것, 이 [집을 위한 음악]을 구성해 거기에서 늘 소리들의 독립성을 재발견하는 것, 그리고 거기에 일의적 것의 이 번개, 일상적 진부함 또는 반대로 광기의 고통들에 의해 회복된 너무 빠른 사건을 고정시키는 것이 아니라면, 예술작품이 무엇을 할 수 있겠는가.[25]

들뢰즈에게 예술작품은 '의미의 논리를 구성하는 항구적인 얽힘'의 과정(사유)에 대한 기술이다. 작가가 '힘의 심급으로서의 외부'에서 오는 목소리의 강제로 시작되는 비인격적인 역능의 놀이에 참여함으로써 잠재적인 것(n-1개)과 현실적인 것(1개)이 분화되는 순간에 역행involution[26]하

24 위의 책, 152쪽 참조.

25 질 들뢰즈(G. Deleuze)/ 이정우 역, 『의미의 논리』, 한길사, 1999, 402쪽.

26 '이질적인 것들 간에 나타나는 진화 형태'를 '역행'이라고 부르는데, 이 역행은 덜 분화된 것으로 향해 가는 퇴행과는 다르게 "자신의 고유한 선을 따라, 주어진 여

여 리좀적인 덩어리들과 요소들이 실재적인 것(n개)을 이루어가는 길[27]을 언어의 지시작용, 현시작용, 기호작용들 내에서 보여주는 것이 예술작품이다. 따라서 그것은 질료적인 흐름('소리들의 독립성')을 재발견하고, 그 흐름에서 번개처럼 생성되는 사건들을 일상적인 진부함이나 광기의 고통들로 고정시키는 것이다. 쉽게 말하면 너무나 빨리 순간적으로 일어나는 시뮬라크르로서의 사건을 기술하는 것이 문학작품이라는 것이다.

그래서 들뢰즈에게 예술은 결코 목적이 아니라 삶의 선들을 그리기 위한 도구일 뿐이다. 다시 말해, 단순히 예술 안으로 생산되는 것이 아닌 모든 실재적 생성들, 예술 안으로 도주하거나 피신하는 것에 있지 않은 이 모든 능동적인 도주들, 예술 위에서 재영토화되지 않고 오히려 예술을 탈기표작용적인 것이나 탈주체적인 것, 또는 얼굴-없음의 영역 쪽으로 데려갈 이 긍정적인 탈영토화들인 삶의 선들을 그리기 위한 도구일 뿐이다.[28] 다양체인 삶의 선들을 그리는 문학작품은 하나의 배치물로서의 책인데, 그것은 다른 배치물들과 연결접속되어 있고 다른 '기관 없는 신체'들과 관계를 맺고 있을 뿐이다. 따라서 우리는 기의든 기표든 문학작품이 말하고자 하는 바를 묻지 말아야 하며, 그 속에서 이해해야 할 그 어떤 것도 찾지 말아야 한다. 오직 문학작품이 무엇과 더불어 기능하는지, 무엇과 연결접속되었을 때 강열함을 통과시키거나 가로막는지, 어떤 다양체 속에 자신의 다양체를 집어넣어 변형시키는지, 자신의 기관 없는 신체를 어떤 기관 없는 신체에 수렴시키는지를 물어보아야 한다.

려 항들 '사이에서', 할당 가능한 관계를 맺으면서 전개되는 하나의 블록을 형성하는 일을 가리킨다." 따라서 되기는 역행적이며, 이 역행은 창조적이라는 것이다. 질 들뢰즈·펠릭스 가타리(G. Deleuze·F. Guattari)/ 김재인 역, 『천개의 고원』, 새물결, 2003, 453-454쪽 참조.

27 여기서 '길'은 질료적인 흐름의 통로이자 욕망의 생산과 다양한 생성을 위한 연결접속의 자리이거나 선을 말한다.

28 질 들뢰즈·펠릭스 가타리(G. Deleuze·F. Guattari)/ 김재인 역, 앞의 책, 357쪽.

글을 쓸 때의 유일한 문제는 문학 기계가 기능하기 위해서는 그것이 어떤 다른 기계와 이어질 수 있고 또 이어져야 하는지를 아는 일이다.[29]

다양체로서의 삶의 선들을 그리기 위한 방법이 '~되기'이다. 동물-되기, 꽃이나 바위-되기, 지각 불가능하게-되기, 사랑하기와 하나일 수밖에 없는 냉혹하게-되기에서 전대미문의 생성으로 우리를 내모는 저 놀라운 '역행'이 이루어진다. 들뢰즈가 우리에게 "글쓰기를 중단하든지 쥐처럼 써라."[30]고 주문하고 있는 것은 글쓰기가 하나의 '~되기'일 뿐만 아니라, 이런 되기를 통해 삶을 횡단하면서 작가는 마법사가 되기 때문이다. 삶의 선들이 그리고 있는 각각의 다양체는 모래가 흩어지는 대로 다시 지도가 그려지는 '사하라'로 사유될 수 있다.[31]

들뢰즈에게 "작가는 글을 쓰는 사람이 아니라 정치적인 사람이며, 기계 사람이고 실험적인 사람이다."[32] 카프카를 예로 들면, 소설에서 그는 사람이기를 그치고 원숭이가 되거나 혹은 곤충이나 개, 생쥐가 되고 동물-되기, 비인간-되기가 이루어진다. 실제로는 사람의 목소리에 의해, 소리에 의해, 스타일에 의해, 물론 절제의 힘을 통해서이기는 하지만, 그는 동물이 되기 때문이다. 따라서 카프카의 기계는 다양한 정도로 형식화된 내용과 표현으로 구성되고, 그런 만큼 그 형식화된 것에서 빠져나와 모든 상태를 통과하며 그 안으로 흘러들어가는 비형식화된 질료에 의해 구성된다. 기계 안에 들어가고 거기서 나가는 것, 기계 안에 있는 것, 기계를 따라가는 것, 기계에 접근하는 것, 기계의 일부가 되는 것, 이 모든 것이 어떠한 해석으로부터 독립적인 욕망의 상태들이다. 여기에서 작가

---

29 위의 책, 13-14쪽 참조.

30 위의 책, 456쪽.

31 미레유 뷔뎅(M. Buydens)/ 안구·조현진 역, 『사하라 – 들뢰즈의 미학』, 산해, 2006, 24쪽.

32 질 들뢰즈·펠릭스 가타리(G. Deleuze·F. Guattari)/ 이진경 역, 『카프카 – 소수적인 문학을 위하여』, 동문선, 2001, 25쪽.

는 리좀의 선들을 그리게 되는 것이다. 이 리좀의 선들('이미 자신의 미세한 검은 구멍들을 운반하는 분자적인 선')은 사실상 리좀의 선들을 절편화하고 심지어 지층화하는 나무의 선들('우리에게 등질적인 공간의 홈파기를 강요하는 절편적인 선')과 리좀의 선들을 탈취하는 도주선('자신의 창조적인 잠재력을 포기함으로써 죽음의 선으로 돌변해 순수하고 단순한 파괴의 선(파시즘)으로 돌아설 위험을 항상 간직하고 있는 단절선') 사이에서 오간다.[33]

또한 작가는 환자가 아니라 오히려 자기 자신과 세계를 치료하는 의사이다. 세계는 병이 인간과 뒤섞이는 증상들의 총체이다. 중부 유럽의 카프카나 미국의 멜빌처럼 소수민족의 작가에 의해서만, 작가 안에서만 자신의 표현을 찾는 모든 소수민족들의 집단적 발화가 문학인 한 "문학은 정신착란이다."[34] 이때 정신착란은 지배에 의해 끊임없이 흔들거리고, 억누르고 가두는 모든 것에 대해 쉴새없이 저항하고, 과정으로서의 문학 속 움푹한 곳에 끊임없이 모습을 드러내는 억압받는 잡종의 종족[35]을 내세운다. 그들은 언어의 고유한 주름이나 홈들로부터 언어를 벗어나게 한다. 그래서 문학은 일종의 외국어의 자취를 언어 속에 정확히 그려나간다. 이것을 들뢰즈는 '지배체제에서 새어나오는 마녀의 선'이라고 부른다. '다수언어'를 '소수화'한 그들은 언어를 마녀의 줄에 태워 탈주시키며 끊임없이 언어를 불균형 상태에 두려고 하고 부단한 진동에 따라 각 용어들을 변화시킨다. 위대한 작가란 그가 표현하려는 언어가 비록 모국어일지라도 항상 그 언어 속에서 이방인과도 같음을 의미한다. 그는 자신의 언어에 다른 언어를 섞는 것이 아니라 미리 존재하지 않은 낯선 언어를 자신의 언어에 새겨 넣어서 언어를 울부짖게 하고 더듬거리게 하며 속삭이게 한다.[36] 창조적 말더듬거리기는 언어를 나무가 아니

33 질 들뢰즈·펠릭스 가타리(G. Deleuze·F. Guattari)/ 김재인 역, 앞의 책, 964쪽.

34 질 들뢰즈(G. Deleuze)/ 김현수 역, 앞의 책, 21쪽.

35 여기에서 '잡종'이란 말은 혈통의 상황을 지칭하지 않고 종(種)의 변동이나 과정을 지칭한다. 위의 책, 21쪽 참조.

라 리좀rhizome으로 만들고 언어를 영원한 불균형 상태에 두는 것이고, 언어 속에 언어를 낳게 하는 불균형의 문법을 만드는 통사법의 창조라고 할 것이다.

문학은 이데올로기와는 아무런 상관이 없는 '하나의 배치물'이다. 이데올로기는 있지도 않고 있어본 적도 없다.[37] 접속에 따른 배치만이 있을 뿐이다. 문학의 생성은 연결접속의 원리에 따른 리좀의 선들에 의해 만들어진다. 이를테면 입과 식도가 만나면 먹는-기계가 되고, 입과 기도가 만나면 호흡-기계가 되며, 입과 악기가 만나면 노래-기계가 되고, 입과 입이 만나면 섹스-기계가 되듯이 이러한 접속은 욕망을 생산하고 새로운 생성을 낳는다. 따라서 "기계는 욕망이다." 이 때 욕망은 기계의 욕망이 아니다. 기계 안에서 끊임없이 기계를 만들고, 이전의 톱니 옆에 새로운 톱니를 슬그머니 덧붙인다는 의미에서 기계는 욕망이다.[38] "기계를 만드는 것은 엄밀히 말해 접속이고, 분해로 인도하는 모든 접속들이다." '욕망의 기계적 배치'와 '언표행위의 집단적 배치'가 문학의 생성 원리인 것이다.

> 배치는 그것이 작동시키는 기계와 표상의 분해를 통해서만 유효하며, 현재적으로 작동하는 경우에도 그것의 분해를 통해서만, 그리고 분해 안에서만 기능한다. 배치는 이러한 분해로부터 탄생한다. (카프카가 관심을 갖고 있던 것은 기계의 조립이 결코 아니었다.) 이러한 적극적 분해의 방법은 여전히 표상에 속하는 것인 비판을 이용하지 않는다. 그것[분해의 방법]은 차라리 사회적 장을 이미 가로지르고 있는 운동을 더욱더 연장하고 가속하는 것으로 이루어진다. 그것은 잠재적인 것 안에서, 이미 현실적[실재적]이지만 현재적이지 않는 것 안에서 작동한다. (미래의 악마

36 질 들뢰즈(G. Deleuze)/ 김현수 역, 위의 책, 195쪽.

37 질 들뢰즈·펠릭스 가타리(G. Deleuze·F. Guattari)/ 김재인 역, 앞의 책, 14쪽.

38 질 들뢰즈·펠릭스 가타리(G. Deleuze·F. Guattari)/ 이진경 역, 앞의 책, 188쪽.

적 세력들은 어느 순간에 문을 두드리기만 할 뿐이다.) 배치는 여전히 코드화되고 영토적인 사회 비판에서 발견되는 것이 아니라 탈코드화와 탈영토화에서, 이러한 탈코드화와 탈영토화의 소설적인 가속화 내에서 발견된다.[39]

소설에서 배치는 두 측면을 가지고 있는데, 그것은 먼저 '언표행위의 집합적 배치'이고, 다음으로는 '욕망의 기계적 배치'이다.[40] 이러한 배치는 존재와 판단을 대립시킴으로써 가능하다. 들뢰즈에 따르면 배치는, 스피노자의 위대한 제자인 니체, D.H.로렌스, 카프카, 아르토가 추구했던 방식들로써 "1) 무한한 형벌에 맞서는 잔혹함, 2) 꿈에 맞서는 수면이나 도취, 3) 조직화에 맞서는 생명력, 4) 욕망-지배에 맞서는 권능[역능]의 의지, 5) 전쟁에 맞서는 전투."[41] 등을 드러내는 것을 말한다. 잔혹의 체계는 자신에게 영향을 끼치는 힘들과 함께 존재하는 육체의 유한한 관계들을 나타낸다. 지나치게 부동적이고 계획된 어떤 상황들은 판단하고 처벌하는 법정을 현실에서 재빨리 구성하는데, 새로운 꿈은 '꿈 없는 수면', 불면이 확대되어 가는 만큼 멀리 꿈을 싣고 가는 이 불면은 디오니소스적 도취의 상태를 유지함으로써 판단을 피할 수 있는 방도가 되는 것이다. 또 조직하는 힘에 맞서는 '기관 없는 신체'로서 '어린 아기-되기'는 '모든 유기체적 삶과는 전혀 다른 완고하고 집요한, 억제할 길 없는 삶의 욕구'로서의 생명력을 보여준다. 그리고 힘들의 특질인 역능은 지배하는 힘들과 지배받는 힘들을 서로 교차하고 침투하면서 변형되는 힘의 중심을 말한다. '전쟁'이 오직 파괴의 의지이며, 파괴로써 뭔가 '정당한' 것을 만드는 신의 심판일 뿐이라면, '전투'는 힘과 더불어 힘을 완성하고 힘이 독점하는 바를 풍성하게 해주는 비유기체적인 힘찬 생명력이

39 위의 책, 115-116쪽.

40 위의 책, 187쪽.

41 질 들뢰즈(G. Deleuze)/ 김현수 역, 앞의 책, 235쪽.

다. 어린 아기가 전투 그 자체인 것은 작은 것이 힘들의 불가능한 장소이며, 힘들의 가장 계시적인 판단 기준이기 때문이다.

들뢰즈가 판단이나 심판과 결별을 선언한 이유는 새로운 존재 양태는 어느 것도 판단으로부터 생기지 않다고 믿기 때문이다.[42] 새로운 존재 양태는 그 자체가 새로운 조합을 존재케 하는 한 그 자체의 힘에 의해, 다시 말해서 포착할 줄 아는 힘에 의해 창조되며, 자신에 의해 가치가 있다. 판단하는 일이 그토록 지겨운 것은 모든 것이 서로 비슷하고 별 차이가 없기 때문이 아니라 가치 있는 모든 것이 판단을 넘어섬으로써만 만들어지고 구분될 수 있기 때문이다. 판단의 규범이나 기초로 작용하는 것은 동일성의 관계들이다.

그래서 들뢰즈적 관점에서 문학작품은 질료적인 것, 기관 없는 신체, 리좀적인 것, 다양체의 삶의 선들과 그 배치일 뿐이다. 그 배치는 언표행위의 집합적 배치를 통한 욕망의 기계적 배치이다. 이때 '욕망하는 기계들'이 탈주선을 그리는 것은 다수적인 것이 아니라 소수적인 것이다. 그 사회의 타자로서의 소수자에게는 일상 자체가 심각한 억압이라서 생존 자체가 위협받을 뿐만 아니라 다수자에게는 소소한 문제에 불과한 것이 소수자에게는 생사가 걸린 핵심적인 문제가 되기 때문이다. '관료주의 기계'가 작동하는 현실(외부 강제)에서 다양체로서의 소수자는 연결접속을 통해 욕망하는 기계가 된다.

들뢰즈가 말한 다수적인 것과 소수적인 것은, 실체들을 설명하는 표현이 아니라 삶의 과정들과 태도들을 설명하는 표현이다. 본질적으로, 다

42 들뢰즈의 사유와 대립각을 세웠던 알랭 바디우가 특별히 그를 존중하고 인정한 것이 바로 여기에 있다. "내가 아주 특별히 존중하는 들뢰즈의 그 무엇이 있다면, 그것은 바로 이 점, 즉 그 모습 그대로의 세계를 향한 일종의 흔들림 없는 사랑, 비관주의와 낙관주의를 넘어선 사랑, 말하자면 세계를 **판단한다**는 것은 언제나 헛된 일이며 또 그것은 언제나 그 어떤 사유에도 이르지 못함을 의하는 그런 사랑이다." 알랭 바디우(A. Badiou) /박정태 역, 앞의 책, 109쪽.

수적인 과정들은, 판단의 규범이나 기초로 작용하는 상수, 혹은 표준의 형성과 옹호를 그 전제로 삼는 동일성의 관계들이다. 다수적인 것이 양의 정수와 일대일 대응이 가능한 가수적可數的이고 판단이나 표준과 관계된다면, 소수적인 것은 다수적 공리나 표준으로부터, 각각의 연관 속에서 혹은 하위 분할 속에서 성격이 변하는 집합으로부터 벗어나는 변이와 생성의 관계인 한에서 비가수적이다. 소수적인 것은 삶의 일탈 혹은 탈영토화의 과정을, 몰적 표준에 대항하여 세계의 잠재성을 불러내는 과정이다.[43] 카프카나 아르토와 같은 소수적인 문학은 언어의 획일화를 지배하는 권력이나 지정된 상수들(동일성)의 법칙에서 벗어나 차이를 생성함으로써 저항적인 역할을 이루어 냈다는 점에서 정치적이다. 카프카가 사회적 장에서, 사회적 장 자체 안에서 직접적으로 작동시킨 표현 기계로서의 독신자-기계는 다음과 같다.

> 가장 높은 욕망은 고독함을 욕망하는 동시에 모든 욕망의 기계에 접속되기를 욕망한다. 고독하고 독신적인 만큼 사회적이고 집합적인 기계, 탈주선을 그리는 이 기계는 필연적으로 공동체라는, 아직 존재 조건이 현재적으로 주어져 있지 않은 그런 공동체라는 의미를 갖는다. 바로 이것이, 우리가 앞서 보았듯이 '개인적인 문제'라곤 없는 소수적인 문학의 현실적 조건으로 소급되는 표현 기계의 객관적 정의다. 사회적 신체 안에서 강렬도적 양의 생산, 계열들의 증식과 가속화, 독신자가 야기하는 다의적이고 집합적인 접속들, 이것 외에 다른 정의는 없다.[44]

카프카가 창조한 독신자-기계는 '아직 존재 조건이 현재적으로 주어

43 니콜래스 쏘번(N. Thobun)/ 조정환 역, 『들뢰즈 맑스주의』, 갈무리, 2005, 54-56쪽 참조.

44 질 들뢰즈·펠리스 가타리(G. Deleuze·F. Guattari)/ 이진경 역, 앞의 책, 2001, 167쪽.

져 있지 않은 그런 공동체라는 의미'에서 '도래할 민중'이다. 궁극적으로 들뢰즈가 소수적인 문학의 논리를 창조하려는 것은 새로운 문학으로서 미래의 민중을 창조하려는 언어적 실험을 문학적 사유로 보여주려는 것이다. 그에게 언어는 세계에 대한 재현이나 미메시스의 도구가 아니라 세계에 대한 잠재성을 기술하는 기호이며 세계를 바꿀 수 있는 집단적 배치 기계이다. 언어란 수동적으로 고정된 대상의 내면의 어떤 것을 말하거나 의미하는 것이 아니라 능동적으로 외부와의 소통 속에서 흐름이나 차이를 생산하는 것이다. 문학은 이러한 언어를 통해 욕망의 미시정치학이나 소수정치학을 실천하는 장이다. 들뢰즈에게 이러한 소수적인 문학만이 강렬한 다양체로서의 위대한 문학이다. 그것은 동일성을 위반하고, 차이를 가치화하고, 중심부를 전복시켜 주변부를 미시정치화하는 잡종적이며, 리좀적인 내재적 시공간이다.[45] 생성 또는 되기를 통해 현실을 변형시키는 힘을 가진 소수적인 문학이 언어를 적극적으로 작동시켜 '욕망의 기계적 배치'를 수행하는 '내재적인 구도'의 가능성을 추구하는 것이 들뢰즈의 문학이론이다.

4. 한국문학 연구에 있어서 들뢰즈의 수용

들뢰즈적 사유가 '비평기계'로 작동할 수 있도록 길을 열었던 『들뢰즈와 문학-기계』는 2부로 구성되어 있다. 1부는 이진경이 들뢰즈의 철학에서 이끌어낸 문학이론에 따라 보르헤스의 소설들, 체르니세프스키의 『무엇을 할 것인가?』, 세르반테스의 『라만차의 돈키호테』, 헨리 밀러의 『북회귀선』, 미셸 투르니에의 『마왕』, 버지니아 울프의 『올란도』, 조다난 스위프트의 『걸리버 여행기』, D.H.로렌스의 『아들과 연인』을 각각 분석하고 있다. 그리고 2부에는 들뢰즈가 카프카를 비역질하여 만들어낸

45 정정호, 「"중간"문학론, "사이"버 유목 공간 그리고 영미문학론」, 한국비평이론학회, 앞의 책, 63쪽 참조.

소수적인 문학의 개념을 이해하는 차원에서 카프카의 소설들을 분석한 글들(4편)이 실려 있다. 이진경은 들뢰즈를 사유함으로써 '문학'을 다음과 같이 규정하거나 정의한다.

> 적극적인 의미에서 문학은 삶이라는 장 안에서 다른 종류의 삶을 창안하는 것, 그런 삶으로 우리를 촉발affection하고 그런 방식으로 우리의 삶을 변용하며, 그럼으로써 이미 다른 삶을 사는 활동이다. 이런 관점에서 볼 때 문학작품이란 다른 종류의 삶을 생산하는 기계다.[46]

그에 따르면, 문학은 현실을 모방하거나 재현한 언어미학적 형상물이 아니다. 그것은 더 이상 관조의 대상이 아니라 우리의 삶을 변화시키는 그 무엇이다. "리얼리즘만이 혁명과 정치, 민중의 관점에서 문학을 다루는 유일한 방법이라는 생각에서 자유로워져야 하며, 역사에 의해 이미 그 모든 힘을 상실한 리얼리즘의 고식화된 도식에서 벗어나 혁명과 문학을 다시 사유해야 한다."[47] 코뮨주의의 '오지 않을 미래'가 아니라 '항상-이미 현재의 시제를 갖는 "끊임없는 이행운동 그 자체"라는 위치'에서 그것을 사유해야 한다는 논리이다. 이렇게 정치적인 차원에서 문학을 사유하면 "누가 만든 것이든, 무엇을 소재로 한 것이든, 민중적인 문학이란 민중의 삶을 변화시키는 문학, 민중의 감각과 지각 능력을 변화시키는 문학, 다른 종류의 삶의 방식으로 민중을 촉발하고 변용하는 문학이다."[48]라는 결론에 이르게 된다. 이러한 인식은 1970~80년대 민족문학이나 민중문학의 논리와 크게 다르지 않다. 재현과 판단을 전제한 진보적인 문학에서도 정도의 차이는 있을지라도 "민중의 삶을 변화시키는

46 이진경, 「문학-기계와 횡단적 문학」, 고미숙 외, 『들뢰즈와 문학-기계』, 소명, 2002, 15쪽.

47 이진경, 위의 책, 17쪽.

48 이진경, 위의 글, 위의 책, 29쪽.

문학, 민중의 감각과 지각 능력을 변화시키는 문학"을 주장하고 있기 때문이다.

그런데 들뢰즈가 말한 소수적인 문학은 리좀적인 다양체들의 삶의 과정에서 그리는 탈주선을 따라 아직 현재적인 존재 조건이 마련되지 않았지만 앞으로 존재해야 될 '도래할 민중'을 표현하는 것이라고 한다면, 이진경의 민중문학은 표현 층위가 무시된 채 내용 층위에서만 민중을 문제 삼고 있다는 혐의에서 자유롭지 않다.[49] 따라서 이러한 문학의 규정이나 인식은 "내용의 차원에서 정의되는 소수적인 문학"으로서의 '횡단적 문학'[50]일 수밖에 없다. 들뢰즈에게 문학은 물질적 질료(언어)들의 흐름을 사유하는 것이기 때문에 내용보다는 표현이 주도적이다. 들뢰즈적 문학이론에서는 '소수적인 언어나 소수적인 표현 형식'으로 씌어지지 않은 것은 더 이상 문학일 수 없다. 따라서 이진경이 끊임없이 생성되는 새로운 주체를 언급하고 있음에도 지배 이데올로기의 대립항으로서의 민중을 창조하려는 것은 '고차원적인 통일성'이나 또 다른 동일성의 논리라고 할 수 있을 것이다. 이러한 이진경의 문학이론에 따르면 그들이 분석하고 있는 보르헤스, 체르니세프스키, 세르반테스, 헨리 밀러, 미셸 투르니, 버지니아 울프, 조다난 스위프트, D.H.로렌스의 소설들은 소수적 문학이라기보다는 횡단적 문학에 가깝다. 들뢰즈의 문학적 사유가 얼마나 단순하게 수용되고 있는가는 다음과 같은 진술에서 확인할 수 있다.

---

49 이들이 수용하고 있는 들뢰즈의 이론이 "현실을 모두 설명해주기나 할 듯이" '지나치게 진지하게 수용'되고 있다고 비판받기도 한다. 더불어 현단계의 문학연구에서도 새로운 돌파구를 흡족하게 열어주지 못하고 있다는 평가를 받는다. 오길영, 「들뢰즈를 어떻게 이용할 것인가」, 한국비평이론학회, 앞의 책, 363, 384쪽.

50 이진경이 말한 횡단적 문학이란 "소수적인 언어나 소수적인 표현 형식으로 씌어지지는 않았지만, 기존이 지배적 척도에서 벗어난 새로운 삶을 촉발하는 문학"이다. 이진경, 앞의 글, 앞의 책, 49쪽.

> 카프카를 여전히 진정한 의미에서의 소수적인 문학이라고 말할 수 있는가. 오늘날, 카프카는 그 누구보다 거대한, 그리고 다수적인 문학이 아닌가. 카프카적인 주제(소재), 카프카적인 구성(혹은 인물), 카프카적인 분위기. 이미 이 영지 안에서(혹은 이 영지 밖에서조차) 카프카적인 너무나도 카프카적인 신화의 힘은 확실히 다수적인 것이 아닌가. 들뢰즈·가타리의 말처럼, 만일 다수적인 문학이 그 내용을 이미 형식 속에 가지고 있으며 그에 부합하는 표현의 형식이나 내용을 찾아내는 것이라면, 이미 카프카는 다수적인 문학 속에 재영토화되어 있다라고 말할 수 있을 것이다.[51]

카프카적인 주제나 소재, 구성 혹은 인물, 분위기 등이 오늘날 우리 문학의 주류라고 해서 카프카가 다수적인 문학 속에 재영토화되어 있다고 말하는 것은 카프카가 그의 소설에서 보여준 리좀적 사유를 동일성으로 환치하는 것에 다름 아니다. 들뢰즈의 "소수적인 문학론을 거꾸로 뛰어넘으며 탈주하기"를 주장하는 것은 일견 타당한 것처럼 보이지만 자세히 들여다보면 들뢰즈의 문학이론을 정태적으로 이해하고 있다는 것을 반증한다. '끊임없는 이행운동 그 자체'와 잠재적 과정에서 이루어지고 있는 역능이나 '차이의 반복'을 간과하고 있기 때문이다.

수유 '너머'가 마련한 '비평기계'는 일정한 한계를 가지고 있음에도 한국문학을 새롭게 이해할 수 있는 길을 마련했다는 점에서 의의가 크다. 정영남이 이시영의 「사이」와 백석의 「석양」, 신경림의 「목계장터」 3편의 시를 들뢰즈의 문학적 사유로 분석하고 있는 것이 그 좋은 예이다.[52] 그는 예술에서의 상상력이란 "이미 형상이 지어져 있는 것을 탈형상화하는 것" "형상을 가지고 용해溶解의 놀이를 하는 것"으로써 "늘 변화하는 이행"이 그 본령이라는 벤야민의 논리에 따라 형상이 '변화하는 이행의

---

51 문성환, 「끝없는 소설로서의 『소송』」, 고미숙 외, 위의 책, 431쪽.

52 정영남, 「형상과 그 너머」, 『창작과비평』 121. (2003년 가을호)

과정'을 탐색하고 있다. 「사이」는 "적막하다"는 소리 뒤에 "옛날처럼"이 이미 발한 효과와 결합하여 표면적인 풍경의 시간에 형체 없는 깊이를 부여하고, 다른 차원의 시간을 구현하는 데 성공하고 있다는 것이다. 거의 움직이지 않는 가운데 움직이는 성취를 보여준 「사이」와는 달리 「석양」은 '동물되기'의 사례를 보여준다. "이 시는 강렬한 동물의 이미지들을 제시하지만, 그 이미지들의 형상성에 머물지 않고 시골 영감들의 '동물되기'를 보여주는데, 인간과 동물의 경계를 넘어서는 생성의 움직임을 보여주는데 그 핵심이 있다." 그리고 「목계장터」는 가난하게 되기, 소수자 되기를 통해 이행의 과정을 잘 보여준다는 것이다. 이러한 분석은 시란 형상의 제시나 혹은 구축이 아니라 형상이 변화하는 이행의 과정에서 다른 차원을 생성하는 것이라는 점을 조심스럽게 '작업가설'로 보여주고 있다는 데 의의가 있다. 그러나 시론의 차원을 넘어서지 못한 점은 한계이다.

2000년대 이후부터 들뢰즈적 사유가 우리의 문학계와 학계에 중요한 하나의 방법론이 되었다. 세계가 이제는 더 이상 유기적인 체계가 아니라 다양하게 분기하는 카오스모스로 인식된다. 하나의 특이성이 수많은 방식으로 다른 것과 연결될 수 있는 리좀의 다양체가 세계의 실재인 것이다. 무한한 접속과 배치의 가능성을 열어주는 들뢰즈적 글쓰기는 아리스토텔레스가 말하는 유기체론을 통해서가 아니라 '기관 없는 신체'에서 사방으로 확산되는 다양체인 신체를 가로지르는 유목민적 사유를 모색하는 것이며, 동일성으로서의 이데아의 병폐를 '내재적 평면'의 잠재성으로 포획함으로써 새로운 생성의 과정 그 자체를 사유하는 것이다. 이것이 리좀적 글쓰기이다. 이러한 글쓰기에 매료된 장석주는 들뢰즈의 말을 빌려 의미를 내보내거나 해석하지 말고 실험을 하면서 너 자신을 기호화하라고 주문한다.[53] 그는 들뢰즈가 제시한 프리즘을 통해 한국문학

53 장석주, 『들뢰즈, 카프카, 김훈』, 작가정신, 2006, 14~15쪽. 장석주가 얼마나 들

을 들여다보고 있는데, 사유의 동반자로 들뢰즈, 카프카, 김훈을 호명하고 있다. 그런데 그의 비평 논리는 순수하게 들뢰적이지만은 않다. 들뢰즈의 리좀적 글쓰기를 현란하게 제시하면서도 이문구의 연작소설 『우리 동네』을 분석하는 과정이나 결과는 리좀적이라기보다는 다분히 수목 구조적이다.

> 「우리 동네」 연작소설이 오늘의 농촌에 대한 사실적 보고로 끝나지 않는다. 이문구는 반근대와 탈현대의 변화라는 소용돌이 속에 놓인 농촌-농민들이 어떻게 세계화라는 폭력의 희생물이 되는지를, 극적인 전환이나 결말이 없이 그 역설과 모순의 생태학을 그려낸다. 작가의 중문 구조의 문체는 농촌-농민에 대한 외연과 내포를 포착하는 데 상당한 효력을 발휘한다. 큰 굴곡 없는 삶을 짧은 삽화로 연결시켜 나가는 태도, 이 연작소설이 돋보이는 것은 풍부한 토속어와 비속어, 판소리체의 입말들, 속담과 격언 등을 적절하게 써서 생생한 민중언어의 활력을 되살려낸 까닭이다. 그 짧은 삽화들은 서로 깊은 연관을 갖고 있지 않고 담담하게 농촌 풍속들을 드러내지만, 그것이 겹쳐지고 그 영역을 넓혀가면서도 안으로는 차츰 하나의 구심점을 향해 집중된다. 따라서 독자들은 마치 가만히 앉아 농촌의 구서구석을 엿보는 듯한 착각에 빠진다.[54]

장석주는 「우리 동네」 연작과 연결접속될 때 지식인으로서의 자신을

뢰즈에 매료되어 있는가는 다음과 같은 진술에서 확인할 수 있다. "내가 『천 개의 고원』에 그토록 매혹된 것은 바로 이 중심도 줄기도 토대도 갖지 않은 '리좀' 개념이 보여주는 놀라운 발상 때문이다. 내가 들뢰즈의 노마디즘을 지식과 이해의 대상이 아니라 하나의 공안으로 받아들이려고 했던 것은 그것이 노자의 『도덕경』이나 최치원이 말한 접화군생(接化群生)의 정신과도 잘 통하기 때문이다. 나는 들뢰즈에게서 지식이나 이해를 구하는 대신에 영감과 상상, 사유의 방법론, 존재의 쇄신, 생성을 향해 나아가는 법을 배우고자 한다." 위의 책, 321쪽.

54 위의 책, 34쪽.

기호화하지 않고 오히려 그 작품의 의미를 탐색하거나 해석하고 있다. 그것도 마치 이진경이 말한 '횡단적 문학'의 관점에서 고차원적인 통일성을 지향하고 있다. 민중의 언어가 욕망하는 기계에 따라 접속되고 배치되는 과정에 대한 천착은 찾아보기 어렵다. 그의 시각은 표현의 형식보다는 내용의 형식에 맞추어져 있다. 그런 시각으로 보면 '서로 깊은 연관을 갖지 않는' 삽화들이 중층적으로 작용하면서 '하나의 구심점'을 향해 집중되는 동일성을 형성하여 농촌의 실상이 구체적으로 드러난다는 것만을 밝힐 수밖에 없다. 한국 농촌의 리좀적 다양체의 탈주 과정을 보여주지 못했다는 점, 그리고 비평가로서의 자신을 기호화하여 새로움의 소수정치학을 그려내지 못하고 있다는 점이 한계라면 한계이다.

그가 비평의 대상으로 삼고 있는 김훈의 소설이나 황동규의 시에 대한 것에서도 동일한 논리가 작동하고 있다. "김훈의 소설은 종종 개별자의 진실에 집착하다 보니 주관적 내러티브 안에서 사건적 요소와의 박리로 이어진다. 이것은 개별자의 진실을 사회적 관계망의 틀 안에서 통찰하지 못하는 결과를 낳는다."[55]다는 언급이나 황동규의 시가 "지층화되지 않기, 요동을 통해 발아하는 바람 되기, 공중을 나는 눈 되기, 혹은 새 되기, 방황하기, 혹은 떠돌기"를 통해 탈영토화 운동을 하기 때문에 그의 시는 "시대를 가로지르는 횡단적 운동의 시"라고 규정하고 있는 것 등은 장석주가 들뢰즈의 생성 개념과 용어를 사용하고 있을지라도 다양체의 삶의 선을 그리는 생성 과정에 대한 탐색에까지는 이르지 못하고 있음을 알 수 있다.

이상에서 살펴본 들뢰즈 수용은 아직도 이론 소개의 수준이거나 부분적으로만 사용되는 이론적 '도구상자'의 수준이다. 수용한 이론의 적용이 들뢰즈의 '비평기계'로 한국문학을 새롭게 해석하는 차원에만 머물러 있다. 이런 현상은 들뢰즈의 사유 방식이 아니라 그의 정치적 이념이나 창

55 위의 책, 54쪽.

조성만을 수용하고 있기 때문이다. 들뢰즈의 유목이나 탈주는 단지 주어진 기존 법칙, 혹은 공통감에 저항하는 것이 아니라 "그런 법칙이나 공통감의 근거를 해체하며 가로지르는 것, 다시 말해 역설의 감각을 배우는 것"[56]으로서 생성의 과정 그 자체에서 야기되는 잠재적 역능이다. 그런데 지금까지의 들뢰즈 수용은 기존의 법칙을 확장하는 선에서 차원 높은 통일성을 보여주는 데 그치고 있다. 잠재성의 장에서 만들어지는 생성의 과정 그 자체를 보여주거나 들뢰즈적으로 비역질하여 새로운 생성의 담론을 생산하는 단계에까지 이르지 못하고 있다는 점이 가장 큰 한계이다. 2000년대 이후 들뢰즈를 수용한 석·박사논문 역시 위의 상황과 별반 다르지 않다.

5. 마무리

들뢰즈에게 철학하는 궁극적 목적은 인간의 삶을 그것이 갇혀 있는 곳으로부터 해방시키는 것이었다. 카프카를 중심으로 펼쳤던 그의 문학적 사유들은 결국 정치적인 성격을 강하게 띤다. 들뢰즈의 존재론적 정향에 주목한 마이클 하트의 '내재성의 정치학', 그의 다양성과 욕망 개념에서 출발한 폴 패튼의 '탈영토화의 정치학', 실체들을 설명하는 것이 아니라 다양체로서의 삶의 과정들과 태도들을 설명하는 니콜래스 쏘번의 '소수정치학', 차이의 철학과 외부의 사유에서 시작한 이진경의 '노마디즘의 정치학' 등은 들뢰즈의 이론기계가 다양하게 변주되는 모습들이다. 오늘날 들뢰즈가 한물가고 지젝이나 랑시에르가 부각되고 있는 것은 들뢰즈적인 탈주선이 재영토화되는 과정이라고 보아도 될 것이다.

오늘날 '몸 철학'이나 '몸 담론'이 활성화되고 있는 것도 들뢰즈적 생성의 철학과 밀접한 연관이 있다. 자연과 문화의 경계선 상에 있는 것이

56 오길영, 「들뢰즈를 어떻게 이용할 것인가」, 한국비평이론학회, 앞의 책, 390쪽.

몸인데, 거기에서 시뮬라크르로서의 사건과 의미가 동시에 발생하고 비인간적인 차원이 인간적인 차원으로 전이된다. 그 경계선 상에서 무한한 잠재적 가능성과 새로움이 만들어진다. 인간의 몸이야말로 자연과 문화의 경계선 상에 있는 장으로서의 다양체이기 때문이다. 또 탈근대성에 대한 논의나 탈식민주의, 페미니즘이나 생태주의 등은 모두 들뢰즈적 사유와 밀접한 연관이 있다. 그러나 그것들은 모두 다양체의 탈주를 재영토화하고 있다는 점에서 들뢰즈가 말한 책의 두 번째 모습, '어린뿌리체계 또는 수염뿌리 체계'에 불과하다.

> 조이스의 언어가 단어들, 나아가 언어 자체의 선형적 통일성을 부숴버리는 것은, 그것이 문장이나 텍스트, 또는 지식의 순환적 통일성을 만들어낼 때뿐이다. 니체의 아포리즘이 지식의 선형적 통일성을 부숴버리는 것은, 사유 속에 〈미지未知〉로서 현존하는 영원회귀의 순환적 통일성을 만들어낼 때뿐이다. 바꿔 말하면 수염뿌리 체계는 이원론, 주체와 객체의 상보성, 자연적 실재와 정신적 실재의 상보성과 진정으로 결별하지 않는다. 즉 통일성은 객체 안에서 끊임없이 방해받고 훼방당하지만 새로운 유형의 통일성이 또다시 주체 안에서 승리를 거두고 만다. 세계는 중심축을 잃어버렸다. 주체는 더 이상 이분법을 행할 수조차 없다. 하지만 주체는 언제나 대상의 차원을 보완하는 어떤 차원 속에서 양가성 또는 중층결정이라는 보다 높은 통일성에 도달한다.57

책의 첫 번째 유형인 '뿌리-책'이 나무처럼 유기적이고 의미를 만들며 주체의 산물인 아름다운 내부성으로서의 고전적인 책이라면, 두 번째 유형인 '수염뿌리 체계'는 다양체를 구조 안에서 파악하고 다양체의 증대를 조합의 법칙으로 환원시킨다. 조이스의 선형적 통일성이나 니체의 순환적 통일성은 다양체에 대해 말하고 있지만 결국은 주체가 대상의 차원

57 질 들뢰즈·펠릭스 가타리(G. Deleuze·F. Guattari)/ 김재인 역, 앞의 책, 17쪽.

을 보완함으로써 양가성이나 중층결정이라는 보다 높은 통일성에 이르게 된다. 들뢰즈는 '다양체 만세'라고 외치는 것도 어려운 일이지만 그것만으로는 충분치 않다고 말한다. 앞에서 살펴본 대로 그는 궁극적으로 세 번째의 책인 '리좀'으로 나아가는 것이 그의 철학적 사유이자 글쓰기였기 때문이다. 다양체를 구조 안에서 파악하지 않고 그것을 내재성의 평면에서 만들어내는 것들, 즉 "유일l'unique을 빼고서 n-1에서 쓰"는 것이다.[58] 다시 말하면 잠재적인 것의 역능을 밝히는 것이다.

그렇다면 소수정치학이나 몸철학, 그리고 탈식민주의나 페미니즘, 생태학 등 후기구조주의는 책의 두 번째 단계인 '수염뿌리 체계'에 머문다고 할 것이다. 한국에서의 들뢰즈 수용도 이 단계에 머물러 있다. 들뢰즈를 그대로 답습할 수도 없지만 그렇다고 왜곡해서도 안 될 것이다. 중요한 것은 그의 사유체계를 비역질함으로써 사생아와 같은 새로운 문학의 사유방식과 문학이론을 마련하는 일이다. 이 과정에서는 필연적으로 들뢰즈에 대한 '생산적 오해'나 '창조적 오독'이 불가피할 것이다.

58 위의 책, 18쪽.

심미적 소통행위로서의 소설교육

1. 서사학과 소설교육

서사학narratology은 서사현상을 연구하는 학문이다. 여기에서 서사현상이란 에이브럼즈가 말한 문학의 총체성 – 이야기 생산의 주체인 작가의 축과 '문학적 진술'에 대한 텍스트 구조의 축과 '텍스트의 구체화'인 독자의 능동적인 수용행위의 축, 그리고 삶의 총체성에 대한 반영의 축 – 뿐만 아니라 서사의 사회적 소통행위 – 서사현상의 주체인 작가와 독자의 문학행위는 사회학적 관점에서 볼 때 상호주체적인 의사소통이며, 동시에 문예 미학적으로 표출된 미적 경험의 세계에 대한 사회 역사적 인식 행위라는 것 –까지를 포함하는 개념이다. 따라서 서사학은 문학의 총체성의 좌표와 관점에 따라 생산이론(또는 모방론), 구조이론, 수용이론, 반영이론으로 분화되고 기호론적 실천에 따라 서사적 소통이론으로 발전하는 추세에 있다.

서사가 지닌 복합성과 다층성 및 기호론적 실천 때문에 소설을 간단히 개념 규정하기는 어렵다. 문학이론과 문학비평[1]이 그 대상과 방법론에

---

1 문학이론과 문학비평은 구별되어야 한다. 문학이론은 "그 작품을 비극으로 만드는 것은 무엇인가?"라는 질문에 답하는 것으로 '이론적 전제 자체를 논의하고 변형'하는 것이라고 한다면, 문학비평은 "무엇이 그 작품을 위대하게 만드는가?"라

따라 매우 다양한 양상을 보여주듯이 소설의 이론 역시 매우 다양하다. 이처럼 다양한 양상은 그 대상과 방법의 관점에 분명한 경계를 긋기도 어려울 뿐만 아니라 연구의 실제에 있어선 그 경계가 잘 지켜지지 않는다. 작위적인 연구 방략적 경계들의 구획을 준수하는 것이 어려운 이유는, 소설이란 대상의 특수 구조, 즉 다른 텍스트들(예컨대 과학 텍스트들)과는 달리 매우 복합적이고, 인식 지향적인 독자에겐 단지 한 가지 지식 유형에만 급급하지 않고 그 이상의 것을 활성화하도록 요구하는 구조적 충족 요청 때문이다. 따라서 '미적 총체성'이란 개념은 의미 해체를 거부하는 기술적 구성의 뜻에 있어서까지도 언어예술작품의 의미론적 풍요로움을 지시하게 된다. 결국 다양한 소설연구 방법 중에서 어느 한 가지만의 개별 차원에 의해서는 언어의 형상화에 의한 미적 총체성과 언어를 통해 환기되는 미적 경험의 총체성을 파악할 수 없게 된다.

여기에서 텍스트 안의 미적 총체성과 텍스트 밖의 미적 경험의 총체성을 함께 아우르면서 작가의 글쓰기와 독자의 책읽기 사이의 서사적 소통에 대한 메타 담론까지를 포함하는 방법론적 통합화integration가 필요하게 된다. 다양한 소설연구가 미시적이면서 일면적이라고 할지라도 그 관점들이 결국은 협동과 분업이라는 조망 하에서 실천될 학제성의 개별 국면이라고 한다면, "일단 이들이 하나의 협업체제를 구축할 수 있을 때 비로소 그 체제의 효율성이 확대 보장될 수 있다."[2] 이것이 곧 통합적 소설이론을 수립해야 하는 결정적인 이유이다. 이 방법론의 통합은 편의에 따라 집합되는 절충주의적인 작업이 아니라 소설 관찰의 기저에 놓인 연구 방법들과 그것들의 역사적 이념적 변천상에 관한 지식과 반성 작업을 통해서 이루어져야 할 것은 두 말할 나위없다. 소설연구가 하나의 학

는 질문에 답하는 것으로 '어떤 이론적 전제를 근거로 해서 연구대상에 대한 합리적인 재현(representation)을 획득하는 것'이다. 채트먼(S. Chatman)/김경수 역, 『영화와 소설의 서사구조 – 이야기와 담론』, 민음사, 1990, 17–19쪽.

2 허창운, 『현대 문예학 개론』, 서울대출판부, 1993, 346쪽.

문이 되기 위해서는 모든 이론과 방법을 체계화하고 통어할 수 있어야 하기 때문이다.

서사학으로서의 통합적 소설이론은 소설의 다의적이며 다층적이고 다성적인 현상을 일방통행이 아니라 쌍방통행의 대화적 성격으로 규명하려고 하기 때문에 소설의 내재적 법칙성과 문학성을 과학화하려는 데 머물지 않고 문학적인 실천을 중시하여 소설을 역동적인 작용태로 파악하면서 소설의 개인적인 언어 사용을 지배하는 초개인적인 행동으로서의 언어행위를 체계화하려는 담론 양태로 전개된다. 이 담론 양태에 의한 소설연구를 서사적 소통이론이라고 할 것이다.

서사적 소통은 문학적 실천인 '기호론적 실천'에서 가능하다. '기호론적 실천'이란 "문학을 수용하는 수용자가 문학현상의 주체로서 문학현상 안에서 자신의 위치를 확인하고 이념을 구체화하며 가치실현을 위해 자신을 투사하는 삶의 방식"[3]일 뿐 아니라 초개인적인 행동으로서의 사회적 의미작용signification을 말한다. 따라서 서사적 소통은 소통 주체들(소통담당자와 수용자) 사이의 상호주관적인 의사소통communication이 아니라 그들 사이의 상호주관적인 의미작용이고 더 나아가서 사회적인 이데올로기의 형성 작용인 것이다. 이런 기호체계의 대화적 성격으로 사물이나 현상의 본질을 규명하는 방법적 양식을 담론이라고 한다면 서사학은 담론적인 성격을 지닐 수밖에 없다. 이런 관점에서 소설은 "인간이 펼치는 창조적 언어예술이요, 언어를 매체로 하는 일종의 의미전달 행위이며 동시에 수용을 기반으로 하여 독자의 의식을 확대 심화시켜 주는 사회적 문화적 소통"[4]이라고 거칠게나마 개념 규정할 수 있을 것이다.

이에 반해 소설교육은 단순히 '소설'과 '교육'의 평면적 결합이 아니라 '소설'이라는 내용 변인(무엇)과 '교육'이라는 방법 변인(어떻게)의 내적·

---

3 우한용, 「소설의 담론과 소설교육」, 『소설교육론』, 평민사, 1993, 310쪽.

4 허창운, 앞의 책, 7쪽.

질적 특성에 따라 '유기화된 개념'이다.[5] 이 양자의 관계가 유기적이지 못할 때 교육적 실천은 파행으로 치닫게 된다. 예컨대 전자를 중심으로 문학 능력의 신장에만 치중하게 될 경우 '작은 소설 연구자'를 길러내고 있다는 비난을 면치 못할 뿐 아니라 인지적 영역의 지식 주입의 교육에 떨어지게 될 것이다. 그리고 후자를 중심으로 '가르치는 것'(교육 기술)에만 치중하게 될 경우 교수법 습득을 위한 훈련을 강조하게 되어 직업인으로서의 '말쟁이'를 길러내고 있다는 비난을 면치 못할 뿐 아니라 타 교과 교육과의 변별력을 상실하게 될 것이다.

이 때문에 소설교육론에서의 소설 연구는 서사학에서의 소설 연구와 다를 수밖에 없고 또 달라야 한다. 같은 맥락으로 여기에서의 교육 방법은 다른 영역의 교육 방법과 다를 수밖에 없고 또 달라야 한다. 이러한 차이는 연구 방법의 차이를 필연적으로 수반하게 될 것이다. 소설교육론은 순수학문과 응용학문의 성격을 동시에 지닐 것이며, 내용학문과 방법학문의 성격을 아울러 지님은 물론, 이론학문이면서 실천학문이라는 이중적 성격을 지니게 된다. 따라서 이 이중적 성격의 유기적인 통합에 의한 소설교육의 정체성을 규명하는 것이 무엇보다 시급한 문제가 아닐 수 없다.

서사학이 서사현상을 탐구하는 학문이라고 한다면, 소설교육론(학)은 소설교육, 즉 소설의 서사현상을 가르치는 것을 연구하는 학문이다. 소설교육론은 문학적 실천이 아니라 문학교육적 실천을 연구한다는 특별한 성격을 지닌다. 여기에서 문학교육적 실천이란 문학적 실천에 의한 소설의 서사현상을 사이에 두고 문학교사와 수용자(학생) 사이에 이루어지는 상호주관적인 의미작용, 즉 담론을 말한다. 그래서 이 소설교육의 담론은 소설 텍스트 담론에 대한 메타 담론의 양상을 띤다고 할 수 있다.[6]

---

5 구창환 외, 『문학교육론』, 삼지원, 1988, 35쪽.

이 메타 담론으로서의 소설교육론은 서사학의 문학적 실천을 '국어 활동'의 하나로 인식한다. 여기에서 '국어 활동'이란 "언어활동을 설명하는 데서 나아가 국어의 현실적 사용이 지니는 모든 요소 또는 모든 측면을 두루 포함해야 함은 물론, 국어의 역사적 축적의 이해에 이르기까지 국어로 이루어지는 과거와 현재 그리고 미래의 전체 가운데서 국어를 가르치는 데 필요한 모든 것"[7]을 포함하는 개념이다. 따라서 소설교육론 범주 내에서의 문학적 실천은 언어를 통한 의사소통과 의미작용이다. 여기에서는 소설의 담론과 일상적인 담론이 모두 '언어적 구조물'이라는 공통점을 갖지만 전자가 후자의 진부분집합이라는 범주적 관계를 갖는다. 그러므로 학교의 제도교육에서 소설 단원의 수업은 서사현상에 대한 것이되 거기에서 더 나아가 '국어 활동'의 특수한 하나의 양상이라는 시각에서 진행되어야 한다. 이에 따라 교실에서는 소설의 내재적 법칙성과 구조를 포함한 소설 담론의 특수성이 강조되면서도 문학적 실천이 '국어 활동'이라는 포괄적인 언어적 소통행위의 한 유형으로써 언어 사용 능력을 신장시키는 방향으로 교수-학습이 이루어져야 할 것이다. 바흐친이 말한 '대화 원리'[8] – 개체로서의 인간이 자아를 인식하고 존재를 향상시키는 데는 남과 더불어 관계를 맺어야 한다는 것 –를 적용하면, 실천적 측면인 언어 소통의 역동성과 이데올로기성을 강하게 드러내는 언어의 작용상을 소설교육의 대상으로 삼아야 한다는 논리가 성립한다.

---

6 우한용, 앞의 책, 312쪽 참조.

7 이용주 외 6인, 「국어교육학 연구와 교육의 구조」, 서울대학교 『사대논총』 46., 1993, 9쪽.

8 대화란 특별한 종류의 상호작용이며 인간의 모든 발화 및 인간 생활의 모든 관계나 현시에 스며들어 있는 보편적인 현상이면서 이해하는 자들의 공동 창조성(cocreativity)이 가능한 방법이다. "대화는 잠재력에 말을 걸고 특정한 대답을 유도함으로써, 특수하고 불완전한 방식으로나마 잠재력을 현실화한다." 모슨(G.S. Morson)·에머슨(C. Emerson)/ 오문석·차승기·이진형 역, 『바흐친의 산문학』, 책세상, 2006, 117쪽.

물론 소설교육의 주체로서 교사의 입장에서는 소설의 서사현상에 대한 학문적 지식이 필수적으로 전제되어야 할 것이고, 학습자의 입장에서는 서사현상에 대한 바른 이해로 개별 작품을 수용하여 내면화 과정을 성실히 수행할 수 있어야 할 것이다. 이때 교육의 주체들에게 전제되는 것은 소설의 서사현상이 이루어지는 과정에 대한 방법적 이해이다. 수용자는 소설이론에 익숙해 있어야 한다. 소설이론에 의해 체득된 문학적 기술들은 수용자에게 일정한 스키마(선행 경험체계)를 형성하여 개별 작품의 수용과정에 매개적 기능을 수행할 것이기 때문이다. 그러므로 소설의 서사현상에 대한 교육은 소설교육의 필수조건이지만 충분조건이 되지는 못한다. 그러나 소설교육은 소설연구가 끝나는 데에서 출발해야 할 것임은 자명해진다. 여기에서 우리는 소설교육 연구의 대상을 소설의 서사현상과 교육의 주체인 문학교사와 학습자와의 역동적인 관계로 설정해야 함을 합의할 수 있다.

따라서 소설교육은 교육의 주체인 문학교사와 학습자가 소설의 서사현상과 맺고 있는 관계를 대화적으로 형성·증진시키기 위한 일체의 의도적 과정 및 결과이면서 동시에 국어 활동의 하나인 서사적 소통에 대한 교육의 내용과 방법의 구조화라고 잠정적으로 개념 규정할 수 있을 것이다.

2. 소설의 서사 구조

'소설'이라는 말은 복합적이면서도 불분명한 개념이다. 소설은 우선 허구fiction이지만 이것은 문학적 허구와 현실적 허구가 습합된 것이고, 진실과 거짓이 상호 뒤엉킨 복합 개념이다. 소설의 허구the fictional는 현실적인 것the actural과 가상적인 것the virtural이 삼투되어 만들어낸 제3의 세계이다. 소설은 일정한 길이의 산문으로 된 허구의 이야기인데, 이 이야기는 현실과 흡사하다는 느낌을 주는 사실성을 가져야 하고, 어떤 서술자에 의해 독자 또는 피서술자에게 전달되는 것이어야 한다. 소설에서 모방된 현실은 일반적 자연이나 이념의 세계가 아니라 현재의 경험적 사고의 구체적이고 시간적인 현실이다.

바흐친이 지적한대로 소설의 가장 큰 특징은 잡식성이다. 소설은 다른 모든 문학 장르, 나아가서는 다른 예술들까지도 흡수해 버리는 경향이 있다. 소설 장르의 이 같은 탐욕스러운 흡수력은 제국주의 시대의 여러 가지 특성과 결부되어 있다고 볼 수 있다. 소설장르의 모험정신은 최초의 현대 소설 주인공들 중의 하나인 로빈슨 크루소의 모험과 닮은 데가 있다. 크루소가 그의 섬을 식민지로 만들게 된 것은 결코 우연이 아니다. 제국주의 사회 속에서 태어나 제국주의를 닮은 현대 소설은 지칠 줄 모르게 범세계적인 것과 절대를, 사물과 사고의 총체화를 추구한다. 혁명적이고 동시에 부르주아적이며, 또한 민주주의적이고 일체의 구속과 경계선을 파괴하는 전체주의적 정신으로 가득 찬 소설 장르는 터무니없을 정도로 자유로운 나머지 극단적인 무정부 상태에 이른다.[9] 상호 교환을 가능케 해주는 장르의 개방적 성격, 다양한 배합 방식에 따라 각양각색의 요소들을 편입시켜 사용하는 적응성, 한마디로 경계가 없다는 성격은 소설을 인기 있는 장르로 만드는 요인이 된다. 극도로 발달한 적응력과 개방적 성격은 소설을 장수할 수 있게 만들었지만, 동시에 바로 그런 특징들 때문에 소설이라는 장르의 정의들은 매번 믿을 수 없는 것이 되고 말았다. 이런 점에서 소설은 모든 문학 형식 가운데서 확정적인 요소가 의심할 여지없이 가장 적은 장르라고 할 수 있다.

장 리카르두의 유명한 표현을 빌자면, 소설은 이제 어떤 모험의 기술이 아니라 기술의 모험이 되어버렸다. 이런 작품에서 독자는 더 이상 한 소설적 주인공의 변모과정이나 한 사회집단의 변모과정을 따라가며 살

9 로베르(M. Robert). *Roman des origines et origines du roman.* Grasset. coll. 1972. 13-14쪽.

피게 되는 것이 아니라 어떤 텍스트의 생산과정, 인칭 대명사로 된 인물의 정신과정을 목격하게 되는 것이다.[10] 지금까지의 소설에 대한 정의는 기껏해야 자신들의 시대에 있어 소설이란 무엇이라고 생각했는가를 알려줄 뿐이다. 이러한 소설 정의의 어려움은 문학적 관습에 따라 소설가와 독자 사이에는 어떤 묵계, 때로는 일종의 공모관계가 성립하기 때문이다.

그렇다면 소설 연구의 과제는 무엇인가? 중요한 것은 작품들을 미리부터 정한 틀 속에 억지로 집어넣어 분류하는 일이 아니라 상호간의 유사한 면과 늘 변함없이 눈에 띄는 요소들, 서로 다른 방향들을 알아차리고, 소설가가 어떻게 하여 자기 작품에 다른 작품들과는 다른 음색을 부여할 수 있게 되었는가를 살피는 일이다. 이야기는 선택을, 아니 매순간마다 내리는 수많은 선택들을 전제로 한다. 어휘의 선택, 인물들의 선택, 사건들의 선택, 각 장의 구분에 관한 선택 등이 그것이다. 소설에 있어서 단순한 몇 가지 요소들로 구성된 이야기도 숱한 여러 가지 방식으로 다루어질 수 있다. 그러므로 우리는 그 선택이 무엇이며, 그런 선택의 동기는 무엇인지를 찾아보아야 마땅할 것이다. 이야기의 어떤 국면에다가 소설가는 역점을 두었는가, 그 이야기를 서술하기 위하여 그는 어떤 절차와 방식을 사용했는가, 그 이야기는 어떤 형태를 갖추고 있는가, 이야기의 의도는, 그 이야기가 야기하는 암시의 진폭과 의미는 무엇인가 등이 중요한 것이다.

기호학적 관점에서 보면 소설은 언어적 의사소통을 위한 기호과정semiosis이므로 언어의 기표signifiant와 기의signifié에 대응하는 표현 층위와 내용 층위로 구성되어 있다.[11] 서사학에서는 대체로 표현 층위를 담

10 리카르두(J. Ricardou). *Pour une théorie du nouveauroman.* Paris. Editions du Seuil. 1971. 247-248쪽 참조.

11 '표현 층위'와 '내용 층위'라는 용어는 덴마크의 언어학자 옐름슬레우가 기호학이 지닌 핵심 사상 중의 하나인 각 층위의 자율성을 전제로 하여 언어의 의사소통에

론discours, 내용 층위를 이야기histoires라고 부른다. 이 층위들에 각각 형식과 실체라는 개념이 작용하면 보다 세부적인 뉘앙스를 얻게 된다. 이런 연관을 소설에 적용시키면 다음과 같은 서사의 기호론적 구조를 산출할 수 있게 된다.

	실체(substance)	형식(form)
표현(express)	소설, 영화, 만화 등 서사 양식	narrative discourse(서사담론)
내용(content)	histoires (실제적 혹은 허구적 이야기나 상황적 세계)	récit(실제로 말해진 이야기)

이러한 서사의 기호론적 구조는 연구자에 따라 각기 다른 양상으로 설명되고 있다. 서사물을 포함한 모든 의사소통은 내용과 형식의 구조로 되어 있다. 언어 기호에서는 이것이 기의와 기표로 되어 있음을 소쉬르는 밝힌 바 있다. 소설을 포함한 모든 서사물은 이처럼 서사물 자체인 이야기 형식과 서사물의 의미인 내용으로 짜여져 있다고 생각하는 이분법이 일반화되었고 이것이 지금까지 영향을 미치고 있다.

이러한 이분법은 러시아 형식주의자들(토마체프스키, 프롭 등)에 의해서 파불라fabula와 슈제sujet, E. M. 포스터 등의 영미 소설이론에서는 스토리story와 플롯plot, 프랑스 구조주의자들(토도로프, 바르트 등)에 의해서 이스투아르histoire와 디스쿠르discourse, 채트먼에 의해서 이야기story와 담론discourse 등으로 구분되고 이다. 물론 그 개념은 약간씩 다르다고 하더라

있어서 표현 층위는 내용 층위와 끊임없이 상호 관련을 맺는다는 점에서 사용한 용어이다. 지마(P.V. Zima)/ 허창운 역, 『문예미학』, 을유문화사, 1993, 23-24쪽 참조.

옐름슬레우에 따르면 언어 기호의 구조(언어형식)는 다음과 같다.

	실체(substance)	형식(form)
표현(express)	phonetic field(음성분야)	sound signs(음성기호)
내용(content)	semantic field(의미분야)	concepts(개념)

도 전자를 스토리 차원이라 하고 후자를 담론 차원이라고 한다면 스토리 차원은 “사건들의 자연적인 시간 순서에 따라, 그 스토리 내부에 수반되고 마찬가지로 뼈대를 이루는 작중인물들의 역할 목록을 지니는 어떤 스토리의 기본적인 사건들”을 의미하고, 담론 차원은 “기본적인 스토리를 제시하는 다양한 방식 속에서 각자가 사용하는 모든 기법들”을 말한다.[12] 학자에 따라 서사의 수준은 다음과 같이 매우 다양하다.

<table>
<tr><th></th><th>①사건의 연대기적 순서</th><th>②사건의 인과적 관계</th><th>③사건의 미화된 순서</th><th>④언어 표시로서의 텍스트</th><th>⑤발화로서의 서술</th></tr>
<tr><td>G. 즈네뜨</td><td colspan="2">이스투아르(histoire)</td><td colspan="2">레씨(récit)</td><td>서술
(목소리+초점화)</td></tr>
<tr><td>S. 채트먼</td><td colspan="3">이야기</td><td colspan="2">담론</td></tr>
<tr><td>M. 발</td><td>파블라</td><td colspan="2">스토리와 초점화</td><td colspan="2">서술(언어와 목소리 포함)</td></tr>
<tr><td>리몬-케넌</td><td colspan="2">이야기</td><td colspan="2">텍 스 트</td><td>서술</td></tr>
<tr><td>G. 프랭스</td><td colspan="3">서사 대상</td><td colspan="2">서사 행위</td></tr>
<tr><td>F. K. 슈탄젤</td><td colspan="3">이야기</td><td colspan="2">서술자나 반영자의 중재</td></tr>
</table>

러시아 형식주의의 파불라와 슈제, 포스터의 스토리와 플롯 등은 위의 도표에서 각각 ①과 ②③에 대응한다. 이것은 내용 층위를 형식과 실체에 따라 나누어 설명한 것이다. 그러나 이것들은 표현 층위를 전체 구조에서 빼버림으로써 이야기의 서술 차원인 전달방식을 효과적으로 설명해 낼 수 없게 된다. 반면에 서사적 텍스트 차원, 즉 스토리의 기본적인 사건들이 전달되어지는 서사 내용의 구조적 특성을 설명하는 데는 탁월한 일면을 보인다. 엄밀히 말해서 러시아 형식주의의 ‘낯설게 하기’나 ‘내세우기’는 언어 차원의 표현이 아니라 서사 내용이 조직되고 구조화되어 어떻게 ‘문학성’을 갖게 되는가를 설명하기 위한 개념이라고 보아야 한

12 툴란(M.J. Toolan,)/ 김병욱, 오연희 옮김, 『서사론』, 형설출판사, 1993, 29–30쪽.

다. 즈네뜨가 서사의 내용 층위를 이스투아르histoire와 레씨récit로 구별하여 이야기 서사가 어떻게 텍스트 서사récit가 되는가를 설명하기 위해 서사의 시간 관계를 순서order, 지속duration, 빈도frequency 등의 개념으로 설명하고 있는 것도 서사 내용의 실체와 형식을 설명하기 위한 것이다.[13]

이와는 달리 프랑스 구조주의의 이스투아르와 디스쿠르, 채트먼 등의 소설 시학이나 서사학의 이야기와 담론은 서사 텍스트로서 소설의 형식을 말한다. 내용 층위를 이야기, 표현 층위를 담론이라고 규정하고 있다. 채드먼은 서사물을 이야기와 담론으로 나누고, 이야기에는 내용의 형식(사건들 – 행위, 시간의 순서, 지속, 빈도 등 –과 존재하는 것들 – 인물, 배경 등)과 내용의 실체(작가의 문화적 코드에 의해 미리 처리된 사람, 사물들)를 포함시키고, 담론에는 표현의 형식(서사적 전달의 구조로서의 서술)과 표현의 실체(매개체로서의 현시)를 포함시키고 있다. 그는 내용의 형식과 표현의 형식만을 서사 기호로 보기 때문에 말해진 이야기로서의 텍스트 서사는 이야기, 그 텍스트 서사가 말해지는 언술적 방법은 담론이 된다. 따라서 그의 이분법으로는 서사 텍스트를 분석하는 데는 매우 유용하지만 사회적 인간들의 문화적 실천으로서의 문학적 소통을 설명하는 데는 많은 어려움이 따른다.

이러한 서사의 기호론적 구조는 이야기와 담론이라는 이분법으로는 명쾌하게 조직화되지 않는다. 이 점 때문에 즈네뜨와 리몬–케넌, 미케 발 등은 소설의 구조를 삼분법으로 설정한다. 즈네뜨는 담론의 차원에서 '서사 텍스트'를 밝히기 위해 '이야기histoire – 서사récit – 서술narration'을 구별하고, 소설의 차원을 (1) 서사와 스토리의 시간 관계를 다루는 시간의 양상tense, (2) 서사가 재현되는 형식과 정도, (3) 서술하는 입장의 서술 상황으로 나누고 있다. 또 리몬–케넌도 즈네뜨의 방식에 따라 소설의 차원을 '스토리 – 텍스트 – 서술'로 명명하고 있다. 그러나 즈네트와 리

13 즈네뜨(G. Genette)/ 권택영 역, 『서사담론』, 교보문고, 1992.

몬-케넌의 차원도 소설의 차원이 아니라 소설 텍스트의 차원이다. 독자가 접하는 실체는 텍스트 자체이기 때문에 텍스트의 형태로 존재하는 것에서 소설의 문학적 실천을 탐색하여야 마땅하다. 그러나 그들의 논리만으로는 독서를 통해 진행되는 독자의 경험세계와 내면화를 설명하기에는 무리가 따른다. 그들의 연구가 텍스트 차원을 벗어나지 않기 때문이다.

독자는 서술자의 서술과 등장인물의 발화를 따라가면서 텍스트 서사를 인지하고, 인지된 '말해진 이야기récit'를 통해서 일상의 언어적 소통구조가 지배하는 실제적 혹은 허구적 이야기를 추론하게 된다. 형식 층위는 텍스트의 이해와 해석의 차원이라고 한다면, 실체 층위는 말해진 이야기의 구조와 전달 방식을 통해 얻어진 결과를 실제 세계에 언어적 담론으로 존재하는 이야기들과의 관계 속에서 소설적 의미를 탐색하는 단계이고 또 독자가 허구적 경험의 세계를 간접적으로 추체험하는 과정이기도 한다.

3. 소설교육의 서사적 소통행위

소설교육의 일차적 과제는 소설의 서사 구조와 그 소통행위 과정을 밝히는 작업이고, 이차적 과제는 일차적 과제를 대상으로 문학교사와 학습자간의 소통행위를 체계적으로 효율화하는 일이다.

일차적 과제의 소통행위는 ① 서술자와 피서술자의 담론, ② 내포작가와 내포독자의 담론, ③ 실제작가와 실제독자의 담론을 통해서 이루어진다. ①은 '텍스트 이해'의 차원이고, ②는 '텍스트 해석'의 차원이며, ③은 '텍스트 평가'와 독자의 내면화의 차원이다. 이와 같은 구도는 채트먼이 전체적인 서사적 의사소통의 상황을 '실제작가 → 내포작가 → (서술자) → (피서술자) → 내포독자 → 실제독자'로 설정하고 있는 것에 힘입은 것이다.

소설교육의 이차적 과제는 소설의 서사적 소통행위가 풍부하고 원활하게 활성화되도록 설계하고 실천하는 일이면서 소설 텍스트를 이해하고 해석하고 평가한 다음에 얻어진 결과를 문학교사와 학습자가 같은 실제독자의 입장에서 문학적 경험과 인식을 공유하는 것이다. 이 때 교사와 학생은 문학현상에 주체적으로 참여하여 상호주관적인 관계를 형성해야 한다. 소설교육이 지식 전달의 차원을 넘어서야 하기 때문이다.

1) 서술자와 피서술자의 소통 담론

소설교육의 궁극적인 목적이 작품의 이해와 감상을 통하여 수용자(학습자)의 가치 있는 내면화를 가능케 하는 데 있다면, 무엇보다 먼저 소설 텍스트 자체가 가지고 있는 객관적인 구조를 파악해야 할 것이다. 작가의 독특한 소설 기법에 의해서 재창조되어진 텍스트의 객관적 구조를 밝히는 것은 곧 그 작품의 '문학성'을 해명하는 작업이 될 것이다. 텍스트 서사의 차원에서 보면 그 텍스트 속에는 이야기 서사의 사건들이 반드시 시간 순서대로 나타나지도 않고, 참여자(서술자와 등장인물)의 특성들은 작품 전체에 흩어져 있으며, 서술 내용을 이루는 모든 서사 정보들은 어떤 프리즘이나 원근법(초점화의 요인) 등의 여과장치를 통과한 것들이다. 서사적 담론의 차원에서 보면 서술자와 피서술자의 관계 속에서 서술자와 등장인물의 서술과 발화가 거두는 효과, 즉 이야기를 전달하는 방식의 차이에서 오는 예술적 효과를 텍스트는 담지하고 있다. 이런 텍스트 내적 담론과 구조적 특성을 파악하지 못하면 작품에 대한 자의적인 해석과 평가가 이루어지게 될 것임은 자명한 논리이다.

텍스트 이해는 두 측면에서 이루어진다. 하나는 서사적 담론의 측면이고 다른 하나는 텍스트 서사의 측면이다. 이 양자는 소설 형식의 표현과 내용의 관계이기 때문에 상호 배타적 자율성을 갖는 것이 아니라 상호보족적 자율성을 갖는다. 그래서 양자를 설명의 편의상 나누고 있을 뿐이지 그 자체가 확연히 분리되는 것은 아니다. '전체는 부분의 합 이상이다'

라는 명제를 만족시키는 하나의 전일체wholeness를 이루고 있는 것이 예술 텍스트이기 때문이다.

채트먼은 내포작가와 내포독자만이 서사물에 내재적인 것이며, 서술자와 피서술자는 임의적인 것이라 주장한다. 왜냐하면 그는 서술 수준을 서술자가 현존하느냐 부재하느냐, 다시 말하면 서술자 목소리의 가청도에 따라 '드러난 서술자의 서술', '숨어 있는 서술자의 서술', '비서술자의('서술자가 매개되지 않은' 또는 '비서술된') 서술'로 나누어 설명하기 때문이다. 그러나 서술자가 매개되지 않은 이야기란 없다. 어떤 서사물의 텍스트가 순수한 대화의 대목이나, 우연히 발견된 기록문서나 편지 또는 일기 등을 제시할 때에도 이 담화의 발언자나 필자 이외에 그 대화를 보여주거나 인용하는, 마치 카메라를 조종하는 사진사처럼, 어떤 존재가 있고, 글로 씌어진 기록을 '복사'하거나 '인용'하는 데 책임을 지는 '상위의 서술상의 권위자'가 있다. 이 때문에 리몬-케넌은 서술 소통 상황에서 서술자와 피서술자를 임의적이거나 선택적인 요인이 아니라 소통을 가능케 하는 성립 요인으로 본 것이다. 따라서 서술자는 '서사를 하거나 서사의 필요에 부응하는 행위를 하는 행위자'이고, 피서술자는 서술자의 말을 은연중에라도 듣고 있는 상대자이다.

이 서술자와 피서술자의 담론 속에서 소설 텍스트의 객관적인 의미가 생성된다. 다시 말하면 표층구조인 형식 층위, 즉 서사적 담론과 텍스트 서사의 유기적 결합의 양태가 소설 텍스트의 문학성이고, 이것의 객관적인 실체가 소설 텍스트의 서사구조인 것이다.

이 텍스트 구조를 파악하는 능력을 '텍스트 이해'의 단계라고 할 수 있을 것이다. 소설 텍스트를 객관적인 대상으로 놓고 파악하는 방법이다. 이러한 방법은 형식주의나 구조주의 문학연구의 방법에서 정치하게 발전시킨 것이기도 하다. 제도교육에서는 '텍스트(작품) 분석'이라 하여 널리 일반화되었고, 지나치게 이 단계에 치중하는 느낌이 없지 않았다. 이것은 문학교육의 일차적 과제 중에서도 제1단계만을 교수-학습의 주 내용으로 삼았다는 것을 뜻한다.

텍스트 이해의 단계에서는 '무엇이 어떻게 말해졌는가'를 밝히는 작업이다. 철저하게 작가에 의해 재창조된 작품의 객관적 실체를 통해서 서술자에 의해서 전달되어지는 텍스트 서사를 재구성적으로 해설explication을 하는 과정이다. 따라서 여기에는 수용자의 주관적 요인이 작용할 수 있는 여지가 없다.

2) 내포작가와 내포독자의 소통 담론

내포작가와 내포독자의 소통 담론은 텍스트 해석의 차원이다. 여기에서 내포작가는 텍스트의 모든 성분으로부터 독자에 의하여 추측되고 집성된 하나의 구성물이고, 내포독자는 그 상대자이다. 이 내포작가와 내포독자의 담론은 실제독자의 문학적 경험을 통하여 이루어진다고 할지라도 그것의 객관성을 보장하기 위해서, 또 텍스트 차원을 벗어나지 않는다는 점에서 실제작가와 실제독자의 담론과는 구별하는 것이 바람직하다.

독서과정은 서술자와 피서술자의 관계 속에서 이루어지는 서술자의 진술을 따라가면서 소설 텍스트의 구조를 파악하는 것이다. 그러나 실제독자는 한 번의 독서로 서술자와 피서술자의 소통과정에서 이루어지는 의미의 객관적 실체를 파악하기는 어렵다. 따라서 여러 번의 재독을 통한 '자세히 읽기'가 수행되어야 한다. 이 과정을 통해 독자에 의한 텍스트의 구체화가 이루어진다.

해석학이나 수용미학의 논리를 빌면 텍스트 내의 소설문학적 경험의 총체는 작가에 의해 만들어진 텍스트의 표면에 한정되지는 않는다. 텍스트에는 독자의 몫으로 많은 '불확정성의 부분'이 있는데 독자는 능동적인 수용 행위를 통해 자신의 선행 경험체계(스키마)에 의해 형성되는 기대지평으로 그 불확정적인 곳을 메워냄으로써 텍스트의 의미를 형성하는 것이다. 이것이 수용미학자들이 텍스트와 작품work을 구별하는 이유이다. 다시 말하면 텍스트의 객관적인 것과 수용자의 주관적인 것이 변증법적으로 통합함으로써 작품의 진정한 의미가 산출되는 것이다. 이 때 수용자는 실제독자이기는 하지만 스스로를 내포작가의 상대자인 내포독자의 위치에 한정하려는 노력이 필요하다. 수용자가 텍스트의 불확정적인 곳을 임의적으로 채워 넣을 수 없도록 텍스트의 내재적 원리가 작동하기 때문이다. 서술자를 포함한 텍스트의 모든 요소로부터 주어진 암묵적인 장치에 따라서 그 빈곳을 채워야 하고, 텍스트 자체의 질문에 답할 뿐 아니라 새로운 질문을 제기해야 하는 과정의 연속이 독서과정이기 때문이다.

이 독서과정은 '해석학적 나선' 구조로 설명이 가능하다. 이것은 '작가는 전달하고, 텍스트는 감추고, 독서는 밝혀낸다.'는 해석의 세 가지 원칙에 의존하고 있다. 이를 위해서는 먼저 '무엇이 어떻게 말해졌는가.'(작가의 신호)를 설명할 수 있어야 하는데, 이것이 텍스트 이해의 단계이다. 다음으로 '무엇이 왜 감추어졌는가.'(텍스트의 징후)와 '무엇이 누구를 통해서 밝혀지는가.'(독자의 기대지평과 작품의 지평을 융합시키는 경험된 발현)를 살펴야 하는데, 이것이 텍스트 해석의 단계이다. 이러한 작가의 신호, 텍스트의 징후, 경험된 발현에 대한 재구성적 해설explication과 해체적 설명explanation과 참여적 탐사exploration가 반복적으로 되돌아가는 발전적 과정 속에서 올바른 해석이 가능하다. 이것을 해석학에서는 해석학적 나선이라고 한다.14

텍스트 해석을 통해서 얻어진 결과는 내포작가와 내포독자의 소통담론에 의해서 형성된다. 담론은 대상 개념이 아니라 기능 개념이기 때문에 그들 사이의 의사소통 속에서 텍스트의 총체적 의미가 만들어지는 것이다. 텍스트의 서술자가 '작가의 신호'를 감춤으로써 얻어진 효과가 무

14 헤르나디(P. Hernadi) 편/ 최상규 옮김, 『비평이란 무엇인가』, 정음사, 1984, 11-20쪽 참조.

엇인가는 내포작가와 내포독자의 관계 속에서만 밝혀질 수 있다. 그러나 이것들은 텍스트의 차원을 벗어나는 것은 아니다.

기호론이나 소설 시학(서사학)도 소설의 텍스트 차원을 밝히는 데에 중점을 두어왔다. 토도로프의 『구조시학』, 채트먼의 『이야기와 담론』, 즈네뜨의 『서사담론』, 리몬-케넌의 『소설의 시학』, 프랭스의 『서사학』, 툴란의 『서사론』, 미케 발의 『서사란 무엇인가』, 수잔 스나이더 랜서의 『시점의 시학』 등은 소설(서사)의 담론적 특성을 밝히는 작업들이다. 따라서 텍스트 이해와 해석의 차원을 넘어서는 경우는 극히 드물다.

3) 실제작가와 실제독자의 소통 담론

소설 텍스트를 이해하고 해석한 다음에는 소설의 형식 차원(서사적 담론과 텍스트 서사)을 실체 차원과 관련지어 살펴보는 것이 필요하다. 이것은 실제작가와 실제독자 사이의 담론을 통해서 가능한데, 수용자인 독자는 표현의 실체인 언어소통과정을 전제로 하지 않으면 내용의 실체인 소설문학적 소통과정을 파악하기 어려워진다. 언어를 통한 의미전달이 전제되지 않고는 텍스트 이해와 해석을 통해 얻어진 소설의 허구적 경험을 독자 개인의 독특한 삶의 과정과 연관 지을 수 없기 때문이다. 또 소설의 소통행위도 사회적 문화적 실천의 하나이기 때문이다.

소설 텍스트는 하나의 대상으로 존재하는 것이지만 그것을 향유하는 행위는 문화적 실천에 참가하는 한 방법이다. 소설 독서 자체가 교육성을 갖기 때문인데, 한 개인이 어떤 문화 가운데 자신의 위치를 가진다는 것은 일차적으로 그 문화를 수용할 수 있는 능력을 기른다는 의미이므로 소설 독서는 그러한 문화에 들어가기 위한 통과제의적 성격을 띠는 것이다.

"문학 텍스트의 독서과정은 실세계에서 일어나는 인간의 경험구조를 지니고 있기 때문에, 문학 텍스트를 통해 이루어지는 경험은 지식의 축적과 같은 부가과정이 아니라 기존의 경험을 수정하거나 과거의 것을 통해 현재에 대한 새로운 것을 인식하는 경험처럼 우리가 대하고 있는 것을 구조 변화시키는 것"[15]이라는 점에서 독서행위의 교육적 효과는 자기인식적이다. 이것은 텍스트 내적 경험을 실제독자가 자신의 삶의 일부로 일반화시키는 과정에서 이루어진다. 이러한 텍스트 연관성(독자의 세계인식과 작품 내재적 의미 사이의 연관성 및 독자의 독서 체험과 소설 외적 삶 텍스트 사이의 연관성을 포함한) 속에서 가치평가를 하는 것이 '평가'의 단계이다.

사회학적 심리학적 기호론자인 바르트는 문학을 사회적 소통의 하나로 보기 때문에 '잘 빚어진 항아리'만을 선호하는 형식주의자들과는 달리 좋은 문학과 나쁜 문학 사이의 구별을 반대하면서도(이런 점 때문에 서사물은 국제적이며 초역사적이고 초문화적이다) 서사물은 "인생 그 자체와 마찬가지로 단지 거지에 존재할 뿐"[16]이라고 하여 소설 텍스트를 객관적인 대상으로 인식하는 경향을 보인다. 형식주의와 구조주의는 말할 것도 없고 기호론이나 서사학까지도 소설 텍스트에 대한 가치 평가를 배제하는 이유는 그들이 텍스트를 하나의 대상으로 보기 때문이다. 또한 다원주의적 입장에서 볼 때 평가는 독자마다 다른 것이 될 수 있기 때문에 문학연구의 과학화를 시도하는 입장에서는 텍스트에 대한 가치 평가를 보류하게 되었던 것이다.

소설 텍스트에 대한 가치 평가는 실제독자가 텍스트 수용과정에서 얻어진 허구적 경험을 자신의 사회적 삶과 연관 지을 때 이루어진다. 그래서 독자가 놓여 있는 사회적 상황이나 이데올로기와 밀접한 관련을 맺는다. 소설교육은 개인의 운명에 대한 것만이 아니라 민족 공동체의 운명과 함께 할 수 있는 경험을 제공해주어야 할 필요가 있기 때문에 소설 교재의 선택은 무엇보다 우선해야 함이 여기에 있다. 따라서 이 단계에

15 차봉희, 「독어독문학과의 문학교육」, 『한신논문집』3집, 한신대학교, 1986, 326쪽.
16 바르트(R. Barthes), *Image – Music – Text*. London, Fantana. 1977. 79쪽.

서 중요한 것은 소설의 개별 작품이 사회 역사적 통사구조 속에서 어떤 의미를 가질 수 있는가, 현실의 세계와 허구의 세계가 어떻게 관계를 맺고 독자의 문학적 행동에 영향을 줄 수 있는가 하는 것들을 파악하고 수행할 수 있은 능력을 기르는 것이다. 더 나아가 언어적 소통행위의 하나로써 문학적 소통을 생산할 수 있는 능력과 특수한 언어 사용능력을 기르는 것도 중요하다.

4. 마무리 : 심미적 소통행위로서의 소설교육

소설교육의 일차적 과제가 문학적 소통과정을 이해하고 그 소통에 주체적으로 참여할 수 있는 능력을 기르는 일이라고 한다면, 마지막 과제는 그러한 능력을 기를 수 있도록 문학교사와 학습자 간의 담론을 바람직하게 조성하는 교육적 실천을 체계화하는 것이다. 이런 점에서 우한용이 "소설교육은 텍스트를 두고 문학교사와 학생이 협동적으로 벌이는 독서행위"[17]이라 규정한 것은 정당하다. 이것은 교사의 입장에서 보면 '무엇을 어떻게 가르칠 것인가'의 문제이다. 여기서 '가르치는' 행위는 일방통행이 아니라 교사와 학습자간의 쌍방통행이라는 점이 전제되어야 한다. 또 문학교육의 소통구조에서 무엇보다 중요한 것은 소설의 수용 주체를 핵심적인 변인으로 고려해야 한다는 점이다.

소설 텍스트와 학습자를 매개하는 문학교사는 텍스트를 이해하고 해석하며 전체적 삶의 과정에서 평가할 수 있도록 학습자를 돕는 일에 한정될 수밖에 없다. 주체의 자기인식은 학습자가 주체적으로 텍스트에 참여하여 텍스트의 의미 공간을 채우는 일(텍스트의 구체화)을 넘어 인간의 삶에 대한 이야기에 참여하는 이중적인 참여가 이루어져야 가능하기 때문이다. 이 주체적 참여 능력을 문학 능력이라고 한다면 문학교사는 그

17 우한용, 앞의 책, 19쪽.

러한 참여가 가능할 수 있도록 어떤 전범을 보여주는 것이 필요하다. 텍스트를 이해할 수 있는 소설이론이나 문학적 소통과정에 대한 통합적 문학이론을 학습자가 선행 경험 체계를 이룰 수 있도록 가르칠 필요가 있는 것은 바로 이 때문이다.[18] 그리고 텍스트의 개별화된 의미를 학습자가 자신의 삶의 과정 속에서 자기인식을 할 수 있도록 허구적 세계와 현실적 세계의 연관성 속에서 많은 질문을 하는 것이 필요하다. 그러나 그 질문은 상황적일 수밖에 없을 것이다. 또 교사는 학습자가 어떤 대상이나 현상을 한쪽의 시각으로 보는 편협성을 교정하는 일도 중요한 임무 중의 하나이다. 대상이나 현상에 대한 또 다른 시각은 존재의 변신이나 확장을 도모할 뿐 아니라 인간 존재의 불확정성이나 아이러니적 성격을 인식함으로써 문화와 사고의 획일성에서 벗어날 수 있게 하기 때문이다.

그러나 학습자의 입장에서 소설교육은 학습자와 텍스트의 적극적인 만남에서 시작된다. 이것은 소설(문학)이 여행이나 춤, 섹스처럼 자체 목적을 가지고 있기 때문이다. 학습자가 직접 읽지 않고는 소설 텍스트의 미적 경험을 얻을 수 없다. 이 미적 경험은 패러프레이즈가 불가능하기 때문이다. 이런 특성을 문학의 직접성이라 할 수 있다. 그러므로 학습자가 개별적인 작품들을 읽는 문학의 직접성으로 문학현상에 대한 인지적 정의적인 깨달음에 이르는 것이 가장 바람직하다. 그렇다면 문학교사는 학습자가 소설 텍스트와 적극적으로 만날 수 있는 계기를 부여하는 것이 중요할 것이다.

학습자는 텍스트를 이해·해석·평가하는 인지적 정의적 상호작용을 통해서 감상의 과정에 들어선다. 이때 학습자에게는 자신의 선행 경험체계(스키마)[19]가 조응하여 감상의 인지적 과정을 역동적으로 강화한다. 이를

18 그러나 문학이론에 대해 많이 알고 있다고 해서 텍스트의 효과구조와 독자 반응구조가 역동적으로 결합하는 것은 아니다. 문학이론이란 연역적 단순화이거나 범주화를 추구하기 때문에 개별 작품에 모두 적용되는 것은 아니다. 따라서 문학이론은 문학적 소통과정을 깨닫게 하는 데 머물 수밖에 없다.

토대로 학습자는 실존적 주체인 자아와 텍스트가 표상하는 세계 사이에서 다양한 상상력을 발휘한다. 텍스트와 학습자의 대응관계는 결국 세계와 자아와의 대응으로 전이되고 이 과정의 확산을 통해 학습자는 소설을 통한 문화적 코드의 발견과 확장을 계속하게 된다. 이러한 감상 과정의 최종단계는 '문학적 문화 속의 자아실현'에 이르는 것이다.

문학 능력은 독자가 텍스트를 통하여 작가와 내적 대화를 하면서 작품을 읽어내는 제반 방략이면서 자아와 세계에 대한 자기인식의 역능이다. 이러한 능력을 기르기 위해 학습자는 다음과 같은 독서과정을 거쳐야 할 것이다. 이것은 ① 학습자는 서술자와 피서술자의 담론을 통해 소설텍스트 구조를 이해하는 것, ② 소설텍스트의 불확정성의 부분을 학습자의 기대지평으로 채워 넣음으로써 텍스트를 구체화하는 것, ③ 무엇이 어떻게 감추어졌는가를 밝힘으로써 작가의 서사전략을 확인하고 나아가 텍스트의 효과를 파악하는 것, ④ 소설텍스트의 허구적 경험 세계를 이야기 문법에 따라 내용의 실체인 실제적 혹은 허구적 세계의 원화(이야기)로 재구성하여 추정해 보는 것, ⑤ 학습자 자신의 세계인식과 텍스트 의미 사이의 연관성을 찾아 가치 평가를 시도하는 것, ⑥ 텍스트를 통한 경험세계를 자신의 삶에 투사시켜 자기인식에 도달하는 것 등이다. 이런 과정은 엄밀히 선후관계를 유지하는 것이 아니라 거의 동시적이다. 모든 과정이 동시적으로 이루어지기 때문에 학습자는 많은 소설 텍스트를 읽어냄으로써, 인지적 지식구조로 배운 감상 능력이 아니라, 문학적 독서 경험을 통한 문학 능력(선행 경험체계인 스키마를 포함한)을 확대·신장시키

---

19 텍스트 수용과정에서 스키마가 작용하는 교육적 효과는 첫째 읽기 자료에 담긴 정보를 받아들이기 위한 이성적 지식 구조를 형성하여 준다는 것, 둘째 수많은 여러 정보들을 일관성 있는 형태로 재구성해 준다는 것, 셋째 수많은 정보 중에서 필요한 정보를 선택적으로 받아들이며 그 내용을 재편집하고 요약하는 역할을 수행한다는 것, 넷째 정보 탐색에서 순서와 절차를 제공하여 준다는 것 등이다. 노명완 외, 『국어과교육론』, 갑을출판사, 1988, 217-218쪽.

는 것이 무엇보다 중요하다. 학습자가 이러한 심미적 소통행위의 능력을 효율적으로 배울 수 있도록 문학교사는 서사적 소통행위에 대한 담론의 층위를 세분화하고 체계화하여 교육적으로 실천을 하는 것이 소설교육의 본질이다.

따라서 소설교육에서 문학교사는 학습자와 소설 텍스트를 매개해주는 범위 내에 머물러야 할 것이다. 이때 문학교사와 학습자가 문학적 경험과 삶의 경험을 공유하면서 상호주체적으로 서로의 인식의 폭과 깊이를 심화시킬 수는 있으나 문학교사가 어떤 특정 이데올로기를 전제로 한 획일화된 경험세계를 강요하는 것은 바람직하지 않다.

1960년대 한국문학의 분기 현상

1. 머리말

인간의 개별 주체는 저마다 '욕망하는 자아'를 가지고 있기 때문에 사회 구성체는 대단히 복잡한 양상을 보인다. 자본주의 사회는 타자의 욕망을 욕망하기 때문에 더욱 그렇다. 지금의 '나'는 어제의 '나'가 경험했거나 추구하려고 했던 흔적들을 재구성해서 내일의 '나'를 설계하려고 한다. 그런데 프로이드의 말대로 '나'가 진정한 '나'의 주인이 아니라서 이 불완전하고 의심스러운 주체는 무의식적 충동에 따라 존재하려는 경향을 보인다. 그래서 그 개별 주체는 기존의 어떤 사회 조직에 끼어들려고 하거나 아니면 새로운 사회 구성체를 만들려고 한다. 작가들의 경우도 크게 다르지 않다.

어느 시대를 막론하고 문학은 사회를 반영하고 사회는 문학을 모방해 왔다. 문학에는 실재의 세계와 가상의 세계가 뒤섞여 허구의 세계가 만들어져 있다. 과거와 미래가 현재 속에 종합되어 형상화된 문학의 공간이 허구의 세계이다. 그래서 문학 속에는 당대 현실에 대한 진단과 처방 및 미래에 대한 공동체의 꿈이 들어 있다. 자본주의적 삶의 양태에 대한 언어적 예술화라고 할 수 있는 근대문학이 매우 다양한 모습으로 분기한 것도 이런 문학의 속성 때문일 것이다.

사회적 삶의 토대와 문학은 매우 밀접한 연관이 있다. 한국의 현대문학사에서 전 시대와 구별될 만큼 다양한 분화가 이루어진 시기는 1930년대와 1960년대이다. 1930년대는 세계적인 경제공황을 극복하기 위해 일본의 독점자본이 한반도에 대거 유입되면서 불구적 형태의 자본주의 경제체제가 형성된 시기이다. 일본제국주의는 자국 농민을 보호하고 경제 공황을 타개하기 위해서 조선의 식민정책을 수정하지 않을 수 없었다. 일제는 산미증산 정책을 남면북양 정책으로 변경하고, 대륙 침략을 위한 병참기지화 정책을 폈다. 한반도의 남쪽에는 면화를 가공하기 위한 제면소, 제사공장, 방직공장이 들어서고, 북쪽에는 비료공장을 중심으로 다양한 중화학공장이 세워졌다. 그 결과 인구의 도시 집중이 이루어지고 다수의 노동자 계층이 생겨났다. 불구적이기는 하지만 산업사회의 자본주의 체제와 시장 논리가 형성된 것이다. 서구적인 문화가 유행하면서 서울에서는 '땐스홀'을 허용하라는 요구가 비등했다. 이러한 자본주의 사회의 분화현상을 선취하거나 반영한 문학 역시 미적 형식에 대한 다양한 실험을 가능하게 했다.

1930년대가 한국문학의 원형이라고 할 만한 씨앗들이 뿌려지고 길러지는 못자리 역할을 했다면, 1960년대는 분단된 남한만의 못자리가 되었다. 대한민국 정부의 수립 이후 한국의 근대화 모델은 4·19의 정신주의 계열과 5·16의 기계주의 계열에서 그 형체를 드러내기 시작했다. 일제강점기 때 형성된 불구적 형태의 근대화가 제국주의의 논리를 재생산하면서 민족담론을 형성한 특수성을 인정한다고 하더라도 해방공간의 정치적 혼란과 6·25전쟁, 그리고 1950년대 이승만 정권의 독재는 근대화의 모델을 마련할 수 없게 하였다. 이 시기는 이념의 갈등이나 6·25전쟁의 상처로 말미암아 근대화의 방향성이 뚜렷하게 잡히지 않고 잠재적인 상태에 머물러 있었다. 더욱이 이승만의 독재정치는 근대와 전근대가 착종하는 기현상을 야기했다. 매판자본과 주관적 폭력이 난무한 1950년대를 박경리 선생은 '불신시대'라고 명명했다. 이런 상황에서 1960년의 4·

19와 1961년의 5·16이 한국 근대화의 모델을 마련할 수 있는 두 계열을 형성한 것이다. 한국적인 근대화/근대성의 두 가지 계기라는 측면에서 4·19와 5·16은 마주보는 거울과 같은 것이었다.[1]

지금까지 1960년대 이후 한국문학에 대한 연구는 대부분 '4·19정신'의 발전적 계승에 초점이 맞추어져 있다. 이런 현상은 아마도 5·16으로 탄생한 박정희식 개발 독재의 폐해와 주관적이고 객관적인 국가 폭력에 대한 피해의식이 그들에 의해 추진된 '기술의 근대성'을 애써 외면하려고 했기 때문일 것이다. 그러나 이제는 가치중립적으로 당시의 문학현상을 천착해야 할 필요가 있다. 자유와 자주 및 평화 통일을 추구했던 4·19의 '관념의 근대성'과 경제 발전을 통한 5·16의 '기술의 근대성'이 서로 길항 작용을 하면서 한국 문학의 다양한 분화를 가능케 했다는 점을 부인할 수 없기 때문이다.

따라서 이글의 목적은 한국의 근대화 모델을 4·19의 정신주의 계열과 5·16의 기술주의 계열의 길항관계에서 설정하고, 문학적 주체가 어떻게 형성되어 1960년대의 한국문학을 다양하게 분기하도록 만들었는가를 지성사적 관점에서 탐구하는 데 있다. 달리 말하면, 1960년대의 한국문학 연구가 오늘날 왜 중요한가를 밝히는 데 있다.

2. 한국 근대화의 두 계열

혁명은 점진적인 기술적 발전에 의해서 결정되는 것이 아니다. 그것은 기술적 발전의 부분들로서 기능하는 경제적이고 정치적인 총체성의 보수補修를 요구하는 기계화의 계열과 사회적 총체성의 계열 사이의 거리에 의해서 가능하다.[2] 그러나 4·19는 특정한 순간의 사회적 총체의 리듬

1 이광호, 「4·19의 '미래'와 또 다른 현대성」, 『4·19와 모더니티』, 문학과지성사, 2010, 44쪽 참조.

2 질 들뢰즈(G. Deleuze)/ 이정우 역, 『의미의 논리』, 한길사, 1999, 116-117쪽

에 맞추어 기호화가 가능한 것, 또는 인식된 것의 총체화를 구성하고자 하는 '전체주의의 오류'를 범하였고, 5·16은 기술적 진보의 리듬에 맞추어 사회적 관계들의 부분적 정비를 증진시키거나 강요하려는 '개량주의 또는 기술주의의 오류'를 범했다. 다시 말하면, 전자는 관념의 세계에서 총체성을 구성하는 데 만족했고, 후자는 총체적 이상이 없는 상태에서 기술적 진보만을 꾀하는 오류를 범했던 것이다. 기술주의는 자연스럽게 개발을 다그치는 독재 정치와의 친연성을 갖게 되었다.

이 두 계열의 상호작용 속에서 참된 근대화가 가능했을 터인데, 한국의 경우는 4·19가 이상 세계에 대한 사회적 총체성의 모델을 마련하여 실천하기도 전에 5·16의 기술주의가 개발 독재를 불러왔다는 점에 문제의 심각성이 있다. 물론 박정희 정권에 의해서 추진된 '기술의 근대성'이 계몽주의 이후 서구 역사의 진로를 규정해온 실천적 프로젝트로서의 서구의 근대화를 짧은 기간 동안에 달성할 수 있었다는 장점도 없지는 않았다. 여기에는 이성에 기반을 두고 인간 주체가 자기의 바깥 세계를 합리적으로 파악하여 역사를 진보·발전시킨다는 논리가 숨어 있다.[3] 그들이 추구하는 '생산주의적 합리성의 구체화'로서의 근대화는 선취 의식과 기도企圖하는 정신이 자유롭게 활동할 수 있는 경제-기술주의를 신봉하는 것이었다.

그러나 합리적인 노동 형식을 전제하지 않고는 산업자본주의의 장場[4]을 만들기는 매우 어렵다. 생산주의적 합리성을 구체화하려는 인간의 모

참조.

3 김성기, 「세기말의 모더니티」, 『모더니티란 무엇인가』, 민음사, 1994, 16쪽.

4 여기에서 '산업(industry)'이란 단순히 '공업'을 말하는 것이 아니라 자기 통제와 자기 입법에 의해 계산적 혹은 훈련적인 기계로서 구축된 인간의 한 행동양식을 말한다. 자기 내부를 상세히 조사하여 낭비를 없애고 생산적인 생활을 향해 조직해 가는 그런 정신을 '근면'이라고 부른다면, 바로 이런 근면으로서의 산업이 구석구석까지 효과를 미치는 것이 산업자본주의라는 장(場)이다. 이마무라 히토시/이수정 역, 『근대성의 구조』, 민음사, 1999, 155쪽.

든 노력을 근대성/근대화이라고 할 때, 이것은 현대인의 삶을 편리하게 하고 기능 중심의 효율성을 제고할 수는 있었지만, 그 역기능으로 배제의 역학과 차별의 체계를 견고히 하여 인간 소외를 부추기는 결과를 가져왔다. 이것이 자본주의의 객관적 폭력(상징적 폭력과 구조적 폭력)일 것이다.[5] 근대 시민적 인간의 윤리와 정신이 아직 충분히 합리적이지 못하거나 자기 입법적이 아니기 때문에 차별과 배제가 생기는 것이 아니라, 반대로 근대 세계가 충분히 '합리적'이기 때문에, 근대적 시민의 내면이 너무나도 충분히 '자기 통제적', '자기 입법적'이기 때문에 도리어 근대성은 배제와 차별의 성격을 갖는 것이다.[6]

특히 1960년대 한국의 근대화는 합리적인 노동 형식을 갖추지 못했기 때문에 불구적인 형태의 산업자본주의가 급속히 팽창하여 노동 소외와 인간 소외를 가속화했다. '잘살아보자'라는 구호 아래 경제개발5개년계획이 수립되어 실천되고, 국익이라는 미명 아래 노동자와 농민의 등을 밟고 산업사회가 굳건하게 자리를 잡은 것이다. 이 시기 한국의 운명공동체가 경험한 가장 심각한 사회적 불평등은 가진자와 못가진자 사이의 상대적 빈곤이었다. '보릿고개'를 넘어 절대 빈곤에서는 벗어났으나 많은 부를 축적한 사용자들과는 달리 대부분의 한국인들은 더욱 내면화된 구조적 국가 폭력에 시달리면서 노동력을 착취당하는 계급 모순과 민족 모순이 극대화된 시기가 1960년대 이후 한국의 모습일 것이다.

그러나 "한 점 균열 없이 황홀할 만큼 일체화된 공동의 경험"으로서의 "4·19가 대학생이라는 사회·문화적 주체를 탄생"시켰기 때문에 이 새로운 대학생 지식인 주체들이 5·16 이후 기술주의의 양적 팽창에 걸 맞는 사회적 역할을 수행할 수 있었다.[7] 인간의 사회적 삶의 조건을 개선하는

5 슬라보예 지젝(S. Zizek)/ 이현우 외 옮김, 『폭력이란 무엇인가』, 난장이, 2011, 30-42쪽 참조.

6 이마무라 히토시/ 이수정 역, 앞의 책, 175쪽.

7 권보드래·천정환, 『1960년을 묻다 – 박정희 시대의 문화정치와 지성』, 천년의상

일과 인간다운 삶을 영위하는 것이 근대성의 근간임에도 근대화 과정에서는 이 두 지향점이 우선순위를 두고 심각하게 다툼과 갈등을 겪었다.

3. 4·19와 5·16의 길항 관계

한국의 근대화 모델을 4·19의 정신주의 계열과 5·16의 기술주의 계열에서 찾는다면 이 두 역사적 사건에 대한 구체적인 이해가 선행되어야 할 것이다.

역사적 사건으로서의 4·19[8]는 1960년 2월 28일 대구 경북고교생 시위에서 시작하여 마산 제1차 의거(3.15), 마산 제2차 의거(4.11)를 거쳐 4월 19일 서울의 '피의 화요일' 이후 전국으로 확산되었다. 4월 26에는 대통령 이승만이 하야하고, 이어서 허정 과도정부가 수립되어(5.3) 민·참의원 총선거가 실시되고(7.29), 8월 23일에 장면 정권의 제2공화국이 탄생함으로서 4·19가 마무리되었다. 학자들에 따라서는 이승만 대통령의 하야까지를 4·19로 인식하는가 하면 오늘날까지 계속 진행 중인 사건으로 인식하기도 한다.

독재자 이승만의 하야와 장면 정권의 수립으로 마무리된 역사적 사건이라면 4·19는 억압으로부터의 해방과 자유를 쟁취하기 위한 혁명이 결과적으로 사회적 이념적 기반에서 자유당과 사실상 동일한 민주당에게 정권을 넘겨준 꼴이다. 허정 과도정부와 민주당이 "혁명적인 정치 개혁을 비혁명적으로 단행"하고자 하면서 사회 각 부문들의 개혁을 거부하고 공짜로 떨어진 권력과 이권을 나누어 가지는 데만 혈안이 될 것임은 자

상, 2012, 28, 39쪽 참조.

8 역사적 사건으로서의 4·19에 대한 용어는 사용자에 따라 각기 다르다. 국가 차원에서는 문교부에서 이 사건의 명칭을 '4월혁명'으로 부르기로 용어를 통일했지만(1960. 7. 28) 5·16쿠데타 세력에 의해 '4·19학생의거'로 격하되고, 사용자의 필요에 따라 '4월 혁명', '4·19혁명'으로 부르기도 하며, 학술 담론에서는 주로 '4·19'라는 용어를 사용해 왔다.

명한 일이다.[9] 변혁에의 의지가 전혀 없었던 허정 과도정부의 국가 시책에 대한 기본 방침은 다음과 같다.

1) 현정부는 과거보다 일층 더 견실하고도 확고하게 반공산주의 정책을 전진시킬 것이다.
2) 부정선거의 처벌 대상은 고위 책임자와 공산주의 잔학행위를 한 자에게 국한시킬 것이다.
3) 혁명적인 정치 개혁은 비혁명적으로 단행할 것이다.
4) 4월혁명에서 미국의 역할을 내정간섭 운운하는 것은 이적행위로 간주할 것이다.
5) 한일관계의 정상화를 위하여 노력할 것이다.[10]

이 국가 시책에는 4·19의 '숭고한 이념'이나 정신이 어디에도 들어있지 않다. 반공산주의를 국시로 하여 친미 정권을 수립하겠다는 의지만 강하게 표출되어 있다. 4월혁명 과정에서 미국의 역할이 어떻게 작용했는지는 확인된 바가 없지만 과도정부의 국가 시책에는 국제적 냉전체제에서 한미일 삼각구도로 공산주의의 확산을 막으려는 미국의 정책이 짙은 그림자를 드리우고 있다. 이러한 국가 시책은 제2공화국에서 성실하게 수행되지 못하고 5·16 이후 박정희 군사정권과 제3공화국에서 착실하게 추진되었다.

1961년 5월 16일 발생한 군사 쿠데타는 독점자본주의체제를 확립함으로써 한국 사회의 급격한 사회 변동을 야기했다. 쿠데타에 성공한 박정희 군부 세력은 사회정화 차원에서 깡패와 불량배 5,000여 명을 검거하고, 공산주의 동조자 및 협조자 2,000여 명을 구속했다. 또 많은 부정축재자를 구금하고 57억 5,000여만 환을 국고로 환수하였으며, 41,000여

9 박태순, 김동춘, 『1960년대의 사회운동』, 까치, 1991. 66쪽.

10 위의 책, 82쪽.

명의 공무원을 부패 및 무능 혐의로 쫓아냈다. 김종필 중령을 부장으로 중앙정보부를 신설(6.10)하여 공안정치를 시작하고, 박정희가 국가최고회의 의장이 되었으며(7.3) 반공법을 공포하였다.(7.4) 이듬해에는 제1차 경제개발 5개년 계획을 성안하고 3월에 윤보선 대통령이 사임하고 박정희가 대통령 권한을 대행했다. 11월에는 1963년 봄까지 한일 청구권 문제를 타결하기로 '김종필-오히라 메모'를 합의했다. 1963년 1월에 민주공화당이 창당되고 10월 15일 대통령 선거에서 박정희가 당선되어 12월에 제3공화국이 발족됨으로써 역사적 사건으로서의 5·16은 종결된다.

물론 이 군사 쿠데타는 4·19 이후 군내 내부의 '정군운동'과 관련이 없지 않다. 이승만의 추종 세력들의 비리를 척결하려는 젊은 군인들이 자정 운동에서 리더 격인 박정희 소장을 중심으로 5·16주도 세력을 형성하고, 이들이 4·19정신을 계승한다고 자처하면서 '자립 경제', '자주 국방'을 슬로건으로 내걸고 군사 쿠데타를 일으켰던 것입니다. 제2공화국의 정국 운영이 자유당 정부와 다를 것이 없었기 때문에 군부 세력의 '거사'를 국민들이 어느 정도 인정한 것이다. 이런 점에서 보면 5·16은 "미시적으로 보면 한국 지배층의 친미 일변도의 사상 또는 그것과 결부되어 있는 무사안일주의가 만들어낸 걸작품인 셈"[11]이다.

5·16 주도 세력들은 4·19를 계승한다고 역설하면서 2주기를 맞는 1962년 4월 19일에 혁명 당시 죽은 186명 중 서울, 경기지구 103명에게 건국포장을 추서하고 구속 학생 54명을 석방했다. 그들의 전략은 4·19가 부패한 정권에 대한 투쟁이었는데 결과적으로 다시 부패한 정권이 들어섰기 때문에 어찌할 수 없이 새로운 군부가 나서서 그 혁명을 완성했다는 논리이다. 이것이 5·16을 4·19의 계승이라고 보는 '연속론'의 실체이다. 그들이 부정부패를 일소하고 사회 비리를 척결하기 위해 노력한 것은 사실이다. 그래서 쿠데타 당시 진보적 잡지였던 『사상계』의 발행인

11 위의 책, 147쪽.

장준하나 주요 논객이었던 함석헌 등이 5·16에 일정한 기대를 보이면서 가능한 빨리 정권을 이양하고 물러나야 한다는 강한 의지를 보여주었다.[12] 4·19세대 문인을 자처한 작가들도 역사적 사건으로서의 5·16군사쿠데타에 대해서는 부정적이지만 박정희의 국가 운영에 대해서는 긍정적인 시각을 가지고 있었다.[13]

그러나 박정희의 군사정권은 제1,2공화국 때와 마찬가지로 반공산주의를 국시로 한 개발 독재를 강화한다. 한일회담을 반대 시위하는 학생들을 무자비하게 탄압하면서 한미일 반공체제를 견고하게 실현하기 위한 한일회담을 성사시킨다. 이 과정에서 인민혁명당 사건이 발생하고(1964), 1969년에는 통일혁명당 사건으로 『청맥』의 편집장 김질락과, 주간 이문규를 사형에 처하게 된다. 1965년에는 월남에 군대를 파견하고, 「홍길동전」을 패러디한 「분지」가 반미를 노골화했다고 작가 남정현

12 "학생이 잎이라면 군인은 꽃이다. 5월은 꽃달 아닌가? 5·16은 꽃 한 번 핀 것이다. 꽃은 찬란하기가 잎의 유가 아니다. 저번은 젊은 목청으로 외쳤지만 이번은 총·칼과 군악대로 행진을 했고, 탱크로 행진했다. 그러나 잎은 영원히 길어야 하는 것이지만 꽃은 활짝 피었다가 깨끗이 뚝 떨어져야 한다. 花落能成實이다. 꽃은 떨어져야 열매 맺는다. 5·16은 빨리 그 사명을 다하고 잊어져야 한다." 함석헌, 「5·16을 어떻게 볼까?」, 『사상계』 통권 96호, 1961. 8. 『사상계 영인본』 제11권, 세종문화원, 1989, 195쪽.

13 예를 들면 「4월혁명과 60년대를 다시 생각한다」라는 좌담에서 작가 김승옥은 다음과 같이 말하고 있다. "4·19 때도 군에 대해서 좋은 인상을 가지고 있었지요. 그때는 군인이 학생들의 데모를 보완해주는 세력이었으니까. 그런데 치사스럽게 쿠데타가 나다니 대한민국이 이렇게 한심한 나라였던가 하는 낙심천만이 말도 못할 정도였죠. 그런데 이 자리에서 고백할 게 하나 있는데, 나중에 박정희 대통령이 민정이양 형식으로 대통령선거에 나왔을 때 나는 박정희에게 투표했어요. 학교 친구들은 다 아니라고 하는데, 아까 염형도 야당이 보수적이었다고 얘기했지만, 그 무렵 내 눈에는 4·19 이후 집권한 민주적 세력들이 어쩐지 미국 원조물자 가지고 나눠먹고 사는 똘마니구나 싶은 느낌밖에 안 들었단 말예요. 별로 기대할 것이 없었어요. 그 사람들보다는 차라리 촌티나는 박정희의 민족주의가 낫겠다, 그래서 나는 정말 박정희한테 표를 찍었어요." 최원식·임규찬 엮음, 『4월혁명과 한국문학』, 창작과비평사, 2002, 46쪽.

을 반공법 위반으로 구속하기도 했다. 또한 반공사상과 더불어 경제 개발에 의한 '조국의 근대화' 정책은 개발 독재로 이어진다. 그들이 주장한 '선성장 후분배론'이나 '선건설 후통일론'의 실체는 국가 경제 규모가 증대하면 국민 모두에게 혜택을 부여해 줄 것이며, 통일도 자연스럽게 이루어질 것이라는 논리이다. 이런 정책의 논리가 계급 모순과 민족 모순을 불러와 인간 소외와 노동 소외를 가속화했던 것이다.

어쨌든 8·15가 이민족의 족쇄로부터의 벗어남을 알리는 것이었다면, 그러한 벗어남이 새로운 이민족의 진주에 의해 불발로 끝나고 우리 자신의 힘으로 나라를 건설해보고자 하는 노력이 좌절된 이후, 4·19는 역사를 우리 민족이나 민중의 것으로 만들어보자는 또 한 번의 처절한 시도였음에는 틀림이 없다.[14] 4·19가 초기 단계에는 반독재 민주화의 수준이었을지라도 한국 역사의 거대한 변화의 출발점이었던 것은 분명하다. 4·19가 5·16에 의해 고립되고 억압되었을지라도[15] 자유를 열망하는 '관념의 근대성'이 5·16 세력에 의해 추진된 '기술의 근대성'과 길항 관계를 맺으면서 점차 민족적 자주와 조국의 평화적 통일이라는 이념적 지향으로 발전하게 된 것이다.[16] 한 마디로 말하면, "남한 민중의 민주적 민족자주의 대각성"이 4·19를 기점으로 점화됐다고 볼 수 있는 것이다.[17]

4·19와 5·16의 길항 관계에서 1960년 지식인의 분화가 구체화되었다. 지식인들은 박정희 정권의 근대화 논리에 적극 협력하는 근대화 세력과 그것에 대한 비판적 입장의 민주화 세력으로 이원화되었다. 민족문제와 근대화에 대한 관심의 증대 자체는 1950년대의 암울한 상황으로부터 벗어나려는 몸부림이었다고 볼 수 있다. 당시 가장 시급한 현실적인 문제

14 박태순, 김동춘, 앞의 책, 297쪽.

15 권보드래·천정환, 앞의 책, 59쪽 참조.

16 고성국, 「4월혁명의 이념」, 사월혁명연구소 편, 『한국 사회변혁운동과 4월혁명』, 한길사, 1990, 171쪽.

17 김낙중, 「4월혁명과 민족통일 운동」, 사월혁명연구소 편, 위의 책, 234쪽.

는 억압에서의 '자유'와 헐벗음에서의 '빵'이었다. 무엇보다도 우리는 이러한 논쟁의 분위기가 4·19혁명의 피의 대가 위에서 이루어졌으며, 그리고 부분적으로는 5·16쿠데타가 만들어준 '공간'의 덕택이기도 하다. 4·19가 만들어준 대지 위에서 호흡하면서 1960년대의 지식인들은 비로소 '민족,' '근대화'에 대해서 이야기할 수 있게 된 것이다.[18] 그러나 엄밀한 의미에서 1960년대 이 두 계열의 대립과 갈등 및 길항 관계는 우파 체제의 민주주의를 실현하려는 노력이었다고 할 것이다.

4. 1960년대 한국문학의 분화 양상

1960년대 한국 문단의 분화는 4·19와 5·16을 자기화하려는 노력의 결과인 것만은 분명해 보인다. 4·19세대의 문인들은 4·19정신을 '자유의 확보', 또는 '선택할 수 있는 권리'로서의 자유로 인식했다. "내가 주체적으로 선택할 수 있는 권리를 가지는 체제를 만든다는 것"을 4·19정신의 핵심으로 간주한 것이다. 심리적인 측면에서는, 밑으로부터의 혁명이었기 때문에, 수동적이고 의타적이었던 심리상태를 극복하여 무엇이든 바꿀 수 있고, '하면 된다'는 자신감을 심어준 것이다.[19] 이 '자유'로 상징되는 4·19의 정신주의가 '빵'으로 상징되는 5·16의 기술주의에 의해 고립되고 억압되었을지라도 '감성의 분할'[20]을 가능하게 하는 문학적 주체를

18 박태순, 김동춘, 앞의 책, 262쪽.

19 김병익, 김승옥, 염무웅, 이성부, 임헌영, 최원식, 「4월혁명과 60년대를 다시 생각한다」(좌담), 최원식·임규찬 엮음, 『4월혁명과 한국문학』. 창작과비평사, 2002. 61쪽 참조.

20 '감성의 분할'은 '문학의 정치'를 말하는 랑시에르의 개념이다. "어떤 공통적인 것의 존재 그리고 그 안에 각각의 몫들과 자리들을 규정하는 경계설정들을 동시에 보여주는 이 감각적 확실성의 체계를 나는 감성의 분할이라고 부른다. 감성의 분할은 따라서 분할된 공통적인 것과 배타적 몫들을 동시에 결정짓는다." 자크 랑시에르(J. Ranciére)/ 오윤성 역, 『감성의 분할』, 도서출판 b, 2008. 13쪽.

탄생시켰다. 새로운 주체들은 4·19나 5·16이라는 역사적 사건을 새로운 언어적 표상 방식으로 구체화하려고 다양하게 시도하였다. 4·19의 정신주의를 지향하든 5·16의 기술주의를 신봉하든 1960년대의 문학인들은 각자 자신의 위치에서 벗어나 아직 개념화되지 않거나 말할 수 없는 어떤 문제의식을 가지고 현실을 진단하고 미래를 전망했다.

지성사적 시각에서 보면 1960년대 한국문학은 다음과 같은 몇 가지의 특성을 공유하고 있다. 첫 번째로는 자유와 민주주의, 합리성의 정신이 지식인 사회에 정착하면서 사회 현실에 대한 반성적 인식과 합리적 성찰이 가능한 근대적 주체가 출현했다는 점이다. 이런 주체에 대한 새로운 자각은 문인들에게 개성의 발견을 가능하게 했다. 1960년 11월에 발표한 최인훈의 『광장』은 1960년대 이데올로기적인 삶의 선택과 실천만이 강요되는 한국의 현실에서 보람 있는 일을 해보겠다는 한 지식 청년이 남북한 간의 전쟁의 체험을 통해서 인식의 지평을 넓혀가고, 존재에 대한 깨달음에 이르렀을 때는 이미 현실과 허구가 하나가 된다는 비극적 아이러니를 형상화하고 있다.[21] 남정현의 「분지」(1965), 김정한의 「모래톱 이야기」(1966), 이청준의 「병신과 머저리」(1966) 등도 민족의 주체성이나 자유를 위한 합리적인 사유체계를 소설 형식으로 보여주었다. 자유를 위한 자아성찰을 온몸으로 실천한 김수영 시인은 "어째서 자유에는/ 피의 냄새가 섞여있는가를/ 혁명은/ 왜 고독한 것인가를"(「푸른 하늘을」 부분) 심각하게 고민했다. 또 "조국과 민족과 인간의 고통을 직시하고 사회와 현실 속에서 시정신의 뿌리를 찾으려는"[22] 저항시의 흐름은 박봉우와 신동문을 거쳐 신동엽에게서 꽃을 피웠다.

---

21 임환모, 「『광장』의 서사성과 텍스트의 무의식」, 『한국 현대소설의 서사성과 근대성』, 태학사, 2008. 48쪽.

22 신동엽, 「60년대 시단 분포도」, 조선일보, 1961. 3. 30–31. 『신동엽전집』, 창작과비평사, 1985, 379쪽.

> 4월 19일, 그것은 우리들의 조상이 우랄고원에서 풀을 뜯으며 양달진 동남아 하늘 고흔 반도에 이주 오던 그날부터 삼한으로 백제 고려로 흐르던 강물, 아름다운 치맛자락 매듭 고흔 흰 허리들의 줄기가 3·1의 하늘로 솟았다가 또 다시 오늘 우리들의 눈앞에 솟구쳐 오른 아사달 아사녀의 몸부림, 빛나는 앙가슴과 물굽이의 찬란한 반항이었다.

> 물러가라, 그렇게
> 쥐구멍을 찾으며
> 검불처럼 흩어져 역사의 하수구 진창 속으로
> 흘러가 버리려마, 너는.
> 오욕된 권세 저주받을 이름 함께.
>
> — 신동엽의 「아사녀」 부분

4·19를 치르고 나서 대부분의 시인들이 감격과 추모 일변도의 작품을 썼지만 신동엽은 그의 혁명기념시 「아사녀」(1960.7)에는 일방적인 감정 표출의 기호는 거의 없고 오히려 그 특유의 역사의식과 민중적 연대의식이 전면에 드러나 있다.[23] 4·19를 정시하고 발전적으로 계승한 신동엽은 "껍데기는 가라,/ 사월도 알맹이만 남고/ 껍데기는 가라"(「껍데기는 가라」)면서 민족적 주체성의 복원과 자유에의 의지를 염원했다.

우리나라에서 4·19가 근대적인 의미의 주체를 자각한 최초의 시민혁명이었다는 평가를 인정한다면 전근대적인 공동체주의와 집단주의와 변별되는 근대적 주체에 대한 자각이 집단적으로 태동되었던 시기가 바로 1960년대라고 할 수 있을 것이다.

두 번째로 1960년대는 속칭 '한글세대'의 등장과 새로운 감수성의 발현이 광범위하게 이루어진 시대이다. 국가적 차원으로 강력하게 진행된

---

23 이승원, 「1960년 '저항시'의 위상」, 『논문으로 읽는 문학사 2』, 소명출판사, 2008, 369쪽.

자본주의화는 당대 작가들에게 새로운 경험이었고, 근대성에 대한 종전과는 다른 인식과 감각을 추동했다.[24] 여기에서 몸의 감각을 중심으로 감성적인 것의 언어적 분할이 가능해져 도시적 감각과 심성 구조의 형성에 대한 반성적 탐구가 드러나게 되었다.[25] 1940년을 전후로 태어나 1960년대에 등단한 작가군들은 실질적인 의미에서 한국어로 교육 받고, 한국어로 사유하기 시작한 최초의 세대라고 할 수 있다. 이런 인식은 김현의 비평에서 연유한다.

> 사일구가 성공한 혁명은 아니지만 실패한 혁명도 아니었다. 그것은, 한글로 사유하고 글을 쓰고 행동하는 세대가 하나의 실천적 세력으로 존재하고 있다는 것을 보여준 사건이었으며, 민주주의가 책에서만 씌어져 있는 제도가 아니라 한국민이 싸워 얻어야 하는 제도라는 것을 가르쳐준 사건이었다. 사일구는 해방 직후 마주쳤던 문화적 혼란, 일본어로 사유하고 한국어로 글을 쓰고 행동하는 사유 유형과 분단으로 인한 이데올로기의 경직성을 비판할 수 있는 문화적 역량이 어느 정도 성숙되어 있음을 보여주었다. 사일구 후에 열병처럼 번져나간 주체성·근대화·세대교체 등의 구호들은 그러한 역량의 발현이었다. 그런 구호들은 한국학이 깊이 있게 발전해가면서 더욱 강력한 힘을 발휘하게 되었다.[26]

한글로 사유하고 행동하는 실천적 세력인 젊은 학생들이 4·19의 주체라는 인식이다. 언어와 사유와 행동의 일치를 통해서 자기의 모순을 스스로 해결할 수 있는 능력을 가졌기 때문에 4·19세대의 문학이 한국 현

---

24 하정일, 「주체성의 복원과 성찰의 서사」, 『1960년대 문학연구』, 깊은샘, 1998, 33쪽.

25 이광호, 앞의 글, 앞의 책, 48쪽.

26 김현, 「비평의 유형학을 향하여」, 『예술과비평』 1985년 봄호. 김현문학전집 7권 『분석과 해석』, 문학과지성사, 1992, 231쪽.

대문학의 뿌리를 이룬다는 해석과 평가가 가능했던 것이다.[27] 김현이 말한 4·19세대란 시 분야에 황동규, 이성부, 정현종, 이승훈, 최하림, 김지하, 소설 분야에 김승옥, 이청준, 서정인, 박태순, 박상륭, 홍성원, 김원일, 김용성, 이제하, 이문구, 비평 분야에 김현, 백낙청, 김병익, 김치수, 김주연, 염무웅, 임중빈, 이광훈, 조동일 등을 일컫는 말이다.[28] 이들은 말할 수 없을 만큼 다양한 문학 세계를 형성하고 있지만 공통적으로 가지고 있는 문학적 특성은 언어에 대한 철저한 인식을 바탕으로 문학의 자율성을 신뢰하고 있고 새로운 감수성을 드러내고 있다는 점일 것이다.

그럼에도 이들은 크게 두 경향으로 나누어진다. 하나는 미학적 자율성과 근대적 개인주의에 근거한 '문지' 계열과 사회적 근대성을 중시하여 문학적 실천을 문제 삼는 '창비'계열이 그것이다. 전자는 동인지 『산문시대』(1962)에서 발원하여 『사계』(1966), 『68문학』(1969)을 거쳐 『문학과지성』(1970)으로 결실을 맺는다. 이 문단 권력의 중심에는 김현이 자리를 잡고 있다. 김병익, 김치수, 김주연 등과 함께 동시대의 비평을 주도하면서 김승옥, 이청준, 황동규, 정현종, 최하림 등의 소설과 시를 옹호하면서 그들의 작품에 실현된 문학의 자율성과 다양성, 그리고 심미적 상상력을 높이 평가했다. 후자는 『사상계』의 진보적 성향을 이어받은 『한양』(1962, 장일우, 김순남)과 『비평작업』(조동일, 임중빈, 주섭일), 『청맥』(1964, 구중서, 백낙청)을 거쳐 『창작과비평』(1966, 백낙청, 염무웅)에 이르러 문학적 실천을 강조하는 진보적 문단 세력이다. 이 '창비' 계열에서는 김현 중심의 '문지' 계열이 4·19를 살아 생동하는 삶에서 강제로 끌어내어 형식주의 속에 환원시켰다고 비판한다.[29] 그들이 신봉하는 문학의 자율성은 당연

27 정과리, 「김현비평의 현재성」, 『문학과사회』 2000년 여름호, 432쪽.

28 김현, 「60년대 문학의 배경과 성과」, 김현문학전집 7권 『분석과 해석』, 문학과지성사, 1992, 241쪽.

29 윤지관, 「세상의 길: 4·19세대 문학론의 심층」, 최원식·임규찬 엮음, 위의 책, 257쪽.

한 것이지만 문학이 현실 사회와 맺고 있는 실천성과 변혁성을 고민하지 않으면 안 된다는 것이다. 특히 김현이 4·19혁명의 주체에 대한 논의를 애써 피하는 대신 그 근거와 의미가 확실치 않은 '한글세대' 이야기로 논의를 끌어가는 것은 주체의 문제를 구조의 문제로 치환하려는 것에 지나지 않는다는 것이다. 다시 말하면 엘리트주의적인 문학관에 따라 이루어진 문학의 자율성이라는 현상 자체는 현대적 양상의 일부이지만, 이를 넘어서자는 것이 아니라 오히려 축복하는 유형의 문학 이념이란 현 질서에 대한 철저한 종속이요 그 극복의 전망부터 포기한 결과라는 것이다.[30] 따라서 그들의 논리에 따르면 '문지' 계열의 문학인들은 '강력한 지배이념의 대변자'에 불과한 것이다. 그럼에도 불구하고 이 두 계열의 대립과 갈등, 그리고 상보적 관계는 한국문학의 진폭과 스펙트럼을 깊고 다양하게 만드는데 기여했는데, 이것이 대부분 1960년대부터 본격화되었다는 점이 중요하다.

세 번째로는 1960년대부터 한국 사회가 자본주의적 삶의 체제가 구축되기 시작했다는 점이다. 근대적인 의미의 대학제도가 정비되어 지적 훈련이 체계화되고, 산업사회의 근대화와 도시화가 전개되었다. 많은 대학들이 설립되어 외국문학과 국문학의 전공자를 배출해냄으로써 학술적 기반이 공고해지고 창작의 기회가 그 만큼 더 많아졌다. 그리고 5·16의 기술주의가 경제개발 5개년 계획에 따라 경제적인 근대화를 강력하게 추진함으로써 많은 문제점을 배태하기는 했지만 산업자본주의의 삶의 체제가 일반화되었다. 이에 따라 인구가 도시로 집중하고 대중문화가 활성화된 것이다. 이런 점을 반영한 1960년대 문학은 '자본주의 시대의 문학이 전면화되기 시작한 것'이라고 할 수 있다.[31]

이러한 도시화, 산업화의 징후에 대한 대응과 처방의 방식은 '문지' 계

30 위의 글, 위의 책, 278쪽.

31 하정일, 앞의 글, 앞의 책, 33쪽.

열과 '창비' 계열이 서로 달랐다. 전자는 문학의 자율성이나 미학성을 탐구에 집중하면서 도시화된 일상 세계에 대한 지식인의 고뇌와 자기 인식을 보여주었다고 한다면, 후자는 문학의 현실적, 역사적 맥락을 중시하고 민족문학을 수립하려고 했기 때문에 소외된 노동자나 농민의 민중적 세계관을 드러내려고 했다.

서울이라는 공간은 해방 직전에 80만 명 정도의 사람들이 살고 있었지만 1960년에는 244만 명으로 3배 이상 인구가 늘었다. 서울이 1930년대에는 파행적인 식민자본주의화가 인구를 늘려 불구적인 자본주의적 삶의 양태를 보여주는 공간이었다면, 1960년대에는 기계적 근대화가 대중문화를 활성화시키고 온갖 문화 기호가 풍요롭게 넘쳐흐르는 신천지인 동시에 소외와 결핍을 부추기는 이중적인 공간이 되었다. '문지' 계열의 대표 주자인 김승옥은 「서울, 1964년 겨울」이나 「무진기행」 등의 초기 소설을 통해 도시적 감수성과 지식인의 자의식을 바탕으로 전후 사회의 허무주의적 분위기를 극복하고 구체적인 일상과 역사를 개인의 체험으로 끌어들일 수 있는 문학적 공간을 마련했다. 그 공간은 도시화된 세속의 땅과 원초적 자연으로서의 고향이 뒤섞인 허구적 공간이다. 기계주의적 자본주의가 야기하는 타자의 욕망에 사로잡히지 않기 위해 김승옥 소설의 주인공들은 자아의 위악적 유희를 극대화하고 있는데, 이 지점에 그 소설의 매력이 있다.[32] 결국 도시화, 산업화된 사회 속에 살아남기 위한 지식인의 고뇌와 자기 인식이 주된 과제였던 것이다.

이와는 달리 는 김수영이나 신동엽, 신경림, 방영웅 등을 선호하는 '창비' 계열에서는 4·19혁명의 지속성과 파시즘 체제에 대한 저항과 실천을 강조하였다. 김수영의 경우, 혁명을 노래하는 시는 혁명을 염원하는 '의식'에 포획되는 순간 그로 인해 놓칠지도 모를 소중한 것들이 있지 않을

32 백지연, 「도시의 거울에 갇힌 나르키쏘스 - 김승옥론」, 최원식·임규찬 엮음, 앞의 책, 90쪽.

까 하는 사려의 그림자를 지녀야 온전한 것이며, 마찬가지로 의식적 결단과 용기도 정직한 자기 점검과 자기 성찰을 동반할 때 든든한 공감대를 형성할 수 있다고 본 것이다.[33] 이런 경향은 김지하나 양성우, 김남주 등으로 이어지면서 1970~80년대에 이르러야 시적 성과를 얻게 되었다. 이것 역시 자본주의의 병리 현상을 극복하기 위한 문학적 주체화의 개별성이라고 할 것이다.

1960년대는 '4·19세대'라고 일컬어지는 젊은 작가들만 문학 활동을 했던 것은 아니다. 『현대문학』이나 『자유문학』 등에서 활동했던 구세대 작가들이 함께 활동했지만 신진 세력에 의해 뒷전으로 물러났던 것이다. 민족을 주체로 하는 자각과 언어를 다루는 감수성의 측면에서 신구 세대의 격차는 그만큼 컸다고 할 것이다. 그러나 4·19세대의 문학적 성과는 몇몇 사람을 제외하고는 1970년대 이후에 구체적으로 드러났다.

1960년대 한국문학은 신진 세력에 의해 주도됐다고 해도 과언이 아닌데, 그들은 모든 권위와 억압으로부터 자유롭고자 하는 '해방으로서의 근대성'을 추구한 4·19 추종 세력과 도구적 합리성에 입각하여 생산성을 극대화하려는 '기술로서의 근대성'을 추구한 5·16 추종 세력 간의 대립과 갈등, 그리고 더 나아가서 협력 관계를 유지하면서 화려하게 꽃피울 수 있었다. 그래서 이 시기에는 문학의 스펙트럼이 넓고 화려했던 것이다. 이들을 통상 '4·19세대'라고 불렀던 것이다. 그들의 문학사적 의의는 다음과 같이 요약할 수 있다.

> 결국 세상 속에서 혁명의 꿈을 간직하고 지속시키고자 하는 움직임과, 그 꿈의 '허구성'을 진작 간파하면서 끊임없이 세속의 땅으로 그것을 끌어내리려는 움직임 사이의 대립은 4월 이후 문학담론에서, 그리고 세대론을 포함한 담론 일반의 투쟁에서 핵심의 자리를 차지하고 있다. 그러

33 임홍배, 「총체성의 탐구와 치열한 객관정신」, 위의 책, 227쪽.

나 세상의 길을 인정할 수밖에 없는 사정 한편으로, 세속주의를 벗어나 그 길 자체를 바꾸어갈 수 있다는 믿음과 전망이 다름 아닌 4월이 우리 문학에 준 힘이며, 그것이야말로 몽상만이 아닌 문학의 진정한 꿈이 존재하고 있음을 증거해주는 것이다. 젊음과 혁명의 기억을 그 원천으로 하는 4·19세대론이 아직도 유효할 수 있는 것은 바로 이 때문이다.[34]

자본주의적 자유주의를 전복하려고 하지 않는 한 아무리 아름다운 이념과 정신이라고 하더라도 '세속의 땅'에 발붙이고 사는 세상의 길속에서 찾지 않을 수 없었을 것이다. 그런 점에서 1960년대 문학은 정도의 차이는 있지만 진정한 의미의 민주주의를 모색하려는 문학의 정치, 달리 말하면 문학적 혁명을 시도했다고 할 것이다.

5. 맺음말

한국 현대문학사에서 이런 문학적 혁명은 1930년대에 이어서 1960년대에 와서 더욱 구체화되었다. 1960년대의 한국문학은 1930년대와 같은 '감성의 분할'이 이루진 시기이다. 한국의 근대화 모델은 4·19의 정신주의 계열과 5·16의 기술주의 계열 사이의 길항관계에서 찾을 수밖에 없다. 문학의 차원에서 보면 모든 권위와 억압으로부터 자유롭고자 하는 '해방으로서의 근대성'을 추구한 4·19 추종 세력과 도구적 합리성에 입각하여 생산성을 극대화하려는 '기술로서의 근대성'을 추구한 5·16 추종 세력 간의 대립과 갈등은 많은 혼란과 무질서를 야기했다. 그럼에도 이 두 계열의 협력과 길항이 새로운 감수성을 길러내고 감성적인 것들의 언어적 분할이 가능했기 때문에 이 시기의 문학 스펙트럼은 매우 넓고 화려할 수 있었다.

지상사적 차원에서 보면 1960년대의 한국문학은 첫째, 자유와 합리성

34 윤지관, 「세상의 길: 4·19세대 문학론의 심층」, 위의 책, 280–281쪽.

의 정신이 지식인 사회에 정착하면서 근대의 비판적 지성에 의한 문학적 주체가 탄생했다. 최인훈, 김정한, 이청준의 소설과 김수영, 신동엽의 시는 개인과 민족적 주체에 대한 자각을 보여주었다. 둘째, 이 시기는 '한글세대'의 등장과 새로운 감수성의 발현이 광범위하게 이루어져 감성적인 것의 언어적 분할을 불러오는 미적 주체의 탄생을 가능케 했다. 속칭 '4·19세대'라고도 불리는 이들 젊은 작가들은 언어에 대한 철저한 인식을 바탕으로 문학의 자율성을 신뢰하였다. 이들은 크게 미학적 자율성과 근대적 개인주의에 근거하는 '문지'계열과 사회적 근대성을 중시하여 문학적 실천을 문제 삼는 '창비'계열로 나뉘어 대립 갈등하면서 한국문학의 진폭을 확장하였다. 마지막으로, 1960년대부터 한국 사회가 진정한 의미의 자본주의적 삶의 체제가 구축되기 시작했다는 점이다. 개발 독재에 의해 강력하게 추진된 근대화의 프로젝트는 우리 사회를 산업화, 도시화하였다. 이 과정에서 전통적인 질서와 사유 방식이 파괴되고 새로운 감성의 분할 방식이 등장하여 자기반성적 주체가 4·19와 5·16이라는 혼융된 역사적 사건 너머의 미적 근대를 하나가 아니라 여러 개의 모습으로 형상화했던 것이다.

그러나 문학연구에서 정작 중요한 것은 역사적 사건으로서의 4·19와 5·16의 정신과 이념을 얼마나 적확하게 서술하고 있는가가 아니라 작가가 혁명의 과정에 열광했던 사람들과 그 열광을 가능하게 했던 도덕적 경향성을 발견하고, 이것을 사건 이후 우리의 삶속에서 작동해가는 과정을 어떻게 보여주고 있는가를 분석하는 일이다. 이 작업은 그 역사적 사건들의 이념과 정신이 문학 속에서 어떻게 실현되고 있는가보다는 감성적인 것들을 언어적으로 분할하여 그 사건들의 정신사적 지향을 새로운 예술 양식으로 변용해서 재창조해가는 분기 양상을 살피는 일이 될 것이다. 이러한 작업이 역사적 사건을 언어의 예술로 전유하는 방식이다.

『신문학』의 문학사적 위상

1. 머리말

한국의 현대문학은 주로 동인 활동을 통해서 이루어졌다. 1919년 3·1 운동 전후에는 근대적인 문학의 장이 형성되지 않았고, 문학인으로 인준해주는 등용제도를 마련할 수 없었다. 당시에는 잡지나 신문 등의 발표 매체가 발달하지 못했기 때문에 미학적 글쓰기를 지향했던 젊은이들은 작품을 발표할 지면을 스스로 만들기에 이르렀다. 뜻을 같이하는 동인들이 합평하고 다듬어서 그 결과물을 앤솔러지 형태로 간행하였는데 이것이 동인지이다.

근대적 주체로서의 '아비-되기'에 성공한 문학인들은 동인지를 문학 활동의 무대로 삼았다. 그 대표적인 예가 일본 동경에서 발간한 『창조』(1919.2)이다. 일본 유학생이었던 김동인, 주요한, 전영택, 김환, 최승만 등이 여기에 동인으로 참여하였다. 이듬해 국내에서는 『폐허』(1920)가 창간되어 김억, 황석우, 민태원, 남궁벽, 염상섭, 오상순, 나혜석, 김일엽 등이 동인으로 참여하였다. 1921년에는 한국 최초의 시동인지 『장미촌』이 창간되어 황석우, 박종화, 변영로, 박영희, 오상순, 노자영 등이 참여하였고, 이것이 확대되어 『백조』(1922)가 되었는데 여기에 홍사용, 박종화, 현진건, 이상화, 나도향, 노자영, 박영희, 안석영 등이 동인으로 참여하였다. 1923년에는 일본 와세다대학 유학생들이 창간한 시 동인지 『금성』에 양주동, 백기만, 유엽, 손진태, 이장희 등이 주로 활동하였고, 1924년에는 평양에서 『창조』를 계승한 『영대』가 창간되어 오천석, 김소월, 김동인, 김억, 전영택, 주요한, 이광수 등이 동인으로 참여하였다.

1930년대에도 동인 활동은 계속되었다. 1930년에는 박용철, 김영랑, 김현구, 정지용, 이하윤 등이 『시문학』을 창간하여 순수 서정시 운동을 추진하였고, 1934년에는 『삼사문학』 동인지가 창간되어 초현실주의적 모더니즘을 추구하였는데 여기에는 신백수, 이시우, 정현웅, 조풍연, 홍이섭, 황순원 등이 동인으로 참여하였다. 1936년에는 서정주, 김동리, 오장환, 김광균, 유치환 등이 동인으로 참여하여 『시인부락』을 창간하였고, 이듬해 1937년에는 시 전문 동인지 『자오선』이 창간되어 서정주, 김광균, 윤곤강, 오장환, 이육사, 신석초, 함형수 등이 동인으로 참여하였다. 같은 해 평양에서는 『단층』이 창간되어 동인으로 참여한 최정익, 유항림, 김이석, 최명익 등이 심리주의 문학을 추구하였다. 그리고 1939년에는 종합 문예지의 성격을 갖는 『문장』이 창간되었는데 정지용, 이태준, 이병기가 중심 동인으로 활동하면서 복고적 아름다움을 추구하였고 청록파 시인 박두진, 박목월, 조지훈을 배출하기도 했다.

격동의 해방공간에서도 동인 활동은 계속되었다. 대표적인 동인지들은 『동백』(1946년 대전), 『등불』(1946년 경남 진주), 『시탑』(1946년 서울), 『죽순』(1946년 대구), 『낭만파』(1946년 마산), 『오동』(1947년 경북 김천), 『청포도』(1947년 강릉), 『신시론』(1948년 서울), 『형상』(1949년 서울), 『시문학』(1950년 인천) 등이 있다.[1] 이 중에서 영남 지역의 『죽순』, 『등불』, 『낭만파』 등이 지역 문학의 활성화에 기여한 바가 적지 않다. 이윤수, 김동사, 박목월, 유치환, 이영도, 이호우 등이 동인으로 참여한 『죽순』은

1 강호정, 「해방기 동인지 『죽순』 연구」, 『한국문학논총』 제69집, 2015. 4, 128쪽 참조.

1946년부터 1949년까지 임시 증간호를 포함한 12집의 동인지를 간행했고, 설창수와 이경순이 주도한 『등불』과 조향, 김춘수, 김수돈이 주도한 『낭만파』와 함께 중앙 문단의 청문협이 주장하는 순수주의에 대립하여 실험적 모더니즘이나 보수적인 민족주의 관점을 도모하였다.[2]

그러나 한국전쟁기에는 『신문학』(1951.6. 광주)을 제외하고는 동인 활동이 거의 없었다. 물론 피난지 부산에서 『희망』(1951.6), 『전시과학』(1951.8), 『학생공론』(1951.10), 『정경』(1951.12) 등과 육군종군작가단의 『전선문학』(1950.10)이 창간되었지만 동인 활동은 없었다. 생존이 위협받는 전쟁의 와중에 집단적인 문학 활동은 어쩌면 매우 사치스러운 일이었는지도 모른다. 그럼에도 불구하고 민족의 순수성과 인간 정신의 발현을 꿈꾸면서 전쟁의 폐허를 딛고 재기하려는 『신문학』의 동인 활동은 특기할 만하다.

38선을 오르내리며 전쟁이 한창이던 시절, 광주에서 1951년 6월 1일 『신문학』이 창간되어 1953년 5월까지 4권의 동인지가 발간되었다. 한국문학사의 공백이라고 할 수 있는 전쟁기에 이루어진 문학 활동이 지금까지 크게 주목받지 못하고 있는 것은 사실이다. 전쟁 중이라 중앙 문단이 부산과 서울을 거점으로 형성되었기 때문에 상대적으로 소외된 점도 없지 않았을 것이고, 또 『신문학』 동인들이 전쟁 이후에도 계속해서 광주를 중심으로 활발한 활동을 전개하지 못했다는 점이 우리 문학사에서 『신문학』이 정당하게 평가받지 못한 이유가 되었다.

『신문학』이라는 동인지가 학계에 알려지게 된 것은 제4집에 실려 있는 황순원의 단편소설 「소나기」 때문이었다. 「소나기」가 『신문학』에 실렸다는 사실은 황순원이 1973년 삼중당에서 『황순원문학전집』 7권을 내면서 연보에 밝힌 것이 처음일 것이다.[3] 「소나기」의 초간본이 무엇이냐

2 박민규, 『해방기 시론의 구도와 동력』, 서정시학, 2014, 295-296쪽 참조.

3 박태일, 「황순원 소설 「소나기」의 원본 시비와 결정본」, 『어문논총』 제59호, 한

는 시비 과정[4]에서 『신문학』이 언급되었을 뿐 정작 동인지 자체에 대한 연구는 이동순[5]과 박태일[6], 백수인[7]에 와서야 어느 정도 이루어졌다. 그러나 이들의 연구도 문학사에서 잊혀 진 작품을 발굴하거나 지역문학의 활동 현황을 소개하는 차원에 그치고 있다.

따라서 이 글은 『신문학』 동인들의 창작 활동과 동인지에 실린 작품들이 어느 정도의 수준이었으며, 그들이 이룬 문학적 성과가 한국전쟁기의 문학사 공백을 어떻게 메꾸었는가를 천착함으로써 이 동인지의 문학사적 위상을 밝히는 것이 연구의 목적이다.

2. 『시문학』 계승지로서의 『신문학』

『신문학』은 여러 가지 면에서 박용철이 주관했던 『시문학』(1930)과 유사하다. 먼저 편집 체제를 살펴보면 그 유사성이 극명하게 드러난다. 두 동인지는 창간사가 없고 권미에 편집후기를 통해 에콜école의 이념을 간

국문학언어학회, 2013. 12, 592쪽. 물론 『신문학』에 대한 최초의 언급은 김현승(「전남문단의 전망」, 『신문화』 창간호, 신문화사, 1956)부터이다. 그리고 동인이었던 손철(「신문학 시절」, 『哲 2』, 1991; 「『신문학』 동인지 발간 비사 – 원로 수필가 손철 박사(대담)」, 『문학춘추』 2005년 봄호)과 광주지역의 후배 문인들인 전원범(「광주문학의 개관」, 『광주문학사』, 광주문인협회, 1994), 손광은(「현대 시문학의 변천사」, 『전남문학 변천사』, 전남문학백년사업추진위원회, 1997), 박형철(『광주·전남문학동인사』, 2005) 등에 의해서 부분적으로 언급하고 있으나 사실관계에 적지 않은 오류가 발견된다. 박태일, 「전쟁기 광주지역 문예지 『신문학』 연구」, 『영주어문』 제21집, 2011, 321쪽 참조.

4 김동환, 「초본과 문학교육 – 〈소나기〉를 중심으로」, 『문학교육학』 제26호, 한국문학교육학회, 2008.
박태일, 앞의 논문.

5 이동순, 「한국전쟁기의 순문예지 『신문학』 연구 – 시를 중심으로」, 『현대문학이론연구』 제43집, 2010.

6 박태일, 「전쟁기 광주지역 문예지 『신문학』 연구」, 『영주어문』 제21집, 2011.

7 백수인 「종합문예지 『신문학(新文學) 연구」, 『한국언어문학』 제95집, 2015.

접적으로 표현하고 있다.

> ① 우리는 詩를 살로 색이고 피로 쓰듯 쓰고야 만다. 우리의 詩는 우리 살과 피의 매침이다. 그럼으로 우리의 詩는 지나는 거름에 슬적 읽어치워지기를 바라지 못하고 우리의 詩는 열번스무번 되씹어 읽고 외여지기를 바랄뿐. 가슴에 늣김이 잇을 때 절로 읆허나오고 읆흐면 늣김이 이러나야만 한다. 한말로 우리의 詩는 외여지기를 求한다. 이것이 오즉 하나 우리의 傲慢한 宣言이다. …(중략)…
>
> 한 민족이 言語가 발달의 어느 정도에 이르면 口語로서의 존재에 만족하지 안이 하고 文學의 형태를 요구한다. 그리고 그 文學의 成立은 그 민족의 言語를 完成식히는 길이다.[8]

> ② 꿈은 實現되기 전까지가 더 아름다운가보다. 벼루고 벼루던 湖南에서는 처음 맺는 純文藝誌를 내놓고 보니 체제나 내용이 이 모양이다. 編輯 솜씨의 鈍한 탓이 애당초 크려니와 넉넉지 못한 財源에 印刷施設의 缺乏等 수월찮은 險路에 부대낀 것만은 事實이다.
>
> 編輯委員들의 꾸준한 熱意가 식지 않았던 것을 기뻐한다. 이 熱意가 식지 않는限 앞으로 어떠한 困難을 헤치고라도 『신문학』은 계속 成長할 수 있을 것이다. 創刊號에 실린 作品들은 全部가 編輯委員會의 合評을 거친 것들이다. 앞으로도 이 方針은 堅持될 것이고 이것은 湖南文學의 진실한 發展과 小成에 陶醉되는 弊端을 막기 위하여 어느 時期까지는 必要한 일이 아닐까 생각한다.[9]

『시문학』은 일본제국주의가 군국주의체제로 전환되어가는 1930년대 벽두에 언어의 예술화를 추구한 문예지이다. 1929년부터 시작된 세계적인 경제공황을 타개하기 위해 일제가 한국을 병참기지화하면서 만주사

8 박용철, 「후기」, 『시문학』 창간호, 1930. 3. 5, 39쪽.

9 김현승, 「편집후기」, 『신문학』 창간호, 1951. 6. 1, 121쪽.

변(1931)과 중일전쟁을 거쳐 태평양전쟁으로 나아가는 시기에 우리의 말을 지키기 위해서 『시문학』이 탄생한 것이다. 일상의 감정과 정서를 넘어서 더 우아하고 숭고하면서 섬세한 시의 정신을 지향한 박용철의 시론에 따라 민족어의 완성을 추구하였기 때문에 시문학파들은 시의 예술성을 매우 숭앙하였다. 언어의 아름다움이 전제되지 않는 시는 결코 좋은 시일 수 없었다. 이러한 시문학파의 전통을 이어받아 『신문학』도 완성도 높은 작품을 창작하려고 하였다. 그래서 '편집위원회의 합평'을 거쳐서 작품의 질을 높이려고 한 것이다.

또한 시문학파가 "흣터진 文壇을 감히 整理해보랴는 부질업는 野心"과 "아즉껏 沈默을 직혀오든 同志들을 끌어내야할 의무"[10]를 가지고 『시문학』을 이어서 『문예월간』(1931)을 창간했던 것과 같이 『신문학』도 한국전쟁 중에 광주를 중심으로 문단을 정비하고 침묵하는 시인 작가들을 끌어내어 우리의 정신문화를 생성하려고 하였다. 한국전쟁의 참상은 이루다 말할 수 없을 만큼 비참했고 민족의 전통문화는 파괴되었다. 3개월여의 인공치하를 경험하고 좌우 이념의 갈등으로 무자비한 살육이 자행되고 있는 현실에서는 모두가 생존의 논리에 매일 수밖에 없었다. 모든 것이 파괴된 생존에의 아비규환 속에서도 몇몇 문인들이 흩어진 민심을 바로잡고 모국어의 순수성을 통해 민족의 영혼을 위무하고 정신의 건강성을 되찾으려고 하였다. 모국어로서의 우리말을 건강하게 되살리는 일이 전쟁기의 문인들의 임무라고 판단한 것이다. 그래서 김현승 시인은 "모국어로 씨를 쓰면/ 새들이 가지에서 노래를 불렀"고 "검은 흙에서는 꽃들이 피어났"다고 했던 것이다.[11]

그렇다면 『신문학』은 한국 문단 전체를 재건하려고 했는가? 그것은 아니다. 『시문학』이 광주·전남 출신 문인들(박용철, 김영랑, 김현구 등)이 주

10 이하윤, 「창간사」, 『문예월간』 창간호, 1931. 11. 1, 1쪽.

11 김현승, 「내가 나의 모국어로 시를 쓰면」, 『신문학』 제3집, 1952. 7. 15, 63쪽.

도적으로 문학운동을 펼쳤을지라도 정지용, 이하윤, 정인보, 신석정, 변영로, 허보 등을 동인으로 끌어들임으로써 서울을 중심으로 한 전국 규모의 순수시 운동이었다면, 『신문학』은 광주에 거주하는 문인들을 중심으로 '호남문학'의 확립이라는 기치로 내걸고 지역문단을 형성하면서 그 영역을 확장하려고 하였다. 창간호는 철저하게 광주의 문인들을 중심으로 꾸려졌다. 조선대학의 김현승과 장용건, 광주중고등학교의 박흡과 그의 부인 이석봉, 호남신문사의 이동주, 손소아과원장 손철, 광주서중학교 김해석, 그리고 언론인 임병주와 소설가 승지행 등이 동인으로 참여하여 자신들의 작품을 합평하고 동인지를 발행한 것이다. 제2집부터는 목포지역 문인들을 아우르면서 외연을 넓히고 3집과 4집에 이르러서는 광주·전남 이외의 지역 문인들이 작품을 실었다. 『신문학』의 외연이 넓어졌다고는 하지만 실제적인 동인은 김현승, 박흡, 이동주, 이석봉, 서정주, 손철, 승지행, 임병주, 이가형, 김해석, 장용건 등 광주에 거주하는 문인들이었다. 광주 이외의 지역 문인들이 쓴 글은 목포의 조희관과 차재석의 수필 각 1편씩, 황순원의 단편소설 「소나기」, 조연현의 평론 1편, 노천명의 시문학 시절의 회상기 1편뿐이다. 따라서 『신문학』은 광주 중심의 문학 동인지라고 보아야 한다.

그런데 김현승이 창간호 편집후기에서 『신문학』을 "湖南에서는 처음 맺는 純文藝誌"라고 자기 규정한 것에 대해서는 이견이 있을 수 있다. 박태일이 밝힌 바대로 목포 예술문화동맹에서 1945년과 1946년에 걸쳐 4호까지 낸 계간 문예지 『예술문화』가 있었고, 해군목포경비부정훈실의 도움을 받아 1950년 12월부터 간행한 『전우』와 1951년 2월에 창간된 『갈매기』가 있었기 때문에 『신문학』이 '호남 최초의 문예지'라고 할 수는 없다.[12] 그러나 엄밀히 말하면 『예술문화』와 『전우』는 비문학적인 글이 다수 실렸다는 점에서 '순수한' 문예지가 아니었고, 순수 문예지를 지

12 박태일, 앞의 논문, 319-320쪽.

향한 『갈매기』도 조희관이 이끄는 '갈매기구락부'의 목포지역 청장년 민간 문화인들의 작품들이었을 뿐만 아니라 해군의 정훈활동과 무관할 수 없었기 때문에 여기에 발표된 작품들은 전문성이 떨어지거나 예술성이 그리 높지 않았다. 그래서 「호남문학을 말하는 좌담회」에서 김현승은 "『갈매기』는 웬 女流文人이 그리 많은고?"라고 비아냥거리고, 장용건이 "「아마추어」적인 「띠레탄티즘」을 文壇에 導入하는 危險한 짓"이라고 비판하고 있다. 여기에 대해 박흡이 "『갈매기』에서 규수문원을 계속하는 건 무슨 굳은 信念이 있어야 하는 것 아닙니까"라고 반론을 제기하자 김현승은 다음과 같이 말한 바 있다.

> 女流건 新人이건 누구건 作品만 훌륭하면 그만입니다. 아니 多少 遜色 있는 作品일지라도 그 文學을 연찬하는 態度가 眞摯하고 熱意가 있다면 登用의 機會를 주어도 무방하겠지요. 다만 우리가 경계할 点은 공부도 하지 않고 女流니 무어니 하는 特殊條件을 가지고 文學을 한 개의 交際手段으로 利用하려는 傾向들입니다. 이런 弊端을 防止하기 위해서는 文學少女나 文學靑年들에 대한 문단의 權威를 엄격하게 갖추어야 하리라고 믿습니다.[13]

김현승이 판단하기에 『갈매기』는 훌륭한 문예지가 아니었다. 조희관의 구락부 활동에 대해서도 다소 부정적이다. 중요한 것은 작품이 훌륭해야 한다는 논리이다. 문학을 연찬하는 태도가 진지하지 않고 열의도 없는 문학소녀와 문학청년들에게 등용의 기회를 주는 것은 잘못되었다는 비판이 여기에 숨겨 있다. 이런 폐단을 방지하기 위해서는 '문단의 권위'를 엄격하게 갖추어야 한다고 주장한 것이다.[14] 이런 점에서 보면 『신

13 「호남문학을 말하는 좌담회」, 『신문학』 창간호, 1951. 6. 1, 95-96쪽.

14 실제로 서울 문리대 재학생 김정옥과 이영식, 상무대 병사로서 서정주의 추천을 받은 노영수와 박윤환의 시를 『신문학』 제4집에 싣고 나서 편집후기에서 김현승

문학』은 '문단의 권위'를 갖춘 본격적인 순수 문예동인지를 지향했다고 할 수 있다. 물론 『신문학』이 조희관을 중심으로 『전우』와 『갈매기』로 이어졌던 목포 지역 문학 활동에 촉발되어 광주 지역 문인의 목포 문단에 대한 대타적 활동의 결과물[15]일지라도 호남지역의 첫 순수 문예지였던 것만은 부인할 수 없다. 그리고 한국전쟁 중에는 가장 먼저 발행된 순문예지였다.[16]

다음으로 『신문학』의 편집 방향도 『시문학』과 다를 것이 없다. 『시문학』은 동인들의 창작시와 외국시를 번역해서 싣고 있는데 『신문학』도 역시 같은 모양새다. 다만 문학종합지의 성격으로 시와 소설, 희곡, 비평, 수필까지를 아우르고 있을 뿐이다. 그러나 외국시는 한 편도 번역되어 실리지 않았고 외국문학이 차지하는 비중도 그렇게 크지 않았다. 실린 작품들은 1949년에 노벨문학상을 받은 윌리엄 포크너의 단편소설과 노벨문학상 수상 연설문, 헝가리 출생 영국 작가 쾨슬러의 소설[17], T. S.

은 "四人의 詩가 새로이 신문학에 取扱된 것은 그들에 對한 旣成待遇로서도 아니오, 新人推薦으로서도 아니다. 激勵以上 아모런 動機도 갖지 않는다."라고 자기 합리화하고 있는 점에서 보면 『신문학』이 원래는 본격적인 순수 문예지를 지향하고 있다는 점을 확인할 수 있다. 김현승, 「편집후기」, 『신문학』 제4집, 1953. 5. 25, 160쪽.

15 박태일, 앞의 논문, 320쪽. 당시에는 목포가 광주보다 문화와 출판 환경이 더 앞섰던 것으로 보인다. 『신문학』의 인쇄는 창간호와 3집은 각각 광주의 전남일보사와 한국인쇄공사에서, 2집과 4집은 목포의 제일인쇄소에서 이루어졌다. 2집의 편집후기에 의하면 문총목포시지부 차재석과 김용근의 주선과 도움으로 목포에서 인쇄되었음을 알 수 있다.

16 이동순, 앞의 논문, 169쪽.

17 이진모가 번역한 「문법적 허구」는 아서 쾨슬러(1905~1983)의 장편소설 『한낮의 어둠』 중 제4장이다. 이것은 공산당의 허구성을 비판한 소설인데, 여기서 '문법적 허구'는 일인칭 단수를 강조하는 것이거나 사적이고 비논리적이며 개체적으로 특별한 것을 의미한다. 당의 차원에서는 사소한 일일 수 있지만 해당 개인에게는 목숨이 걸린, 절대적으로 중대한 일일 수 있는 경우가 '문법적 허구'이다. 쾨슬러(A. Koestler)/ 문광훈 옮김, 『한낮의 어둠』, 후마니타스, 2010, 358쪽 참조.

엘리엇과 사르트르의 비평문이 전부이다. 번역은 전남대 교수였던 이진모, 양병우, 이가형 등이 맡았다.

이렇듯 『신문학』이 동인지가 갖는 에콜의 이념이나 편집 방향에서 21년 전의 『시문학』과 동일한 것은 전쟁 중에 한국어의 순수성을 지키기 위한 것이기도 하지만 제2집부터 시문학파를 이끌었던 박용철의 처 임정희 여사가 발행인으로 재정 지원을 했던 사실과 무관하지 않다. 임정희는 부산에 있는 노천명을 찾아가 원고를 청탁했는데 이때 쓴 글이 『신문학』 제2호에 실린 노천명의 「시문학시절」이라는 회고의 글이다.

> 이 시절에 朴龍喆氏는 아직 세상이 모르는 보배를 캐내서 우리 文壇에 내놓았으니 이것이 바로 『永郞詩集』과 『芝溶詩集』이었다. 이 詩集이 나올 때 文壇에선 이분들의 才能을 거의 모르고 있었던 만큼 담박에 詩集으로 묶어서 내놓는 일은 우리에겐 모험같이 보였던 것인데 結局 詩人이요, 同時에 詩 評論家이었던 朴龍喆氏는 틀림없이 꼬눈 詩에 自信이 滿滿했던 노릇이다.
>
> 芝溶이나 故 永郞은 과연 詩文學社가 낳은 값진 보석이었다. 우리 文壇에 이 두 詩人을 發見해준 故 朴龍喆氏의 功勞는 참으로 컸다.[18]

당시 한국문단의 중견 시인인 노천명이 시문학 시절을 회고한 위의 글은 『신문학』의 위상을 높여주었다. 박용철 시인의 동생 박봉자와 친구라서 시문학사를 자주 방문했기 때문에 당시의 상황을 잘 알았던 노천명이 "解放이 된지 여섯 해가 되도록 변변한 文學雜誌 하나 손에 쥐어보지 못하"는 현실에서 영랑과 지용의 시집을 간행해서 그들의 시가 갖는 예술적 가치를 세상에 알리고 『시문학』을 이끌었던 박용철 시인을 그리워하는 것은 새로운 문예지의 출현에 대한 여망을 드러낸 것이라고 할 수 있

18 노천명, 「시문학시절」, 『신문학』 제2집, 1951. 12. 1, 72-73쪽.

다. 이러한 여망에 부합하도록 노력한 것이 『신문학』이었다. 엄정하게 말하면 『신문학』이 『시문학』의 전통을 창조적으로 계승한 동인지라는 것은 동인지의 편집 체제나 편집 방향보다는 그들이 추구한 시와 소설 등에서 보여주는 순수문학으로서의 언어의 예술성을 추구하고 있다는 점에서 찾아야 할 것이다.

3. 동인들의 작품 세계와 문학성

『신문학』이 1930년대의 『시문학』이 보여준 문학적 전통을 계승하고, 목포에서 간행된 『예술문화』, 『전우』, 『갈매기』보다 전문적이고 순수한 문학 동인지라면 그들의 문학 세계와 문학적 성취는 어느 수준인지를 가늠해보는 것이 필요하다.

1) 시의 경우

『신문학』에는 15명의 시인이 32편의 시를 발표하였다. 그러나 시 분야의 실질적인 동인은 김현승, 박흡, 이동주, 이석봉 네 사람이라고 보아야 한다. 이들만 각 동인지마다 시를 싣고 있기 때문이다. 그리고 3집 이후부터 서정주가 여기에 동참하였다.

『신문학』 동인을 구성하고 편집에 주도적이었던 김현승(1913-1975)은 1934년 동아일보에 「쓸쓸한 겨울 저녁이 올 때 당신들은」을 발표하여 문단에 등단한 이후 해방 전까지 16편의 시를 쓰고, 해방직후에는 『문예』나 『민성』, 『백민』 등의 잡지와 경향신문에 시를 발표하기도 하였다. 『신문학』을 창간할 무렵에 목포에서 발행한 『전우』와 『갈매기』에도 3편의 시를 실었다.[19] 1951년 『신문학』 동인을 결성한 이후부터 김현승은 본격

19 박태일에 의하면 『전우』에 「당신의 눈」과 「마지막 그림자」 두 편을 실었다. 박태일, 「목포지역 정훈매체 『전우』 연구 – 한국전쟁기 정훈문학 연구 1」, 『현대문학이론연구』 제38집, 2009. 또 이동순에 의해 『갈매기』 창간호에도 1편의 시가 실

적으로 시 창작에 전념하였다. 창간호에 2편의 시를 발표했는데 「新綠이 필 때」는 「신록」으로 제목을 바꾸어 제2시집 『옹호자의 노래』(1963)에 상재하였고, 「故永郎 追悼日에」는 이동순이 처음 발굴하여 학계에 소개하였다.[20] 창간호 「문단메모」에 따르면 1951년 2월 17일 문총전남지부 주최로 '시인 고 김영랑의 추도식'을 가졌는데 이 추도식에서 읽은 시가 「故永郎 追悼日에」이다. 제2집에도 2편을 발표하였는데 「故鄕에」는 「산줄기에 올라 – K都市에 바치는」으로 제목을 바꾸고 완전히 개작해서 『신태양』(1958. 6)에 다시 발표하였고, 「가을의 立像」은 약간 수정하여 첫 시집 『金顯承 詩抄』(1957)에 상재하였다. 제3집에 발표한 「내가 母國語로 詩를 쓰면」은 알려진 바 없다가 김인섭이 엮은 『김현승전집』(2005)에 발굴 작품으로 실려 있다. 제4집에 발표한 「어제」는 개작 없이 대구의 『예술집단』 제2집(1955. 12)에 그대로 실려 있다. 여기에서는 김현승의 시적 성과를 확인하기 위해 『신문학』 2집에 실린 「가을의 입상」을 살펴보자.

> 멀리 멀리 흘러갔던
> 보라빛 구름과 바다 거품으로부터
> 그만 나의 年輪들을 불러드리자
>
> 나로 하여금 돌아오는 길위에 서게 하여다오!
>
> 나의 詩는
> 水曜日의 祈禱보다 가벼웠고,
> 너머도 오랜 동안
> 나는 나의 體溫을 비워 두었었다

려 있음이 확인되었다. 이동순, 앞의 논문, 155쪽.

20 이동순, 위의 논문, 156-157쪽.

나의 가는 목에 어느듯
바람이 차다,
저바린 꿈들의 包裝紙, 지는 落葉들을 모아
지금은 나의 옛집을 바를 때……

나로 하여금 돌아 오는 길목에 서게 하여다오!

어느듯 그림자와 같이 길던
이제는 한숨마저 어바이.

— 김현승, 「가을의 立像」[21] 전문

이 시는 가을날 사색에 잠긴 시인의 모습이 잘 드러나 있다. 움직임이 없는 입상처럼 보랏빛 구름과 바다거품을 바라보면서 시인 자신의 지나간 과거를 되짚어 회상하면서 자신이 써왔던 시들이 '수요일의 기도'보다 가벼웠다는 자기반성에 이르게 된다. 너무도 오랜 동안 자신의 시에는 체온이 없었다는 성찰이다. 여기서 '체온'은 따뜻한 인간성의 다른 이름일 것이다. 이런 인간성은 지나온 날들에 대한 자기성찰의 진정성이 없이는 얻을 수 없는 덕목이다. 그래서 시적 화자는 무너진 꿈들의 포장지와 낙엽들을 모아 지난날들의 퇴적물인 자신의 정신세계, 즉 '나의 옛집'을 바를 때가 '지금'이라고 사유한 것이다. 그래서 시인은 지난 과거에서 여기 '지금'으로 이어지는 회상의 '길목'에 서게 하여달라고 기구하고 있는 것이다. 이 '길목'에 대한 사유가 김현승의 시이다. 김현승다운 시적 사유가 처음으로 구체화되었다고 판단된다.

김현승의 시작과정은 언제나 그가 "자기 자신 안에서 언제나 소용돌

21 『신문학』 제2집, 1951. 12, 80-81쪽. 마지막 연 "어느듯 그림자와 같이 길던/ 이제는 한숨마저 어바이."가 『김현승시초』에는 "그림자와 같이 길던/ 한숨마저 멀리 저바리고……"로 개작되었다.

이치는 관념의 상을 쫓고 있으며 그것을 강한 도덕률과 정신의 가열성으로 질서화하며 논리적, 지적 분석을 가한 후 언어로 옷을 입히는 순서를 밟는다."[22] 「가을의 立像」은 회상이나 명상을 통해 인간성을 성찰하고 그것을 시로 형상화하려는 자신에게 시란 무엇인가를 내면화하고 있는 것이다. 특히 그는 가을에 관한 시를 많이 썼는데 여기에서 '가을'은 '年輪'을 불러들이는 반성적 사유의 시간이다. 이러한 반성적 사유의 과정 자체가 감각적 이미지의 옷을 입을 때 김현승다운 시가 탄생한다.

1947년 5월 8일자 경향신문에 「젊은 講師」를 발표하면서부터 시인의 길에 들어선 박흡(1912-1962)은 광주의 문학청년을 기르는 데 크게 기여한 인물이다.[23] 해방 후 숙명여전에서 강의하다가 1948년경에 광주로 내려와 광주서중(1949-1952)과 광주고등학교(1952-1955)에 국어교사로 근무하면서 시창작과 후진 양성에 힘썼다. 광주고 재직 시에 재학생 4인(강태열, 박봉우, 윤삼하, 주명영)의 동인집 『常綠集』의 서문을 쓰고, 광주고 졸업생 중심으로 이루어진 『零度』의 동인(창간 동인은 박성룡, 김정옥, 정현웅, 주명영, 박봉우, 강태열이다.) 결성과 동인지 발행에 깊이 관여하였다. 그의 지도 아래 많은 시인들이 탄생한 것이다.

박흡은 『신문학』이 창간되기 전에 김현승과 같이 목포의 『전우』와 『갈매기』에 시를 발표하고, 창간 후에도 여러 편의 시를 발표하였다. 『신문학』 창간 후에 김현승이 목포의 문예지를 낮추어보고 손을 끊었다면 박흡은 『전우』의 편집위원으로 참여하면서 계속 시를 발표하였다는 점에서 두 사람의 차이점이 있다. 박흡은 『신문학』에는 모두 6편의 시를 발표하였는데, 이것들은 대부분 시인의 고고함이나 고독, 인간세계에 대한 혐오를 드러낸다. 고독한 독수리에 시인 자신의 모습을 투사하거나

22 유성호, 「김현승」, 『약전으로 읽는 문학사 2』, 소명출판, 2008, 20쪽.

23 박흡 시인의 삶과 문학에 대해서는 이동순의 「박흡 평전」, 『박흡문학전집』, 국학자료원, 2013, 참조.

(「독수리」) 인간세상의 유기질을 싫어하여 사막의 불모를 자신의 윤리로 삼고(「砂漠」), 나이를 먹을수록 관습이나 제도로서의 '冠'을 섬기는 현실에서 이 '관'을 벗고 저 자신으로 돌아가고자 하는 염원을 드러내고(「冠」), "太陽도 탄식하는 오만한 골짜기" 빙하에서 방부제처럼 "썩지 않게 온 地球를 貯藏할" '拒否의 思念'을 읽어내기도 하며(「氷河」), "不信의 終點, 이 荒蕪地에서" 자신만의 '水路'인 '滿潮한' 자신의 '運河'를 찾고 그것을 '聖孤獨'으로 명명하고 이렇게 성스러운 고독 속에서는 "다시는 어느 邊涯 風磨한 孤島일지라도" 결코 외롭지 않으리라는 신념을 보이기도 하였다.(「運河」) 이러한 시적 태도와 시인의 삶을 가장 잘 보여준 것은 다음의 시이다.

아내도
만 두 살 사개월 짜리 어린놈도 모두 버리고
조각배로 한 나흘 가야 하는
어느 먼 섬 외로운 파도 속에 살아
집 서 너 가우 있는
고기잡이 하는 사람들 사이에서
누구도 사랑하지 않고
누구의 사랑도 피하여

정성스런 종처럼 착한 마음으로
나의 가는 몸 알뜰히 부리어
호젓한 방종마냥 잊은 듯 거기 살다
몇 편 서툴은 시를 표주박에 담아 어디로 띄워
보내고
고동 껍질 딩구는 모래 위에
아무 흔적 없이 사라지고저

이런 부질없는 소망이 죄 되면
천 길 지옥 아래
슬픈 사람들과 벗하여 뉘우침 없이 살고
어쩌다 신의 뜻에 맞는 일이면
천 길 하늘 위에 내 또한 고독으로 유산하리라

— 박흡, 「第四眠」[24] 전문

이 시는 박흡 시인의 자전적 서술에 가깝다.[25] 시인은 아직 신혼이나 다름없었을 당시에 예쁜 아내와 어린 아들을 버리고 먼 섬에 가서 누구도 사랑하지 않고 착한 마음으로 호젓하게 살다가 시 몇 편 써서 표주박에 띄워 보내고 해변의 모래 위에 아무런 흔적도 남기지 않고 사라지기를 소망하고 있다. 이런 소망이 신의 뜻에 어긋나 죄가 된다면 지옥에 있는 슬픈 사람들과 벗하여 뉘우침 없이 살고, 어쩌다 신의 뜻에 맞는 일이라면 하늘 위 천국에서 '고독'을 즐기겠다는 의지의 표명이다. 그런데 시의 제목이 '네 번째의 잠'이라는 뜻의 '第四眠'이라는 점에서 시인의 소망은 현실적이라기보다는 현실과는 거리가 있는 몽상의 사유에 가깝다. 아무리 몽상이라고는 하지만 이런 니힐리즘과 고독에의 경사는 초기 시에서 얼마든지 확인할 수 있다.

죽음은 나의 오직 나 하나의 財産
내게 아직도 죽음이 남아 있는 恍惚함이여

…(중략)…

24 『신문학』 제3집, 1952. 7, 67-68쪽.

25 박흡이 1949년 3·1절 날에 15살 연하의 숙명여전 제자인 이석봉과 결혼하여 그 해 12월 장남 박영(朴英)을 낳았으니 시를 쓸 당시에는 아들이 만 두 살이 넘었을 것이다.

이 지친 肉身이 갈 곳은 오직 한 개 무덤뿐
눈 감으면 聖地처럼 무리속에 떠오르나니

어둠 속에 서늘한 榮光 화안히 빛나는 구슬처럼
죽음은 내 가슴에 보배로워라

모든 사람들 그를 실허하고 그를 미워하고
逃避니 卑怯이니 욕하더마는

죽음은 나의 希望
죽음은 나의 宮殿

삼키기 아까운 果實처럼
내 아껴 죽음을 품다

– 박흡, 「죽음頌」26 일부

이제 한 줌 재 밖에
보채일 아무것도 없으매
제 스스로도 무슨 뜻 있는지 모르는
싱거운 광대짓 다 마치고
煙氣처럼 運命들도 여기 싀어지다

– 박흡, 「火葬場」27 일부

박흡 시인에게 죽음은 마지막 하나 남은 황홀한 재산이다. 세상 사람들이 스스로 죽는 것을 도피나 비겁으로 욕하지만 시인에게는 희망이고 그 무덤은 궁전인 것이다. 그래서 너무 맛있어서 삼키기 아까운 과실처럼 아껴 죽음을 품는 것이다. 실제로 시인은 14년 후에 스스로 삶을 마

26 평화일보 1948년 6월 2일자. 『박흡문학전집』, 17-18쪽.
27 『우리문원』 1952. 2, 『박흡문학전집』, 26쪽.

감하였다. 박흡 시인에게 현세의 삶은 "제 스스로도 무슨 뜻 있는지 모르는/ 싱거운 광대짓"으로서의 "한낱 어설픈 過程"에 불과한 것이었다. 그러나 이러한 소멸과 파괴, 죽음은 근대 자본주의의 속물성을 비판한 보들레르의 알레고리를 닮아있다.[28] 그는 보배로운 죽음을 품고 살았기 때문에 현실과 타협하지 않고 외로울지라도 고고하게 독수리처럼 자신의 '聖孤獨'을 실천한 것이다. 더욱이 그의 시어는 한자어를 거의 쓰지 않고 순수한 우리말을 구어로 시적 형상을 마련하고 있다는 데에 큰 의의가 있다.

이동주(1920-1979)는 서정주의 추천으로 1950년 월간 『문예』 1, 2, 4월호에 각각 「黃昏」, 「새댁」, 「婚夜」가 실리면서 등단하여 당시에 가장 활발하게 시작 활동을 전개하였다.[29] 등단 이전인 1946년에 오덕, 심인섭, 정철, 이동주 네 사람의 시화집 『네동무』가 목포예술문화동맹에서 간행되었는데 여기에는 이동주의 시가 12편이나 실려 있다. 그리고 『전우』에도 11편의 시를 발표했다. 아주 짧은 기간에 쓴 시들을 모아 1951년에 제1시집 『婚夜』를 호남공론사에서 발간하고 3월 19일에는 출판기념회를 가졌다.[30] 호남신문사에 근무하면서 동인으로 참여한 그는 『신문학』에 5편의 시(「좁은 門의 悲歌」, 「鳳仙花」, 「강강술레」, 「황토 밭엔 太陽도 독하다」, 「妖花」)를 발표하였는데 당시 동인 중에 시집을 낸 사람은 이동주뿐이었다. 그리고 1955년에는 제2시집 『강강술레』(호남출판사)를 상재하였다.[31] 여기에서는 그의 대표작 「강강술레」을 분석하고자 한다.

---

28 최문규, 『파편과 형세 – 발터 벤야민의 미학』, 서강대학교출판부, 2012, 211쪽 참조.

29 이지엽, 『한국전후시 연구』, 태학사, 1997, 93-116쪽 참조.

30 「문단메모」, 『신문학』 창간호, 1951. 6, 100쪽 참조.

31 이 시집에 대하여 박흡은 「『강강술레』 소감 – 李東柱의 詩에 대하여」(전남일보 1956. 5. 9)라는 비평문을 썼다.

여울에 몰린 銀어떼.

삐비꽃 손들이 둘레를 짜면
달무리가 빙 빙 돈다.

가아응 가아응 수어얼 레에.
목을 빼면 설움이 솟고……

白薔微 밭에
孔雀이 취했다

뛰자 뛰자 뛰어나 보자

뇌누리에 테프가 감긴다
열두발 상모가 마구 돈다

달빛이 배이면 술보다 독한 것

갈대가 쓰러진다
旗幅이 찢어진다

강강 술레.
강강 술레.

— 이동주, 「강강술레」[32] 전문

---

32 『신문학』 제2집, 1951. 12, 84-85쪽. 「강강술레」는 『강강술레』(1955), 『한국전후문제시집』(1961), 『散調』(1979), 『散調餘錄』(1980), 『이동주시집』(1987) 등에 각각 실려 있다. 『신문학』에 실린 원본을 확인하지 않았기 때문에 이지엽은 『강강술레』에 실린 것을 원본으로 보고 제2연("삐비꽃 손들이 둘레를 짜면/ 달무리가 빙 빙 돈다.")이 『한국전후문제시집』에서 첨가된 것으로 보고, 이것을 그 이후의 시집들에서는 다시 빼서 당초 작품으로 환원한 것으로 추정하고 있다. 이지엽, 앞의 책, 107쪽.

한국전쟁기 최고의 수작으로 꼽히는 이동주의 「강강술레」는 고도로 축약된 언어로 민속의 하나인 강강술래의 율동성을 구체적인 이미지로 형상화하고 있다. 1연부터 강강술래에 참여한 사람들의 생동감이 '여울에 몰린 은어 떼'로 이미지화된다. 날렵하고 일사불란한 원무가 먼 거리에서 포착되고 있다. 2연에 오면 시적 화자는 원거리가 아니라 직접 손을 맞잡고 원무를 추는 무리 속으로 들어간다. 여름날 방죽 둑에 피는 '삐비꽃'처럼 예쁜 손들이 서로 맞잡고 원을 그리며 춤을 추기 때문에 달무리가 빙빙 돌 수밖에 없다. 진양조 가락으로 느리게 "가아응 가아응 수어얼 레에"를 부르면서 다소곳이 춤을 추면 민족의 전통적인 한이 서려 설움이 솟고, 점점 빨라지는 율동과 음악에 따라 원무를 추는 여인네들 속에서 남성 화자는 점점 흥에 취해간다. 사물놀이 패들의 상모 테두리 '뇌누리'에 긴 상모가 테이프처럼 감기면서 열두 발 상모가 마구 돌아가는 축제의 한 가운데는 달빛까지 은근하여 술보다 더 독한 흥취를 유발한다. 이 율동적인 원무가 절정에 달하면 갈대가 쓰러지고 기폭이 찢어질 만큼 격정적이다. 시인은 언어의 경제 법칙에 따라 대단히 절제된 언어 몇 마디를 가지고 우리 민족 고유의 민속놀이를 생생하고 율동감 있게 그리고 있다. 가히 언어 미학의 극치라고 하지 않을 수 없다. 동족상잔의 폐허 위에서 민족의 전통적인 정서와 미풍양속을 되살리는 「강강술레」야말로 전쟁기 한국인들에게 크나큰 위안과 기쁨을 주었을 것이다.

이석봉(1928-1999)은 『신문학』에 4편의 시를 발표했다. 숙명여전에서 박흡을 사제 관계로 만나 1949년 결혼하고 광주에 정착하여 전남여중에 근무하면서 동인으로 참여하였다. 1962년 박흡의 사망으로 이듬해 서울로 거처를 옮기고 1963년에는 동아일보 신춘문예에 소설 「빛이 쌓이는 해구」가 당선되어 소설가가 되고, 1993년에는 장편소설 『여정』으로 제18회 한국소설문학상을 받기도 하면서 평생을 소설가로 살았다. 『신문학』에 발표한 4편의 시는 이석봉이 20대 초반에 쓴 것으로 습작기의 수준을 크게 넘어서지 않는다. 결혼생활의 소감을 시로 쓴 「比翼鳥」, 삶의 비애를 담은 「가을」, 불행도 '星座'처럼 아름다울 수 있다는 「황혼」, 순진함을 잃고 괴로움과 슬픔 속에서 '진실에의 향수'를 그리워하는 「밤비」 등이 그것이다. 그런데 박흡과의 결혼 생활과 일상의 삶의 모습을 확인할 수 있다는 점에서 가치가 없는 것은 아니다.

> 한 몸 속에 사는 두 心臟이
> 自我를 억누르노라 얼마나 괴로웠더냐
>
> 時間과 空間 그리고 運命의 制約에서 버림받은
> 저 구름의 자유가 너이는 얼마나 부러웠더냐
>
> 뙤약볕에 허덕이며 목마른 날엔
> 하늘을 쳐다보며 咀呪를 吐했다
>
> 눈보라 치는 어두운 밤엔
> 향수처럼 깃드는 運命에의 肯定도 있었지만
>
> 드디어 太陽처럼 平凡해진 愛情이 괴로워
> 낡은 전통 속에 情死한 새야!
>
> 이 땅 너이의 많은 後裔들이
> 파닥이는 잿빛 깃을 오늘도 본다
>
> — 이석봉, 「比翼鳥」[33] 전문

'비익조'는 암컷과 수컷이 각각 눈과 날개가 하나씩이라서 짝을 짓지 않으면 날지 못한다는 상상의 새인데 보통은 '금실이 좋은 부부'를 비유

33 『신문학』 창간호, 1951. 6, 84-85쪽.

하여 이르는 말이다. 날기 위해서는 자아를 억누르고 협력해야 하는 것이 부부이다. 그래서 부부는 모든 제약에서 벗어나기 어렵기 때문에 자유가 그리울 터이고, '뙤약볕' 같은 갈등 속에서는 저주를 토하지 않을 수 없을 것이다. 물론 밤에는 짝을 지어 날 수 있기에 '運命에의 肯定'이 없는 것은 아니지만 시간이 지나면 부부간의 애정도 태양처럼 평범해져 괴롭게 되기 때문에 비익조는 전설 속에서만 존재하는 죽은 새일 뿐이다. 시인은 결혼 생활에서 오는 애정의 변화를 비익조에 빗대어 간접화하고 있는데 마지막에는 자신의 개인적인 감정과 정서를 일반화하여 이 땅의 많은 비익조의 후예들 역시 자신과 다를 바 없이 '잿빛 깃'을 파닥인다고 술회하고 있다. 결혼 생활의 고뇌가 느껴지는 시이다. 전달되는 감정과 정서는 없지 않으나 그것을 감각적으로 이미지화하는 데는 조금 미흡한 감이 없지 않다.

이상과 같은 중심 동인 네 사람 외에 『신문학』에 시를 발표한 사람은 11명이 더 있다. 이중에 특기할만한 점은 김현승의 주선으로 1952년 조선대학교에 부교수로 부임한 서정주와 전북 부안의 신석정, 그리고 '응향' 사건으로 월남하여 전쟁기간 동안 국방부 기관지 승리일보사 주간을 맡은 구상, 광주에서 교편을 잡은 이수복 등이 『신문학』에 참여했다는 것이다. 모두 광주와 지역적 연고가 있는 사람들이다. 이들의 시 11편 중 문학예술성이 뛰어난 시는 단연 서정주의 「춘향의 말(3)」이다.

> 신령님……
>
> 처음 내 마음은
> 수천만마리
> 노고지리 우는 날의 아지랑이 같었읍니다
>
> 번쩍이는 비늘을 단 고기들이 헤염치는
> 초록의 강 물결

어우러져 날르는 애기구름 같었읍니다

신령님……

그러나 그의 모습으로 어느날
당신이 내게 오셨을 때
나는 미친 회오리바람이 되었읍니다
쏟아져 내리는 벼랑의 폭포
쏟아져내리는 쏘내기 비가 되었읍니다

그러나 신령님……

바닷물이 적은 여울을 마시듯이
당신은 다시 그를 데려가고
그 훠언한 내 마음에
마지막 타는 저녁노을을 두셨읍니다
그리고는 또 기인 밤을 두셨읍니다

신령님……

그리하여 또 한번 밝는날
이제
산골에 피어나는 도라지꽃 같은
내 마음의 빛갈은 당신의
사랑입니다

— 서정주, 「春香의 말(三)」[34] 전문

34 『신문학』 제3집, 1952. 7, 60-62쪽. 이 시가 『미당 시전집 1』(민음사, 1994)에는 「다시 밝은날에 - 春香의 말 貳」로 제목이 바뀌고 약간 수정되어 실려 있다. 「춘향의 말」 1은 「鞦韆詞」, 3은 「春香 遺文」이다.

이 시는 「춘향의 말」 연작시 3편 중 하나이다. 우리에게 잘 알려진 『춘향전』의 춘향에 의탁해서 1930년대 김영랑처럼 시인의 '내 마음'의 세계를 노래하고 있다. 시적 화자인 춘향이 놓인 상황은 이몽룡과 헤어진 상태이다. 「추천사」가 청자를 '향단'으로 설정했다면 여기에서는 '신령님'으로 설정하고 있다. 시적 화자는 청자인 '신령님'에게 자신의 마음을 고백하고 소망을 기원하고 있다. 이도령을 처음 만났을 때 춘향의 처음 마음은 '아지랑이'와 '애기구름'처럼 설레었고, 신성한 사랑이 깊어 갔을 때는 '벼랑의 폭포'와 '쏘내기'처럼 격정적이었다. 또 다시 "바닷물이 적은 여울을 마시듯이" 자연의 섭리에 따라 이도령이 떠나버렸을 때 춘향의 마음에는 휜하게 텅 비어 '저녁노을'과 '기인 밤'이 찾아왔다. 이런 일들은 모두 '신령님'에 의해서 이루어진 일이다. 헤어짐이 신령님의 뜻이라면 다시 만남도 신령님의 뜻이어야 한다. 그래서 밤이 지나고 또 한 번 날이 밝아오면 이도령을 만나서 "산골에 피어나는 도라지꽃 같은/ 내 마음"이 마련될 것이다. 그렇기 위해서는 '당신의 사랑'이 절실히 필요하다. 종합하면 춘향은 절대적 존재인 '신령님'에게 이도령과의 사랑이 이루어지기를 간절히 소망하고 기원하고 있는 것이다. 이런 소망은 사랑에 빠진 사람은 누구나 갖게 된다. 그러나 그러한 소망과 기원을 감각적인 이미지 형태로 표현하기는 쉽지 않다. 그런데 서정주는 '노고지리 우는 날의 아지랑이', '번쩍이는 비눌을 단 고기들이 헤염치는 / 초록 강 물결'과 어우러져 날고 있는 '애기구름', '미친 회오리 바람', '벼랑의 폭포', '쏘내기', '저녁노을', '기인 밤', '도라지꽃', '마음의 빛깔'과 같은 구체적인 이미지를 통해 미묘한 '내 마음'의 세계를 드러내고 있는 것이다.

이상과 같이 뛰어난 김현승, 박흡, 이동주, 이석봉, 서정주 등의 시들이 1950년대 초 전쟁 중에 창작되고 발표되었다는 점에서 『신문학』이 한국문학사의 공백을 메꾸는 데 크기 기여했다고 할 수 있다.

2) 소설과 비평의 경우

그런데 성과 면에서 시 이외의 장르에서는 시만큼 풍성한 성과를 내지는 못했지만 몇몇의 경우는 당대 최고의 수순을 보여준다. 단편소설은 8명의 작가가 14편의 창작을 발표했고, 희곡은 1편이 발표되었으며, 평론은 4명의 평론가가 각 1편씩을 실었다. 이 중에서 소설에서는 황순원과 이가형의 작품이 뛰어나고 비평에서는 조연현의 글이 돋보인다.

황순원(1915–2000)은 해방 전에 2권의 시집과 첫 창작집 『황순원 단편집』(1940)을 상재한 한국의 대표적인 문인이다. 『신문학』 제4집에 실린 「소나기」는 황순원이 부산의 피난살이 속에서 1952년 10월에 창작되어 발표된 단편소설이다.[35] 「소나기」는 1959년에 영국의 Encounter지에 게재되기도 하고, 1966년부터는 중학교 국어교과서에 실려 한국어 교육의 주된 교재로 사용되는 수작이다. 이 작품은 상실의 아픔을 겪는 동심의 세계를 잘 형상화했을 뿐만 아니라 인물의 성격화에 탁월한 성과를 보여주고 있다. 특히 초점화 서술과 자유간접화법적 서술을 통해 소년의 심리를 잘 드러냈다.

> 소녀는 소년이 개울 뚝에 앉아 있는 걸 아는지 모르는지 그냥 날새게 물만 움켜낸다. 그러나 번번이 허탕이다. 그래도 재미있는 양, 자꾸 물을 움킨다.
>
> 어제마냥 개울을 건너는 사람이 있어야 자리를 비킬 모양이다.
>
> 그러는데 소녀가 물속에서 무엇을 하나 집어낸다. 하이얀 조약돌이었다. 그리고는 훌 일어나, 팔작팔작 징검다리를 뛰어 건너간다.

---

35 이 「소나기」는 「소녀」라는 이름으로 1953년 11월 대한금융조합연합회(현 농업협동조합) 기관지 『협동』 제41호에 재발표되었고, 단편집 『학』(1956)에서는 「소녀」에서 본디 이름이었던 「소나기」로 다시 고치고, 벗이었던 원응서의 조언을 받아들여 작품의 마지막 단락을 줄여서 출판하였다. 박태일, 「전쟁기 광주지역 문예지 『신문학』 연구」, 앞의 논문집, 331쪽.

다 건너가더니만 홱 이리로 돌아서며,

– 이 바보!

조약돌이 날아왔다.

소년은 저도 모르게 벌떡 일어섰다.

단발머리를 나풀거리며 소녀가 막 달린다. 갈밭 사잇길로 들어섰다. 뒤에는 청량한 가을 햇빛 아래 빛나는 갈꽃 뿐.

이제 저쯤에서 갈밭머리로 소녀가 나타나리라. 꽤 오랜 시간이 지났다고 생각했다. 그런데도 소녀는 나타나지 않는다. 발돋움을 했다. 그러고도 상당한 시간이 지났다고 생각됐다.

저쪽 갈밭머리에 갈꽃이 한오큼 움직였다고 생각됐다. 소녀가 갈꽃을 안고 있었다. 그리고 이제는 천천한 걸음이었다. 유난히 맑은 햇볕이 소녀의 갈꽃머리에서 반짝거렸다. 소녀 아닌 갈꽃이 들길을 걸어가는 것만 같다.

소년은 이 갈꽃이 뵈지 않게 되기까지 그대로 서 있었다. 문득 소녀가 던진 조약돌을 내려다보았다. 물기가 걷혀 있었다. 소년은 조약돌을 집어 주머니에 넣었다.[36]

위의 인용문만으로도 알 수 있듯이 서술자는 간결하게 몇 마디의 문장만으로, 소년소녀의 동심을 말하지 않고도, 독자에게 전달 가능하도록 한 편의 그림처럼 서술하고 있다. 특히 군더더기 없는 구어체 문장이 돋보인다. 서술은 3인칭 서술이 아니라 1인칭이라고 보아도 무방할 만큼 소년이 보고 느끼고 생각한 것만을 제3의 서술자가 서술하고 있다. 작중인물-초점화자의 형식인 이런 내적 초점화 서술은 간접화법적 서술의 효과를 충분히 살릴 수 있다. 허구적 인물의 비전이나 생각, 느낌, 판단을 서술자의 그것과 뒤섞어 문법적으로 통합하기 때문에 등장인물의 견해를 들어내면서 동시에 서술자의 견해를 검토해볼 수 있는 '반어적 거

---

36 『신문학』 제4집, 1953. 5, 9–10쪽. 밑줄 인용자.

리'가 생긴다. 이 반어적 거리로 말미암아 서술자의 잠재적 감정이입이 가능하다.[37] 따라서 소년의 생각이나 판단, 또는 감정이 자연스럽게 독자에게 전달되는 효과가 생긴다.

소년과 소녀가 징검다리에서 만나는 장면에 대한 서사 정보를 전달하는 방식은 소년이 알고 있는 것을 서술자가 말하는 형식을 취하고 있다. 제라르 주네트처럼 서술과 시점을 구분하고 있는 것이다. 서술은 '누가 말/생각하는가?'의 문제라면 시점은 '누가 보는가?'의 문제이다. 시점은 주네트의 용어로 '초점화'인데, 이것은 "서사물에서 하나의 제한된 투시법, 즉 사실들이 보이고 느껴지며 이해되고 평가되는 하나의 관점에 대한 이러한 불가피한 선택"에 관한 문제로서 '사실들이 보이는 각도'를 의미한다.[38] 서술은 서사적 목소리를 통해서 사건과 존재들이 독자에게 전달될 수 있도록 하는 수단이나 화법을 지칭한다면 시점은 이러한 표현이 만들어지는 차원에서의 전망을 의미한다. 이러한 표현과 전망이 반드시 동일한 사람에게 속해야할 필요는 없는 것이다.[39] 고소설에는 전망과 표현이 분리되는 일이 없이 반드시 불특정 동일인에게 속해 있었다. 그러나 현대소설에서는 서사 정보를 인지한 구체적 개인으로서의 서술자가 이 둘을 구별하여 서술하기도 한다는 점이다. 「소나기」에서 서술자의 위치는 소년이 머물고 있는 주변이거나 그의 내면이다. 징검다리에 앉아서 물을 움켜쥐는 행위를 관찰하는데 소녀가 물속의 조약돌을 들어 소년이 있는 '이리로' 획 던지는 행위에서도 그것을 확인할 수 있다. 소녀가 갈꽃이 어우러져 있는 갈밭으로 뛰어갔으니 "이제 저쯤에서 갈밭머리로 소녀가 나타나리라."고 생각하는 주체는 소년이고 이것을 말하는 사람은

37 임환모, 「황순원 단편소설의 인물 성격화 방법」, 『한국 현대소설의 서사성과 근대성』, 태학사, 2008, 175-180쪽 참조.

38 툴란(M.J. Toolan)/ 김병욱, 오연희 옮김, 『서사론』, 형설출판사, 1993, 106쪽.

39 채트먼(S. Chatman)/ 김경수 옮김, 『영화와 소설의 서사구조 - 이야기와 담론』, 민음사, 1990, 26쪽.

제3의 서술자이다. 또 소녀가 이사를 간다는 사실에 대해 "무어 그리 안타까울 것도, 설어울 것도 없었다."는 생각하고, 바우 할아버지네 밤을 "소녀에게 어엿이 맛보여 부끄럽지 않다."고 판단하는 주체는 모두 소년이다. 그러나 말하는 주체는 서술자이다. 그리고 소년이 소녀에게 이사가기 전에 개울가로 나와 달라는 말을 하지 못한 자신에 대해 "바보 같은 것, 바보 같은 것!"이라고 하는 말은 등장인물의 직접적인 내적 독백이다. 그러나 그 독백이 서술자의 말 속에 끼어듦으로써 자유간접화법적 효과를 내는 것이다.

전지적 서술자가 소년의 내면으로 들어갔다 나왔다 하면서 소녀와의 만남과 소녀의 죽음, 그리고 윤초시네의 몰락이 소년의 내면적 삶에 어떤 영향을 미치는가를 잘 보여주고 있다. 이런 특성은 황순원의 대부분의 단편소설들이 한 인물의 의식에 투영된 모습으로 인물의 성격을 이미지화하기 때문이다.

이가형[40]은 『신문학』 제2집에 「歸航路에서」와 4집에 「三十六計」를 발표하고 있는데, 이 두 편의 소설들은 남방 학병 체험을 소설화한 것이다. 일제의 태평양전쟁에 학병으로 끌려가 생사의 갈림길에서 살아 돌아온 이야기와 여기에 위안부 여인의 죽음을 함께 다루고 있다. 아마도 최초의 위안부 소설이라고 보아도 될 것이다. 「귀향로에서」는 학병인 '나'가 미국 화물선 'H. L. 캼펠호'를 타고 조선인 억류자 천여 명과 함께 싱가포르를 떠나 부산항으로 출발한 지 10일째 되는 날 선상에서 조선인 위안부 '정자'를 만나면서 소설은 시작된다. 이 소설은 버마, 말레이시아, 수마트라, 자바 등지에 학병으로 끌려간 조선인 병정과 군속들, 그리고 '조선삐'라고 불리는 조선인 위안부 등 조선인 억류자 1,000여 명이 싱가

40 이가형의 행적에 대한 기록은 거의 없다. 『신문학』 2집의 「문인동정」란과 4집의 「문인까십」란에는 이가형이 대학 강의에 바쁘다는 것, 전남문리과대학 전임으로 1953년에 목포에서 광주로 이사했다는 것, 그리고 "씨의 모습은 外國語型에 女人型"이라는 것이 전부이다.

포르의 '주롱켐프'에서 미국 화물선을 타고 부산항으로 귀향하는 과정을 매우 구체적으로 보여준다. 그 귀향자 중에 위안부가 무려 500명에 달했다고 밝히고 있다. 일본의 버마 파견군의 산포중대 신병인 '나'가 버마의 '몰매인'에서 '정자'를 처음 만나는 장면은 조선인 위안부의 실상을 대충 짐작하게 한다.

> 시가지는 인적이 드물었다. 시가지를 떠나면서부터는 더욱 사람꼴이 귀했다. 널직한 운동장 같은 풀밭 저쪽 좀 높은 지대 위에 검게 칠한 판자벽에 유리창이 여럿 박힌 집이 보였다. 그것이 조선삐가 들어 있는 곳이었다. 한 이십 분간 뙤약볕 밑을 내달았기 때문에 나는 숨이 가쁘고 다리가 팍팍하였다.
>
> 나무계단을 올라스면서 마야사끼는
>
> 『여보게들 약속대로 조선병정을 데리고 왔어!』 하고 외쳤다.
>
> 마즌편 판자벽에 검은 팻쪽에, 흰 에나멜로 쓴 椿, 春江, 貞子 등의 이름자를 내가 미처 헤아릴 틈도 없이 여자들이 오륙 명 우르르 나와 나를 에워쌌다. 나는 얼떨떨하였다. 옆에 있는 검정 가죽을 입힌 소파에 걸터앉아서 그들의 호기심에 찬 여러 시선을 하나씩 받아들이는 수밖에 없었다. 조선서는 얼마든지 볼 수 있는 얼굴들이었다.
>
> 인조견 분홍치마에 흰 적삼을 걸친 열일곱여덟밖에 안 보이는 단발한 소녀가 부채를 나한테 내주면서
>
> 『오빠 고향이 어디여요』하고 물었다.
>
> 『목포』
>
> 『아이구, 그럼 정자언니하고 갈구만』
>
> 정자라고 불리운 여자에게로 부러움에 찬 눈초리가 한꺼번에 돌아갔다. 그들의 얼굴빛은 십상팔구 희멀겋게 윤택을 잃고 있어서 보기에 참딱한 것이었으나 정자는 그중에서는 제일 나은 편이어서 얼굴구멍새가 오손도손하게 째이었다. 미인이 아니라 얌전하게 생긴 얼굴이었다.[41]

광주고보를 졸업하고 일본 유학을 가서 학병으로 징집된 '나'가 전장인 버마에서 동향의 조선인 위안부를 만났으니 반가웠을 것임에 틀림이 없다.[42] 그리고 한 달 후 '시뽀'에서 '나'는 '정자'를 두 번째 만난다. 아직 초년병인 '나'는 취사당번을 면치 못하고 식사가 끝나면 냇가로 가서 설거지를 해야 했다. 거기에서 '정자'를 만난 것이다. 그때의 장면을 서술자는 다음과 같이 쓰고 있다.

> 한번 보면 조선삐는 그냥 알 수 있었다. 어수선한 머리, 무슨 인조견 내리다지에, 나막신이나 산달을 끌고 거츨은 사투리로 아무데서나 떠들어대었다.
>
> 빨래하던 일본 병정 둘이 농을 걸다가 그들의 욕바가지를 쓰고 쩔쩔매며 줏자를 놓았다. 별별 쌍스런 욕이 나왔다. 원숭이새끼란 욕은 말마다 나왔다. 원숭이새끼는 삐를 사러오는 일본병정 전체에 씨우는 대명사였다. 날마다 시달리는 그들은 이렇게 악을 쓰고 욕을 해야만 심사가 풀리는 것인지도 몰랐다. 나는 아무 말 없이 쌀을 씻는 척하고 그들의 거동만 멀리 바라보고 있었다. 그 때 또 한사람 삐가 빨래를 들고 왔다. 그가 바로 정자였다.[43]

그날 록히드기의 공중 폭격을 받고 '나'는 '정자'와 함께 일인용 방공호로 피신하여 겨우 목숨을 건진다. 그 좁은 흙구덩이에서 '나'는 '정자'를 힘껏 껴안음으로써 무서움을 참아냈던 것이다. 그리고 다음날 출동명령이 떨어져 '정자'와 이별도 없이 전장으로 떠나갔다. '나'가 떠난 다음날 '정자'는 폭탄에 맞아 한쪽 얼굴이 뭉개지는 사고를 당했다. 그리고 2년

41 『신문학』 제2집, 1951. 12, 5쪽.

42 그 반가움은 '정자'의 인간적인 심성에 기인한 바가 없지 않다. '나'가 위안소에서 '정자'를 처음 만났을 때 그녀의 몸에 손도 대지 않았고, 자기가 가진 전재산('십원짜리 군표 두 장')을 그녀에게 주었지만 그녀는 받지 않았다. 위의 책, 7-8쪽.

43 위의 책, 9쪽.

후 '캄펠호' 선상에서 다시 '정자'를 만난 것이다. '나'는 '정자'에 대한 '미련'이 남아 '주룽켐프'에 있는 동안 "동대출신 이가 내고 있던 주간 팜프렡 『신생』에" 「조선삐」라는 시를 쓰기도 했다. 선상에서 '정자'가 알은 체 한 것을 후회하면서 '나'에게 심각하게 질문한다.

> 『다만 하나 묻고 싶어요』
> 『넷?』
> 『고향이 나를 받아줄까요』
> 이 말에 나의 감상은 뭉클하였다.
> 『안 받아주고 어쩐단 말이요』
> 불쑥 나의 어조는 격했다. 이 툭명한 반문은 정자에 대한 것이라기보다 내 자신에 대한 것이었다. 나는 이 문제를 한햇동안 얼마나 자문자답해 왔던가. 정자의 절망은 어떻게 손대볼 길이 없는 것이었다. 차라리 그 여자에게 자살을 권했으면 권했지 그 외의 아무런 희떠운 수작이 필요하지 않았다. 나는 이미 정자의 운명에 대한 동정을 결핍하고 있었다.[44]

'정자'에게 귀향은 엄청난 갈등의 연속이었을 것이다. 몸은 일본군의 노리개로 이미 망쳐버렸고 포탄으로 얼굴은 '무슨 두억신이에 가까운 흉측하고 처참한' 몰골이었으니 "고향에서 나를 받아줄 것"인가에 대한 의문이 들지 않을 수 없었을 것이다. 귀향자인 '나'의 경우도 다를 것이 없다. 그 절망은 어떻게 손대볼 여지가 없었다.

『신생』 종간호를 준비하던 중(부산항에 도착하기 하루 전) 위안부 '정자'와 '일순'이 바다에 투신하는 사건이 발생한다. 한 시간 만에 해녀 출신인 '일순'만 살아 돌아오고 '정자'는 죽는다. '정자'의 소원을 들어서 함께 죽겠다고 바다에 몸을 던졌으나 배가 되돌아와 '일순'만 구조한 것이다. 그래서 서술자는 "정자의 자살은 내가 입회하고 일순이가 완성시켰다."

44 위의 책, 12-13쪽.

고 소설을 마무리한다. 이 소설은 조선인 위안부들의 처참한 삶과 귀향에의 갈등을 아주 잘 보여주고 있다.

「삼십육계」는 학도 귀향병의 고뇌를 그리고 있는 소설이다. 버마에 학병으로 징집되어가서 살아 돌아온 '이명언'이 같은 학병이었던 수재 '박영남'의 처제 '김애경'에게 '박영남'을 버리고 혼자 살아 돌아온 일을 고백하는 서사가 주를 이룬다. '이명언'과 '박영남'은 일본 구주에 있는 고등학교를 함께 다니고 대학은 동경제대를 같이 다녔는데 '명언'은 문학부 독문학과를, '영남'은 법학부 법률학과를 다녔다. 1943년 대학 졸업이 단축되고 이어서 '학도지원병령'이 내려지자 '명언'은 징집을 기피하고, '영남'은 '고문 사법과'에 합격하여 도회의원 딸 '김순경'과 결혼한 후 학병에 지원한다. '명언'은 아버지가 구금되었다는 소식을 듣고 귀향했다가 징집을 당해 '영남'과 같은 부대 '산포 26연대'에 소속되었다. 1945년 2월경, 버마 '이라와지'강 상류 '만달레'시를 지나서 남하하여 50킬로미터 지점 '윈도윈'에서 '명언'은 '영남'을 버리고 '김일도'와 함께 일본군을 탈출한다. 서술주체이자 행위주체인 '이명언'은 당시의 심정을 다음과 같이 고백한다.

> 어찌할 것이냐. 영남이와 그대로 갈 것이냐. 일도를 딸아 영남이를 버릴 것이냐 둘 중에 하나를 골라야했다. 일본군은 산지박산이었다. 몇 분 뒤 운명을 예측할 수 없었다. 그러나 여태까지 무사했듯이 앞으로 무사할지 몰랐다. 영군은 우리를 탈없이 받아 줄 것인가. 그리고 그 뒷일은 어찌 될 것인가. 영남이는 나의 친우였다. 둘도 없는 친구였다. 그러나 그는 등신이었다. 일도 그는 무서운 놈이다. 일본군을 벗어나 적군에게 투항할 자신이 있다고 한다. 일본군에서의 이탈, 얼마나 우리는 그 기회를 벼르던 것이냐. 나는 무한히 망서렸다. 영남이와 일도, 어느 쪽에 나의 운명을 걸 것인가.
>
> 정말로 나 자신은 어떠했던가. 이때 나는 내 자신만을 생각해 보았다.

> 살고 싶었다. 일본병정으로 죽고 싶지 않았다. 나는 적탄에 맞아 죽을 이유가 없었다. 얼간으로 등신으로 강제로 끌려온 못난이로 죽고 싶지 않았다. 멸시를 학대를 받고, 보람없이 개돼지처럼 거꾸러지고 싶지 않았다. 나는 선택의 자유가 있었다. 어느 쪽에나 걸 자유가 있었다. 나는 나의 자유의사로 선택을 해야 했다. 나의 길은 굴욕과 패잔과 주검은 아니었다. 나의 길은 자유와 생명과 탈주와 모험이었다. 나는 살아야 했다. 둘도 없는 무엇하고도 바꿀 수 없는 목숨 이것은 살려야 했다. 나는 나의 자유의사에 의하여 행동을 해야 했다. 영남이와 같이 가는 길은 일본군에의 인종이었다. 그리고 자멸의 길이었다. 남방으로 줏자를 놓느니, 북으로 뛰어야 했다. 설령 그것이 어떠한 결말을 가져 오든지 간에.[45]

수재이고 부잣집 아들이면서 약골인 친구 '영남'을 데리고 탈출하기는 어렵다고 판단한 '명언'은 그를 버리고 도망칠 때 '영남'이 '명언아!'라고 조선말로 세 번 부르는 소리에 폐부가 어긋나는 아픔을 느꼈지만 외면한다. '명언'과 '일도'는 인도인 부락에 도착해서 영국군에 투항하고 여러 경로를 거쳐 싱가포르에 도착했다. 이 부분은 앞의 소설 「귀항로에서」와 같다. 나중에 버마의 학병이 도착하고, '영남'의 유골과 '명언'과 '일도'의 유골도 함께 왔다. 살아 있는 자신들의 유골이 왔으니 '영남'의 유골이 그의 것이라는 보장은 어디에도 없었다.

그렇게 살아서 돌아온 '이명언'이 해방 이듬해에 '박영남'의 유골을 그의 매형 'Y씨'에게 전했는데, 'Y씨'가 '명언'에게 '영남'의 처 '김경순'과 재혼할 것을 부탁했을 때 '명언'은 그것을 받아들이기가 매우 어려웠다. 이러한 사실을 연합대학 강사인 '이명언'이 죽은 친구의 처제이자 제자이기도 한 '김애경'에게 고백하기는 더욱 어려웠을 것이다. 그래서 그는 술의 힘을 빌어서 구약성서에 나오는 '다윗왕'과 '우리아'의 아내 '밧세바'의 이야기[46]를 비유적으로 곁들임으로써 자신이 친구를 죽였을지도 모

45 『신문학』 제4집, 1953. 5, 72쪽.

른다는 죄의식에서 자유롭지 못함을 고백하고 있는 것이다.

이가형의 종군 위안부 소설인 「귀항로에서」와 학도 귀향병 소설인 「삼십육계」는 해방 직후 귀향소설의 범주에서 살펴보거나 일본제국주의의 폐해, 특히 종군위안부와 학도병의 문제가 얼마나 심각했는가를 밝히는 데에 중요한 자료적 가치를 가지고 있다.

마지막으로 비평분야에서 돋보이는 조연현(1920-1981)의 「「풀잎단장」을 읽고」(제4집)는 조지훈의 시적 특성을 잘 간파하고 있다. 1939년 『문장』지에 추천된 「승무」는 조지훈이 20세 이전에 쓴 것임도 "우리 민족의 고전적인 멋이 조금도 서툴지 않는 솜씨로써 잘 표현되었다"고 칭찬하면서 그의 제1시집 『풀잎단장』 중 「낙화」 한 편을 분석하면서 조지훈 시의 장단점을 정확히 짚어내고 있다.

> 이러한 어쩌면 많은 年齡을 쌓지 않으면 못 닿을 境地가 能熟한 솜씨로써 이루어졌음은 오로지 二十 以前에 이미 어른의 詩를 쓸 수 있었던 芝薰의 놀라운 早熟性과 깊은 關聯을가진 것이다. 그리고 이러한 早熟性은 또한 이 작품이 좀처럼 못 닿을 境地에 놓여 있으면서도 어쩌면 하나의 單純한 感傷이나 銳利한 感覺이나 혹은 單調로운 永嘆에만 그친 것 같은 基本的인 安易性과 關聯되고 있는 것이다. 어쨌든 芝薰은 우리나라의 優秀한 詩人의 한사람이며 早熟한 靑年이요 젊은 老人이다.[47]

해방 이후 한국의 대표시라고 할 수 있는 조지훈의 「낙화」를 발견하고 분석하는 힘, 그리고 이 시가 연륜이 쌓이지 않으면 결코 도달할 수 없는 경지를 '능숙한 솜씨'로 그려내는 장점을 가지고 있지만 동시에 단순한 감상이나 예리한 감각, 혹은 단조로운 영탄에만 그치고 있는 '안이성'을 단점으로 짚어내고 있다. 그래서 조연현은 조지훈이 "우리나라의 優秀한

46 『성경』 「사무엘하」 11절 참조.

47 조연현, 「「풀잎 斷章」을 읽고」, 『신문학』 제4집, 1953. 5, 116쪽.

詩人의 한사람이며 早熟한 靑年이요 젊은 老人"이라고 규정하고 있는 것이다.

이상에서 살펴본 황순원의 단편소설 「소나기」, 학도 귀향병의 삶의 애환과 고뇌 그리고 종군 위안부의 비극을 보여준 이가형의 소설들, 또 조지훈의 시집을 분석하고 있고 있는 조연현의 비평문은 당대뿐만 아니라 지금도 문학사적 가치가 충분하다고 판단된다.

4. 맺음말

이상의 논의를 종합하면 『신문학』은 광주지역의 문인들이 중심이 되어 창간된 '순수 문학동인지'이다. 1951년 6월에 창간되어 1953년 5월까지 4권의 동인지가 발간되었는데 창간호는 백완기가 재정을 지원하고 2집부터는 박용철의 부인 임정희가 발행인이었으며, 편집은 모두 김현승 시인이 맡았다. 『신문학』 동인으로 참여한 문인은 김현승, 박흡, 이동주, 이석봉, 서정주, 손철, 승지행, 이가형, 임병주, 김해석 등이다. 『신문학』에는 시가 32편, 단편소설 16편(이중 2편은 외국 소설 번역), 희곡 1편, 평론과 문학담론 11편(이중 4편은 외국 비평문 번역), 수필 12편이 실려 있다. 전쟁이 한창이던 시절에 양적으로 이만큼 적지 않은 작품이 창작되고 발표되었다는 것은 특기할 만하다.

『신문학』의 문학사적 가치는 첫째, 민족어의 완성으로서 '문학의 성립'을 추구했던 1930년대 『시문학』의 문학적 전통을 창조적으로 계승하고 있다는 점에서 찾을 수 있다. 『신문학』과 『시문학』의 유사성은 외적으로 에콜의 이념이나 편집 체제에서 분명하게 드러난다. 두 동인지 모두 창간사가 없고 권미의 「편집후기」에서 동인 활동의 이념을 간접적으로 표현하거나 창작과 함께 외국의 작품을 번역 소개하고 있는 편집의 방향이나 체제에서 그 유사성을 확인할 수 있다. 박용철과 김영랑이 주도한 『시문학』이 1930년 일제의 군국주의화에 길항하여 '민족의 언어를 완성'

하기 위해 순수 서정시를 추구하였다면, 『신문학』은 이러한 『시문학』이 가지고 있는 에콜의 이념과 편집 체제를 계승하여 한국전쟁기에 순수문학으로서의 언어미학을 실천하였다.

둘째로는 『신문학』이 처음에는 광주지역에 거주하는 문인들을 중심으로 '호남문학'의 확립이라는 기치를 내걸고 지역문단을 형성한 지역 동인지였지만 점차 전국 규모의 문예지로 성장했다는 점에서 문학사적 가치를 찾을 수 있다. 전쟁의 폐허 속에서 생존의 논리만이 지배적이던 광주지역의 침묵하는 문인들이 동인을 구성하여 흩어진 민심을 되돌리고 언어의 순수성을 통해 한국의 정신문화를 재건하려고 한 것이다. 물론 목포에 조희관이 이끄는 '갈매기구락부'라는 동인들이 활동하고 있었지만 그들은 해군의 정훈활동의 연장선에 있는 문학 애호가 집단이어서 전문성이 떨어졌다. 그러나 『신문학』은 전문성을 갖춘 기성의 문인들이 참여하여 동인 활동을 전개함으로써 광주·전남지역에 진정한 최초의 문단이 형성되고, 점차 타 지역의 문인들(황순원이나 조연현 등)이 여기에 문학 작품을 발표하기에 이르렀다.

셋째, 『신문학』에 발표된 작품들이 훌륭한 예술성을 확보하고 있어서 한국전쟁기의 문학사 공백을 메꾸는 데에 크게 기여하고 있다. 시 분야에서는 지난날들에 대한 자기성찰의 '길목'에서의 사유를 이미지화한 김현승의 「가을의 立像」과 김영랑을 추모하는 「故永郎 追悼日에」, 일상의 삶에서 고독을 몽상하는 박흡의 「第四眠」, 전쟁의 폐허 위에서 민족의 전통적인 정서와 미풍양속을 축약된 언어로 율동감 있게 노래한 이동주의 「강강술레」, 사랑에의 희구를 춘향에 의탁해서 아름답게 이미지화한 서정주의 「春香의 말(三)」 등이 발표되어 20여 년 전 『시문학』이 추구했던 순수 서정시의 전통을 창조적으로 계승하였다. 『신문학』 동인들의 문단 활동으로 좌파적 경향이 철저하게 배제되고 개인의 정서나 실존을 언어의 아름다움으로 형상화하는 우파적 문학의 장이 마련된 것이다.

소설 분야에서는 한국전쟁기를 넘어서 오늘날까지 한국소설의 정전이라고 할 수 있는 황순원의 「소나기」가 『신문학』 제4집에 처음으로 발표되었고, 이가형의 종군 위안부 소설 「歸航路에서」와 학도 귀향병의 소설인 「三十六計」가 발표되어 식민지 시대 일본제국주의의 폐해를 증언하고 있을 뿐만 아니라 해방과 전쟁의 혼란기에 지식인의 실존적 고뇌를 소설의 형식으로 보여주었다. 아가형의 소설 두 편은 일제의 학병과 종군 위안부의 문제를 본격적으로 다룬 첫 소설이라는 점에서 의의가 크다. 그리고 비평 분야에서는 조지훈 개인의 첫 시집 『풀잎 斷章』(1952)에 대한 조연현의 비평문이 『신문학』에 실렸다는 점도 특기할 만하다. 이 산문 분야 역시 우파적인 순수문학을 지향하고 있다는 점이 확인된다.

한국전쟁이 한창이던 시절에 이러한 작품을 창작하고 발표하면서 문단을 형성한 『신문학』은 그 활동은 말할 것도 없고 작품의 문학성까지 갖추고 있기 때문에 한국문학사에서 차지하는 위상이 결코 만만치 않다는 것을 알 수 있다. 따라서 현대문학사에서 『신문학』의 위상은 제고되어야 마땅할 것이다.

제2부 한국 현대소설의 지형도

최인훈 『화두』의 글쓰기 전략

1. 머리말

최인훈의 소설쓰기는 매우 다채롭다. 환상적인 수법으로 현실을 비판하거나 풍자, 또는 재해석을 위한 방법론으로 소위 '고고학적 글쓰기'의 방식을 시도하고, 서사성을 배제하고 담화 형식으로 현실에 대한 비판을 전면화하거나 기존의 작품을 패러디하여 다시 쓰기를 실험하기도 하고, 자신의 개인사를 작품 속에 그대로 투영시켜 자신의 삶 자체를 소설화하기도 하였다.[1] 그래서 그의 소설에는 타자의 시선에 사로잡힌 개인 주체가 갖는 신경증[2], 세계를 완벽하게 이해하고자 하나 그럴 수 없는 한계, 구체적인 지시 대상을 갖지 못하는 언어의 불완전성에 대한 인식 등이 매우 두드러지게 나타난다. 이런 특성은 최인훈이 주체를 반성적으로 바로 세워 현실의 본질을 언어의 표상 능력으로 포착해서 문학적으로 실천하려는 그만의 고유한 글쓰기에서 연유한 것이다.

서사적 주체의 자기 성찰은 최인훈 소설 전편을 관류하는 가장 기본적

---

1 정영훈, 『최인훈 소설의 주체성과 글쓰기』, 태학사, 2008, 23쪽 참조.

2 최인훈 소설의 주요 특징 중의 하나가 강박증상이라는 점은 김영찬에 의해 규명된 바 있다. 김영찬, 「불안한 주체와 근대」, 『1950년대 소설의 근대성과 주체』, 상허학회 편, 깊은샘, 2004, 48-49쪽 참조.

인 의식이다.[3] 그의 사상적 계보가 독일 관념론에 속하고, 그의 사유에 탈근대성이나 해체, 또는 푸코적인 고고학 등과 연관된 내용이 부분적으로 드러날지라도 결국은 서구 중심주의적 사유에서 자유롭지 않다.[4] 자기 성찰은 이성적 자아의 정체성 확립이 궁극적인 목적이기 때문에 자의식이 강한 지식인 소설가로서의 자기 정당성을 마련하기 위한 노력이 최인훈의 문학적 글쓰기인 셈이다. 소설가로서의 정체성을 확립하기 위한 그의 글쓰기는 현실의 사회적 문제에 대한 진단과 처방이었다. 그러나 그것은 언제나 인식론적 사유체계가 전제된, 새로운 소설 양식을 필요로 하였다.

최인훈은 1979년 문학과지성사판 전집 10권을 완간할 무렵에 예술이란 "표현이 파괴이며, 파괴가 곧 표현인 그런 모순의 몸짓을 고안해내는 것"이라고 말한 바 있다.[5] 여기에서 그는 자신이 당시까지 써온 문학적 글쓰기는 "잔인한 우리 시대에 우리 힘으로 가능한 자력 구원의 길"을 탐색한 것이었음을 밝히고 있다. 그래서 그는 『광장』→『회색인』→『서유기』→『소설가 구보씨의 일일』→『태풍』이 결과적인 5부작으로 읽히기를 바랐던 것이다. 그의 글쓰기는 소설이란 무엇인가를 소설 양식으로 보여주고자 하는 내적 치열함이 언제나 내재되어 있었다.

그런 그가 1973년 서둘러 『태풍』을 마무리하고 미국의 아이오와 세계작가 프로그램I.W.P.에 참가하면서부터 소설을 쓰지 못하다가 1994년에 작가의 자전적 에세이 형식의 『화두』를 발표하였다. 이 방대한 작품은 작가의 실제적 삶이 대부분 그대로 노출되고 허구라기보다는 실제에 가

3 차미령, 「최인훈 소설에 나타난 정치성의 의미 여구」, 서울대학교 박사논문, 2010, 23쪽.

4 장사흠, 「최인훈 소설의 정론과 미적 실천 양상 – 헤겔 사상의 비판적 수용과 극복 양상을 중심으로」, 서울시립대학교 박사논문, 2004, 255쪽 참조.

5 최인훈, 「원시인이 되기 위한 문명한 의식」, 『길에 관한 명상』(전집13), 문학과지성사, 2010, 28쪽.

까워 발표 당시에서도 많은 논란을 야기하였다. 그렇다면 발표한지 20여 년이 지난 이 시점에서 또다시 주목받고 있는 『화두』를 어떻게 읽어야 할 것인가? 이 작품은 행위 주체가 어떻게 살아왔는가, 왜 그렇게밖에 살 수 없었는가를 '기억'이라는 무의식의 심연까지 들추어 가면서 밝히고 있기 때문에 때로는 자기 합리화나 변명처럼 들리기도 한다.

이러한 소설쓰기의 방법이 갖는 독특함 때문에 기존의 『화두』에 대한 평가는 대체로 상반된 경향을 보여 왔다. 현실주의계열에서는 『화두』가 소설 이전의 것이라는 부정적 평가를 내리고, 미학주의나 포스트모더니즘계열에서는 새로운 소설쓰기의 양식을 보여준 것이라는 긍정적 평가를 내리고 있다. 그러나 대부분의 연구자들은 평가를 유보한 채 최인훈과 그의 소설들을 이해하고 분석하는 척도를 발견하기 위해서 『화두』를 연구하고 있다. 왜냐하면 이 『화두』가 자신이 써왔던 소설들에 대한 주석일 뿐 아니라 "최인훈 자신의 생애와 선행 텍스트들을 연결하여 만들어지는 거대한 네트워크의 한 가운데 놓인 작품"[6]이기 때문이다.

『화두』는 작가의 의식의 생성과 변화에 대한 사유가 전 생애를 넘나들면서 종횡무진으로 전개되기 때문에 그 양이 너무 방대하고, 기억과 기억의 사이를 잇는 인식들에 적지 않은 괴리가 발견되기 때문에 하나의 서사적 의미망으로 전체를 꿰기가 쉽지 않다. 이 작품은 에드워드 사이드에 의해 중요한 비평적 개념으로 부각된 '말년의 양식'에 가깝기 때문에 비연속적이며 단일한 중심에 의해 수렴되지 않는 삽화적 성격을 띠고 있다.[7] 소설 형식을 극단적으로 위반하고 있다는 점에서는 '말년의 양식'이라고 할 수 있지만 서술자의 사유가 매우 이성적이라는 점에서는 '말년의 양식'이라고 말하기도 어렵다.[8]

6 정영훈, 앞의 책, 244쪽.

7 권성우, 「근대문학과의 대화를 통한 망명과 말년의 양식 – 최인훈의 『화두』에 대해」, 『한민족문화연구』 제45집, 2014, 77쪽 참조.

8 "『화두』는 결코 의미의 경계를 해소하는 해체적 글쓰기가 아니라 자기의식의 진

최인훈의 대부분의 작품이 그렇듯이 이 『화두』도 "무엇보다도 정치를 문제 삼는 정치소설임"[9]에는 틀림이 없다. 본 연구는 『화두』가 비소설적 요소가 매우 많고 허구적 현재의 시간이 구체적으로 드러나지 않지만 '운반 중에 모든 사지가 잘려 나간 아름다운 형상'으로서의 토르소와 같은 '과거'[10]를 어떻게 재구성해서 서사화하는지, 작가의 평생의 화두인 난민의식을 어떤 글쓰기 전략으로 구체화하고 있는지를 밝혀서 작가의 정치적 무의식이 텍스트에 어떻게 실현되고 있는가를 밝히고자 한다.

2. 기억의 몽타주

『화두』에서 다루어지고 있는 서사의 정보나 내용은 작가 최인훈의 실제 삶과 크게 다르지 않다. 여기에는 소년 시절 북한의 체험, 대학 이후 작가로서의 남한의 체험, 그리고 미국과 소련의 체험이 다루어지는데, 남북한의 체험은 이미 그의 소설에서 구체적으로 다루어졌다. 기억을 통해 회상되고 있는 소년 시절은 「두만강」에서, 호모 사케르처럼 '정치적 추방'을 경험하면서 살아온 삶은 에세이풍의 글쓰기인 『회색인』이나 『서유기』에서 직접 언급된 바 있다. 1권의 시작은 조명희의 「낙동강」의 모두를 인용부호 없이 그대로 가져다 쓰고 있고, 2권은 『소설가 구보씨의 일일』의 '제11장 느릅나무가 있는 풍경'의 첫 구절 두 쪽 분량을 극히 약

행과정을 전체적으로 다시 세우려는 체계에의 욕망을 반영하고 있다." 서은주, 「최인훈 소설 연구 – 인식 태도와 서술 방식의 상관성을 중심으로」, 연세대학교 박사논문, 2000, 123쪽.

9 정호웅, 「최인훈의 〈화두〉와 일제 강점기 한국문학 – 〈낙동강〉을 중심으로」, 『한중인문학연구』 제45호, 한중인문학회, 2014, 199쪽.

10 벤야민에 따르면 과거는 '미래의 상'을 조각해내야 할 소중한 덩어리이다. "우리가 살았던 과거는 기껏해야 운반 중에 모든 사지가 잘려 나간 아름다운 형상에 비유할 수 있을 뿐이다. 그 형상은 이제 우리가 우리의 미래의 상을 조각해내야 할 소중한 덩어리 이외의 아무것도 아닌 것이다." 발터 벤야민(W. Benjamin)/ 김영옥 외 옮김, 『일방통행로/사유이미지』, 도서출판 길, 2012, 117쪽.

간만 수정[11]하여 인용부호 없이 인용하면서 소설은 시작된다.

『화두』는 총 2권 18장으로 구성되어 있다. 2권은 『소설가 구보씨의 일일』과 동일한 서사 방식으로 1989년부터 1992년까지의 삶을 다루고 있어서 소설 양식에 가깝다면, 1권은 지난날의 삶을 회상하면서 자기반성하는 자서전에 가깝다. 전체적으로 보면 하나의 소설이지만 1권과 2권은 서로 독립적으로 존재할 수 있을 만큼 유기적으로 긴밀하게 결합되어 있지 않다. 1권은 1945년 해방되면서부터 이어지던 '자발적 망명'의 상태가 끝났다고 생각됐던 미국 채류를 그만두고 1976년 5월 초에 귀국하여 다시 피난길을 선택할 수밖에 없었던 이유를 밝히는 것이 핵심이다. 2권은 식민지시대의 지식인 작가 선배들, 특히 조명희의 삶과 문학으로부터 자기가 자신의 주인이 되어야 함을 깨닫고 다시 소설을 쓸 수 있게 된 경위를 밝히는 데 초점을 맞추고 있다.

1992년 가을에 러시아의 문학기행을 다녀온 어느 날 밤 "W시의 고등학교 1학년 교실에서 창밖의 큰 오동나무 그림자가 어룽지는 국어 교과서의 책상 위에서 배우던 일"(1:23)을 회상하면서 소설은 시작된다. 소설의 끝이 곧 소설의 처음인 수미상응의 구조이다.

> ……(중략)……원고지를 꺼내놓고 마주 앉는다. 첫 문장을 적는다. – 낙동강 700리, 길이길이 흐르는 물은 이곳에 이르러 곁가지 강물을 한몸에 뭉쳐서 바다로 향하여 나간다……
>
> 이 소설은 어느 가을밤에 그렇게 시작되었다.(2:586)[12]

11 '두보'를 '나'로 바꾸고, 첫 문장 "1969년이 다 가는, 동짓달 그믐께를 앞둔 어느 날 아침, 소설가 구보씨는 잠에서 깼다."를 "1989년 초여름의 어느 날 아침, 나는 잠에서 깨었다."로 바꾸기만 했다. 그래서 『화두2』는 『소설가 구보씨의 일일』의 연장이라는 성격이 매우 강하다. 즉 1990년대 소설가의 일상이 그대로 재현되고 있다.

조명희의 「낙동강」(1927)은 "낙동강 칠백 리 길이길이 흐르는 물은 이 곳에 이르러 곁가지 강물을 한 몸에 뭉쳐서 바다로 향하여 나간다."로 시작한다. 최인훈은 이 소설의 첫 부분 두 단락을 아무런 인용부호 없이 그대로 가져다가 『화두』의 모두로 삼고 있다. 세상의 모든 것이 인(직접적인 원인)과 연(간접적인 원인)이 만나는 상대적인 의존관계에서 생멸한다는 불가의 인연생기因緣生起의 법칙이 소설 형식을 지배하고 있다.

"어느 가을밤에 그렇게 시작"된 소설이 『화두』의 끝이라면 이 소설에는 서술주체인 '나'가 지난날을 회상하면서 서술하고 있는 시공간만 존재한다. 그 허구적 현재 속에는 행위주체는 없고 반성적 자아만 있게 된다. 허구적 현재가 서술 시간으로만 존재하기 때문에 『화두』는 극단적으로 소설이 아니라는 평가를 받기도 한다.[13] 회상으로 드러난 허구적 과거 속에서만 행위주체가 드러나기 때문에 행위주체가 만들어낸 사건들은 실제로 사회적 물리적 시간의 흐름에 따라 이루어진 사건이 아니라 체험된 시간이 현재화되어 무시간성이 실현된 현재적 의식의 대응물에 불과하게 된다. 다시 말하면, 과거의 사건들에 '나'의 현재적 의식이 투사되기 때문에 과거의 사건들은 시간적 연쇄가 무시되어 현재화되는 양상을 보인다는 것이다.

이 현재적 의식 속에서 존재하는 과거, 현재, 미래라는 시간 지평은 그 주관적인 상관 개념, 즉 회상, 직관, 기대로 회귀하게 된다. 회상을 통하여 과거에서의 현재성이 실현되고, 직관을 통하여 현재에서 현재성이 실현되며, 기대를 통하여 미래로부터의 현재성이 실현된다.[14] 이러한 시간

12 최인훈, 『화두2』, 문학과지성사, 2008, 586쪽. 앞으로 『화두』의 원문을 인용할 때는 (권수:쪽수)의 형식으로 표기하겠다.

13 이연숙은 『화두』가 소설적 구성력의 결여, 자전적 요소들의 나열 등이 지나쳐 '소설이라는 이름을 빌린 수필'에 불과하다고 지적한다. 「최인훈 소설 연구 – 『광장』에서 『화두』까지 주체의 욕망을 중심으로」, 중앙대학교 박사논문, 2005, 188쪽.

의 현재성은 외부적 사건이 '나'의 순수 회상이나 주관적 사고로 깊숙이 전이되기 때문에 일어나는 현상이다. 이처럼 갖가지 환경과 사회의 영향이 개인의 태도 및 가치 체계로 흡수되는 현상을 내면화라고 하는데, 현대 소설에서 내면화는 흔히 외부 세계에 대한 개체의 수동적 태도 또는 심리적 적대 관계에서 일어난다.15

이러한 시간의 현재성은 『광장』과 비교하면 더 잘 확인할 수 있다. 『광장』에도 시간의 현재성이 잘 실현되어 있는데16 『화두』에는 그것이 극단화되어 있다. 『광장』에는 '타고르호'라는 공간에서 이루어지는 허구적 현재가 대략 삼사일 정도의 구체적인 시간을 확보하고 있다. '이명준'이 포로 송환 등록 때 중립국을 선택하여 인도로 가는 배에서 석방 포로들과 갈등을 일으키고, 선장과 만나는 등 구체적인 행위들이 미약하나마 존재한다. 그 행위 과정의 사이에 배 갑판의 구석진 곳에서 남한과 북한, 그리고 포로수용소의 체험이 회상을 통하여 입체화되고 있다. 그런데, 겉으로 보기에, 『화두』에는 그런 허구적 현재가 무시간성으로 드러나고 그 속에서 이루어지는 행위주체들의 움직임이 전혀 없다. 이처럼 서술주체와 행위주체가 하나가 되는 서술의 무시간성은 더 이상 소설의 세계라기보다는 에세이이거나 자아성찰의 세계에 가깝다.

회상을 통해 제시된 사건들은 사건의 연속성보다는 그 사건이 '나'에게 어떤 정신적 외상을 남기고 있는가를 보여준다. 그래서 한 사건이 선행 사건에 좌우되거나 조건 지워지는 일이 거의 없다. 사건과 사건 사이에 어떤 연관성이 있다기보다는 개별화되어 있고, 그것들이 남긴 흔적들은 현재적 의식 세계 속에 파편화되어 나타난다. 최인훈 소설이 미래로

---

14 위르겐 슈람케(J. Schramke)/ 원당희·박병화 옮김, 『현대소설의 이론』, 문예출판사, 1995, 196쪽 참조.

15 위의 책, 289쪽.

16 임환모, 「『광장』의 서사성과 텍스트의 무의식」, 『한국 현대소설의 서사성과 근대성』, 태학사, 2008, 27쪽 참조.

열려 있기보다는 파편화된 과거로 회귀하는 경향을 지니고 있는 것[17]도 이 때문이다.

그럼에도 불구하고 작가는 서술주체와 행위주체를 분리함으로써 과거를 현재화한다. 그 분리는 인식주체가 어느 시점에 초점화되어 있는가에 따라 다양한 양상을 보인다. 그 현재화는 평면적이라기보다는 입체적이다. 과거를 회상하는 시점에서 또다시 과거를 회상하여 과거가 끊임없이 중첩됨으로써 마뜨료쉬까 인형처럼 매우 중층적이게 된다. 그 사이에서 서사적 공간이 마련된다. 예를 들면, 1권 4장은 '나'가 어머니의 장례를 치르고 아이오와의 메이플라워에 돌아와서 상실감에 젖어 있던 시절(1973년 12월경)을 회상하는 부분이다. 그 당시 '나'는 아일랜드 사람인 머레이 교수가 선물로 준 그의 소설을 읽는 과정에서 자신의 삶을 머레이 교수와 비교하면서 다음과 같은 반성적 성찰에 이른다.

> 부모나 형제의 눈에 그런 나는 어떻게 비쳤을까. 내가 그들에게 준 것은 없었지만 나는, 가족 속에 있다는 안전감과 그 가족을 어쨌든 꾸러가고 있는 형식적 책임은 부모에게 있다는 여유 속에서 소설쓰기라는 직업 아닌 취미 속에 빠져 있을 수 있었다. 몸만 가지고 LST에 실려 온 피난 가족의 맏이가, 온 나라가 그대로 확대된 피난민 수용소 같은 사회에서 취미에 빠져 살다니! …(중략)… 네가 참아야 할 일을 참지 않고 투정만 부리기 때문에 그 고향 시골의 여름길의 연장에 다름 아닌 이 인생길에서 어머니는 언제 끝날지 모를 동안 숨어버린 것일까.
>
> 나는 불러볼 신의 이름도, 부려볼 슬기의 준비도 없이 메이플라워의 겨울밤과 마주 앉아 있었다.(1:321-322)

이러한 성찰은 지금의 '나'가 아니라 20여 년 전 미국 국무성의 초청

17 구재진, 「최인훈 소설에 나타난 노스탤지어와 역사 감각」, 『한국문학이론과 비평』 제34집, 2007, 30쪽 참조.

프로그램에 참가하여 아이오와대학에 머물 때의 인식이다. 이런 인식은 초등학교 3학년 때 어머니를 따라 외갓집을 가는 도중에 어머니가 사라지는 사건에 대한 회상과 어머니의 죽음이 병치되어 만나면서 이루어진다. 언젠가는 갚을 수 있다는 막연한 생각 속에 살다가 어머니가 돌아가신 다음에라야 갚을 수 없다는 것을 깨닫고 자책하는 것이다. 마치 참아야 할 일을 참지 않고 투정만 부리는 '나'를 두고 사라져버렸듯이 그 시골의 여름 길의 연장이나 다름없는 이 인생길에서 어머니가 숨어버렸다는 것이다. 이런 상실감을 드러내기 위해서 서술자는 초등학교와 아이오와의 이미지를 병치하고 있는 것이다. 과거의 두 기억 사이에 선을 그어 별자리와 같은 하나의 형상을 만들어내고 있는 것이다.

벤야민은 밤하늘에 펼쳐진 별들을 바라보며 인용부호 없는 인용술, 즉 문학적 몽타주의 방법론을 구상했다. 수십만 년 전 과거로부터 빛의 속도로 날아와 지금 보는 밤하늘에서 빛나는데 이 별의 반짝임 자체가 과거가 현재화되는 방식이며, 별과 별 사이를 이어서 만들어 내는 별자리는 과거가 우리에게 보여주는 하나의 이미지다. 최근의 별빛에서 수십억 년 전의 별빛까지 온갖 별들이 밤하늘을 가득 수놓고 있다. 이 밤하늘의 별을 보며 우리는 과거와 만난다. 이러한 태도로 벤야민은 19세기를 '철저하게 긍정적으로' 보려고 했다. 벤야민은 개념적인 언어로 사물들을 설명하고 해석하는 것이 아니라 사물들의 '이미지'를 보여줌으로써 이념적 층위가 자연스럽게 드러날 수 있도록 배려했다. 그것을 위해 인용부호 없는 인용술이 동원되었는데, 벤야민은 그것을 '문학적 몽타주'라고 불렀다.[18] 벤야민이 아케이드 프로젝트에서 시도하는 이 방법은 별자리(성좌)를 만드는 것이었다. 하나의 대상, 그리고 그것에 관한 사유와 개념들이 하나의 별이라면, 그것들 사이의 관계의 선을 그어 줌으로써 하나

18 권용선, 『세계와 역사의 몽타주, 벤야민의 아케이드 프로젝트』, 그린비, 2012, 83쪽.

의, 혹은 여러 개의 별자리를 만드는 것인데 이 별자리가 벤야민의 이념이다.

이와 유사하게 최인훈은 기억의 밀림에서 기억과 기억을 병치하는 몽타주의 방법으로 의식의 변곡점인 화두를 만들어냈다. 과거는 사지가 잘린 토르소처럼 뭉툭한 이미지로만 존재한다. 토르소에 비유된 소중한 덩어리인 과거의 형상에서 '미래의 상'을 조각해내는 방법으로 몽타주 기법을 사용한 것이다. 기억의 심연에 있는 과거와 과거를 연결하여 특정한 서사적 의미망을 만들어내는 기억의 몽타주 방법이 『화두』에 실현된 가장 주도적인 서사 정보의 전달 방식이다. 이러한 문학적 몽타주의 방법이 내밀하게 적용됨으로써 허구적 현재의 서사 공간이 풍요롭게 형성되고, 여기에서 강압과 고난의 소산인 자신의 과거를 현재의 순간에 최고로 가치 있게 만들었다.

3. 자기 타자화의 글쓰기

20세기 한국 사회에서는 '정치적 발언'이 자유롭지 않았다. 정치적 발언 자체가 목숨을 내놓아야 가능했다. 이런 시절에 최인훈은 남북의 정치이데올로기를 정면으로 다룬 『광장』을 쓰고, 이어서 그의 말대로, 조봉암의 죽음을 말썽 없이 『서유기』에서 다룰 수 있었다는 점에서 작가로서의 긍지를 느낄 만도 하다.[19] 그런 연장선에서 보면 『화두』도 작가의 말대로 "변화에 대처"하기 위한 문학적 실천이었을 것이다. 시대와 개인사를 연결시켜 살피면 『화두』는 현실 사회주의의 몰락과 거대 담론의 해체에 대응하기 위한 시대적 산물처럼 보인다.

최인훈이 『태풍』을 발표한 이후 소설을 쓸 수 없었던 것은 문학 외적 요인만은 아닐 것이다. 피난길에서 벗어났다는 안도감이 더 본질적인 요

19 최인훈, 김인호 대담, 「작가의 세계인식과 텍스트의 자기증명」, 김인호, 『해체와 저항의 서사- 최인훈과 그의 문학』, 문학과지성사, 2004, 274쪽.

인일 수 있다. 그래서 『화두』의 '나'는 자신의 글쓰기 특징을 설명하면서 "예술이라는 것은 현실을 모사하기 위해여 창작자의 마음이 동원되는 것이 아니라 창작자와 감상자의 마음의 평화를 위하여 현실이 동원되는 것"(1:140)이라고 말한다. 1973년 이후 미국에 체류하던 생활이 월남 후에 '나'에게 주어진 '최초의 큰 휴식 시간'(1:132)이었기 때문에 '마음의 평화'를 위하여 현실을 동원할 필요가 없었던 것이다.

그리고 '나'가 글을 쓰지 못하는 또 다른 이유는 부끄러움 때문이다. 러시아 여행에서 세 소년들과 사진을 찍고 그들에게 돈을 주었던 자신의 행위에 대한 부끄러움을 이야기하면서 "스스로 부끄럽지 않을 때 무엇을 쓸 수 있는 마음이 생긴다고 생각하는 버릇"을 버리지 못했기 때문에 글을 쓰지 못한다고 고백하고 있다.(2:488) 그런 자신을 그대로 수용하고 앞으로는 적어도 글을 쓰는 순간만이라도 점잖은 입장에 설 수 있도록 훈련하겠다고 다짐하고 있다. 곧 자신을 타자화하겠다는 것이다.

그런데 어머니의 죽음은 '나'에게 새로운 글쓰기, 희곡 창작에 몰두하게 한다. '나'는 생존을 위해서 다시 글쓰기를 시도하는데, 이것이 어머니의 죽음에서 오는 상실감을 담아 창작한 희곡 「옛날 옛적이래도 좋고 아니래도 좋고, 훠어이 훠이래도 좋고 아니래도 좋고」이다. 이 무렵부터 '쓴다'는 행위에 대한 통찰이 시작된다.

> 불행한 주인공과 그를 만들어낸 작가의 자리는 결코 같지 않으며, 작가가 아무리 주인공을 동정하고, 전적으로 주인공의 입장이 되고, 말하자면 일인칭 소설인 경우에도 소설에 나타난 '나'는 결코 쓰고 있는 작가가 아니지 않을까? 그는 그렇게 숨어서 주인공의 희생으로 파멸을 면하고 있는 이름 없는 누군가 되는 일이 아닐까, 쓴다는 생업의 그늘에 숨어 있는 그 인물은. 자기 자신도 쓰는 순간에만 만나는 그 인물은. (…) 그 구절을 '쓴다'는 행위 자체가 구원일 뿐, 쓰인 내용이 사실이라고 증명된 바는 없지 않은가? 소설을 쓰고 읽는 경험에서 겪는 이 이상한 평

화가 비록 이유 있고 값진 것이라 하더라도, 그것은 언제나 '쓰기, 읽기 속에서의'라는 부호 표시를 빠뜨려서는 안 된다.(1:297-298)

서술자의 진술은 '쓴다'는 행위 자체가 구원인 소설쓰기에서 작가는 자기를 언제나 또 다른 인물인 '나'로 타자화하는 작업이 필요하다는 것을 역설한다. 소설은 실제의 이야기가 아니다. 현실의 실제와 가상의 세계가 만나 만들어진 허구적 세계가 소설의 세계이다. 그 속에서 작가와 독자는 꿈이나 비전이 함의된 '이 이상한 평화'을 경험하는 것이다. 이런 자기 타자화의 글쓰기는 자아비판회의 폭력성을 극복하기 위해 집단적 이성이 만들어낸 전통이라고 할 수 있다.[20] 이것을 쉽게 풀어서 말하면 전통적인 소설쓰기의 방법이 '나'에게는 '구원'의 행위가 되는 것이다.

삶의 상처를 치유하기 위해서 자신을 타자화하고, 과거의 기억들을 현재의 상황과 연결시켜 몽타주를 만들어내는 기억의 방법이 글쓰기의 전략으로 동원되고 있다. 다시 말하면 자기의 타자화와 기억의 몽타주가 결합하여 『화두』가 서술되고 있는 것이다. 전자는 기억할 수 있는 시점부터 지금까지의 자기를 마치 남처럼 타자화하여 말하는 방식이고, 후자는 그 파편화된 기억들을 병치하여 몽타주를 만드는 방식이다. 그 기억들 사이의 맥락을 찾아 선을 긋는 것은 인생의 매듭이 지어질 때마다의 화두가 무엇이었는지를 밝히는 몽타주 작업이고, 화두와 화두 사이에 올바른 연대를 구상하는 것은 정체성을 확립하여 자신을 치유하는 과정이

20 "소설이라는 방식도 그런 우회적인 슬기가 아닐까. 고백하더라도 밀실에서 종이에 대고 말하는 것과 현실의 사람을 앞에 놓고 하는 데는 차이가 있다. 그리고 종이에다 '나'라고 쓸 때, 그렇게 쓰고 있는 《나》는 '나'가 아닌 것이다. 책임은 '나'에게 전가되고 《나》는 종이에서 마술의 모자를 쓴 인물처럼 보이지 않게 된다. 대중 앞에 '나'라고 할 때도 이치는 마찬가지여서 그 '나'라는 '말'은 《나》가 아니지만 당자의 육체가 현장에 있기 때문에 비록 '숨은 말인 《나》는 여전히 보이지 않지만 당자의 육체가 《나》라는 말'이 된다. 《나》는 숨지 못하고 만다."(1:70)

다. 이런 화두는 의식의 문제일 수밖에 없다. 이 의식의 발생과 변화 과정이 곧 화두이다.[21]

따라서 『화두』는 삶의 과정에서 어떤 의식이 발생하고, 그 의식이 인생의 매듭에서 생긴 문제 해결에 어떻게 작동했는가를 밝히고 있다. 그런데 그 의식의 발생 과정의 가장 분명한 궤적이 언어이고, 이 언어로 이루진 것이 시간의 저장소로서의 책이기 때문에 자신의 기존 작품들을 철저하게 검토함으로써 의식의 변곡점을 찾아냈던 것이다. 이때 선배 작가들의 작품에 대한 연구가 좋은 준거점이 되었다. 그 탐색 과정을 기술한 것이 『화두』라면 이것은 의식의 고고학이라고 할만하다.

이 소설에서 주인공의 삶의 매듭들에서 보여준 의식의 변곡점은 모두 4개로 압축된다. 그 첫 번째 화두가 '책과 독서에 삶의 길이 있지 않을까'를 사유하는 것이다. 이 화두는 '나'가 대학 4학년 때 동대문 부근의 고본점에서 '앎에의 욕망'으로 독서에 빠져 대학을 졸업하지 못하는 상황과 맞물려 있다. '나'는 학교는 가지 않고 고본점에서 책을 읽으며 시간을 보내다가 대학 4학년 마지막 학기를 마치지 못하고 학점이 부족해서 군 입대를 하게 된다. 그런데 휴가차 다시 고본점을 찾았을 때, 학교에 쏟아야 할 시간들을 희생하고 이 책방들에서 보낸 시간들이 결코 헛되지 않았음을 깨닫는다. 주인공은 고본점에서 독서하면서 보낸 생활에서 삶의 길을 찾아야 한다는 막연한 느낌을 갖게 된다. 이 막연한 의식이 첫 번째 화두인데 주인공은 이 '앎에의 욕망'으로 평생을 살아가게 된다. "책이야말로 가장 강력한 시간의 보관자요, 보관이라기보다 시간이 살아 있는

21 "생물학에서의 발생(發生)의 개념을 의식에 적용하려는 태도다. 이 '발생'이라는 개념으로 의식 현상을 이해하는 것이 지금의 나에게는 제일 생산적으로 느껴진다. 의식의 발생과정의 가장 분명한 궤적이 언어라는 생각이다. 언어 이전에도 의식은 있었지만, 언어의 발생을 분수령으로 해서 의식은 동물의 감각과 갈라진다. 그러나 동물의 감각과 끊어지는 것이 아니다. 아마도 변모(metamorphosis)했거나 지양(止揚)되었다고 보인다. 그런 사정을 화두(話頭)라는 개념은 잘 전하고 있다."(2:25)

대로 유지시키는 그릇”(1:463)이라고 믿기 때문이다. 그래서 ‘나’의 책읽기는 “무섭게 원시적인 시간쓰기”였는데, 마치 “글이 짧은 중이 주어진 화두만을 덮어놓고 붙들고 바람벽만 사려보는 것”에나 비견해볼 만한 것이었다.(2:246) 잘못된 앎이나 무지가 인식의 괴리를 가져올 것이라는 불안을 극복하기 위해서 주인공은 이렇게 독서나 앎에 집착하는 것이다.

두 번째 화두는 ‘소설가로 삶을 살고 싶다’는 의식이다. 신병 훈련이 끝나고 대구 육군부관학교에 배치되고부터 “한 많은 식민지 지식인의 지적 호기심의 계승자”(2:226)가 되어 이상, 박태원, 이태준 등과 같은 작가들에게 ‘심리적 자기동일성’을 느끼기 시작한다. 마치 그들의 영혼이 자신의 육체를 빌려서 환생한 듯이 ‘나’를 실지로 느끼면서 그들과 같은 소설가가 되고 싶다는 열망을 키워간다. 자신이 곧 이상이며, 박태원이며, 이태준이며, 그리고 조명희이기까지 하다는 느낌이 주는 법열, 이것이 두 번째 화두인데, 이 선배들의 ‘의식’이 자신의 의식이 된다는 ‘빛나는 기적’을 대구에서 경험한다.(2:228) 소설가가 되고 나서도 끊임없이 그들을 따라 배우고 빙의하여 작품을 쓰는 것은 식민지 노예 철학자와 같은 삶일지라도 세상의 이치를 알고 견디자는 삶의 방식 때문이었다. 그가 식민지 체제에서 살았던 선배 문학자들에 관심을 갖는 것은 “그들을 거울삼아 나를 짐작하는 일이 가장 실감나는 자기 파악일 것 같다는 생각”(2:52) 때문이었다.

세 번째의 화두는 삶의 실존적 선택의 문제로서 ‘미국에서 망명자의 삶을 살 것인가, 아니면 노예철학자일망정 한국으로 돌아가서 피난민의 삶을 살 것인가’의 결단에 대한 의식이다. 결과적으로 『화두1』은 이것을 위해서 씌어졌다고 해도 과언이 아니다. 확실한 앎을 가지고 이 세상을 살고 싶다는 희망은 무너지고, 소설도 쓸 수 없고, 막막한 공포를 느끼던 1974년 무렵은 국내정세가 요동치던 때이기도 하다. 유신헌법이 만들어지고, 김대중 납치사건이 벌어지며, 전태일 분신 사건이 터지는 등 삶의 조건이 매우 열악했을 때이다. ‘만약에 나라가 잘못되면 월남한 사람들을 내버려두겠느냐'는 아버지의 우려가 귀국을 어렵게 했다. 이 화두를 안고 3년 동안 몸부림하다가 1976년에 귀국하게 된다. 이 3년 동안의 기억들은 과거 10년 간 써왔던 자신의 소설들에 대한 성찰, 서적 창고 근무, 『자본론』 읽기, 『밀실』의 개작, 그리고 도지道誌의 설화와 희곡 창작의 상관성 등이다. 이런 기억들이 만나 별자리를 이루고 이것이 귀국의 필연성을 드러낸다. 덴버에서 구토를 느꼈던 것처럼 자신과 삶이 하나되지 못하고 겉돌고 있다는 것, 예전에는 소설로 그런 증상을 치유했는데 이제는 그것이 불가능하다는 것, 그런데 도지에서 '장수 잃은 용마의 울음'을 읽고 '꿈꾸는 힘'이 살아나서 희곡 작품을 썼다는 것 등이 회상되면서 다시 글을 쓰기 위해서는 두려워도 고국으로 돌아가야 한다는 것을 깨닫게 된 것이다.(1:510-512)

마지막 화두는 현실 사회주의가 몰락하고 신자본주의가 횡횡하는 1990년대에 '어떻게 살 것인가'에 대한 의식인데, 이것은 주인공에게 '어떻게 하면 다시 소설을 쓸 수 있을 것인가'의 문제이다. 『화두2』는 이 의식의 생성과 변화과정을 탐색하고 기술한 것이다. 자신의 소설에 대한 엄격한 자기 검열은 소설 쓰기를 불가능하게 하였다. "예술의 마지막 메시지는 그 형식"(1:379)이라고 믿기 때문에 세상도 아닌 것을 세상처럼 그린다거나 괴기한 사물을 단아하게 그리는 방법은 잘못되었다는 것이다. 스스로 판단하기에 그런 점에서 보면 지금까지 자신의 소설들이 '작품의 형식'으로 증명되지 못했다고 본 것이다. 그래서 희곡 쓰기에서 탈출구를 발견하기에 이른다. 귀국해서는 대학 교수로 정착하고 문학예술론을 탐구하는데 이것이 "시대를 견디고, 역사를 사는 한 방식"이 되었다. 그러다가 러시아로 문학기행을 다녀와서 조명희로부터 깨달음을 얻고 다시 소설을 쓰기 시작하면서 이 화두는 현재 진행형이 되었다.

이러한 네 가지의 화두가 드러나는 방식이 일인칭 서술자인 자신의 과거를 타자의 일인 양 객관화하여 병치함으로써 독자가 스스로 기억의 파편들에서 서술자의 의도를 간접적으로 파악하도록 하고 있는 점이 이 소설의 글쓰기 전략이다.

4. 난민의식의 소설적 형식

『화두』 전체를 관류하고 있는 화두는 문학인으로서의 '나'가 소년 시절부터 지금까지 끝없는 피난살이를 경험하면서 느끼는 난민의식이다. 해방 후 H읍에서 W시로 이사한 것도, W시에서 LST선을 타고 부산으로 월남한 것도, 다시 M시로, 서울로, 미국으로 옮아가서 사는 것도 모두 '정치적 추방'으로서 피난이었다.(1:120-133) 인생 전체가 피난길이면서 '자발적 망명'이었던 셈이다. '나'는 자신을 객관화해서 지난 족적을 탐사하면서 그런 피난살이가 왜 발생할 수밖에 없었는가를 밝히고 있다.

'나'는 어떤 것도 확실하지 않는 것은 믿지 못한다.[22] "이 세상에 대해서 자기 머리로 확인한 확실한 앎을 가져보겠다는 욕망"(2:225)을 가지고 살아가는 소설가인 '나'는 "다른 절차를 다 마친 다음에도 손으로 만져보고 눈으로 살피기 전에는 마지막 말을 해서는 안 된다."(1:130)고 믿고 있다. 이런 태도는 『광장』의 '이명준'과 다를 것이 없다. '이명준'은 남쪽과 북쪽을 모두 체험하고 나서 제3국을 선택했듯이 '나'도 남한과 북한, 그리고 미국과 소련을 체험하고 샅샅이 살피고 나서 '나'란 누구인가, 왜 그렇게밖에 살 수 없었는가, 그래서 지금 무엇을 할 수 있는가를 탐색하고 있다. 그런 점에서 『화두』의 '나'를 『광장』의 '이명준'의 변신으로 보는 것도 크게 잘못된 것은 아닐 것이다.[23]

『광장』에서 시작된 피난길로서의 망명은 『회색인』과 『서유기』를 거쳐

22 "나를 추방한 사람들을 의심하는 것처럼 그 추방이 부당했다고 선뜻 말해주는 사람들을 의심할 수 있는 데까지 의심하고 싶었다. 어차피 시간에 쫓길 것도 없는 유형수(流刑囚)는 판결을 능력이 닿는 데까지 찬찬히 샅샅이 밝혀보고 싶었다."(1:132)

23 김병익, 「'남북조 시대 작가'의 의식의 자서전 – 최인훈의 『화두』를 보며」, 『새로운 글쓰기와 문학의 진정성』, 문학과지성사, 1997, 165쪽.

「하늘의 다리」[24]와 『소설가 구보씨의 일일』[25]에서 구체화되었다. 이런 피난민의 삶을 『화두』에서도 다르지 않게, 지루할 만큼 반복하고 있다. 그렇다면 작가가 이 같은 난민의식을 전면화하는 이유는 어디에 있는가? 그것은 작가를 닮은 '나'가 왜 그런 소설들을 쓰게 되었고, 1970년대 중반 이후에는 소설을 쓰지 못하고 희곡과 문학이론에 관심을 갖다가 1992년에 다시 소설을 쓸 수 있게 되었는가를 합리화하거나 입증하려는 욕망 때문이다.

『광장』에서 '이명준'이 죽을 수밖에 없는 서사적 자의성의 실현 과정이 플롯이라면, 『화두』는 '나'가 20여 년간 소설을 쓰지 못하다가 러시아 여행에서 조명희의 죽음을 탐색하는 과정 중 재판 문건에서 "너 자신의 주인이 돼라. 문학 공부는 어려우니라."라는 조명희의 목소리를 듣고 깨달은 바가 있어 그것을 소설로 쓰게 되었다는 것을 밝히는 것이 『화두』의 플롯이다.

> 나는 인형의 뚜껑을 닫아 함에 얹는다. 나 자신의 주인일 수 있을 때 써둬야지. 아니 주인이 되기 위해 써야 한다. 기억의 밀림 속에 옳은 맥락을 찾아내어 그 맥락이 기억들 사이에 옳은 연대를 만들어내게 함으로써만 나는 나 자신의 주인이 될 수 있겠다. 그 맥락, 그것이 '나'다. 주인이 된 나다. 그래야 두 분 선생님을 옳게 만날 수 있다.(2:586)

결국 내가 나 자신의 주인이 되어야 하고 그럴 때라야만 소설을 쓸 수 있다는 것이 『화두』의 주제인 셈이다. 이러한 주제는 이미 『소설가 구보씨의 일일』에서 구체적으로 실현된 바 있다. '구보'가 '심학규' 시인과 안국동 '고대 화랑'에서 이중섭 전람회를 감상하고 나서 '남북조시대 예술

---

24 최인훈, 『하늘의 다리/두만강』(전집7), 문학과지성사, 1994. 103쪽 참조.

25 최인훈, 『소설가 구보씨의 一日』(전집4), 문학과지성사, 1991. 19-20쪽 참조.

노동자'인 이중섭의 그림을 보고 크게 깨달은 바가 있는데, 이중섭은 기법이 뛰어나서 훌륭한 화가인 것이 아니라 자기가 우주의 중심이고 자신의 실존적 삶 속에서 모든 것을 자기화했기 때문에 위대한 것이라는 인식이다. 다시 말하면, 자기가 자신의 주인이라는 것, 주인이 되기 위해서는 '운명의 길목'에서 만나는 모든 것을 자기의 목숨으로 끌어들여 자신의 삶의 한 부분으로 만들었다는 것이다.[26] 이것은 말만 다를 뿐이지 의미하는 바는 『화두』와 다를 바가 조금도 없다. 다만 '기억의 밀림'을 되짚어 맥락을 찾아가는 방법만 다를 뿐이다.

그런데 기억된 사실들은 언제나 실제와 반드시 일치하지는 않는다. 회상을 통해 끊임없이 재구성되어 이미지 형태로 존재하는 것이 기억이기 때문이다. 그 기억의 밀림은 밤하늘의 별처럼 무수히 널려 있다. 과거의 기억 이미지를 현재의 이미지와 연결하고, 그 이미지들에 선을 그어 하나 또는 여러 개의 별자리를 만드는 것, 그래서 옳은 연대를 통해 새로운 이념을 만들어내는 것이 『화두』의 서술자가 지향하는 쓰는 행위로서의 글쓰기 전략이다. 치열한 자기반성을 통해 타자와의 화해와 연대를 이루는 것은 곧 의식과 행동의 괴리에서 벗어나는 일일 것인데, 중학교 소년단 지도원 선생님과 고등학교 작문 선생님은 평생 동안 '나'를 따라다니면서 의식의 괴리를 일으키고 있다.

> 이 축복된 소명의 의식과 위협적인 재판의 전과 사이의 모순이 나의 생애를 두고 나의 무의식과 나의 이성의 공간, 나의 의식의 모두를 지배하려고 싸운다. 한 장면은 피고로서의 나를 확보하려 한다. 다른 장면은 가치 있는 재능으로서의 나를 축복해준다. 게다가 이 두 장면에서 단죄하고 축복하는 이유가, 죄의 증거와 축복의 원인이 같은 사물이다. 같은 것을 놓고 한편에서는 탄핵하고 다른 쪽은 축복한다.(2:92)

26 최인훈, 위의 책, 294쪽 참조.

한 사람은 축복하고 다른 사람은 단죄하는데 이 두 사람이 본질적으로 다르지 않다는 사실을 인정하면서도 현실에서는 받아들이기가 매우 어려웠다. 이념적으로 보아서 「낙동강」의 '박성운'도 살아서 해방된 조국에 돌아왔다면 그도 소년단 지도원 선생님처럼 됐을 것이고, "작문 선생도 박성운의 사상을 지지한다는 전제에서 모든 이야기를 진행시켰을 테고, 그 점에서 지도원 선생과 다를 없다."면 축복과 단죄가 결국 하나일 수밖에 없다.

「낙동강」 감상문에 대한 작문 선생님의 극찬과 예언에 따라 소설가로서의 삶을 이어오기 때문에 그와의 화해와 연대는 문제가 없으나 중학교 지도원 선생님과의 화해와 연대는 매우 지난한 문제였다. 학급 소년단 벽보 주필로서 썼던 글이 "사상적 태만에서 나온 반동적 생활 작풍"(1:42)을 지니고 있다고 '자아비판회'에서 '변호인 없는 재판'을 받은 주인공에게 지도원 선생은 정신적 외상의 핵심을 이루기 때문이었다. 그와 화해하고 연대를 이루어가는 과정이 『화두』의 궁극적인 플롯이다.

최인훈 소설에서 이 자아비판회 모티프는 『회색인』에서부터 나타나기 시작해서 『서유기』에 가장 잘 형상화되어 있다. 이청준 소설에서 '전짓불' 모티프가 국가이데올로기의 폭력을 드러내는 중요한 장치이듯이 자아비판회 모티프는 최인훈 소설의 정치성을 드러내는 핵심 장치이다. 최인훈은 『서유기』에 나오는 '자아비판회 법정'[27]을 조금도 바꾸지 않고 그대 옮겨 놓고 "이 소설은 1969년에 씌어졌는데 그 연도는 지금의 나로서는 아득한 시간인데도 달리 보탤 말이 생각나지 않을 만큼 여전히 절실하다."(2:151)고 덧붙이고 있다.

중학교 때 경험한 자아비판회는 '나'에게 '유예된 처형의 시간'(1:80)을 살게 하였다. '혁명 검찰관'인 지도원 선생님은 '문화인류학적 섭리의 터줏대감의 말을 옮기는 무당'으로서 '나의 천적'이었다. 그런데 이 "'비판

27 최인훈, 『서유기』(전집3), 문학과지성사, 1994, 275-279쪽.

회'에서의 '말'은 쓰는 사람에게는 자유무애하고 쓰이는 사람에게는 '자아'가 해체를 경험하게 하는 힘을 가지고 있었다."(1:51) 자아가 해체되는 충격을 받고 밤길을 돌아오면서 심한 멀미를 느껴 과수원 울타리 옆에 주저앉아 몇 번씩 토하게 된다. 그러나 이러한 경험에서 '말'의 기능을 인식하고 글쓰기에 대한 자의식을 갖게 되었다. 그래서 '나'는 "사람이 세 입으로 자기 잘못을 대중 앞에 털어놓는다는 일이 과연 바람직한 일인지, 그러길래 종교라는 제도가 고안되었고, 그 속에서도 특별한 양식을 만들어 조심스럽게 다루는 것이 아닐까"(1:47)라고 생각하기에 이른다.

이 자아비판회의 경험은 평생 동안 아버지를 배신했다는 죄의식에 시달리게 했고, 무의식 속으로 관할이 옮겨진 재판이기 때문에 "나의 생애 전체를 통하여 내가 성인으로 살아가는 현실도 이 재판의 모습으로 진행되었고, 나의 직업상의 경력도 이 재판을 빼다꽂은 듯한 유사성을 가지고 진행되었다."(2:85) 이 의식 속의 재판에서 '나'는 자신의 무죄를 변명하는가 하면, 자신을 단죄하기도 했다. 특히 1974년 미국에 채류 중일 때 아버지가 미국에서 사는 문제를 신중하게 고려해보라고 했던 것도 이 재판의 연속이었다. 이런 '나'의 삶이란 "놀이의 규칙을 만들면서 하는 놀이. 놀이 규칙을 모르는 채 참가부터 하는 놀이. 삶. 점수가 나와도 새 규칙에 따라 전부 무효가 되고 새로 계산해야 하는 놀이"(1:316)일 수밖에 없었다. 이 의식과 행동의 괴리를 극복하지 못했기 때문에 한 동안 소설쓰기가 불가능했던 것이다.

『잿빛 의자에 앉아서』(『회색인』)에 그 위치가 확인되었던 '마음속의 괴물'인 자아비판회의 실체는 『서쪽으로 가는 이야기』(『서유기』)에서 '지도원 전설'로 구체화되고 이것을 근접 촬영하는 데 성공한 '나'는 "죽지만 않으면 면역이 생기는 것처럼 그것은 큰 앓음앓이와도 같았다."(2:194)고 술회하기에 이른다. 이러한 정치이데올로기의 폭력에 대한 저항력은 그냥 생기는 것이 아니라 연구와 관찰을 통해서 가능했다. 자신의 글쓰기에 대해 반성하고 선배 문학자들, 특이 조명희와 이태준, 박태원, 이상, 임화 등의 작품들을 연구하면서 그들의 삶을 따라 배웠는데 여기에서 의식의 확장과 깨달음을 얻게 된 것이다.

특히 조명희의 문학과 삶의 선택에 대한 연구를 통해 마음속의 괴물과의 싸움에서 빚어지는 의식의 괴리를 극복할 수 있는 단서를 발견한다. 1990년 조명희의 총살 소식이 국내 신문에 보도될 무렵에 오면 자아비판회에 대한 평가가 어느 정도 이루어지기 시작한다. 그래서 서술자는 자아비판회가 자신의 가족이 겪는 사건의 축소판이라는 것, 자신도 무고한 피고는 아니라는 것, 지도원 선생님이 신봉하는 '대의'와 '이론'을 철저히 연구하고 관찰하고 체험한 후에 판단해도 늦지 않다는 것, 그래서 『자본론』을 읽었고, 그 느낌으로 마르크시즘의 밀림을 『밀실』(『광장』)의 개작 부분에 써넣었다는 것을 밝히고 있다.(2:290-291) 그때까지 '이성의 육화'라고 믿는 조명희를 후견인이나 변호인으로 내세우면서 살아왔는데 그가 총살되었다는 소식은 주인공에게 큰 충격이었다.

그러나 1992년 러시아 문학기행에서 조명희의 숙청에 대한 조사와 탐구에서 조명희의 문학적 실천이 마르크스의 『자본론』과 다르지 않다는 것을 확인한다. 1974년 워싱턴 D. C. 동쪽 변두리에 있는 서적 창고에서 근무하면서 읽은 『자본론』은 '나'의 삶의 선택에 중요한 요인으로 작용할 뿐만 아니라 의식과 행동의 괴리를 극복하고 화해와 연대를 가능하게 했다. 『자본론』을 필두로 한 마르크스 엥겔스 선집은 "많은 사람들이 이들을 읽고 일으킨 반응이 곧바로 역사 자체를 만들게 한 책. 내가 지금 이 자리에서 이 글들을 읽게 만든 이 미미한 생애에 이른 내력조차도 지배하고 있는 책"(1:478)이다. 이 책 때문에 소련과 중국, 그리고 북한이 생겨나고, 자신의 가족까지 고향 탈출의 피난 대열에 끼어 미국까지 오게 되었다는 것이다. 그러나 그들의 '대의명분'과 소련이나 북한의 정치현실 사이에는 괴리가 있는데, 주인공은 그것이 '현실의 괴리'인지 아니면 '내 인식의 괴리'인지 강력하게 알고자 한다. 그것을 '의무'라고 믿었기 때문에 소련 패망의 원인이나 고르바초프의 정치력을 밝히려고 하고, 조명희의 죽음이 왜 이루어졌는가를 탐색하기에 이른다.

작가를 닮은 편집자적 서술자는 단상[28]을 통해 자신이 살고 있는 땅에 대한 모멸감을 드러내고, 자본주의가 현대의 노예제도라고 비판하면서 자본주의 체제에 대한 불신을 곳곳에서 피력한다. 미국에 체류할 때는 그곳을 풍요가 넘치는 '로마제국'으로 인식했던 것과는 매우 다른 양상이다. 1991년 12월 26일 소련이 해체된 것은 『자본론』의 정신이 흐트러졌기 때문이라는 것이다. 「낙동강」과 『자본론』이라는 명문만 있었을 뿐, 그에 걸맞은 현실은 지구상 어디에도 없었다는 판단이다.(2:295) 그래서 「낙동강」의 저자 조명희는 스탈린의 대숙청 때 총살을 당하고, 스탈린이 혁명 세력들을 모두 숙청시켰기 때문에 고르바초프 같은 정치가들이 사회주의 종주국의 지도자가 되어 인민을 속이고 모든 죄를 '체제'로 돌리고 고난과 징벌을 국민에게 전가시켰다는 것이다. 이런 성찰을 통해 주인공이 얻은 확신은 사회와 공동체적 이성에 대한 믿음이었다.[29]

1992년 러시아 문학기행에서 하바로브스끄 KGB 지부에 보관된 포석 관련 서류철에 첨부된, 20개의 장으로 구성된 문서를 "자기 머리로 파악한 확실한 앎을 지니고 이 세상을 살고 싶다는 몸부림"(2:227)으로 여러

28 1권 6장과 마찬가지로 2권 9장은 서술자가 사라지고 작가를 닮은 편집자가 소련의 패망의 원이 어디에 있는가를 단상의 형식으로 보여준다. 전자에서는 미국이 한국 사람들에게는 '양간도(洋間島)'라고 규정하고(1:401), 그곳을 풍요가 넘치는 '로마제국'으로 인식하는 경향을 보인다. 반면에 후자는 미국과 소련을 모두 비판적으로 접근한다. 이 정치적 논평들은 신뢰성이 의심되고 매우 장황하다. 마치 스탈린이 혁명의 인적 자원을 모두 일소해버려서 조명희 같은 사회주의자들이 없어졌다는 것, 그래서 오늘날 소련이 망했다는 논리이다.

29 「하늘의 다리」에서 '김준구'가 친구 '한명기'에게 쓴 편지에 보면, 예술가는 "바깥 세계를 사랑해야 한다는 것", "인간 공동체가 개발하고 쌓아온 전통과 분업의 약속 아래서만 한 전문가가 탄생한다는 것, 그러므로 인간의 마을에 대한 믿음 없이는 방법적 고립도 불가능하다는 것"을 말하고 있다. 『하늘의 다리/두만강』(전집7), 116쪽.

번 탐독함으로써 그렇게 애타게 소망해왔던 지도원 선생님과의 화해와 연대가 가능해졌다. 그 문서의 내용은 자본주의의 반대로서의 사회주의가 아니라 자본주의로부터 사회주의로 옮겨가는 어려운 과정을 설명하는 것이었다. 그 과정은 인간에 의한 인간의 착취가 바탕을 둔 사회를 인간의 연대성에 바탕을 둔 사회로 바꾸는 것이 핵심이다.(2:548) 연설문 형태로 쓰인 이 문건에서 "너 자신의 주인이 돼라"는 조명희의 목소리를 듣게 된다. 그렇게 혁명적이었던 소련이 결국 망하고 만 것도 자기를 빼앗겼기 때문이라는 것이다. 이런 내용이 적힌 글이 반역죄로 고발된 조명희에게 불리한 증거로 첨부되어 있다는 사실은 혁명을 성공한지 겨우 5년 만에 사회주의가 변질되고 있다는 것을 강력하게 시사한다.

그렇다면 '나'는 『자본론』에 합당하는 진정한 사회주의를 꿈꾸고 있는가? 아마도 그런 것 같다. '나'는 조명희를 사회주의적 이상을 끝까지 추구하고자 했던 진실한 사회주의자로 위치시킴으로써 조명희와 사회주의 모두를 절대화시키고 있다. 조명희의 죽음은 현실 사회주의 체제의 몰락을 예비하는 상징적 사건이다. 여기에서 '나'는 오히려 조명희와 사회주의의 상실을 통해서 대상을 소유하고 대상에 도착되는 우울증적인 동일시의 양상을 보이게 되는 것이다.[30] 어떻든 '나'는 조명희를 통해 자신을 발견하고 자신의 주인임을 확인했기 때문에 소설을 쓸 수 있게 된 것이다. 그래서 자신을 되찾은 과정을 타자화된 몽타주의 기법으로 재구성해서 쓴 것이 『화두』이다. 그런 점에서 『화두』는 고등학교 작문 선생님에게 칭찬받기 위한 글쓰기라기보다는 소년단 지도원 선생님과 화해하고 연대를 이루기 위해 노력하는 반성적 성찰에 가까운 것이라고 할 수 있다.

30 구재진, 「최인훈의 『화두』에 나타난 애도와 기억」, 『외국문학연구』 제57호, 한국외국어대학교 외국문학연구소, 2015. 19쪽.

5. 맺음말

이상에서 살펴본 대로 『화두』는 최인훈이 동물과 구별되는 인간의 의식이 생물처럼 진화한다고 보고 그 의식의 어떻게 생성되고 변환하는지를 회상을 통해 드러난 심연의 기억들을 분석함으로써 자신의 정체성의 얼굴을 밝히려는 노력의 산물이다. 이런 고고학적 방법은 자기의 타자화를 통해 설득력을 얻는다. 그가 사용하는 주된 방법은 "뼛속의 가려움처럼 잡히지 않던 그 무엇"(1:238)을 기억 속에서 끄집어내어 기억과 기억을 연결하고 병치하여 몽타주를 만듦으로써 지금의 현실적 문제를 해결하려는 글쓰기 전략이다. 여기서 '해결'이란 행동에서가 아니라 의식의 영역에서 의식과 행동의 괴리를 극복하고 화해와 연대를 이루는 것을 말한다. 그것은 미네르바의 부엉이처럼 밤이 되면 나르는 관념의 세계이다.

최인훈의 말대로 일류의 삶의 주제가 "짐승에서 빠져나오려는 개인적 집단적 노력의 성공과 좌절의 곡절"(1:207)이었다면 모든 개개인은 아기집에서부터 의식의 성장이 절대적으로 필요했을 것이고 또한 계속 필요할 것이다. 의식의 성장을 위해서는 책과 학교가 절대적으로 필요했을 것이기에 주인공은 책읽기를 평생의 업으로 삼았다. 최인훈 개인의 삶도 끊임없는 앎에의 욕망으로 점철되어 있다. 그는 소설을 포함한 문학의 양식을 가지고 짐승에서 빠져나오려는 실험을 40여 년간 계속해왔다. 그런데 그 문학 양식은 구조적으로 '전체는 부분의 합 이상이다'라는 명제를 만족시켜야 했다.

> 한 치 때문에 우주가 비뚤어진다고 생각하기로 한 약속이 연극이다. 한 음정쯤 틀리다고 뭐, 이렇게 생각하는 곳에 음악도 없다. 적어도 남들더러 들어주십사 하는 일로서의 음악은 없게 된다. 모든 일이 자로 재고 저울로 달린 후에 있을 데 있게 하는 것. 결코 그렇게 만은 될 수 없는 세상에서, 구석구석의 먼지까지 황금비례에 따라 있게 하는 것. 그렇게 해서 환상의 현실이 노래가 되게 하는 일.(1:209–210)

부분과 부분이 유기적으로 결합하여 어떤 기능을 극대화하도록 구조화되어 있는 것이 예술이다. 그런데 그 기능이 각기 다르기 때문에 세상도 아닌 것을 세상처럼 그려서는 안 되고, 부조리한 현실을 그리기 위해서는 '의도된 불안정'으로서의 '환상의 현실'이 소설 형식으로 증명되어야 한다는 주장이 최인훈의 소설론이다. 그래서 '예술의 마지막 메시지는 형식'이 될 수 있는 것이다.

그런데 이 형식과 의식이 구별되지 않고 혼융되고 있다는 데에 문제가 있다. 그는 현대인에게 예술이 뜻하는 바는 '원시인이 되기 위한 문명한 의식'이라고 전제하고, "문화를 가진 인간만이 필요로 하는 바, 의식과 행동 사이의 괴리, 상호 소외(의식과 행동의)를 극복하고, 생물이면서 문화주체인 인간의 중층적 자기 구조를 전인적으로 완전하게 자기화하여, 종적 유적 개인을 체험하는 의식이 예술이다."[31]라고 정의한다. 그런 생각이 그대로 옮겨진 것이 『화두』인 것에는 틀림이 없다. 그런데 의식 자체는 예술일 수 없다. 그러한 의식을 체험할 수 있도록 황금비례에 따라 언어의 구조물로 만드는 것이 문학이라는 예술일 것이기 때문이다. 이런 관점에서 보면 『화두』는 예술성이 조금은 의심스럽다. 결국 자신의 문학이론이 서로 상충되는 인식의 괴리가 드러난다. 『화두』가 그의 5부작에 비해서 문학적 성취가 약한 이유도 바로 여기에 있다.

31 최인훈, 「원시인이 되기 위한 문명한 의식」, 앞의 책, 33쪽.

이청준 소설의 지형도

1. 머리말

작가 이청준은 잡지사와 대학에 잠시 근무한 것을 제외하고는 평생을 전업 작가로서 오로지 소설 한 길을 살았다. 그는 소설의 양과 질, 그리고 넓이와 깊이 양면에서 가장 뛰어난 성취를 보여준 작가로 손꼽히고 있다. 한국문학사에서 본격적인 소설의 시대를 연 작가로서 이청준은 가장 지성적이면서도 인문적인 소설로 한국문학을 세계문학의 반열에 올려놓았다고 평가받고 있다.[1]

그럼에도 불구하고 이청준에 대한 작가론다운 작가론이 거의 없는 실정이다. 그 이유로는 먼저 그의 소설 세계가 매우 넓은 스펙트럼을 형성하고 있을 뿐 아니라 그것을 드러내는 방식 또한 매우 다채롭다는 것을 들 수 있다. 소설적 영역의 끊임없는 확대와 심화 과정에서 보여준 다채로움이 그가 주목받는 이유이기도 하지만 다른 면에서는 그것들을 하나로 꿸 수 있는 벼리를 발견하기 어렵게 하기 때문이다.[2] 다음으로는 그

1 우찬제, 「이청준」, 『약전으로 읽는 문학사 2』, 소명출판사, 2008, 443-444쪽.

2 열림원에서 『이청준 문학전집』 25권을 출간할 때 중단편집 10권의 재구성에서 보여준 것처럼 이미 발간된 창작집 순서와는 상관없이 1960년대부터 1990대까지의 중단편소설들을 주제나 문제사별로 분류하여 하나 작품집으로 묶어내고 있

의 소설이 초지일관, 가시적인 현실세계를 추구하는 것이 아니라 현상의 이면에 숨어있는 감추어진 세계의 본질을 그려내려고 하기 때문에 작가론을 쓰기가 수월치 않았을 것이라는 점이다. 격자소설 양식, 또는 중층구조로 이루어진 소설의 구성 방식이나 다양한 초점화자의 등장으로 소설의 결말이 열려 있기 때문에 그의 소설은 미결정성이나 불확실성을 특징으로 한다. 작가와 독자가 대화적 관계를 맺으면서 다양한 방식으로 소설적 의미망을 형성할 수밖에 없다. 이런 까닭으로 개별 작품론이나 문제사를 다룬 연구는 상당한 수준에 이르고 있으나 본격적인 작가론은 아직 씌어지고 있지 않은 실정이다.

그러나 다음과 같은 이청준의 산문에서 그의 전 작품을 통괄하는 벼리의 단서를 발견할 수 있는데, 이것이 그의 작가론을 쓰는데 하나의 기준이 될 수 있을 것이다.

> 도회와 고향 사이를 되풀이 오간 떠남과 되돌아옴의 반복과정은 그러니까 그 양면성을 조화시켜 보려는(감싸기) 내 소설의 바른 길 찾기이기도 한 셈이다. 그리고 그것이 내가 지금껏 소설을 써온 또 다른 절실한 연유일 것이다. 소설이란 다름 아닌 우리 삶 베끼기(모방)일뿐더러, 기왕지사 소설질로 삶의 길을 나선 내게는 그 삶의 이룸 성패가 내 소설에 좌우될 수밖에 없는 운명임으로 해서다.[3]

> "나는 문학이란 삶의 언어적 존재, 언어적 실체라고 생각해요. 우리가 생각하는 것, 존재를 인식하는 것 모두가 언어를 통해 이루어지지 않아요? 언어를 떠나서는 존재를 증명할 방법이 없지요. 그러니까 삶의 모습을 만들어가는 것은 소설의 틀을 만들어가는 것과 맞먹는 일인 것이죠. 그렇다면 어떻게 언어적 실체로 정착시키느냐라는 방법의 문제를 생각

는 것도 그런 이유 때문이다.

3 이청준, 『신화의 시대』, 물레, 2008, 308쪽.

하지 않을 수 없는데, 이런 데에서 소설 형태에 대한 관심이 생겨나게 되는 것 아니겠는가 싶습니다. 이건 말하자면 삶의 양식에 대한 관심과 같은 것이겠지요. 여기서 전제되어야 할 노력은 말과 현실의 양면에서의 노력일 텐데요…… 현실로 들어가 버리면 문학이 안 되고, 현실을 떠나서도 문학이 안 되는 것이고 보면 말과 현실을 오가는 운동의 긴장에서 문학이 생기는 것이라 해야겠지요."[4]

작가는 자연친화적이고 감성적이며 개별적, 정적, 자족적, 근원적 생존질서의 측면이 승해 보이는 시골살이와 인위적이고 이성적이며 사회적, 동적, 의존적, 현상적 제도의 측면이 강한 도회살이를 보완적 양가성으로 인식하여 도시와 시골 사이를 오가며 정신의 균형과 조화를 얻어내기 위해 노력하였다. 감성적 인정의 세계와 이성적 합리의 세계는 변증법적 상보관계를 맺고 있기 때문에 이청준은 일상의 도회살이 속에서도 끊임없이 근대적 합리 이전의 세계에 대한 탐구를 게을리 하지 않았다. 그가 소설을 쓴 절실한 이유는 장흥 시골내기가 서울생활에 적응하기 위해 자기 정체성을 찾아가는 과정이었기 때문이다. 이청준이 도회적인 것과 고향적인 것 사이에서 조화와 균형을 이루어 가려는 삶의 축이 그의 소설세계의 한 핵심 벼리인 것이다.

문학이 삶의 베끼기라면 삶의 양식은 곧 문학의 양식과 등가이다. 그러나 베끼는 과정, 즉 언어와 현실을 오가는 긴장에서 작가적 역량이 드러날 뿐만 아니라 작가의 자기반성적 삶의 실천이 이루어진다. 소설쓰기의 과정 자체가 그의 소설이고 동시에 그의 삶인 셈이다. 자기구제의 방식으로서의 작가적 삶의 실천이 그의 소설쓰기이고, 그 결과물이 그의 소설이라면, 그가 소설을 쓰는 행위는 곧 삶의 균형 잡기에 다름 아니다. 그 균형은 현실과 말 사이의 긴장에서 대상을 언어적 실체로 정착시키려

4 이청준·권오룡, 「대담 – 시대의 고통에서 영혼의 비상까지」, 『이청준 깊이 읽기』, 문학과지성사, 1999, 27쪽.

는 문학적 실천에서 얻어지고[5], 이러한 예술의 축이 그의 소설의 또 다른 핵심 벼리인 것이다. 여기에서 우리는 고향-도회의 가로축과 현실-언어의 세로축이 만나는 좌표 점에 따라 이청준 소설의 지형도를 그려볼 단서를 발견할 수 있는 것이다.

그렇다면 시골내기 작가가 서울에서 어떻게 자기 정체성을 찾아가면서 냉엄한 현실에 적응할 수 있었는가가 그의 소설세계를 형성하게 될 터이다. 현실에 적응하는 방법은 크게 세 가지로 유형화가 가능한데, 첫째는 불합리한 현실을 외면하거나 "잘 살고 싶다는 쾌락 본능이 현실에 의해 좌절되어 생겨난"[6] 인물들의 갈등과 퇴행현상(광태)을 통해 시대가 작가에게 가하는 금제禁制를 드러내는 길이고, 둘째는 어린 시절부터 숙명처럼 달라붙어 있는 가난과 부끄러움을 참고 견디면서 이것을 생활의 에너지로 바꾸어 자기 정체성을 찾아가는 길이며, 셋째는 예술이나 종교 또는 신화를 통해서 건강성을 위한 초월의 비전을 제시하거나 화해에 이르는 길을 모색하는 일이었다. 첫 번째 방법은 주로 지식인으로서 자유를 찾아 현실을 진단하는 길이고, 두 번째의 것은 자신의 존재론적 숙명과 부끄러움을 극복하는 길이며, 마지막 방법은 공동체의 아픔을 초월적 상상력으로 넘어서서 새로운 가능의 세계를 탐색하는 작업이었다. 이러한 현실적응의 방법과 실천에 따라 이 글은 그의 중·단편소설들만을 대상으로 삶과 예술이라는 좌표축에 따라 이청준 소설의 지형도를 그리고자 한다.

---

5 이청준에게 말(언어)이란 '존재의 집'이고 서양의 '로고스'나 동양의 '도'로 통하는 것인데, 그의 말에의 집념은 인간의 존재론적인 삶과 옳음으로서의 말 사이의 거리를 확인하고 그 괴리를 뛰어넘으려는 의지의 표현이다. 김병익, 「말의 탐구, 화해에의 변증」, 위의 책, 234쪽 참조.

6 김현, 「생활과 예술의 갈등」, 『김현문학전집 2』, 문학과지성사, 1991, 421쪽.

2. 도시 지식인으로서의 균형 잡기

이청준 소설의 기원은 4·19와 5·16에서 경험한 자유와 절망이 빚어낸 정치적 무의식과 무관하지 않다. 그는 삶과 시대를 근본적으로 고통으로 인식한다.

> 저는 작가는 필경 자기 시대를 쓰게 되어 있는 것이라고 생각해요. 그러니까 자라면서 전쟁을 겪었고, 대학에 입학하면서 4·19를, 그 다음 해에 바로 5·16을 겪었는데, 한참 의식이 활발할 때 겪었던 이 두 사건의 의미를 지금 소박하게 정리해보면 삶에서 어떤 정신세계가 열렸다가 갑자기 닫혀버린 것으로 이해되었던 것 같아요. 20대의 분출을 사회적인 엄청난 힘이 방종으로 단죄하고 억압했을 때 여기서 갈등이 생겨나게 되었던 것이죠.[7]

4·19가 가져온 자유의 가능성이 너무도 빨리 허망하게 무너졌을 때 오는 절망과 갈등이 작가에게는 현실적 억압으로 작용했다. 이러한 정치적 무의식은 4·19세대 작가들로 하여금 "엄숙한가 하면 금방 그것을 비웃고, 선택하여 싸우려는가 하면 단념하고 적응하려는" 태도를 갖게 하였다. 이러한 세대의 특성을 가장 잘 나타내는 것이 문학에서는 "망설임의 형식"인데, 이청준은 이러한 망설임의 형식을 통해 개인의 체험을 민족적 단위의 공동 체험으로 확산시키고 더불어 소설쓰기 자체를 반성하게 된다.[8] 이청준은 현실의 압력을 이겨내기 위해 문학적 상상력으로 정신의 틀을 만들어 '환부다운 환부가 없는' 당대 사람들의 내면 풍경을 보여주거나 절망의 원인을 탐색하고 그 상처를 어루만지면서 치유의 가능

7 이청준·권오룡, 앞의 책, 25쪽.

8 김윤식, 「심정의 넓힘과 심정의 좁힘 - 이청준론」, 『한국현대소설비판』, 일지사, 1981, 24-25쪽 참조.

성을 모색하지 않을 수 없었다.

1965년 「퇴원」으로 문단에 얼굴을 내민 이청준은 먼저 자아의 정체성을 찾는 일에서 삶의 균형을 잡으려고 한다. 군대 제대 후 대학에 복학했지만 이불이 없어서 입주를 못하고 시간제로만 가정교사를 하면서 잠은 주로 대학 강의실에서 해결해야 하는 절박한 상황을 극복하는 일이 무엇보다 급선무였다. 어린 시절부터 부끄러움으로 작용한 가난의 체험이 그에게는 결과적으로 좋은 문학 수업이 되었을지라도[9] 도시인으로 자리 잡기 위해서는 자아회복이 절실했다. 이러한 "당시의 막막한 처지와 자기 회복의 소망을 그대로 드러내 보인 이야기"[10]가 「퇴원」이다. 완결성이 다소 부족하기는 하지만 「퇴원」에는 앞으로 전개될 이청준 소설의 특성들을 일정 부분 담지하고 있다. 여기에는 사회적 억압이나 공포Phobia로서의 전짓불 이미지, 필리아Philia로서의 광의 이미지, 그리고 4·19세대의 '환부 없는 아픔' 등이 개인의 삶에 어떻게 작용하고 있는가를 보여준다.

이런 당시 젊은이의 정치적 무의식은 「병신과 머저리」(1966)와 「가수」(1969)에서 구체화된다. 전자에서는 6·25전상자로서 환부가 분명한 외과의사인 '형'과 아픔만이 있고 그 아픔이 오는 곳을 알지 못하는 화가인 '나'의 대비를 통해 간난한 삶을 지탱하게 하는 힘은 첫째 자기만의 밀실을 갖는 일이고, 둘째 자기 자신을 솔직하게 시인하는 용기와 현실을 있는 그대로 수용하는 일이라는 것을 보여준다. 그런데 「가수」에서는 하나의 호적으로 살다가 열차에 치어 죽은 두 인물이 왜 죽을 수밖에 없었는가를 다양한 시선(기관사 최씨, 동료 기관사, 주영훈 부인, 소설가이기도 한 펜

---

9 "그런 가난의 경험이야말로 나의 문학 수업에는 귀중한 것이 되고 있을 터이지만 나는 그것을 그저 언젠가 내가 가장 적절한 가난의 이야기를 쓰게 될 소중스런 것으로 깊이 간직할 뿐, 지금 그것을 이야기할 엄두는 감히 못 내고 있는 형편이다……." 이청준, 「해공의 질주」(1976), 『가면의 꿈』, 열림원, 2002, 269쪽.

10 이청준, 「작가노트 – 황폐한 젊음의 회복을 꿈꾼 〈퇴원〉」(1992), 『소문의 벽』, 열림원, 1998, 39쪽.

팔구락부 직원 허순, 그리고 제3의 서술자로서 잡지사 기자 우상균 등)으로 드러내고 있지만, 어디에도 두 인물의 죽음에 대한 명확한 이유는 없다. 다만 허공에다 대고 무의미하게 헛손질하는 권투선수의 스파링이 '고독' 때문이라고 한 최인훈[11]과는 달리, 이청준은 '허순'의 입을 빌려 펜팔구락부 '주영훈'이 교사 '주영훈'의 삶을 그대로 재현하려고 하는 일을 '외로움' 때문이라고 하였다.[12] 그 '외로움'은 도시적 삶에서 오는 '피로감'의 다른 이름이다. 관점에 따라 진실은 달리 나타난다는 세계관을 가지고 있는 작가는 독자에게 여러 시선과 관점의 교차점에서 그 진실을 느끼라고 요구하고 있다. 이 두 자품은 이 시대를 살아가는 모두가 제각기 자기 생에 대해 어떤 가수 상태를 경험하지 않을 수 없다는 점을 보여주고 있는데, 특히 「가수」는 4·19세대가 겪는 방황이나 좌절과 무관하지 않다.[13] 자유가 억압되기 때문에 삶에서 피로감을 느끼는 것이다. 그래서 이청준에게 자유는 "우주의 평화와 인간의 행복의 원인의 이유가 아니라 그 생성 원력生成原力"[14]인 것이다. 행·불행을 떠나서 인간이 삶을 영위해 가는데 있어서 없어서는 안 되는 필수불가결한 원천이 자유인 셈이다.

당시 지식인 젊은이들의 방황과 좌절 속에 밀실을 마련한 작가에게는 불합리한 현실을 직시하고 삶의 균형은 잡기 위해서는 주변 사람들에 대한 사랑과 그 소중함을 깨닫는 일이 필요했다. 관계 맺는 모든 이들이 작가의 삶의 어려운 짐이자 빚이 아닐 수 없었는데, 그 짐이야말로 값진

11 최인훈, 『광장』, 문학과지성사, 1993, 40쪽.

12 이청준, 「가수」, 『예언자』, 열림원, 2001, 106쪽.

13 김현은 「가수」에 대하여 다음과 같이 평가하고 있다. "그렇다면 그는 한국의 젊은이들이 당하고 있는 정신적 방황을 4·19와 관련시켜 관찰하고 있음이 확실하다. 4·19를 통하여 확고한 아무런 윤리관도 발견하지 못한 젊은 세대의 방황과 좌절, 거기에서 생겨나는 가수의 삶, 저 '개새끼의 삶'을 그는 이 작품에서 그 누구보다 비통하게 그려내고 있다." 김현, 「〈가수〉의 문제점」, 『김현문학적집 2』, 문학과지성사, 1991, 425쪽.

14 이청준, 「마기의 죽음」, 『예언자』, 74쪽.

삶의 무게라고 생각해서 쓴 작품이 「등산기」(1967)이다. 대학 교수인 아버지가 대학생 딸에게 "적당히 무거운 짐을 져야 산에 오르기 편하다."라고 하는 말은 다분히 인간의 삶과 숙명에 대한 메타포이다. 이러한 짐이 나중에 자전적 이야기에서 부끄러움으로 나타나는데, 그것이 바람직한 삶을 위한 균형추 역할을 하였다.

"개개의 인간이나 집단이 제각기 따로 의지하고 있는 개개의 진실과, 그 개개의 진실들이 불가피하게 서로 야합해서 저지른 무도한 횡포와 음모"[15]가 진행되고 있는 현실 속에서 삶의 균형을 잡기 위해서는 작가에게 다양한 각도에서의 탐색을 불가피하게 했다. 「줄광대」(1966), 「과녁」(1967), 「매잡이」(1968) 등의 전통적인 장인을 다룬 소설들에서는 "시효가 지난 인물들"[16]을 등장시켜 근대의 생산주의적 합리성이 빚어내는 비극적 삶을 추적하고 있다.

근대 산업사회가 야기한 '피 흘리는 합리성' 속에서 작가는 소설 쓰는 행위를 진지하게 자기반성하게 되는데, 이것이 그의 출세작 「소문의 벽」(1972)이다. 잡지 편집장인 '나'가 소설가 '박준'의 소설(「벌거벗은 사장님」)과 그의 정신이상의 징후를 탐색하는 여정을 통해 진정한 글쓰기의 의미를 탐색하는 것도 작가 자신의 존재방식과 삶에 대한 실천의 일환이었다. 주인공이 진술공포증을 앓으면서 작품을 쓰지 못하는 이유는 정체를 알 수 없는 심문관으로서의 전짓불 앞에서의 공포 때문이다.

> "그런데 나는 요즘 나의 소설 작업 중에도 가끔 그 비슷한 느낌을 경험하곤 한다. 내가 소설을 쓰고 있는 것이 마치 그 얼굴이 보이지 않는 전짓불 앞에서 일방적으로 나의 진술만을 하고 있는 것 같다는 말이다. 문학행위란 어떻게 보면 한 작가의 가장 성실한 자기진술이라고 할 수 있다. 그런데 나는 지금 어떤 전짓불 아래서 나의 진술만을 행하고 있는

15 이청준, 「공범」, 위의 책, 48쪽.

16 김현, 「장인의 고뇌」, 이청준, 위의 책, 411쪽.

지 때때로 엄청난 공포감을 느낄 때가 많다. 지금 당신 같은 질문을 받게 될 때가 바로 그렇다 …….”[17]

이 전짓불 이미지는 그의 소설 곳곳에서 나타난다. 소설가 ‘박준’이 6.25전쟁 중에 겪었던 정신적 외상으로서의 전짓불은 상대가 경찰인지 아니면 공비인지 알 수 없는데서 오는 공포와 경악이다.[18] 그런 공포는 오늘날 글쓰기의 자기진술에서도 그대로 되풀이된다. 「빈방」(1979)의 ‘지승호’가 활자 없는 텅 빈 신문에서 물벼락을 뒤집어 쓴 여공들의 추운 알몸을 떠올리고 딸국질병에 걸리는 것도 현실의 눈에 보이는 폭력과 활자화될 수 없는, 눈에 보이지 않는 제도적 폭력에 대한 공포 때문인데, 정신적 상처는 어린 시절에만 입는 것이 아니라 성인인 된 이후에도 끊임없이 그런 위험 앞에 노출되어 있음을 보여준다. 이것이냐 저것이냐의 흑백논리가 빚어낸 폭력으로서의 전짓불 이미지는 당시 유신체제로 가는 정치적 억압의 알레고리이고, 작가는 그런 억압 속에서도 우회적인 방법으로 자기진술을 계속할 수밖에 없었다.

이런 정치적 억압과 독재체제에 대한 거부는 자유와 다원화 사회를 희구하게 하고, 이런 꿈의 가능성이 「잔인한 도시」(1978)에서 소설 양식으로 구체화된다. 전짓불을 받고 잡혀와 다시 방생이 되풀이되는, 날개깃이 잘린 새는 감옥을 들락거리는 ‘사내’의 비유적인 모습이다. 이런 알레고리 서사는 강고한 유신독재 아래 거짓 자유를 누리고 있는 한국인의 실상을 보여준다. 작가는 사실적이고 직설적이기보다는 새장, 새, 방생,

17 이청준, 「소문의 벽」, 『소문의 벽』, 열림원, 1998, 116-117쪽.

18 이청준은 이런 전짓불 공포를 두 번 체험한다. 어린 시절 전쟁 중에 한 번 경험하고(「작가노트 - 백정시대」, 『숨은 손가락』, 83쪽.), 잠자리가 없어서 대학 강의실에서 잠을 자다가 두 번째 경험한 바 있다. 이청준·정현기, 「대담 - 이청준의 생애연표를 통해본 인문주의적 사유와 새로운 교육문화를 위한 이야기들」, 『나의 삶 나의 문학 오마니』, 문학과의식사, 1999, 143-144쪽.

불빛, 날개 자르기 등의 상징적 우의를 통해서 구속과 석방이 순환적으로 되풀이되는, 다시 말해서 자유의 조작이 잠재화되어 있는 시대상황적인 곤경의 의미를 암시적으로 포착하고 있는 것이다.[19] '사내'가 감옥에서 모은 노역 임금을 모두 털어 새를 사고 고향으로 돌아가는 일은 참자유를 얻기 위한 존재론적 선택으로 읽힌다.

선택이 불가능한 현실 상황에서는 대부분의 사람들이 시대적 억압을 견디지 못하고 밀실을 찾아 황홀한 실종을 꿈꾸거나(「황홀한 실종」, 「겨울광장」) 과대망상성 정신분열증을 앓고(「조만득씨」), 가면을 쓰고 얼굴을 감추었을 때만 위안을 느끼기도 한다(「가면의 꿈」). 이런 정신적 퇴행을 탐색하는 것은 작가가 외부적 권력과 억압의 실체를 간접화하기 위한 서사전략이라고 보아야 할 것이다.

자본주의의 산업사회에서 우리의 삶은 가정과 이웃과 수많은 세속적 욕망에 대한 집착에 따라 일정한 모습으로 규격화되어 간다. 그 집착을 끊고 스스로를 해방시켜 나가려는 나그네의 삶을 이청준은 "일종의 현대적 미아迷兒의 삶"[20]이라고 규정한 바 있다. 그는 구도자의 자세로 참된 자유인으로서의 균형을 잃지 않기 위해 반성적 글쓰기를 감행한 것이다.

3. 자아의 정체성 찾기

세속적 욕망에 대한 집착으로 규격화된 삶에서 벗어날 수 있는 길을 이청준은 고향과 원체험을 되새김하면서 도중途中의 사람으로서 나그네가 되어 '현대적 미아의 삶'을 살고자 하는 데서 찾았다. 그 구체적인 방법이 어린 시절부터 숙명처럼 달라붙어 있는 가난과 부끄러움을 '젖은 속옷 제 몸 말리기'로 견디면서 자아의 정체성을 찾아가는 길이었다.

19 이재선, 『현대소설사(1945~1990)』, 민음사, 1991, 156쪽.

20 이청준, 「작가노트 – 나그네」, 『예언자』, 291쪽.

고향과 관련한 작가의 실제적인 삶의 실천은 「귀향 연습」(1972)으로부터 시작된다.[21] 고향에 대한 죄의식으로 고향 마을에 직접 가지 못하고 이웃마을 친구의 과수원에서 고향을 떠나 얻은 다양한 병치레와 삶의 피로를 치유하고 푸는 경험을 다룬 이 소설에서 작가는 고향에서의 원체험을 반추하고 성찰하는 일이 정신적이고 육체적인 병을 치유하는 과정일 수 있음을 보여준다.

작가에게 '어떤 정신의 요람'으로서의 고향은 육자배기가락이나 판소리에서와 같은 한을 건강한 생명력으로 이어가는 남도사람들이 사는 곳이다. 「안질주의보」(1975)에서는 남도사람에 대하여 탐색하고 있다. 작가는 남도 육자배기 같은 사람들의 특징을 시계 수리점 '김길수'의 입을 빌어 다음과 같이 말하고 있다.

> "글쎄, 표정이 어떻다고 말하는 게 좋을까. 한? 체념? 원망? 어쩌면 그런 것이 온통 한데 엉켜들어 있는 것 같기도 하고 …… 얼굴에선 늘 불안하고 각박한 그 무엇이 느껴지면서 행동이나 생각은 이상스럽게 또 느릿느릿 여유가 많은 것 같고. 아까 얘기한 그 한이라든가 체념이나 원망기 같은 것이 이 사람들에겐 오히려 어떤 적극적인 생활 에너지로 전이되어 새로운 삶의 깊이를 지니게 된 것 같다고나 할까. 글쎄 얼핏 보면 그렇게 순박하고 단순해 보이면서도 자세히 뜯어보면 그렇게 복잡할 수가 없고, 겉으로 그렇게 만만스러워 보이면서도 막상 속을 부딪쳐 들어가 보면 그렇게 단단하고 차디찬 고립감 같은 것을 만나게 될 수가 없거든."[22]

이런 남도사람의 특성을 지닌 인물은 어떤 규격화된 삶과는 거리가 먼

21 작가가 고향에서의 원체험을 처음 소설화하기 시작한 것은 「침몰선」(1968)과 「개백정」(1969)부터이다. 그러나 여기에서는 어린 시절의 경험이 전쟁의 상흔을 드러내기 위한 배경에 머물고 만다.

22 이청준, 「안질주의보」, 『병신과 머저리』, 열림원, 2001, 274쪽.

나그네의 속성을 지니고 있다. 고향에 대한 이청준의 탐구는 '적극적인 생활 에너지'를 발견하고 '삶의 깊이'를 배우기 위한 노고였다. 그가 창조한 인물들의 거의 대부분은 이런 남도사람의 특성을 지니고 있다. '남도사람' 연작 소설(「서편제」, 「소리의 빛」. 「선학동 나그네」, 「새와 나무」, 「다시 태어나는 말」)은 작가가 "판소리 세계를 통해 충일한 존재적 언어의 세계, 말과 삶이 분리되지 않고 갈등을 일으키지 않으면서 조화롭고도 창조적인 생명의 미학으로 이어질 수 있는 가능성을 탐색"[23]한 것이다. 판소리를 매개로 하여 용서를 통해 화해에 이르는 길을 모색한 이런 소설화 작업은 실제적 삶과는 일정하게 거리를 두고 이청준이 물신화된 도회살이에서 정신적 성숙과 균형을 찾기 위한 노력이었다.

그러나 고향이 정신의 요람이었지만 어린 시절의 불행한 가족관계와 가난은 아픔이고 상처이면서 부끄러움이다. 그에게 소설 쓰는 일은 '젖은 속옷 제 몸 말리기'와 같았다. 젖은 속옷을 말리는 일이야말로 자신의 부끄러움을 힘든 인내로써 남모르게 혼자 감내해 내려는 가상스런 노력이기 때문이다.

> 젖은 속옷의 부끄러움 - 그것이 영원한 죄 닦음을 계속해 나가야 하는 인간 공동의 운명의 짐이자 나의 삶과 소설질의 원의적 출발점이 되고 있는 것이라면, 지금까지 되풀이돼온 나의 화해에 대한 끊임없는 도로는 자신을 비우고 떠날 수 없음에 그 허물이 있는 것이 아니리라. 허물은 오히려 마를 수 없는 속옷이 정결스럽게 마르기를 조급하게 기다리고, 줄어들 수 없는 부끄러움을 당당하게 쓸어 벗어던지려는 당찮은 소망에 있을지 모른다.[24]

23 우찬제, 「한의 역설 - 이청준의 〈남도사람〉 연작 읽기」, 『서편제』, 열림원, 1998, 211쪽.

24 이청준, 「작가노트 - 자기 부끄러움과 소설질에 대하여」, 『벌레 이야기』, 열림원, 2002, 47쪽.

작가가 자신과의 화해를 도모할 수 있는 유일한 방법이 '소설질'이라면, 이웃과 세상과의 화해가 없이는 자신과 소설 사이의 화해는 불가능했다. 화해의 실패는 대부분은 '젖은 속옷'으로서의 상처나 죄에서 조급하게 벗어나려고 하거나 거기에서 오는 부끄러움을 당당하게 벗어던지려는 당찮은 소망에서 기인한 것이다. 이러한 자기반성에서 보면, 화해에 이르는 길은 오직 "그 부끄러움을 자기 삶의 일부로 정직하게 수락하고 그것을 자신의 삶의 한 본질로 귀속"시켜 그것을 "필생의 몫으로 혼자서 은밀히 감내해 나가려는 고통과 인내를 감수하는 일"이 되지 않을 수 없다.

그렇다면 부끄러움을 유발하는 요인은 무엇인가. 작가에게 그것은 개인사적으로는 어린 시절의 원체험에서 오는 죄의식일 것이고, 사회사적으로는 이웃의 불행이나 운명 공동체의 고난일 것이며, 정치사적으로는 제도적 억압이나 불가항력적인 힘일 것이다. 이러한 요인들로 하여 작가는 부끄러움을 느끼게 되는데, 그 부끄러움을 자기 삶의 일부로 정직하게 수락하는 것은 고통과 아픔을 견디는 일이면서 함께 아파하거나 대신 아파하기인 것이다. 이청준에게는 사회사적 요인이나 정치사적 요인에서 오는 부끄러움이 대부분 우의적인 방법이나 광기나 기벽을 통한 상징적인 방법으로 나타나는 반면에 개인사적 요인에서 오는 부끄러움은 현재적 관점에서 원체험에 대한 반성적 성찰을 통해 드러난다.

「눈길」(1977)은 이청준이 "자신의 결핍과 상처를 채우고 위무하는 씻김과 치유의 한 과정"을 고스란히 보여준다. 궁극적으로 이 작품은 자식에 대한 어머니의 무한한 사랑을 말하고 있지만 작가론의 입장에서 보면 이청준이 그간 지녀온 죄의식과 상처를 해소하고 치유하여 일상의 삶을 건강하게 이어갈 수 있게 한 해원굿이요 씻김굿인 셈이다.[25] 17,8년 전

25 이청준은 「나는 왜, 어떻게 소설을 써 왔나」라는 문학 자서전에서 "「눈길」은 내게 한마당 해원굿이요, 내 소설쓰기가 내 아픔과 상처를 어루만지고 잠재워 일상

고등학교 1학년 때 집안이 망하고 집이 팔리게 된 상황[26]에서 어머니는 '나'를 위해 저녁 한 끼를 지어 먹이고 마지막 밤을 그 집에서 지내게 해준 다음, 처지가 부끄러워 저주스런 새벽 눈길을 시오리나 걸어 장터 차부까지 와서 '나'를 차 태워 보내주었다. 어머니가 돌아갈 집도 없을 것이라는 것을 잘 알고 있었음에도 '나'는 그 사실을 외면하고 떠나갔고, 그 이후에도 어머니의 다음 행적을 굳이 알려고 하지 않았다. 이런 외면에 대한 죄의식과 회한이 '나'를 부끄럽게 했는데, 아내와 어머니의 대화를 엿듣는 과정에서 정직하게 자신의 삶의 일부로 수락하기에 이른 것이다. '나'를 떠나보내고 난 어머니의 뒷이야기를 듣고 "형언하기 어려운 어떤 달콤한 슬픔, 달콤한 피곤기"를 느끼는 것은 자신의 부끄러움을 창조적 힘으로 승화시키는 일에 다름 아니다. 어머니를 외면하고 살아온 자신의 부끄러움을 소설 양식을 빌려 반성적으로 드러내는 일이야말로 작가에게는 한풀이로서의 해원굿이자 씻김굿이 되지 않을 수 없는 것이다. 그와 동일한 의미로 어떤 대책도 없이 어린 아들을 객지로 보내면서 부디 몸이나 성히 지내고 좋은 운 타서 복 받고 살기를 바라는 어머니 역시 자신의 부끄러움을 삶으로 정직하게 수락하는 위대함을 가지고 있다. 따라서 이 작품은 이청준이 자신과 어머니의 부끄러움을 통해 어머니의 위대함을 드러내고 있는 것이다.

자식에 대한 어머니의 절대적 사랑은 「해변 아리랑」(1985)에서 구체화된다. 어린 시절 밭가에서 들었던 어머니의 남도가락 같은 흥얼거림이 '노래장이 이해조'의 노래 짓기의 모태가 되었다. 그가 좋은 노래쟁이가 될 수 있었던 것은 누이와 형과 어머니의 숙명적인 삶과 죽음에서 오는

의 삶을 이어가게 하는 씻김굿 노릇일 수 있는 연유다."라고 직접 언급하고 있다. 이청준, 『신화의 시대』, 318-319쪽.

26 「눈길」의 밑 작품이라고 할 수 있는 「새가 운들」(1976)에는 어머니가 술꾼인 형이 술값으로 집을 처분하기 전에 '재민'의 대학 등록금이라도 마련하기 위해 미리 집을 팔아치운 것으로 되어 있다.

"빛에 대한 부끄러움과 원죄의식"을 자신의 삶으로 정직하게 수락하는 데서 가능했다. 작가의 문학적 생애에 대한 창조적 변용이라 할 만한 '노래장이 이해조'의 고향 땅에 대한 사랑의 노래가 바닷새의 꿈으로 영원히 살아갈 것이라는 서술자의 진술은 이청준이 자기의 소설과 소설쓰기에 대하여 얼마나 긍지와 자부심을 가지고 있었는가를 잘 보여준다. 그가 고향 장흥을 글쓰기로 앓으면서 살다간 사랑의 소설들은 그의 생존의 흔적이 희미해진 훗날에도 한국문학사에 길이 남을 것이다.

이청준에게 고향은 "설움에 찌들은 가엾은 혼백들만 외롭게 떠도는 웬수 놈의 땅"[27]이면서 너무도 무력하고 자기 고집이 없을 뿐 아니라 자존심이나 이해 계산이 경멸스러울 만큼 모자란 사람들이 살아가는 공간이지만, 여기에서 작가는 "죽음처럼 무겁게 가라앉아 들어간 수많은 사람들의 질기디질긴 삶의 숨결과 그 삶들의 따스한 온기"[28]를 느끼는 것이다. 그래서 작가에게 고향은 '살아 있는 늪'이었다.

작가로서의 삶의 균형을 잡기 위해 그 늪에서의 고향 배우기를 일기 형식으로 보여준 소설이 '잃어버린 일기장을 완성하기 위하여'라는 부제가 붙은 「여름 추상」(1982)이다. 작가인 '나'는 유년의 땅, 장흥에 내려와 두 달여 머물면서 어머니와 누님과 매형들, 그리고 이웃과 친구들과 있었던 옛일을 되새기며 잃어버린 일기를 완성하고, 자신의 글쓰기를 반성한다. "진심을 말하고 싶어 할수록 그 진실의 가장 깊은 곳엔 음흉한 허구가 깃들여버리고, 거짓 또한 다짐을 하고 맹세를 할수록 더욱 거짓다운 과장만 부른다."[29]는 자성 다음에 오는 것이 사실성 따위가 크게 문제될 수 없는 사랑이 있는 말을 찾는 일이었다. 말들이 자유로워지고 그 자유스런 말들이 지배하는 세상은 교환가치가 숭상되는 도시가 아니라

27 이청준, 「해변 아리랑」, 『눈길』, 열림원, 2000, 105쪽.

28 이청준, 「살아 있는 늪」, 위의 책, 90쪽.

29 이청준, 「여름의 추상」, 위의 책, 257쪽.

시골, 특히 원초적 체험의 공간으로서의 고향인 것이다. 이청준은 "스스로 자유와 사랑에 충만한 시골 사투리의 말투"에서 '말의 자유'를 찾았다. 사투리는 "그 자체가 그 땅과 그 땅의 삶에 대한 사랑과 믿음의 표현"이기 때문인데, 그에 따르면 말의 자유를 가장 넓고 크게 누리고 있는 것이 사투리로 이루어진 판소리와 남도소리이다. 창자와 청자가 함께 누리는 판소리의 흥취와 신명기는 질서와 조화로 승화되는 "자신의 삶에 대한 사랑의 율동"이고, 서민적 사설이 두드러진 남도소리는 "삶의 한 지혜의 양식"으로서 "그 흥이나 말의 자유, 혹은 우리 삶에 대한 사랑의 양식"이기 때문이다.[30] 이런 말의 자유를 찾기 위한 노력들은 자서전을 쓰는 일로 확대되어 '언어사회학서설' 연작 소설(「떠도는 말들」, 「자서전들 쓰십시다」, 「지배와 해방」, 「가위잠꼬대」, 「다시 태어나는 말들」)에서 구체화된다. "복수를 택하지 않고 수없이 다시 태어나는 고통과 변신을 감내하면서 자기 믿음을 지켜나가는 말들"[31]로 이루어지는 세계는 이청준이 고향의 탐구에서 얻어낸 이상향이다.

작가는 그런 고향의 숙명적인 삶에서 부끄러움과 원죄의식을 느끼고 그것을 창조적으로 변형하는 죄닦음과 화해에의 노력이 도시의 비정함을 극복할 수 있는 대안적 삶의 모습이고 진정한 예술의 길이라고 생각하였다.

작가의 원초적 체험을 생활의 에너지로 변환시키는 과정 자체가 이청준의 소설이라고 한다면, 그의 작품 전체는 작가의 원초적 체험을 중심으로 하여 펼쳐져 있는 부채꼴의 형상에 흡사한 구도를 이루지 않을 수 없다.[32] 남의 아픔을 당사자보다 더 귀하게 여기고 함께 아파하는 인간적 신뢰를 보여준 「구두 뒷굽」(1975)과 죽은 누이를 찾아 끝없이 '장괴집'

---

30 이청준, 위의 책, 269-271쪽 참조.

31 이청준, 「다시 태어나는 말」, 『서편제』, 열림원, 1998, 188쪽.

32 권오룡, 「어둠 속에서의 글쓰기」, 『소문의 벽』, 380쪽.

을 떠돌면서 "늘 쓸쓸하고 간절한 그리움 같은 걸 혼자서 몰래 견디고 살아온" 어린 '진용이'의 고달픈 삶의 내면적 아픔을 공감하고 체험하는 것을 그린 「별을 기르는 아이」(1976)도 삶이란 견디는 것이라는 작가의 세계관을 보여준다. 다르게 말하면 이웃의 불행에서 부끄러움을 느끼고 함께 아파하거나 대신 아파하는 것이다. 예술가의 염결성을 다룬 「불을 머금은 항아리」(1977)도 실수로 빚은 한 점의 항아리 때문에 평생을 회한과 죄책감 속에 보내온 사기장이의 갸륵한 생애를 통해 부끄러움을 예술로 승화시키는 과정을 보여준다. 또 「흰철쭉」(1985)은 30년 전에 자신의 친정 어머니가 심어주고 갔던 흰철쭉을 보기 위해 9년 동안 매년 5월이면 '나'의 집에 찾아온 어떤 할머니의 이산의 아픔을 함께 아파하고 체험하는 과정을 보여준다.

작가는 현실의 고통과 아픔의 원인을 찾아 냉철하게 인식하고, 나아가서 그것을 껴안고 자신의 온몸으로 견디는 것을 사랑이라고 생각하였다. 「날개의 집」(1997) 주인공, 화가 '세민'이 "아픔을 배우는 것이 사랑이 아니라 그 아픔을 앓는 것, 그 아픔을 숙명의 삶 속에서 앓아가는 것이 사랑"이라고 깨닫는 것처럼 이청준에게는 자신의 온몸뚱어리로 그 아픔을 참고 앓아 나감이 사랑이었다. 그러한 사랑의 과정과 내면의 흔적('떨림')을 재현하고 베껴내는 일이 그에게는 소설이었던 셈이다.

그러나 그 베끼는 과정에는 거리가 필요하다. "아름다운 것은 아름답게 보이는 거리가 있는 법"[33]이기 때문이다. 죄닦음이나 화해, 또는 상처 치유로서의 글쓰기는 부끄러움을 유발하는 대상을 직접 그리는 것이 아니라 그 대상과 주인공이 어떻게 만나고 그것을 혼자서 견디며 그 속에서 사랑을 발견해가는 과정을 재현함으로써만 그 거리가 유지되었다. 독자는 그 과정을 추체험하면서 삶의 내면적 아픔을 공감하게 되는 것이다.

33 이청준, 「치자꽃 향기」, 『병신과 머저리』, 190쪽.

4. 화해와 합일의 세계 소망하기

1960년 4·19가 이청준 초기 소설의 정치적 무의식을 형성하였듯이 1980년 광주항쟁의 경험이 작가의식에 새로운 정치적 무의식으로 작용한다. 1980년대 이후 그의 소설은 개인적 실존의 문제에서 인간이란 무엇이고 바람직한 삶이란 어떤 것인가를 인간 존재론의 차원에서 탐색하기 시작한다. 이것은 개인을 감싸고 있는 공동체의 운명과 장래의 비전을 발견하려는 시도이며 새로운 세계에의 꿈을 구체화하기 위한 노력이라고 할 것이다.

직접적으로는 '가위 밑 그림의 음화와 양화' 연작소설 (「가위 밑 그림의 음화와 양화1」, 「전짓불 앞의 방백」, 「금지곡 시대」, 「잃어버린 절」, 「키 작은 자유인」)의 그림들은 1980년대의 악몽이나 가위눌림과 뗄 수 없는 시대적 상관성을 가지고 있다. 이 연작에서의 자기진술이란 앞서거나 뒤서거니 제시된 자전적 일화에 대한 작가 스스로의 해설에 가까운데[34], 이러한 소설쓰기의 양식은 그의 사회인식, 현실인식의 구조적 동형체라고 할 수 있다.[35] 현실에 대한 부정적 인식은 원체험에서 오는 부끄러움을 삶의 일부로 수락하여 견디는 과정을 보여주기보다는 부끄러움을 유발하는 현실의 폭력이나 배반을 논리적으로 항변하거나 비판하는 양상으로 전개된다. 이에 따라 미학적 거리가 마련되지 못하여 소설의 형상성은 다소 미약하게 드러난다.

시대적 아픔과 결부된 궁극적인 삶의 본질에 대한 소설적 탐색은 「기로수 씨의 마지막 심술」(1981)에서부터 시작된다. 선과 악은 인간 심성의 양면일 수 있다. 흥부의 어짊이 떳떳하게 부양할 인간 심성의 양지쪽이

---

34 박철화, 「고통, 화해, 성숙 – 이청준의 자아와 그 진실」, 이청준, 『가위 밑 그림의 음화와 양화』, 열림원, 1999, 184-186쪽 참조.

35 권오룡, 「잃어버린 '나'를 찾아서」, 이청준, 『키 작은 자유인』, 문학과지성사, 1990, 362쪽.

라면 놀부의 심술은 마음속에 숨기고 은밀히 즐기는 심성의 음지쪽일 수 있기 때문이다. 그러나 심술의 천재 '기로수' 씨의 삶은 길들이기를 은밀하게 숨기는 정치의 알레고리를 내포하고 있다. 그의 심술을 마음속으로 은밀하게 즐기는 마을 사람들이 나중에는 그 심술을 너무나 당연한 것으로 여기게 되는데 이런 현상은 개발 독재의 지배이념이나 제도를 무의식중에 수락하고 당연시하거나 향수에 젖어 강력한 리더십을 요구하기에 이르기도 하기 때문이다.

이러한 문학적 인식은 1980년 광주항쟁의 체험과 무관하지 않다. 이청준은 광주항쟁 당시 자신의 제2의 고향이라고 할 수 있는 광주에서 엄청난 학살이 이루어지고 있는 동안 그 현장에 있지 않았다는 부재 의식이 살아남은 자의 슬픔으로 그를 매우 부끄럽게 했다. 그러한 현장 부재의 죄의식을 '유종열'이라는 사진작가의 일대기를 통해 보여주고 있는 작품이 「시간의 문」(1982)이다. 작가는 5년 전 동남아시아의 난민촌 사진 여행을 마치고 리베리아 선적 화물선으로 돌아오는 중 남지나 해상에서 난민의 배로 감으로써 실종된 사진작가의 사진 작업의 의미를 탐색한다. 미래의 시간을 찍는 사진작가 '유종열'이 사람의 흔적이 없는 자연만을 줄기차게 찍어대는 행위는 "어떤 미지의 시간대 속으로 사라져 들어가버리고 싶은 강렬한 자기 실종의 욕망"을 드러냄으로써 '황홀한 실종'을 꿈꾸는 일이었다. 그는 1975년 난민 취재 여행에서 사진을 찍는 대신 난민선으로 가서 실종의 꿈을 실현한다. 사진을 찍겠다고 거기까지 간 사람이 사진기를 버리고 구조될 수 없는 난민선으로 가는 자신의 모습을 일본인 선장에 의해 되레 찍히는 배반과 절망을 통해서 그가 비로소 미래에로의 시간의 항해를 시작할 수 있었다. 작가는 사진을 찍는 주체와 대상 사이의 거리를 '공간의 벽'이라고 말하는데, 이 실종 사건을 통해서 그 벽을 허물고 주체가 대상이 되기 위해서는 '시간의 문'을 지나가야 한다는 것을 주장하고 있다. 이것은 주체와 객체가 합일되는 곳에 미래의 시간이 존재한다는 논리이다. 이런 논리는 「이어도」(1974)에서 "허구의 진실, 사실 포기, 가시적 현실을 포기했을 때 그에게 섬이 보이기 시작" 했기 때문에 '천남석' 기자가 죽음으로써 이어도를 확인하는 것과 같은 맥락이다. 집착이나 욕망을 버리고 현실을 포기하거나 초월하여 진실을 볼 수 있기 위해서는 주체와 객체가 합일되는 현장성이 필요했던 것이다. 이청준이 역사현장의 부재에 대한 죄의식을 황홀한 실종에의 의지로 형상화하고 있는 작품이 「시간의 문」인 것이다.

5·18광주항쟁 이후 지배 세력에 대항하여 민주화를 열망하는 범국민적 세력들이 들불처럼 타오를 때 작가는 「비화밀교」(1985), 「흐르는 산」(1987), 「벌레 이야기」(1985) 등에서 인문학적인 상상력으로 바람직한 인간의 존재 조건과 진정한 삶의 지평을 모색하였다.

「비화밀교」는 작가가 집단적으로 폭력을 당하는 모습을 눈 뻔히 뜨고 속수무책인 채 보고 있을 수밖에 없었던 광주항쟁의 집단적 죄의식을 형상화한 작품이다. 소설가인 '나'는 민속학을 전공한 '조승호' 선생의 제안에 따라 J읍 제왕산의 횃불의식에 참여하여 그 밀교적 제의의식의 의미를 탐색한다. '조 선생'에 따르면 오래 전부터 매우 은밀하게 매년 되풀이되는 새해맞이 횃불의식은 제왕산 아래에 살거나 이 땅과 인연이 있는 사람들이 '자신의 자존심과 위엄'을 지켜가기 위한 몸부림이다. 이 의식은 이 밤의 일을 아는 사람은 누구나 참여할 수 있고, 좋은 사람이나 나쁜 사람, 선악이나 신분에 구애받지 않고 산 아래서 지녀온 신분이나 입장은 아주 구별 없이 서로 똑같은 인간으로 동참하여 서로가 서로를 이 고을의 이름으로 용서하고 허물하지 않는 자리이다. 화해의 장이자 용서의 자리가 이 횃불의식인 셈이다. 자율적으로 이루어지면서 비교의 기이한 예배형식으로 진행되는 이 의식은 현상의 세계 또는 양지의 세계의 이면에 있는 그림자의 세계 혹은 음력陰力의 세계에 속한다. 이 양력과 음력이 함께 움직이는 것이 세상의 이치일 터인데, '조 선생'과 '나'는 그 의식의 진행방향에 대해 약간의 견해 차이를 보여준다. '조 선생'은 "그 음지의 힘에다 어떤 가시적 질서를 부여하려 그것을 논리화하고 증거해

보이면 그 순간에 그것은 현상의 세계로 떠올라와 가시적 현상세계의 지배 질서 혹은 지배 논리로 합세해" 버리기 때문에 오랜 기간 동안 유지되어 온 밀교의식이 폭발하여 가시적 세계로 드러남을 매우 경계할 뿐 아니라 "눈에 보이지 않게 숨겨져 실현을 기다리는 소망의 힘"이 숨겨진 옹달샘처럼 그대로 지켜져야 한다는 입장이다.[36] 이러한 '정신주의'의 세계관과는 달리 사실적인 세상사에 대한 이야기꾼으로서의 소설장이인 '나'는 "그 보이지 않는 어둠 속의 세계와 삶의 현상들에 대해 인간 정신의 밝은 빛을 쏘아 비춰 그것을 가시적 삶의 질서로 끌어들이려는 노릇"이 필요하다는 입장이다.[37] 실제로 이청준의 소설은 '조 선생'이 말한 '정신주의'에 가까운 것이었는데, 여기에서는 잠재적인 힘이 현실적인 모습으로 분출하는 것을 긍정하고 있다. 하이데거의 존재론적 해석처럼 "하나의 사실이라는 것은 어떤 조작이나 은폐의 기도에도 불구하고 결국은 그 자체의 힘으로써 자신의 존재와 질서와 운명을 스스로 증거하게 마련"[38]이기 때문이다. 그 해의 횃불의식은 비밀스런 밀교의식에서 벗어나 제단과 신전을 불태우고 산 아래의 현실세계로 넘쳐 내려옴으로써 소설의 양식이 될 수 있었던 것이다. 여기에는 잠재되어 있는 힘의 역동성을 미래의 꿈으로 투사하고 있는 작가의 인문학적 소망이 담겨 있다.

「흐르는 산」도 여러 가지 면에서 「비화밀교」와 매우 비슷하다. 대원사에 숨어든 '도섭'은 잠을 잘 때도 항상 좌선하듯이 앉은잠만을 주무신다는 '무불' 큰스님의 도량을 탐색하고자 한다. '무불' 스님은 "산이 높아야 물이 멀리 흐르는 법"이라고 말하는데, 이것은 "자기의 아픔이 산처럼 쌓여 지혜로 높아지면, 그 아픔과 지혜의 흐름이 자연 큰 자비의 물줄기로 먼 곳까지 미쳐가 세상을 널리 어루만져"줄 뿐만 아니라 "혼자 아파

36 이청준, 「비화밀교」, 『벌레 이야기』, 2002, 115-120쪽.

37 이청준, 위의 글, 위의 책, 122-123쪽.

38 이청준, 위의 글, 위의 책, 132-133쪽.

함이 헛된 일이 아니며, 그로써 세상과도 아픔을 함께"하는 것임을 의미한다. 그런데 '도섭'은 '무불' 스님의 '정신주의'를 받아들이지 않는다. '도섭'은 이 깊은 산중에서 큰 깨달음을 얻고 아무리 아파하고 후회해도 누구의 아픔도 덜어줄 수 없고 중생을 구제할 수 없다고 생각한다. 그는 인간이 직접 '아픔의 강물'로 흘러야 한다고 믿는다. 그러나 '도섭'이 해방이 되고 나서 마을 장거리에서 '큰 물줄기의 흐름'을 인도하는 사람들 중에서 자신이 절간에서 일경의 염탐으로부터 구해주었던 사람들을 발견함으로써 '무불' 큰스님의 산이 흘러내렸음을 깨닫는다.

「비화밀교」의 '조 선생'과 「흐르는 산」의 '무불' 스님의 '정신주의'는 높은 산과 같은 내면적 성숙이면서 잠재적인 힘인데, 이것이 때를 만나면 넘쳐흘러 그 자체의 힘으로써 자신의 존재와 질서와 운명을 스스로 증거하게 마련이다. 작가는 남의 아픔을 나의 아픔으로 앓으면서 오랫동안 참고 견디고 서로가 서로를 용서하는 과정에서만 운명 공동체의 잠재적 힘의 역동성이 가능하다는 것을 보여주었다.

1980년대 중반은 화합과 화해를 위해 과거의 잘못을 용서해야 한다는 정치적 담론이 당파적 이익에 복무하고 있을 때였다. 민족의 화합과 통합이라는 미명 아래 광주 학살의 피해자들과는 상관없이 학살자의 처지에 있었거나 방관했던 정치가들이 자신의 권력을 창출하기 위한 방편으로 용서를 주장했던 것이다. 이 시기에 발표된 「벌레 이야기」는 인간적 차원의 용서란 무엇인가를 심층적으로 분석하고 있다는 데 그 의의가 크다. 이 작품은 남편의 입장에서 딸 '알암이'의 유괴로 인한 아내의 상처를 추적해가면서 같이 아파하는 탐색담이다. 딸을 죽인 사형수가 아내의 용서를 구하고 주님의 사함을 받는 것에서 아내가 절망에 빠진 수수께끼를 풀어가는 과정이 서사의 핵심이다. 아내의 절망은 아내가 사형수를 용서하고 싶어도 용서할 수 없는 처지에 놓여있다는 인식에 기인한다. 아내가 사형수를 용서하기 위해 교도소까지 찾아갔지만 오히려 그에게서 용서를 받는 기묘한 현상을 목도하고 절망의 구렁텅이에 빠져버린 것이다. "내가 그를 아직 용서하지 않았는데 어느 누가 나 먼저 그를 용서하느냐"는 인간적인 항변과 주님에게 용서의 표적과 기회마저 빼앗겨버린 아내의 절망과 허탈감은 사형수가 주님의 용서와 구원의 은혜를 누리면서 거꾸로 희생자 가족을 염려하고 주님의 용서를 구하는 역설로 드러날 때 아내는 세상을 살아갈 힘을 잃게 되는 것이다. 남편은 "비록 아이를 잃은 아비가 아니더라도 다만 저열하고 무명한 인간의 이름으로" 아내의 아픔을 함께 할 때 아내의 이런 상처와 절망을 이해할 수 있었던 것이다. 이러한 개인사적 사건은 광주 학살의 용서에 대한 알레고리 서사에 다름 아니다.

1990년대 이후에는 이청준이 정치적인 문제에도 관심을 갖기 시작한다. 소 값 하락을 걱정하는 아버지 '공만석' 씨가 서울에 삶의 뿌리를 내리기 위해 고난의 투쟁을 벌이고 있는 아들과 딸의 입장을 이해하고 자식들과 함께 '진짜 싸움'을 준비하는 「누군들 초장부터 꾼으로 태어나랴」(1992)와 6·25전쟁을 경험한 세대와 미경험 세대의 통일관의 차이를 보여준 「가해자의 얼굴」(1992)은 정치·사회적 문제를 직접 다룬 것으로 이청준의 소설로는 특이한 것이다. 특히 「가해자의 얼굴」에서 우리는 이청준의 통일관을 읽어낼 수 있다. '김사일' 씨가 사람과 사람 간의 화해스런 만남을 우선시키려는 '점진적 통일 과정'을 주장하는 데는 다음과 같은 체험과 이유 때문이다. 중학교 2학년 때 혜화동 자형의 집으로 피난처를 찾아온 보도연맹의 청년을 죽음의 사지로 쫓아 보낸 자책감, 그 부끄럽고 참담스런 허물의 값을 끝내 가해자의 자리에서 치르고 싶어 하는 질긴 속죄의식, 보도연맹으로 끌려간 자형의 출현이나 소식에 대한 두려움을 억누르며 언제까지나 조그만 아이로 불안하게 기다려온 괴로운 자기 견딤, 그 가열찬 가해자 의식이나 속죄의식 때문이다. 운동권 딸이 주장하는 피해자 의식보다는 용서와 화해를 구하는 자기 속죄의식을 덕목으로 하는 가해자 의식이 가해자와 피해자, 억압과 수난의 악순환의 고리를 끊고 너와 나 사이에 진정한 화해와 이해를 지향하고 만남의 문을 열 것이라는 인식이다. 이런 입장에서 보면 '모두가 내 탓'이라는 자기반성과 속죄의식이 없이는 통일은 요원한 일일 것이다.

5. 맺음말

이상에서 살펴본 이청준의 소설들은 시기적으로 약간씩 달리 나타나기는 하지만 전체적으로는 시골과 도시를 왕복하는 삶의 축과, 현실과 언어 사이의 긴장을 유지하는 예술의 축이 만나는 지점에서 소설의 허구적 세계가 형성되었다. 작가는 삶의 과정에서 생래적이든 경험적이든 상처로 남은 죄의식이나 가해자 의식을 부끄러워하고, 그것을 자신의 삶의 본질로 수락하는 내면의 흔적이나 떨림을 정직하게 그리고자 하였는데 이것이 그의 소설이었다. 갖가지 환경과 사회의 영향이 개인의 태도 및 가치체계로 흡수되는 현상을 내면화라고 하는데, 소설에서의 내면화는 흔히 외부 세계에 대한 개체의 수동적 태도 또는 심리적 적대 관계에 서 일어난다.[39] 이청준 소설은 그런 내면화의 기록이라고 할 수 있다.

이청준이 도시 지식인으로서의 균형을 잡기 위해서 삶의 축의 도회 좌표와 예술의 축의 현실 좌표가 만나는 지점에서 사회적 현실을 진단하고 자유의 의미를 탐색하였다. 「퇴원」, 「병신과 머저리」, 「가수」, 「소문의 벽」, 「잔인한 도시」, 「빈방」 등이 여기에 해당한다. 그리고 도회 좌표와 언어 좌표가 만나는 지점에서는 현실에 좌절한 인물들의 갈등과 광기를 통해 시대가 작가에게 가하는 금제禁制를 탐구하였다. 「줄광대」, 「과녁」, 「매잡이」, 「황홀한 실종」, 「조만득 씨」, 「가면의 꿈」 등이 여기에 속한다.

시골내기 이청준이 도시 지식인으로서 균형을 잡고 작가로서의 명성을 어느 정도 얻은 다음, 작가로서의 정체성을 확립하기 위해 고향 좌표와 현실 좌표가 만나는 지점에서 자신의 존재론적 숙명에서 오는 상처

39 슈람케(J. Schramke)/ 원당희·박병화 역, 『현대소설의 이론』, 문예출판사, 1995, 196쪽.

및 죄의식을 해소하고 치유하고자 하였다. 「귀향 연습」, 「눈길」, 「해변 아리랑」, 「안질주의보」 등이 여기에 해당한다. 이런 '젖은 속옷 제 몸 말리기'가 고향 좌표와 언어 좌표에서 만나면 소리의 세계를 탐색하고 남의 아픔을 함께 아파하거나 대신 아파하게 된다. 『남도사람』 연작, 『언어사회학서설』 연작과 「별을 기르는 아이」, 「구두 뒷굽」, 「흰철쭉」, 「날개의 집」 등이 여기에 속한다.

존재론적 숙명에서 오는 상처가 치유되고 난 다음에는 시대적 압력에서 오는 상처와 죄의식을 해결하기 위해 작가는 인문주의적 상상력을 동원하여 화해와 합일의 세계를 소망한다. 이것은 개인을 감싸고 있는 공동체의 운명과 장래의 비전을 발견하려는 시도이며 새로운 가능의 세계에로의 꿈을 구체화하기 위한 노력이었다. 이 단계에서는 삶의 축과 예술의 축이 하나로 융합되어 주체와 객체가 합일되는 이상적 공간이 창조된다. 「시간의 문」, 「비화밀교」, 「흐르는 산」, 「벌레 이야기」, 「가해자의 얼굴」 등이 여기에 해당한다.

이러한 소설의 지형도에 따르면 이청준은 소설 양식의 창조로 개인의 실존을 증명하고 있다고 할 수 있다. 이청준의 소설쓰기는 그가 자신의 시대와 자신의 삶을 감당할 알맞은 '정신의 틀'을 짓는 일이었다. 그가 추구하는 세계는 우리들의 신발 가게를 온통 같은 모양, 같은 크기의 정신의 신발로 가득 채워버리는 데서가 아니라 우리 삶과 정신의 다양성에 대한 믿음을 전제로 하나의 틀을 해체하고 다양성이 조화롭고 풍성하게 꾸며가는 열린 세계이다.

이청준이 전 작품을 통해서 드러내고자 하는 것은 억압하는 부정적 권력의 실체로서의 현실과 그 현실에서 상처받은 개인인데, 작가는 억압하는 현실에 대항하여 투쟁하기보다는 상처받은 개인의 내면을 탐색함으로써 억압의 실체를 밝히고, 더 나아가서 존재의 근원이나 인간 구원의 문제까지를 조심스럽게 암시적으로 제시하고자 하였다. 특히 작가정신의 기저에는 매우 불완전하고 때로는 벌레 같은 인간이지만 그러한 존재를 인간의 이름으로 아파할 수 있는 감수성이 자리 잡고 있다. 이러한 감수성으로 전체주의에 대한 거부와 다원화 사회에 대한 열망을 실천하는 것이 그가 평생의 작업으로 탐구했던 '소설질'의 궁극적 목표였다. 그런 점에서 그의 문학의 동력은 '자유의 정신'이라기보다는 생존에의 의지이고, 그 결과로 얻은 것이 자기 구원이며 자유로운 삶의 공간으로서의 꿈의 실현이었다.

송기숙 소설과 동학혁명

1. 남도의 불패자

역사적으로 남도는 언제나 반역의 땅이었다. 후백제가 멸망한 이후 금강과 차령산맥 이남은 배역지수의 형상이라 하여 중앙 정부의 인재 등용에서 늘 소외되었던 까닭에, 아마도 이곳이 반역의 땅이 되었을 것이다. 임진왜란과 정유재란, 을사늑약 체결 때의 의병들이 이곳에서 많이 들고 일어났던 것도 이와 무관하지 않을 것이다. 남도의 민중들은 경제적으로 수탈의 대상이었기 때문에 그들의 경제적 궁핍은 정치적 소외와 맞물려서 사는 것이 죽는 것과 다르지 않은 상황이었기에 그들은 '원 없이 싸워나보고 죽자'는 판단에서 '물 묻은 조리에 깨 붙듯이' 의병에 나섰던 것이리라. 동학은 더 말할 것도 없다. 정치 경제적 타자들의 자학이 민중적 결기인 '자폭적 광기'로 드러난 것이다.

송기숙의 문학적 고향인 장흥은 동학의 잔당들이 최후의 전투를 치르고 자진했던 비극의 땅이다. 전봉준이 채포(1894. 12. 2.)된 이후 장흥으로 몰린 동학군은 장흥 용산면 출신 삼남도교장 이방언 장군과 대흥 대접주 이인환 '야전사령관', 부산면 출신 이사경 접주가 이끈 장흥 농민군과 합세하여 1894년 11월 21일부터 12월 10일까지 회령진성, 흥양현, 벽사역, 장흥부, 강진현, 병성성 등 6개 지방관아를 차례로 함락하는 성과를 거두었으나 12월 12일 유치 조양촌 전투에서부터 17일 대흥면 월정 전투까지 6일 동안 조일연합군에게 무참히 패하고 무자비한 살육을 당했다. 특히 14, 15일 양일간 벌어진 석대들의 혈전은 역사에 길이 남을 참사였다. 살아남은 자들은 산간벽지나 섬으로 숨어들어 뒷날을 기약하게 되었다. 송기숙의 외할아버지도 석대들에서 살아남은 동학농민군이었다. 그래서 송기숙의 태생지가 장흥이 아니라 완도군 금일면 육산리 산9번지인 것이다.[1] 송기숙의 삶과 소설에서 민중적 결기가 느껴지는 것은 아마도 그의 태생적 지역성과 무관하지만은 않을 것이다.

송기숙은 외할아버지가 겪었던 동학혁명과 똑 같은 방식으로 1980년 '광주'를 온몸으로 경험한다. 1978년 박정희의 개발 독재가 추구했던 기능 중심의 교육현장을 비판한 교육지표사건으로 1년 1개월의 옥살이를 하고나서 대학에 복직도 못한 상태로 광주민주화운동 기간 동안 시민수습위원회에 참여하고, 이것이 빌미가 되어 또다시 옥고를 치른다. 불합리한 독재 권력에 항거하는 그의 행동이야말로 불패자의 결기라고 하지 않을 수 없다. 두 차례의 투옥을 비롯해서 해직과 복직으로 이어지는 그의 지사적 경력은 송기숙에게 있어 민중적 주체성의 구현이 예술적 신념일 뿐 아니라 삶의 방식이라는 사실을 말해준다. 작가 송기숙이 민중적 삶의 근원을 성실하게 추적하고 생생하게 기록하는 이야기꾼이라면, 자연인 송기숙의 태생적인 천성 또한 구수하고 질박한 민중적 정서를 자연스럽게 체현한 불패자의 것이라고 할만하다.[2]

작가 송기숙이 아니라 자연인 송기숙은 쇠전에 모인 농투산이처럼 너무도 순박한 사람이다. 이문구의 지적처럼 그에게서는 먹물 든 자들의 '외래품 같은 문명적 버릇'이 전혀 느껴지지 않는다.[3] 그의 토종과도 갈

1 조은숙, 『송기숙의 삶과 문학』, 도서출판 역락, 2009, 32쪽 참조.

2 진정석, 「민중문학의 새로운 전개를 위하여 - 송기숙론」, 임환모 엮음, 『송기숙의 소설세계』, 태학사, 2001, 46쪽 참조.

3 이문구, 「송기숙, 그는 어떤 사람인가」, 송기숙, 『재수없는 금의환향』, 시인사, 1979.

은 성품 때문에 어느 소설가는 그를 '천연기념물'이라고 말하고, 어느 시인은 그에게서 '원시'를 읽어낸다. 그러나 그의 소설쓰기와 정치적 삶의 실천은 운명을 건 선택이었다. 문학적 실천의 동지였던 고은은 『만인보』에서 송기숙의 인생살이를 다음과 같이 규정한 바 있다.

> 소설가 이문구가 이르기를
> 천연기념물 송기숙
> 광주는 그가 있어 광주였다
> 아무리 바람 찬 세월일지나
> 그가 있어 광주의 밤이었다
> 70년대 후반에야 떨쳐일어나
> 세칭 교육헌장 사건 이래
> 그의 행로는 위태위태했다
>
> 광주
> 그곳의 가능성과 허구성 다 부여안아
> 방금 매운 것 먹고 난 듯
> 얼얼한
> 얼얼한 그의 얼굴이 있다
>
> 홀로 고상하지 않다
> 홀로 저속하지 않다
> 홀로 고상과 저속 파묻어
> 차라리 어리석다
>
> 그에게 가거라
> 원시를 짐작하려거든
> 그에게 가거라

원시의 음덕을 배우려거든

그는 손으로 쓰다가 발로 쓴다
차라리 정신 따위는
자칫 관념을 낳아버려서
그는 몸으로 쓴다
소설 『암태도』를
소설 「재수 없는 금의환향」을

옛날 소씨(昭氏)가 거문고를 뜯을 때
한 소리만 나고
다른 소리는 나지 않았다
과연 그의 벗 사광(師曠)이
지팡이로 땅을 쳐 반주한 까닭이 어디 있을까
거기 송기숙이 히힝히힝 말처럼 웃으며 일어난다

— 고은, 「송기숙」 전문[4]

송기숙의 본격적인 문학 활동은 이상 김해경의 소설을 연구하여 석사학위를 받고 대학 강단에 서고 난 서른 살 이후부터이다. 1935년 전라남도 완도군 금일에서 태어났으나 조만간 아버지의 고향인 장흥군 용산면 포곡리로 옮겨와 유년기부터 고등학교까지를 여기에서 보내게 되는데, 장흥고등학교 재학시절 문예부 활동을 하면서 교지 『억불』을 발행하고, 「야경」이란 작품을 청소년 잡지인 『학원』에 투고하는 등 소설을 습작하였다. 군복무를 마치고 전남대학교 국어국문학과 3학년에 복학한 1959년에도 소설 습작을 계속하는데, 이때 학과의 저널인 『국문학보』에 「진공지대」라는 작품을 발표하기도 한다. 대학을 졸업하고 대학신문사 전임

4 고은, 『만인보 12』, 창작과비평사, 1996, 91-92쪽.

기자로 근무하면서 대학원을 졸업하였다. 이때 석사학위 논문이 「이상론 서설」(1964)이다. 당시 한국 평론계의 좌장격인 조연현에 의해 그의 평론 「창작과정을 통해 본 손창섭」이 『현대문학』에 추천되고, 이듬해인 1965년에는 석사논문을 수정한 「이상서설」로 추천 완료된다. 이렇게 문학평론으로 문단에 데뷔했음에도 평론은 더 이상 쓰지 않고, 이듬해 단편소설 「대리복무」를 발표하면서부터 소설쓰기를 시작해서 지금까지 보다 많은 다수가 행복한 삶을 누릴 수 있는 가능성을 점검하고, 이를 성실하게 실천하는 작품들을 왕성하게 발표하였다. 문학평론은 그가 문단에 나오는 디딤돌에 지나지 않고, 그가 문단에 나왔을 때는 이미 국립대학 교수가 되어 있었다.

20세기 한국의 현대사는 수난의 역사라고 할 수 있다. 송기숙의 진단에 따르면, 한국의 현대사에서 우리의 건강한 삶을 방해하는 요인은 첫째, 남북의 분단과 이념의 갈등이고, 둘째는 개발 독재가 몰아오는 삶의 질곡이며, 셋째는 일제의 잔재를 청산하지 못했거나 미국을 위시한 열강의 간섭현상을 주체적으로 극복하지 못하는 정치력의 결여이며, 마지막으로는 오랜 구습에서 벗어나지 못한 봉건적 잔재와 낡은 사고방식이다. 이러한 저해 요인들이 어떤 교묘한 방식으로 우리의 삶을 위협하는지, 민중들은 주체적으로 어떻게 그런 장애와 부정적 요인을 극복했거나 극복해가고 있는지, 그리고 오늘날 우리는 어떤 태도와 행동을 취해야 하는지 등을 진지하게 묻고, 구체적인 인물과 사건으로 이루어진 이야기를 다양한 서사전략으로 소설화함으로써 여기에 답하려고 한 것이 전체적인 송기숙의 소설세계이다. 그래서 그의 소설은 개인의 존재론적 차원을 문제 삼는 미시적인 서사가 아니라 민족이나 민중의 현재와 미래를 문제 삼는 거시적인 서사에 초점이 맞추어져 있다.

2. 작가의 의지적 지향성

송기숙은 1966년 처녀작 「대리복무」를 발표한 이후 끊임없이 이 땅의 민중들이 겪은, 비인간적이고 비민주적인 현실에 부단히 의문을 제기하면서 바람직한 삶의 조건을 탐색하기 위해서 소설을 써왔다. 때로는 자연인 송기숙의 실천적 행동이 오히려 그의 소설을 뒷전으로 밀어놓는 아이러니를 만들기도 해서 대중들에게는 소설가로서의 송기숙보다는 민주투사로서의 송기숙에 더 친숙하다. 그러나 송기숙은 소설이라는 양식을 가지고 한국의 모순된 현실 속에서 문학적 실천의 가능성을 성실하게 보여주려고 끊임없이 노력해온 작가임에는 틀림없다.

근본적으로 소설은 모순된 현실의 갈등을 허구적 양식을 통해 해결하려는 제도적 장치이다. 서구에서도 발자크 이후 소설이란 첫째 수준에서는 사회적 현실과 인간적 진실 사이의 근본적인 대립에 대한 작가의 의식화라고 여겨졌으며, 둘째 수준에서는 개인적 이미지의 표현에 의한 갈등의 해결이었다.[5] 이때에 작가에 의해 창조된 개인적 이미지의 진실성은, 허위적이며 인간적인 것을 부정하는 사회에 대립하였다. 그 해결이 삶의 토대에 밀착되어 있는가, 아니면 현실과 일정한 거리를 유지하면서 언어미학적 자율성에 기울어 있는가의 차이를 보이기는 하지만, 그럼에도 불구하고 어떤 경우이든 소설은 구체적인 개인들을 통해 가능의 세계를 모색하고 있는 것임에는 분명하다.

송기숙의 소설은 대부분의 경우, 문학의 예술성보다는 사회성을 우위에 두고 있는 것처럼 보인다. 이러한 느낌은 그가 문학 내적 실천과 외적 실천을 분리하지 않은 전일적 인간에의 열망을 강하게 투사하기 때문이다.

송기숙의 소설을 읽고 나면 오래도록 기억에 남는 것은 등장인물이 아

5 제라파(M. Zéraffa)/ 이동렬, 역, 『소설과 사회』, 문학과지성사, 1977, 169쪽.

니라 어떤 사건이다. 『무정』의 이형식이나 박영채, 『만세전』의 이인화, 『고향』의 김희준과 안승학, 『태평천하』의 윤직원 영감, 「소설가 구보씨의 일일」의 구보, 「날개」의 '나', 「달밤」의 황수건, 『광장』의 이명준 등은 오래도록 어떤 개별적 이미지의 형태로 우리의 기억에 남아 있는데, 송기숙의 소설을 읽고 난 후에는 그 인물들보다는 오히려 그 인물들에 의해서 일어났던 특수한 사건들이 오래도록 기억에 남는다. 예를 들면 『자랏골의 비가』의 묘지 폭파사건, 『암태도』의 소작쟁의 사건, 『녹두장군』의 동학혁명, 「우투리」와 『오월의 미소』의 광주민중항쟁, 「대리 복무」의 대리 군복무, 「재수없는 금의환향」의 드잡이 사건, 「추적」의 살인 사건, 「어머니의 깃발」의 이산가족찾기와 진도 도깨비굿 등등이 그것이다. 극단적인 경우는 「가라앉은 땅」처럼 이야기의 줄거리나 인물의 성격도 없고 오직 수몰지구 사람들이 벌이는 사건만 있는 경우도 있다. 이런 현상은 아마도 그의 소설이 농민이나 노동자의 실상을 여실하게 보여주거나 민중들의 생명력과 역사적 진실을 가르치려는 계몽적 성격의 담론이기 때문일 것이다 .

송기숙은 소설 장르가 가지고 있는 허구적 속성을 효과적으로 활용하여 그의 소설 내용이 현실과 별개의 것이 아니라 현실의 본질임을 은연중에 드러내고, 그 폭력과 비합리 및 모순을 고발하거나 비판하고 있다. 독자가 그 내용을 단순히 꾸며진 이야기가 아니라 현실과 관련된 어떤 내용임을 믿게 하기 위하여 작가는 여러 장치들, 예를 들면 현실과 연관된 서술적 징표와 현실적 전거들을 텍스트 곳곳에 배치하고 있다. 이처럼 그가 강력한 '서사적 권력narrative power'[6]을 동원하여 현실적인 문제를 소설화하는 것은 현행법이 미처 수행하지 못한 역할을 소설을 가지고

6 서사적 권력이란 작가가 어떤 서사체를 가지고 허구라는 장치를 통해 현실적인 문제를 비판하고 징벌할 수 있는 힘을 말한다. 한용환, 『소설학 사전』, 문예출판사, 1999, 242-245쪽 참조.

수행하려는 의도 때문인 것으로 보인다. 특히 5·18을 소설화한 『오월의 미소』는 법으로 심판할 수 없다면 사적인 방법으로라도 응징해야 한다는 논리에서, 김구 선생을 죽인 안두희를 몽둥이로 쳐 죽인 버스 기사 박기서의 행위처럼, 5·18의 책임자를 사적인 테러의 극단적인 방법으로라도 그 죄를 응징해야 한다는 것을 역설하고 있다. 그의 서사적 의도가 표적 삼고 있는 공격의 대상이 우리가 익히 잘 알고 있는 5공화국의 핵심인물이기 때문에 서사적 권력의 파괴력은 한층 더 위력을 발휘한다. 그 텍스트가 허구이면서 현실이고 현실이면서 허구이기 때문이다.

그의 모든 소설은 정도의 차이는 있을지언정 서사적 권력의 행사라는 문제에서 크게 벗어나 있지 않다. 그가 중편소설집 『도깨비 잔치』(百濟, 1978)의 <작가의 말>에서 "우리가 제정신을 가지고 살아간다는 것은 우리가 처한 역사적 현실 속에서 자기 존재를 확인하고 그것을 성실하게 실현하는 것이겠고, 글을 쓴다는 것은 그러한 존재의 가장 적극적인 발현이라 생각한다."고 진술하고 있는 점으로 미루어 그가 얼마나 사회적·역사적 현실에서의 실천을 중요하게 여기고 있는가를 극명하게 알 수 있다. 따라서 송기숙 소설의 본질을 파악하기 위해서는 그의 소설 텍스트에 서사적 권력이 어떻게 실현되고 있는가에 주목해야 할 것이다.

루카치의 말대로 소설은 소설가의 윤리가 작품의 미학적 문제가 되는 유일한 문학 장르이며, 타락한 세계에서 진정한 가치를 추구하는 이야기가 소설이기 때문에 사회적 인간으로서의 소설가의 세계관이 무엇보다 중요하다. 소설가의 세계관에 따라 소재의 선택과 배열이 달라지는 선택의 원리가 작용하기 때문이다.[7] 그는 이 선택의 원리에 따라 이야기를

7 이러한 선택의 원리를 루카치는 원근법(perspective)으로 설명한다. 이 원근법은 사건의 진행방향과 내용을 결정하고, 이야기의 실마리들을 정리해 주며, 작가로 하여금 중요한 것과 피상적인 것, 핵심적인 것과 주변적인 것 중에서 선택할 수 있도록 해준다. 또한 이것은 작가가 세부 사항을 선택하면서도 자연주의의 함정에 빠지지 않도록 해주는 기준으로 작용한다. 루카치(G. Lukács)/ 황천석 역, 『현

구성함으로써 진정한 가치를 만들어내려고 한다. 그런데 그 가치는 특정한 시공간에 나타난 구체적 사회 갈등에서 유래하기 때문에 소설가는 자신이 몸담고 있는 사회 역사적 현실에 대한 천착과 통찰 및 미래에 대한 비전을 지니고 있어야 한다. 이러한 요인들은 바람직한 사회인으로서의 소설가가 갖추어야 할 자질들일 것인데, 송기숙은 이런 자질들을 어떤 소설가보다 많이 가지고 있었다.

3. 분단의 비극과 소시민의 반성적 자의식

송기숙 소설은 처음부터 끝까지 민중적 주체성을 확인하고 정의사회를 구현하려는 구체적인 사례들이다. 그의 소설 세계는 크게 보아 첫째는 분단의 현실이 야기하는 민족사적 불행이 우리 일상 속에 어떻게 일어나고 있는가를 파헤치면서 극복 방안을 모색하는 일이고, 둘째는 개발독재가 불러오는 근대화의 폭력성을 폭로하는 일이며, 마지막으로는 사회 역사적 현실에서 민중의 주체성을 어떻게 실현할 것인가를 밝히는 문제였다.

고등교육의 담당자로서 송기숙의 초기 소설은 남북 분단의 비극과 여기에서 연유하는 반공이데올로기의 폐해가 집중적으로 다루어졌다. 간첩으로 난파되었다가 체포된 여인의 극한 상황을 통하여 남북 분단의 비극을 고발한 「어떤 완충지대」(1968)에서부터 분단시대의 극단적 반공이데올로기와 왜곡된 인간상을 문제 삼는 「백의민족·1968년」(1969), 반공이데올로기가 교사와 학생의 인간적인 유대까지 깨뜨리는 소통의 왜곡을 다룬 「휴전선 소식」(1971), 냉전 논리의 비극과 그 허구성을 고발한 「전설의 시대」(1972), 6·25전쟁 중에 월남한 실향민의 고향에 대한 그리움과 이산가족의 아픔을 그린 「흰구름 저 멀리」(1973), 고정간첩의

대리얼리즘론』, 열음사, 1986, 34쪽, 53쪽.

모티프와 인간성 회복을 다룬 「갈머리 방울새」(1973) 등은 모두 남북 분단과 전쟁이 가져온 상처, 그리고 좌우 이념의 갈등을 다룬 분단소설들이다.

소설의 특성상 이런 민족적 주체나 집단적 자아를 형상화하기 위해서는 불합리한 현실이나 구조적 모순에 대한 날카로운 현실인식이 전제되어야 한다. 그렇다면 작가의 일상적 삶의 자세에 대한 자기반성이 불가피하다. 대학교수로서 소시민적 삶을 살아가는 송기숙은 무엇보다 지금 여기의 현실과 이상 사이의 갈등과 괴리에서 빚어지는 자의식을 소설화하지 않을 수 없었다. 「어느 해 봄」(1972)이나 「지리산의 총각샘」(1973)은 소시민의 반성적 자의식을 잘 보여준다. 「어느 해 봄」은 공무원 과장인 '나'가 국회의원 선거에서 여당 후보를 지원하기 위해 고향으로 출장을 가서 겪은 사건을 통해 선거판에 내몰리는 공무원의 모습을 간접적으로 비판하고 있는 소설이다. '꺽쇠'에게 성을 유린당한 다방 레지 '임양'의 인생살이와 "정작 고향에 가서 득표공작을 한다고 생각하면 좀 구역질이 난다"는 신입직원의 눈이 오버랩 되면서 자신의 행위가 얼마나 부끄러운 일인가를 보여준다. 또 소란스럽게 한다는 이유 때문에 함께 야영할 수 없게 한 소시민적 이기심이 빚은 야간 조난사건을 그리고 있는 「지리산 총각샘」도 넓게 생각하지 못하고 자신들의 이익이나 편의만을 도모하는 소시민적 일상이 얼마나 무서운 결과를 가져올 수 있는가를 구체적으로 보여준다. 이런 실제적 삶과 지향적 세계 사이에서 만들어지는 소시민적 자의식을 극복하지 않고는 집단적이거나 민족적인 주체를 설정하기는 어렵다. 분단이 야기한 불행이 우리의 일상 속에 파고드는 양상을 파헤치는 것도 이런 소시민의 반성적 자의식을 형상화하는 것의 연장선에 있다.

이 분단 이데올로기를 극복하기 위해 작가는 가해자나 피해자, 또는 제3의 시각에서 다각적으로 이데올로기의 갈등과 분화 양상을 살피고 있다. 「살구꽃이 필 때까지」(1980), 「당제」(1983), 「어머니의 깃발」(1984),

「파랑새」(1987), 「은내골 기행」(1996)까지 그의 대부분의 중·단편소설은 남북 분단 문제가 그 중심을 차지하고 있다. 「살구꽃이 필 때까지」는 좌익에게 두 아들을 잃은 방호영감이 처형당한 좌익의 가족 중 살아남은 어린 소녀와 우익운동을 하다가 살해된 사람의 아들을 함께 거두어서 두 사람이 성장한 다음 결혼시키는 이야기를 통해 분단의 비극과 그 극복의 가능성을 탐색하고 있다.

또 수몰민의 한을 이산가족의 문제와 연계시킨 「당제」는 한몰영감 내외가 6·25때 의용군으로 끌려가 이북에 살아 있을 것으로 믿는 아들이 살아서 돌아올까 봐 고향을 떠나지 못하고 물에 잠긴 마을 장구목길에 움막을 짓고 자신들이 여기에 살고 있다는 안내판을 세우는 이야기를 통해 분단의 비극적 현실을 그리고 있다. 작가는 처절한 반공 이데올로기의 허위성을 민간신앙을 빌려 표현하고 있는 것이다. 한몰영감이 도깨비밥 주는 장면에서 주절거리는 독백 장면은 가히 소설미학의 압권이라고 할 수 있다.

그리고 분단과 이산의 아픔을 진도의 도깨비굿과 연결시킨 「어머니의 깃발」은 분단의 비극을 치유할 수 있는 가능성을 보여준다. 전쟁통에 고아가 되어 어렵게 살아오다 고물상 주인이 된 김개만과 현재 교육계의 고위 인사이자 재벌 부인이 된 그의 생모 사이의 이산가족 상봉이라는 모티프를 통해 작가는 역사적 횡포에 맞설 수 있는 힘은 다름 아닌 그 모순과 상처의 한 가운데서 찾아야 한다는 것을 보여준다. 그 힘은 건강한 민중 주체의 건강한 삶에서 가능하다는 것이다. 김개만의 행위의 축과 어머니의 행위의 축, 진도 사람들의 행위의 축, 그리고 호도장이나 '개불알카' 등이 삽화적으로 보여주는 미학적 인물들의 행위의 축이 갈등하거나 조우하면서 다양한 의미망을 구축한다. 작가는 이런 구성을 통해 김개만이 어떻게 자신의 존재의 뿌리를 찾아가는가보다는 그가 어머니를 찾는 과정을 통하여 한국 사회가 갖는 역사적 아픔과 오늘날까지 살아 있는 6·25의 상흔을 보여주고, 더불어 못 가진 민중들의 건강한 삶

을 간접적으로 증언한다.[8]

그 외에도 은내골에서 빚어진 분단의 비극을 다룬 「파랑새」와 「은내골 기행」 등은 모두 분단의 비극과 반공 이데올로기의 폐해를 고발하거나 비판하고 있다. 작가가 말년에 상재한 여덟 번째 작품집 『들국화 송이송이』(2003)에 실린 9편 가운데 5편이 남북 분단 이데올로기를 다룬 소설이라는 점으로 미루어 보아도 작가가 필생의 작업으로 삼고 있는 주제가 분단 이데올로기라는 것을 확인할 수 있다.

4. 근대화의 폭력성과 민중의 결기

남북 분단의 문제의식을 천착해온 작가가 1973년 목포교육대학에서 전남대학교로 직장을 옮기면서 한차례 창작의 굴절을 경험하게 된다. 분단의 문제의식 위에 당대의 현실이 덧보태지면서 산업사회가 가져오는 인간소외와 개발 독재로 인한 삶의 질곡이 그의 소설의 핵심으로 부각된다. 민족문제와 더불어 현실의 구조적 모순도 건강한 삶을 저해하는 요인으로 인식한 것이다. 현실의 구조적 모순에 대한 소설화는 크게 두 가지로 나누어 볼 수 있는데, 하나는 농촌을 배경으로 가진 자와 못가진 자의 갈등을 역사적 사건 속에서 그 원인을 탐색한 유형이고, 다른 하나는 일제의 잔재를 청산하지 못하거나 미국을 위시한 열강의 간섭현상을 주체적으로 극복하지 못하는 정치력의 결여, 또는 오랜 구습에서 벗어나지 못한 봉건적 잔재와 사고방식을 천착하는 부류이다. 전자에 해당하는 작품으로는 1974년부터 이듬해까지 『현대문학』에 연재한 처녀 장편소설 『자랏골의 비가』와 「재수없는 금의환향」(1976), 「몽기미 풍경」(1978), 「만복이」(1978) 등이고, 후자는 「추적」(1975), 「불패자」(1976), 「가남약전」(1977), 「도깨비잔치」(1978), 「개는 왜 짖는가」(1983) 등이다.

8 임환모, 「송기숙 소설의 서사전략」, 임환모 엮음, 앞의 책, 116쪽.

작가적 역량을 과시한 『자랏골의 비가』는 전자와 후자가 결합된 양상인데, 3·1운동 전해부터 4·19에 이르는 기간 동안 자랏골 사람들이 겪는 수모와 핍박, 가난한 농민들의 절망과 참담한 생활상을 이양문 일가의 묏자리에 대한 대립과 갈등으로 보여준다. 마을 사람들과 양문이 일가의 대립을 효과적으로 보여주기 위해 작가는 풍수지리에 입각한 묏자리를 매개물로 설정함으로써 봉건적 잔재의 신분적 질곡과 계급적 갈등을 동시에 드러낼 수 있었다. 그래서 오랜 구습에서 오는 묏자리 자체가 이데올로기적 성격을 갖게 된다. 신분상의 억압과 경제적 착취를 타파하기 위해 종수와 선찬이 자라 형국의 양문이 묏등을 폭파하고 그 혈이 뻗쳐있는 바위를 깨뜨리게 된 것이다. 이런 행위의 필연성을 강화하기 위해 작가는 4개의 큰 사건을 인과적으로 재구성한다. 첫 번째 사건은 1918년 아들의 독립자금을 마련하기 위해 동학군 출신 고당영감이 명당으로 전해 내려온 그 묏자리를 양문이 일가에게 팔자 곧 그 자리에 누군가가 똥을 퍼붓는 일이 빚어낸 일련의 갈등 양상이다. 이 사건을 계기로 양문이가 끌어들인 외지 청년들에게 동학군 출신 용골영감의 딸이 강간을 당하고 자결하는데, 용골영감이 복수하려고 하지만 고당영감과 함께 죽고 만다. 여기에서 혈연에 의한 원한이 얽히게 된다. 두 번째 사건은 그 이듬해 친일파이자 지주인 양문이 일가에 대한 뿌리 깊은 증오에서 또다시 묘지에 똥을 퍼붓는 일이 발생한다. 이 사건으로 용재영감의 두 아들이 징역 2년을 살고 마을 사람들이 곤욕을 치른다. 세 번째 사건은 해방 전해에 양문이 일가의 산지기 춘영이가 양문이 묏등에 도장하는 사건이 발각되고, 죄 없는 선찬이 아버지가 죽음을 당하게 된다. 마지막 사건은 종수의 아버지가 명당의 혈이 뻗쳐있는 바위를 폭파하려다 의문의 죽음을 당하는 사건이다. 이러한 혈연적 원한관계와 신분적 모멸감, 그리고 경제적 궁핍이 중층적으로 작용하여 젊은이들의 자폭적 광기라고 수 있는 결기가 그럴듯하게 재현되면서, 아직은 조직적 투쟁에 이르지는 못했을지라도, 민중들의 잠재적 힘을 4·19의 가능성으로 열어두게 된 것이다.

「재수없는 금의환향」은 마을 청년들이 동학군의 후예들의 오랜 숙원이었던 의병들의 비석을 세우기 위한 노력을 해학적으로 보여주고, 「몽기미 풍경」은 동학군의 후예인 순자의 삶을 통해 농촌의 피폐한 생활상과 탈향한 젊은이들의 열악한 삶의 조건들을 재현하고 있으며, 「만복이」는 6·25의 상처와 국립공원 안에서 무허가 인생을 살고 있는 하층민의 모습을 식물적 인간상으로 보여주고 있다.

이러한 작품보다 근대화의 폭력성을 직접적으로 그리면서 정의사회에의 열망이 더욱 강하게 나타난 것은 후자의 계열이다. 항일운동을 한 바 있는 퇴직 교장이 독립운동하는 동지를 배반하고 거사를 위하여 마련한 자금을 독식하여 호의호식하며 살고 있는 친일분자 박 사장을 목 졸라 죽이는 사건을 다룬 「추적」이나 개발 독재시대의 권모와 술수를 폭로하고 있는 「불패자」, 그리고 머슴살이, 간척공사장 인부, 함경도 광산 광부, 갯마을 어부, 다시 농부의 삶을 살았던 가남영감의 인생유전을 통해 우리 민족의 열악한 삶의 조건들을 그리고 있는 「가남영감」, 친일파 자손이 우리의 교육계를 좌지우지하는 현상을 고발하는 「도깨비잔치」 등은 모두 근대화의 폭력성에 대항하는 민중의 결기를 보여준다.

특히 「개는 왜 짖는가」는 작가의 정의사회에의 열망이 강하게 투사되어 있다. 작가는 1980년대 초 언론창달이라는 미명 아래 자행되었던 강압적인 언론통폐합과 언론탄압을 비판하기 위해 통새암거리 영감들을 등장시키고, 그중 좁쌀영감의 '개의 이름 지어 부르기'를 장면의 대화로 보여준다. 그 영감들은 "어디서나 자기 할 소리 하며 자기 분수껏 이 세상에 나온 몫을 다 하고 죽어갈 사람들"[9]이다. "개는 짖으라고 있고 신문은 나팔을 불라고 있는 것인데, 개도 못 봐 짖는 일을 신문기자가 보고 가만 있으란 말이여? 신문기자가 개만도 못한 줄 아나?"라고 하는 굴때장군의 말은 연출자로서의 내포작가의 지향적 언술이다. 작가는 민영감

9 송기숙, 『개는 왜 짖는가』, 한진출판사, 1984, 208쪽.

의 말처럼 "남남끼리 서로가 사람을 사람답게 보고, 정직하고 정의롭게 사는 것이 가장 으뜸가는 윤리가 되어야 한다."는 신념에서 생활 속에 안주한다는 것은 정의가 위협되기 때문에 파시즘에 감염될 수밖에 없다는 사실을 형상적으로 보여준다.

이 때 작중인물이 도덕적 우월감과 정직성을 구비하지 못하면 그 비판은 설득력을 얻지 못한다. 그래서 장면의 조직화를 즐겨 쓰는 송기숙 소설의 인물들 중에는 정의의 편에 서거나 도덕적으로 우월한 입장에 있는 인물들이 많다. 이런 인물들은 대체로 근대화 과정의 혼란과 물화현상에서 일정하게 빗겨 서 있는 인물들이다. 세상과 일정하게 거리를 유지하면서 약초를 캐며 살아가는 만복이(「만복이」)이나 「도깨비 잔치」에서의 성호 할아버지와 그의 친구 동곡 할아버지, 「가남약전」의 가남영감, 「불패자」의 복덕방 악발영감, 「추적」에서 박 사장을 목 졸라 죽이는 교장, 「청개구리」에서 일제 때 간평 나온 마름을 두들겨 패주고 고생한 삼밭영감, 「유채꽃 피는 동네」에서 살인할 줄 알고 20년간 숨어 살아온 털보민바우, 「몽기미 풍경」에서 설날 고향 대신 노조를 결성하다가 쫓겨난 혜선을 찾아가는 순자와 동학군이었던 그녀의 할아버지, 「어머니의 깃발」에서의 김개만, 「당제」에서 수몰된 고향을 떠나지 못하는 한몰영감, 「개는 왜 짖는가」에서 통새암거리 영감들, 「살구꽃 필 때까지」에서 좌우 이데올로기를 넘어서 인간적 사랑을 실천한 방호영감, 손익을 떠나 농사일을 천직으로 아는 「고향사람들」(1996)의 방촌영감 등은 모두 근대의 사물화로 훼손되지 않는 전근대적 성격을 보여준다. 이와 같은 인물들은 대체로 말이 없거나 말수가 적고(그러나 일단 말할 기회가 주어지면 실제로는 달변임), 우직하고 고집스럽게 고립된 삶을 살며, 정의로운 것에 대한 결기를 가지고 있다. 인물의 성격상 전근대적임에도 불구하고 인간적 넉넉함을 지니고 있을 뿐만 아니라 도덕적으로 우월하기 때문에 그들의 결기는 설득력을 얻을 수 있었다. 근대의 파시즘적 세계에 대한 작가의 비판 전략인 셈이다.

5. 민중적 주체성의 확립과 『녹두장군』

송기숙은 1978년 6월 27일 국민교육헌장을 비판한 교육민주화선언문인 '우리의 교육지표'를 발표함으로써 소설가에서 민주투사로 변모한다. 이 사건으로 대통령 긴급조치 제9호 위반으로 구속 기소되어 징역 4년, 자격정지 4년을 선고받고 1년 1개월 복역하다가 이듬해 제헌절 특사로 풀려났다. 이때부터 그는 역사적 주체로서의 민중을 발견하고 그들의 생존권 사수를 위한 투쟁을 온몸으로 보여준다. 청주교도소에서 황석영의 자료 도움으로 1920년대 전남 신안군 암태도의 소작쟁의를 소설화한 『암태도』(1979)의 초고를 쓰기 시작하였는데, 이 작품으로 그는 당시의 소작인으로서의 민중이 어떻게 역사의 주체로 설 수 있는가를 잘 보여주고 있다.

1980년 광주민중항쟁은 송기숙의 운명을 바꾸기에 충분했다. 『암태도』의 연재를 마침과 동시에 광주민중항쟁이 시작되고, 이 기간 중 그의 활동이 '수습을 빙자한 폭동지휘'가 되어 형법 제87조 '내란죄 중요 임무 종사 위반'이라는 죄명으로 2심에서 징역 10년 구형에 5년 형이 확정되어 광주교도소에서 복역하다가 이듬해 4월 대법원 확정 판결이 난 뒤 관할관의 확인과정에서 형 집행정지로 풀려났다. 1978년의 교육지표사건과 1980년 광주민중항쟁에서 겪은 고초가 작가 송기숙으로 하여금 삶 전체를 정치적으로 담론화하도록 부추기는 역할을 하였다. 이 두 사건을 경험하고 나서 그의 소설세계는 민족주의적 시각에서 민중적 시각으로 변모하게 된다. 암태도의 소작쟁의를 통하여 변혁의 주체가 민중임을 역설한 『암태도』와 갑오농민전쟁의 전 과정을 통해 농민군의 생존권 투쟁과 민중의 저력을 보여준 『녹두장군』(1981-1994) 12권이 이를 반증한다. 이 두 장편소설은 민족문제와 계급문제를 분리하지 않고 역사적 상상력으로 통합하고 있다는 데 의의가 있다.

1981년부터 『현대문학』에 연재되기 시작한 『녹두장군』은 1994년 1월에 12권으로 창작과비평사에서 완간되었고, 2008년에는 시대의 창에서 복간되었다. 『녹두장군』은 12권 140장으로 구성된 회장체 소설이다. 이 소설은 1892년 8월 추석 며칠 뒤 무장 접주 손화중이 10여 명의 접주들을 모아 선운사 미륵비결을 꺼내는 사건에서 시작하여 1894년 12월 14일(소설에 나오는 날짜는 모두 음력임) 석대들에서 작두칼장수 만득이와 그의 처 유월례가 죽는 사건으로 끝난다. 동학혁명을 소재로 한 역사소설은 이돈화의 『동학당』(『신인간』, 1935) 이후 19종이 있는데[10], 이중에서 역사적 사실을 가장 충실하게 재현하고 있는 것은 『녹두장군』이다. 1~4권은 고부 하학동 사람들(허구적 인물인 달주, 용배, 만득이, 유월례, 양찬오, 강쇠, 강쇠댁, 김한준, 조망태, 김이곤 등)이 겪는 서사를 통해 동학혁명의 원인을 규명하거나 진단하는 내용이 주를 이루기 때문에 구체적인 날짜는 서술되지 않지만, 제5권 『대동세상을 향한 봉기』부터는 동학혁명의 봉기 과정과 전투 상황을 날짜별로 재구성하고 있다. 마치 역사의 실록처럼 때와 장소를 구체적으로 기술하고 있다. 그러나 작가는 역사의 기록이 아니라 허구적 인물들을 창조하여 심미적 소통으로서의 소설을 만들어 낸 것이다. 소설을 이끌어가는 주동인물은 하층계급의 농민들(김달주, 만득이, 이싯뚜리 등)이다. 동학 교조 최제우의 신원회복운동을 기점으로 농민군이 패퇴하기까지 동학혁명의 전 과정을 전봉준, 손하중, 김개남, 이방언 등이 이끈 남접 소속 농민군의 시각으로 소설은 전개되지만 지도자들은 당시의 농민들의 요구 사항을 대변하여 시대적 변혁의 명분을 제시하는 차원에 머물고 있다. 전봉준이 존경 받는 이유도 "백성의 뜻을 모으고 그 뜻이 향하는 곳으로 물길 내듯 길을 내어 오늘날까지 농민군을 이끌고"[11] 왔다는 데에 있는 것이지 그가 비범한 영웅이어서가 아니다. 철

10 채길순, 「동학혁명의 소설화과정과 과제」, 『한국문예비평연구』 제6권, 2000. 6. 278쪽 참조.

11 송기숙, 『녹두장군』 제11권, 시대의 창, 2008, 51쪽. 총솔장 태인 최경선의 말.

저하게 학대받고 탐학에 시달리는 농민의 입장에서 소설이 전개되고 있다는 점에 이 소설의 특징이 있다.

『녹두장군』이 동학혁명을 소설화한 것이라면 역사에 대한 이성적 인식이 아니라 감각적 인식인 아이스테시스를 어떻게 창안하고 있는가를 살펴야 할 것이다. 이 소설에는 '내러티브 동력기의 미장아빔mise-en-byme'[12]이 "사람이 사람답게 살자"로 설정되어 있다. 이 미장아빔이 때와 장소에 따라 약간씩 변형되어 다르게 반복되고 있는 것이 이 소설의 구성방식이다. 사람이 사람답게 살기 위한 투쟁의 방식과 과정이 동학혁명이다. 이것을 실현하기 위한 서사전략을 작가는 먼저 동학의 이념에서 찾고 있다.[13] 동학 이념의 핵심이 인간 평등을 근본으로 하는 시천주사상, 개벽의 혁세사상, 유무상자의 대동사상, 척왜척양의 민족주체사상이다.[14] 그런데 이 소설에서는 인내천의 만인평등사상을 실현하기 위한 실천전략으로 후천개벽사상과 척왜척양의 민족주체사상 두 가지로 뭉뚱그

---

12 미장아빔이란 거울구조라고도 하며, 작품 안에서 마치 거울처럼 그 작품을 통한 방식이나 구조를 통해 전체를 가리키는 요소가 반향되는 것, 특히 그 반향이 무한정으로 되풀이되거나 작품 그 자체에 가공적, 상상적으로 포함되는 경우를 말한다. 피터 브룩스(Peter Brooks)/ 박혜란 옮김, 『플롯 찾아 읽기』, 도서출판 강, 2011. 84쪽.

13 "사람이 하늘이다, 이 소리를 사람이 죽어서 극락에나 천당에 가는 것같이 다른 세상 일로 생각해서는 안 된다는 소리여. 후천개벽의 후천은 극락이나 천당같이 사람이 죽은 뒤에 가는 세상이 아니고 바로 지금 우리가 살고 있는 이 세상이네. 바로 이 세상을 개벽해서 이 세상에 그런 세상을 만든다는 것일세. 개벽이란 것도 따지고 보면 별것 아니네. 종들한테는 주인한테 매이지 않고 제 세상을 사는 것이 개벽이고, 뜯기고 사는 사람들한테는 안 뜯기는 것이 개벽이고, 천대받는 사람들한테는 존대를 받는 것이 개벽이고, 밥을 못 먹는 사람들한테는 밥을 먹이는 것이 개벽이네. 빈부의 차별이 없고 반상과 귀천의 차별이 없는 것, 바로 이것이 동학의 개벽이네. 빈부와 귀천은 사람이 만든 법도니 사람의 힘으로 고칠 수가 있네. 바로 이 일에 확신을 갖는 것이 동학을 믿는 요체네." 전봉준이 제자들에게 동학을 설명하는 내용. 제3권 『새 세상으로 가는 길』, 122-123쪽.

14 성주현, 『동학과 동학혁명의 재인식』, 국학자료원, 2010, 98쪽.

려 '사람이 사람답게 살기' 위한 생존투쟁의 모습들을 차이의 반복으로 서사화하고 있다.

"사람이 사람답게 살자"는 미장아범을 서사화하기 위한 서사전략은 첫째 관의 행포와 탐학을 일삼는 양반이나 지주에 맞서는 농민이나 하층 계급 사람들의 처절한 생존투쟁의 다양성을 보여주는 것이다. 이 투쟁의 연장선이 동학혁명의 무장기포인 것이다. 무장기포 이전의 삼례집회(1892.11.1.−12.)와 보은집회(1893.3.10.−4.2)도 동학도인들에게는 관의 늑탈에 대한 항거가 목적이었지만 그 구실로 교조신원을 들고 나왔다면, 반대로 관에서는 백성, 특히 동학도인들을 늑탈하는 것이 목적이었음에도 불구하고 겉으로는 동학 단속을 내세웠던 것이다. 고부군수 조병갑의 잡세 추징과 탐학, 전라감사 조병식과 김문현의 탐학, 고부 안핵사 이용태의 분탕질, 고부 호장 은세방의 음흉함 등에 시달리는 민중들이 더 이상 참지 못하고 일떠섰던 것이 동학의 무장봉기이다. 양반들이나 지주들의 횡포 또한 관의 수탈 못지않은 탐학이었다. 고산 밤실 진사 김중한이나 진산 부자 방필만, 진서리 정참봉, 하학동 감역 이주호 등의 토색질과 축첩과정은 자작농이나 소작인의 땅과 재산은 말할 것도 없고 어린 딸까지도 빼앗기는 비참한 상황에 놓이게 된 것이다. 이런 억압적 지배세력을 없애고 평등한 대동세상을 만들려는 것이 개벽이다.

둘째는 외세, 특히 일본의 침략에 주체적으로 대응하려는 서사전략이다. 제4권부터 외세의 문제가 제기되는데, 보은집회에서 동학의 지도부가 소수의 사람들만 교조신원을 중앙정부에 상소(1893.2.11.)하자 홍덕의 이싯뚜리가 주동이 되어 전주감영에 소를 올리고 나서 전주민회패 대표 20명의를 한양으로 보내는 상소에 "법소에서 올린 상소하고는 달리 양놈들하고 일본, 청국 상인들을 쫓아내고, 탐관오리를 파직"[15]하라는 내용이 추가되었다. 특히 제8권 동학농민군의 2차봉기부터 일본군과 청나

15 제4권 『사발통문에 새긴 각오』, 260쪽.

라군대가 한반도에 들어와 전쟁을 치르고, 일본이 승리한 다음에는 일본군이 경복궁을 짓밟고 조선의 내정을 장악한 이후 장흥 석대들 전투까지 농민군을 무자비하게 살육한 자들은 관군보다는 일본군이었다. 그래서 작가는 나라를 지키는 사람은 왕이나 관료들, 또는 양반들이 아니라 "손발에다 찬물 묻혀 비지땀 쏟으며 이 땅을 주물러서 농사짓던 우리 백성뿐"16이라는 것을 손화중의 입을 빌어 표현하고 있다.

이 두 가지의 서사전략을 실현하기 위한 플롯구성은 매우 다양한 양상을 보여준다. 소설의 전체적인 이야기 선은 동학의 두령들보다는 주동인물(김달주, 만득이, 이싯뚜리 등)이 만들어내는 사건들의 연쇄이다. 달주가 뜻하지 않게 살변을 저지르고 도피하면서 동학농민군 별동대장으로 활약하는 이야기와 이감역의 딸 경옥과의 사랑 이야기, 만득이가 그의 처 유월례와 함께 정참봉의 종에서 고부 호방 은세방의 종으로 팔리고 우여곡절 끝에 장흥 이방언의 도움으로 장흥에 정착하지만 봉기에 참여하여 작두칼 장수로서 혁혁한 공을 세우고 석대들에서 전사하는 이야기, 삼례집회에 참여하고 전주민회패를 이끌고 무장봉기에 공을 세우고 공주 우금고개 전투에서 전사한 이싯뚜리의 이야기 등이 서사의 기본 골격이다. 이들의 시각으로 동학혁명의 정신이 구현되고 있는 것이다. 농민 출신의 주동인물들이 농민군으로서의 성과를 낼 수 있었던 것은 두레 조직으로 구성된 농민공동체였기 때문에 가능했다.

여기에 주변인물들의 이야기들이 140개의 장에 얽히고설키면서 모자이크처럼 장면화되어 독자들에게 읽는 재미를 더해주고 있다. 크게 눈에 띄는 것은 임오군란(1882년)에 참가했던 놈이라는 뜻으로 이름 지어진 갈재패 두령 임군한의 이야기와 그의 졸개들(텀석부리, 김확실, 시또, 기얻은복, 이천석, 장호만, 김만복, 오거무)의 활약상, 임신년(1872년) 문경민란을 재차 도모했던 놈이래서 임문한이라고 이름한 대둔산 패 두령과

16 제6권 『우리의 요구를 들어라』, 275쪽.

그 졸개들(용배, 갑수, 왕삼, 막동, 김오봉)의 활약상, 임술년(1862년) 진주 민란에 가담했던 놈이래서 임진한이라고 이름 짓고 지리산에 숨어들어 산피점을 운영하면서 포수들에게 총을 팔아 무장하게 하는 산적들의 이야기는 악덕 지주나 양반들을 징치하는 것이 대부분이고 또한 동학혁명에 참여하여 능란한 싸움의 솜씨를 보여주어서 독자들의 도덕적 상상력을 만족시켜주고 있다. 이 중에서도 특히 대둔산 패 핵심 인물인 용배가 자신의 부모를 찾아가는 과정과 달주와 함께 월공 스님의 일을 거들면서 무장투쟁의 주역으로 성장하는 이야기는 주동인물의 이야기 선과 다를 것이 없다. 그런데 산적들의 이야기에는 단순히 도덕적 상상력만을 위한 것이 아니라 국가 차원에서 제도적으로 정의를 실현할 수 없다면 개인 차원에서 테러를 통해서라도 정의를 실현해야 한다는 논리가 숨어 있다.[17] 이러한 테러리즘은 뒷날 『오월의 미소』에서 구체화된다. 홍명희의 『임꺽정』이나 황석영의 『장길산』 같은 의적 이야기들이 『녹두장군』에서도 부분적으로 실현되어 있어서 읽는 재미를 더해주는 것만은 틀림이 없다.

그밖에 주변인물들의 이야기는 주동인물의 이야기와 화음을 이루면서 다성악적 소설의 면모를 보여준다. 예를 들면, 진산의 동학도 박성삼과 방필만의 농간으로 첩이 된 길례의 사랑 이야기, 전라감사 조병식의 악행으로 기생이 된 오연엽이 전봉준을 사랑하여 물레방 여인들에게 동학을 강의하고 무장봉기 때에는 농민군의 안살림을 도맡아 처리하고 부상

17 갈재패 이천석이 정참봉에게 땅을 빼앗긴 정묘득에게 하는 다음과 같은 말 속에서 그것을 확인할 수 있다. “우리같이 심 없는 사람들이 지대로 시상을 살라면 그런 놈은 그렇게 감쪽같이 한나씩 죽애부는 방도밲이는 다른 방도가 없소. 돈 없고 못난 놈들은 항상 그런 놈들한테 눌리고 뜯기고, 아까 그런 무지막지한 날강도질을 당하고 관청에다 알려도 그놈을 죽이기는커녕 되레 그런 놈들 편을 들잖소. 그런게 우리도 지대로 살라면 그런 일이 생길 때마다 그런 놈들을 죽이는 수밲이 다른 수가 없소. 이참에 전봉준 접주님이 고부에서 일어나신 것도 바로 그것이오. 그런디 꼭 그렇게 크게만 일을 할라고 하지 말고 아까 그런 놈들은 그럴 때 한나씩 한나씩 죽애부러사 쓰요.” 제6권 『우리의 요구를 들어라』, 36-37쪽.

자를 치료하는 이야기, 하학동의 기층민중들(동임 양찬오, 병신 강쇠, 수다스럽고 당돌한 강쇠댁, 달주의 숙부 김한준, 익살꾼 조망태, 두레의 영좌 김이곤 등)의 애환과 투쟁 이야기, 인천 개항장에서 아편과 쌀을 밀무역하는 일본 왈패 두목을 살해하고 강경으로 도피하여 이름을 김덕호로 개명하고 크게 객주를 운영하여 전봉준에게 자금을 대는 이야기, 사당패 꼭두쇠 정판쇠와 박성삼이 길례를 두고 전개되는 사랑 이야기 등 수많은 사람들의 인생사가 중심 서사에 끼어들어 교직되면서 당시의 시대상을 잘 보여주고 있다.

또한 『녹두장군』에는 다양한 전래 설화의 활용과 우리의 고유어나 속담과 같은 관용어구를 적재적소에 배치함으로써 소설적 의미에 깊이를 더해준다. 소개되고 있는 설화들을 몇 개만 예를 들면 선운사 미륵비결, 황산벌의 왕건과 견훤의 영웅설화, 곰나루 전설, 목란 마을 가래바위 전설, 운주사 와불 전설, 억불산 며느리바위 설화, 삿갓배미 설화 등등 있다. 모든 설화가 민중적 의미를 강화하는 역할을 하지만 특히 억불산 며느리바위 설화는 후천개벽의 사상으로 해석되고 있다. 운주사의 지허 스님이 만득이와 유월례를 장흥 이방언에게 데려다주는 과정에 들려준, 장자못 전설의 변이형이라고 할 수 있는 며느리바위 전설은 인색한 부자가 탁발 온 스님의 자루에 쇠똥을 담아주는 악행과 착한 며느리의 선행 이야기다. 스님이 큰 홍수가 지면 뒤를 돌아보지 말라고 했지만 무의식중에 뒤돌아봐서 며느리는 바위가 됐다. 지허는 '뒤를 돌아보지 말라'의 뜻이 "선천의 세상에서 후천의 내 세상으로 넘어가는 길목에서는 선천의 세상 즉 그 시아버지가 주장하던 세상에 대한 인정이나 인연이나 정분 같은 것을 칼로 베듯 끊어버리라는 소리"라고 해석하고 있다. 그리고 고유어나 관용어구는 송기숙의 소설어 사전[18]이 따로 있을 만큼 풍요로워 어떤 상황이나 심리 상태를 가장 적확하게 표현할 수 있게 한다.[19] 아마

18 민충환, 『송기숙 소설어 사전』, 보고사, 2002.

도 한국의 작가 중에 가장 다양한 어휘를 사용하고 있는 작가는 송기숙일 것이다.

이러한 주동인물과 주변인물들의 다양한 서사와 풍부한 서술 속에 전봉준이라는 걸출한 인물이 실루엣처럼 떠오른다. 전봉준은 손하중, 김개남, 이방언, 김덕명 등의 대접주들과 협력하면서 최경선, 정익서, 김도삼를 보좌관으로 삼아 동학혁명을 이끌고, 모든 문제는 스스로 해결해야 한다는 점을 강조하면서 "싸움은 사람의 목숨이 죽고 사는 것만으로 승패가 나는 것"이 아니라 '백성의 마음'에 우리를 묻으면 실패하고도 이기는 싸움이라는 점을 굳게 믿고 있다.[20] 『녹두장군』에는 최시형을 중심으로 하는 동학의 북접이 교단을 보전하려는 입장에서 무장투쟁에 매우 소극적이고 손병희만 3천여 명을 거느리고 공주전투에 참여한 것으로 되어 있는데 이것은 전봉준이 "백성의 뜻을 모으고 그 뜻이 향하는 곳으로 물길을 내듯 길을 내어 농민군을 이끌"[21]었다는 점을 강조하려는 의도가 작용했기 때문에 빚어진 현상으로 판단된다. 실제로 전봉준이 1894년 3월 백산에 호남창의소를 설치하고 총대장으로 2차 무장봉기하자 동학의 법헌 최시형은 4월 6일에는 청산 소사전으로 모이라는 기포령을 내리고, 9월 18일에는 충북 보은 문바위골에서 제2차 기포령을 내렸다. 손병희가 공주 우금고개 전투에서 패하고 후퇴하여 갈담에서 최시형과 조우한 다음 무주로 향하다가 장백리에서 이응백이 이끈 민보군과 접전하여 크게 물리치고 북상하였다. 영동군 용산에서 일본군과 관군의 포위 공격을 뚫고 빠져나

19 고유어 몇 개만을 예로 들면, 매조료장수(표준어로는 매조이장수 : 매통이나 맷돌의 닳은 이를 쪼아서 날카롭게 하는 사람), 곤쇠아비(나이 많고 흉측한 사람), 휫손(사람이나 일을 휘어잡아 부리고 처리하는 일), 비쌔다(마음에 있으면서도 안 그런체하다), 부개비잡히다(하도 졸라서 하기 싫은 일을 마지못해 하게 되다) 등등이 있다.

20 제11권 『팔도로 번지는 불길』, 271쪽.

21 위의 책, 51쪽.

와 최시형은 보은 종곡과 음성군 도장리에서 각각 관군과 한차례씩 격전을 치루고 나서 피난길에 올랐다.[22] 천도교 경전에 전하는 최시형의 동학에 대한 평가("갑오년과 같은 때가 되어 갑오년과 같은 일을 하면 우리나라 일이 이로 말미암아 빛나게 되어 세계 인민의 정신을 불러일으킬 것이니라."[23])에서도 북접이 결코 소극적이지만은 않았다는 것을 확인할 수 있다.

공주전투에서 패한 농민군들은 장흥으로 몰리고, 이곳에서 마지막 전투를 치른다. 장흥농민군의 무장기포는 1894년 11월 21일 웅치면에서 구교철이 기포하고, 25일에 대흥면 출정에서 이인환이 기포하여 회령진성과 흥양성을 점령하고 이방언의 북진세력과 합류하여 벽사역, 장녕성, 장흥부, 병영성 등을 차례로 함락하는 성과를 얻었다. 12월 12일부터 17일까지 6일 동안 장흥농민군은 조일연합군과의 교전에서 무자비한 살육을 당하다. 그중에 14일 15일 양일간 석대들에서의 전투는 말 그대로 혈전이었다. 6일간의 전투에서 죽은 장흥농민군의 사망자 수는 확인된 것만 1,647명에 이른다.[24] 그런데 『녹두장군』에는 장흥농민군의 활약이 제9권 9장 '황룡강의 물보라'에서 이방언이 이끈 황룡강 전투에서의 장태를 이용한 승리의 기록과 제12권의 11장과 12장에서의 마지막 전투만 언급되고 있을 뿐이다. 그러나 석대혈전에서 농민군 대장 만득이와 유월례가 죽고 그들의 아들 미륵이 살아남았듯이 '백성의 마음'에 묻힌 동학군의 정신이 되살아나 을미의병, 병오의병, 3·1운동, 4·19혁명, 광주민중항쟁, 그리고 오늘날의 '촛불시위'로 이어지고 있다. 이대흠 시인에게 '천관'이 "참 멀리 갔구나 싶어도/ 거기 있고// 참 멀리 왔구나 싶어도/ 여기 있"[25]듯이 사람이 사람답게 살려는 동학혁명은 125주년을 맞이했어도

22 성주현, 앞의 책, 115-116쪽.

23 『천도교 경전』, 천도교중앙총국, 1991, 392쪽.

24 위의환, 『장흥동학농민혁명과 그 지도자들』, 사단법인 장흥동학농민혁명기념사업회, 2013, 362쪽.

25 이대흠, 『당신은 북천에서 온 사람』, 창비, 2018, 10-11쪽.

한국의 정치·경제·사회적 불균등 상황에 메어 있는 우리들 곁에 늘 있어 왔고 앞으로도 계속 '지금 여기'에 있을 것이다.

6. 마무리

1980년 이후 송기숙의 소설세계는 그의 실제적 삶의 과정과 결코 다르지 않았다. 그의 모든 소설에는 정의롭지 못한 세계에 대한 저항과 민주화에의 열망이 강하게 투사되어 있다. 이러한 정의사회의 구현과 민주화에의 열망은 제정신을 가지고 있는 작가로서 문학적 실천과 삶의 실천을 분리할 수 없게 하였다. 그가 <한국현대사사료연구소>를 설립(1987)하고 소장직을 맡아 광주민중항쟁의 자료를 수집·정리하여 『5·18광주민중항쟁사료전집』(1990)을 간행하거나, <민주화를위한전국교수협의회>를 창립(1987)하고 초대 공동의장이 되어 민주화투쟁에 앞장서고, <민족문학작가회의> 의장이 되어(1994) 건강한 비판담론을 생산하는데 노력한 삶의 실천과 강력한 서사적 권력을 동원하여 현실의 불합리를 고발하고 응징하는 문학적 실천은 동궤의 인식 틀에서 이루어진 쌍생아이다. 5·18을 소설화한 『오월의 미소』(2000)가 법으로 심판할 수 없다면 사적인 방법으로라도 응징해야한다는 논리를 내세워 5·18의 책임자를 용서와 화해라는 이름으로 섣부르게 사면하는 현실을 경계하면서 그들의 죄악을 끝까지 응징하고자 함을 역설하고 있는데, 이것도 소설 양식을 빌려 정의사회를 구현하려는 강력한 의지의 표현에 다름 아니다.

송기숙은 1966년 이후 지금까지 8권의 중·단편 창작집과 5종 18권의 장편소설, 7권의 민담설화집, 3권의 산문집을 냈다. 결코 적지 않은 작품을 남길 수 있었던 것은 평소 철저한 시간 관리와 성실함 때문이다. 그의 다사다난한 일생은 언행이 일치하고 있다는 점에서 지사적 풍모를 보여준다. 그는 교육자이자 소설가로서 행동하는 지식인의 전형이었다. 그의 삶과 문학적 실천은 한국 현대사에서 '그 드물다는 굳고 정한 갈매나무'

로 우뚝 서 있는 지식인으로 자리 매김하기에 부족함이 없다. 그가 일생을 통해 해결하려고 하는 문제는 건강한 삶이란 무엇이고, 그런 삶을 영위하기 위해 우리가 할 수 있고, 또 해야 할 일이 무엇인가를 탐색하고 실천하는 일이었다. 정의 사회의 구현이 그가 추구하는 공적인 삶이면서 글쓰기의 궁극적인 목적이었다. 한국 현대사에서 삶의 조건을 민주화하기 위해 정치를 담론화하고 담론을 정치화하는데 마중물 역할을 충실히 수행했기 때문에 그의 소설세계도 이러한 실제적 삶의 모습과 다르지 않았다. 그래서 그의 소설을 관통하고 있는 핵심 벼리는 '사람이 사람답게 살자'는 동학의 이념이라고 할 수 있다. 소설의 주제만이 아니라 소재도 동학혁명과 관련된 것이 적지 않다. 그의 첫 장편소설 『자랏골의 비가』에서는 용골영감과 고당영감이 동학혁명 때 전봉준 장군의 휘하에서 용맹을 떨치다가 혁명이 실패하자 자랏골에 숨어들어 변성명한 채 살면서 양문이 일가의 탐학에 저항하다가 죽음을 당하고, 「재수없는 금의환향」에서는 마을 청년들이 동학군의 오랜 숙원이었던 의병들의 비석을 세우기 위해 노력하고, 「몽기미 풍경」에서는 동학군의 손녀인 순자가 노조를 결성하다 회사를 쫓겨난 혜선을 찾아가고, 『암태도』에서의 춘보가 동생 춘만과 아버지와 함께 고부에서 죽창을 들고 혁명에 참가했다가 암태도로 도망쳐 살면서 서태석을 도와 소작쟁의를 일으키는 인물로 설정되어 있다. 더욱이 『녹두장군』은 동학혁명 자체를 소설화하면서 사람이 사람답게 사는 세상을 만들기 위해서는 죽음을 무릅쓰고 불의와 억압기제에 저항해야 하고, 죽음까지도 다음 세대에서 부활하는 이기는 싸움이라는 것을 분명하게 보여준다.

송기숙 소설은 삶의 조건을 민주화하기 위한 투쟁의 기록만이 아니다. 그의 소설은 건강한 삶의 모습을 대안으로 보여준다. 그래서 그의 소설세계는 투쟁에서 오는 불화와 적대감으로 가득 찬 세계가 아니라 사랑과 온정이 넘치는 넉넉한 세계이다. 가진자와 못가진자의 갈등을 다루든 노사갈등을 다루든 어떤 갈등 속에서도 어느 한 쪽에 치우치지 않고 전체가 조화를 이루는 방향으로 비전을 제시한다는 데 송기숙 소설의 미덕이 있다. 예를 들면 「어머니의 깃발」에서 신고의 민중적 삶을 살고 있는 김개만의 행위는 혈연에 이끌려 어머니의 입장에 서지도 않고 오직 자신의 잘못을 인정하고 더불어 살아가는 세계를 보여준다.

송기숙이 지향하는 건강한 삶의 세계, 다르게 말하면 사람이 사람답게 사는 세상은 그의 산문 「마을, 그 아름다운 공화국」에서 극명하게 표출된다.[26] 공동체를 이루고 살아가는 이 세상의 축소판이라고 할 수 있는 마을에는 다섯 유형의 별난 사람들이 자기만의 고유한 사회적 기능을 수행하면서 건강한 삶의 세계를 형성하고 있다. 싹수 있는 마을에는 존경받는 동네 어른이 한 분 있고, 여기에 짝을 이루는 버릇없는 후레자식이 반드시 있게 된다. 모두에게 손가락질 받는 이 후레자식은 윤리적으로 반면교사 역할을 수행하고, 그를 추방하거나 억압하면 어른도 사라진다는 것이다. 장자의 논리대로, 산이 높으면 골이 깊듯이, 요·순임금이 있었기에 도척이 있다는 사유이다. 좋고 나쁨이란 거시적인 안목으로 보면 동전의 양면에 불과하다. 여기에다 말을 물어 나르는 입이 잰 여자, 우스갯소리를 잘하는 익살꾼, 좀 모자란 반편이나 장애인이 마을 단위의 사회적 구성 요소로 존재한다. 이 다섯 유형의 별난 사람들이 보통사람들과 어울려 건강한 마을 공동체를 이룬다. 도덕적으로나 기능적으로 긍정적인 것만을 추구하는 이성 중심적 근대화는 그 안에 파시즘을 일정하게 안고 있는 꼴이다. 부정적인 것과 긍정적인 것이 함께 어우러지는, 그래서 더불어 사는 공존의 논리, 이러한 똘레랑스의 실천이 송기숙이 추구하고자 하는 건강한 삶의 세계이다.

26 송기숙, 『마을, 그 아름다운 공화국』, 화남, 2005, 13-42쪽. 『녹두장군』에는 이 별난 사람들 다섯 유형이 어른, 후레자식, 우스갯소리 잘하는 사람, 입이 잰 여자, 싸움질 잘하는 여자로 되어 있다. 제6권, 『우리의 요구를 들어라』, 195쪽.

조정래 『태백산맥』의 민중적 상상력

1. 한국 근대화의 두 계열과 『태백산맥』의 문제성

대한민국 정부의 수립 이후 한국의 근대화의 모델은 4·19의 정신주의 계열과 5·16의 기계주의 계열에서 그 형체를 드러내기 시작했다. 일제 강점기 때 형성된 불구적 형태의 근대화가 제국주의의 논리를 재생산하면서도 민족담론을 형성한 특수성을 인정한다고 하더라도 해방공간의 정치적 혼란과 6·25전쟁, 그리고 1950년대 이승만 정권의 독재는 근대화의 모델을 마련할 수 없게 하였다. 이 시기는 이념의 갈등이나 6·25전쟁의 상처로 말미암아 근대화의 방향성이 뚜렷하게 잡히지 않고 잠재적 상태에 머물러 있었다. 더욱이 이승만의 독재정치는 근대와 전근대가 착종하는 현상을 야기했다. 이런 상황에서 1960년의 4·19와 1961년의 5·16이 한국 근대화의 모델을 마련할 수 있는 두 계열을 형성한 것이다.

혁명은 점진적인 기술적 발전에 의해서 결정되는 것은 아니다. 그것은 기술적 발전의 부분들로서 기능하는 경제적이고 정치적인 총체성의 보수補修를 요구하는 기계화의 계열과 사회적 총체성의 계열 사이의 거리에 의해서 가능하다. 그러나 4·19는 특정한 순간의 사회적 총체의 리듬에 맞추어 기호화가 가능한 것, 또는 인식된 것의 총체화를 구성하고자 하는 '전체주의의 오류'를 범하였고, 5·16은 기술적 진보의 리듬에 맞추어 사회적 관계들의 부분적 정비를 증진시키거나 강요하려는 '개량주의 또는 기술주의의 오류'를 범하였다. 다시 말하면, 전자는 관념의 세계에서 총체성을 구성하는 데 만족했고, 후자는 총체적 이상이 없는 상태에서 기술적 진보만을 꾀하는 오류를 범하고 있었다.[1] 기술주의는 자연스럽게 개발을 다그치는 독재정치와 친연성을 갖게 되었다.

이 두 계열의 상호작용 속에서 참된 근대화가 가능했을 터인데, 한국의 경우는 4·19가 이상세계에 대한 사회적 총체성의 모델을 마련하여 실천하기도 전에 5·16의 기술주의가 개발독재를 불러왔다는 점에 문제의 심각성이 있다. 물론 박정희에 의해서 추진된 '기술의 근대성'이 계몽주의 이후 서구 역사의 진로를 규정해온 실천적 프로젝트로서의 서구의 근대화를 짧은 기간 동안에 달성할 수 있었다는 장점도 없지는 않다. 여기에는 이성에 기반을 두고 인간 주체가 자기의 바깥 세계를 합리적으로 파악하여 역사를 진보·발전시킨다는 논리가 숨어 있다.[2] 그들이 추구하는 '생산주의적 합리성의 구체화'로서의 근대화는 선취의식과 기도企圖하는 정신이 자유롭게 활동할 수 있는 경제-기술주의를 신봉하는 것이었다.

그러나 합리적인 노동형식을 전제하지 않고는 산업자본주의의 장場[3]을 만들기는 매우 어렵다. 생산주의적 합리성을 구체화하려는 인간의 모든 노력을 근대성/근대화이라고 할 때, 이것은 현대인의 삶을 편리하게 하고 기능 중심의 효율성을 제고할 수는 있었지만, 그 역기능으로 배제

1 질 들뢰즈(G. Deleuze)/ 이정우 역, 『의미의 논리』, 한길사, 1999, 116-117쪽 참조.

2 김성기, 「세기말의 모더니티」, 『모더니티란 무엇인가』, 민음사, 1994, 16쪽.

3 여기에서 '산업(industry)'이란 단순히 '공업'을 말하는 것이 아니라 자기통제와 자기입법에 의해 계산적 혹은 훈련적인 기계로서 구축된 인간의 한 행동양식을 말한다. 자기 내부를 상세히 조사하여 낭비를 없애고 생산적인 생활을 향해 조직해 가는 그런 정신을 '근면'이라고 부른다면, 바로 이런 근면으로서의 산업이 구석구석까지 효과를 미치는 것이 산업자본주의라는 장(場)이다. 이마무라 히토시/ 이수정 역, 『근대성의 구조』, 민음사, 1999, 155쪽.

의 역학과 차별의 체계를 견고히 하여 인간 소외를 부추기는 결과를 가져왔다. 근대 시민적 인간의 윤리와 정신이 아직 충분히 합리적이지 못하거나 자기입법적이 아니기 때문에 차별과 배제가 생기는 것이 아니라, 반대로 근대 세계가 충분히 '합리적'이기 때문에, 근대적 시민의 내면이 너무나도 충분히 '자기통제적', '자기입법적'이기 때문에 도리어 근대성은 배제와 차별의 성격을 갖는 것이다.[4]

특히 1960~70년대 한국의 근대화는 합리적인 노동형식을 갖추지 못했기 때문에 불구적인 형태의 산업자본주의가 급속히 팽창하여 노동소외와 인간소외를 가속화했다. '잘살아보자'라는 구호 아래 경제개발5개년계획이 수립되어 실천되고, 국익이라는 미명 아래 노동자와 농민의 등을 밟고 산업사회가 굳건하게 자리를 잡은 것이다. 이 시기 한국의 운명공동체가 경험한 가장 심각한 사회적 불평등은 가진자와 못가진자 사이의 상대적 빈곤이었다. '보릿고개'를 넘어 절대 빈곤에서는 벗어났으나 많은 부를 축적한 사용자들과는 달리 노동자와 농민들은 상대적 박탈감 속에서 노동력을 착취당하는 계급 모순이 극대화된 시기였다.

그런데 1980년에 한국은 '민주적 근대성'을 수립하는 획기적인 전기를 마련할 수 있었다. 1979년 유신독재 체제가 무너지고 '서울의 봄'이 오는 혼란을 틈타 전두환의 군벌체제가 정권을 장악하게 되는데, 여기에 조직적으로 저항한 것이 '광주민중항쟁'이다. 이 사건으로 말미암아 역사의 주체는 가진자의 몇몇 사람이 아니라 보다 많은 민중이라는 것을 확인하고 믿게 되었으며, 우리의 생명과 재산은 우리 스스로 지켜갈 수 있도록 '자기 자신을 자발적으로 갱신하는 시대정신'으로서의 근대성을 추구해야 한다는 사실은 깨닫게 된 것이다. 이러한 '광주의 정신'에서 기술의 근대화가 가져온 배제와 차별의 억압을 극복하고 진정한 자유와 평등, 박애의 민주주의를 실현하려는 민주적 근대화의 모델을 마련할 수 있었

4 이마무라 히토시/ 이수정 역, 위의 책, 175쪽.

다. 기계주의 계열에 다시 정신주의 계열이 가로지르면서 민주적 근대화가 추진될 수 있는 토대가 마련된 것이다. 그래서 1987년에는 노동자, 농민인 프롤레타리아와 중산층으로서의 시민이 연대하는 미증유의 사태('6월항쟁')가 발생하여 군부독재를 종식시킬 수 있는 계기를 마련하기에 이른 것이다.

한국은 1970년대까지 개발독재의 기술적 근대화를 추구하는 과정에서 불완전하나마 분업화, 전문화, 조직화된 사회를 구축하면서 나름대로 개인과 집단이 함께 공존할 수 있는 제도와 규범을 만들어가기 위해 잡다한 갈등 속에서도 부단히 노력해온 것은 사실이다. 이런 노력이 1980년 5월 광주민주화운동을 기점으로 '잘살아보자'는 대의명분으로서의 근대화에서 점차 '다함께 더불어 잘살아보자'는 민주적 근대화로 바뀌게 된 것이다.[5]

1980년대 한국인에게는 이데올로기상의 분단국가라는 특수성이 내재해 있기 때문에 분단의 극복과 근대성의 획득이라는 거시적인 명제와 개인의 욕망을 충족함으로써 행복에 이르고자 하는 미시적인 명제를 아울러 해결해야 하는 과제가 부여되어 있었다. 여기에다 경제적 불평등이 야기하는 빈부의 격차를 어떻게 줄일 것인가라는 문제도 매우 중요한 함수로 작용하고 있었다. 그래서 당시의 시점에서 이러한 문제를 논의하기 위해서는 그런 문제를 유발한 근원부터 천착하는 노력이 필요했다. 그러한 문학적 노력의 결실이 『태백산맥』[6]이다. 본고는 이들 두 명제가 분명하게 드러나 있는 조정래의 『태백산맥』을 중심으로 1980년대의 민중적 상상력이 어떻게 실현되고 있는가를 살피고자 한다. 『태백산맥』은 1948년부터 1953년까지의 해방공간을 배경으로 하고 있기는 하나, 1980년대

5 임환모, 『한국 현대소설의 서사성과 근대성』, 태학사, 2008, 272쪽 참조.

6 『태백산맥』은 조정래가 1983년 『현대문학』 9월호에 처음 연재를 시작해서 6년 만인 1989년 10월에 완성한, 4부 120장 10권으로 구성된 대하소설이다.

의 한국인의 가치관과 민주화에의 열망이 고스란히 투사되어 있을 뿐만 아니라 오늘날의 모순과 당착이 어디에 그 뿌리를 두고 있는가를 밝혀서 보여주었기 때문이다. 더불어 이 작품이 보여준 이 시기의 다양한 인물 군상들의 여러 삶의 양상들이 오늘날까지도 우리의 삶과 매우 긴밀한 관계를 맺으며 우리에게 반성과 성찰을 요구하고 있다고 믿기 때문이다.

1945년부터 1953년까지 '해방8년사' 동안 가장 중요한 민족적 과제는 자주적 통일국가의 수립, 친일 민족 반역자 처단과 일제 잔재 청산, 토지개혁을 통한 식민지 사회 경제구조의 변혁이었을 것이다.[7] 그러나 이런 과제는 어느 것 하나 실현되지 않았다. 작가는 그 과제가 왜 실현되지 않았는가를 구체적으로 밝히기 위해 이 시기의 사회적 상황을 소설로 그리면서 분단의 원인과 그 극복의 가능성을 탐색하고자 하였던 것이다.[8] 작가는 1980년대 한국의 구조적 모순이 해방공간에 그 뿌리가 있다고 인식한 것이다. 이러한 현실인식 속에는 왜곡되고 굴절된 역사를 객관적으로 바로잡고, 그에 따라 역사의 진실을 밝혀내어, 그 진실의 바탕 위에서 우리 모두의 잘잘못을 냉정하게 심판하는 것이 분단극복이며, 그 과정을 거쳐야만 비로소 민족 통일의 길이 열릴 뿐만 아니라 우리 모두가 사람답게 사는 사회가 이룩될 것이라는 사유방식이 내재되어 있다. 그래서 작가는 200여 명에 이르는 등장인물들을 통하여 가능한 한 당시의 시대적 본질을 객관적으로 보여주고자 노력하였다.

그런데 이 다양한 인물들이 벌이는 서사적 의미는 식민지 수탈을 위해

7 박명림, 「『태백산맥』, '80년대' 그리고 문학과 역사」, 고은 외 저, 『문학과 역사와 인간 – 『태백산맥』의 소설적 성과와 통일문학의 전망』, 한길사, 1991, 85쪽.

8 작가 조정래는 문학지와의 대담이나 좌담, 또는 〈『태백산맥』 창작 보고서〉(『녹두꽃』 3집, 1991년 여름) 등에서 이 작품의 창작 동기와 의도 및 목적을 소상하게 밝히고 있는데, 결론은 이 작품이 '분단과 그 극복의 소설화'라는 것이다. 조정래, 「『태백산맥』 창작 보고서」, 『작가세계』 26호(7권3호), 1995년 가을호, 101–104쪽 참조.

일본인들이 개발한 '벌교읍'이라는 지역성에 의해 가능했다. 왜냐하면 벌교는 근대적 성격을 가장 잘 보여줄 수 있는 곳으로서 봉건적 잔재와 생산주의적 합리성을 겸비한 특수성을 지니고 있었기 때문이다.[9] 이곳은 근대성을 일찌감치 경험하여 전통적 가치와 자본주의의 합리성이 혼재하는 복합성을 구비하고 있었으며, 바로 그런 까닭에 그 속에서 한국 현대사의 중심 문제들이 논의될 수 있었던 것이다.

이런 『태백산맥』의 문제성은 남북분단 이후 금기시되었던 좌익이나 '빨치산'의 문제를 직접 다루고 있다는 것, 민족의 분단을 국가적 실리를 추구하는 외세의 간섭으로만 설명하려는 단계를 넘어서서 농민의 문제인 토지소유의 불균형과 경제적 불균등, 일제잔재의 미청산 등이 남북분단과 6·25전쟁의 원인이나 배경이 되고 있음을 구체적인 사건으로 보여준다는 점 등에 있다. 오늘날의 경제적 불균등이나 비민주적인 제도, 정치적 억압들도 모두 여기에 그 연원을 두고 있다는 논리는 다분히 문제적이다.

2. 민중적 상상력의 서사전략

작가 조정래는 과거의 기억과 현재의 욕망 사이의 역동적인 관계를 소설로 형상화하고자 하였다. 작가의 민중적 상상력은 『태백산맥』에서 소

---

9 조정래에 의해서 규정된 '벌교'라는 곳은 일본인들이 내륙의 농산물을 수탈하기 위해 개발한 지역이라는 것, 교통의 요충지이고 상업이 발달했다는 것, 중도방죽을 막아 새로운 간척지가 생기고 농산물을 실어내기 위해서는 많은 노동력이 필요했고, 그 돈을 좇아 사람들이 모여든 신흥 도시(읍)였다는 것, 그래서 전통적 규범보다는 자유분방한 행동이 용납되는 곳이기도 하였다는 것, 지주들이 돈 되는 일에 투자하여 잇속을 챙기는 데 능숙했다는 것, 농민들도 개화하여 귀와 눈이 밝고 입이 야무졌다는 것, 읍내 일본인들과 무난하게 잘 어울려 살았다는 것 등이 그것이다.(1:151) 본 연구는 1995년 해냄출판사에서 낸 제2판을 텍스트로 삼았다. 앞으로 인용 쪽수 표시는 (권:쪽수)의 형식으로 본문에 밝힌다. 예를 들어 (1:151)은 조정래, 『태백산맥』(해냄, 1995) 제1권 151쪽을 의미한다.

설의 몸이 민중의 형상성으로 실현된다. 작가는 한국의 근대화 과정이 안고 있는 구조적 모순을 경제적 불균형에서 오는 계급적 갈등과 분단된 정치 상황에서 야기되는 민족모순에서 그 원인을 찾았다. 계급갈등과 민족모순을 극복하기 위한 전략으로 작가는 광주민중항쟁에 의해 형성된 민중 주체성과 민중적 상상력을 해방공간에 투사한 것이다.

이 텍스트에는 차이의 반복에 의한 아라베스크적인 욕망의 구조, 장회체로 된 삽화적 구성원리, 등장인물들 간의 사제관계와 계몽구조 등과 같은 서사전략들이 주로 사용되고 있다. 이런 전략들에 의해 펼쳐진 작가의 민중적 상상력은 여러 계열의 삶들을 가로지르면서 복합적인 서사적 의미망을 생성하고 있다.

『태백산맥』에서 가장 두드러진 서사전략은 당시의 소작쟁의와 빨치산투쟁이 사회주의 사상이나 이념에 의해서라기보다는 농민들의 생존 투쟁이었음을 아라베스크적 욕망구조로 구체화하고 있다는 점이다. 윤부자네 작인들(서인출, 김종연, 유동수, 장칠복 등)과 정현동 사장네의 작인들(김복동, 노덕보, 강동기, 마삼수 등), 그리고 입산자들의 아내들(들몰댁, 죽산댁, 남양댁, 목골댁 등)을 포함한 당시 대부분의 민중들에게 가장 절박한 것은 그들에게 처한 가혹한 현실을 어떻게 이겨내고 생명을 이어갈 것인가라는 생존의 문제였다. 그들은 농지 소유권 분쟁으로 시위하기도 하고, 지주를 찾아가 상해를 입히고 도망하여 입산하는 등 살아남기 위해서는 어떤 행위도 서슴지 않는다. 그러나 그들의 그러한 행위는 죽음을 담보로 한 실존적 결단일 수밖에 없었다. 그래서 작가는 동학농민전쟁이 생존을 위한 투쟁이었듯이 당시의 소작쟁의와 빨치산투쟁도 생존권 투쟁이라는 등식을 설정하고 있는 것이다. 우선 한 끼의 밥을 걱정해야 하는 생존의 위협 속에서 사회정의나 단독정부의 수립에 대한 논의는 그들에게 배부른 소리에 지나지 않았다. 그들에게 대의명분은 그다지 중요한 문제가 아니었다.

설령 그들이 공산주의적 구호를 외쳤다고 하더라도 그것은 어디까지나 생존권을 보호하기 위한 소작쟁의의 수단일 뿐이었어. 그들이 마르크스 철학에 대한 신조가 있었던 것도 아니고, 공산주의 사상으로 무장된 정치의식이 있었던 것도 아니야. 다만 감상적이거나 소영웅적인 지식인이나 지하 공산조직이 그들을 이용했을 뿐이야. 지금도 형편은 마찬가지지. 당장 농지개혁을 단행해 논밭을 무상으로 분배해봐. 벌교 지역을 예로 들더라도, 이번에 입산한 농민들의 구십 퍼센트는 아마 하산하게 될 거야. 자기네들의 절대 목적이 성취됐는데 공산주의를 추종할 이유가 없지 않는가 말야. 현정부가 그 간단명료한 원인해결은 하지 않고 공사주의만 척결하려 하고 있어. 말이 해방일 뿐이지 정치하는 방식이나, 지주들이 그대로 군림하고 있는 것이나, 변하지 않은 소작조건이나, 그대로 일정시대의 연장인 게야. 그러니 소작쟁의가 계속될 수밖에.(3:179~180)

양심적인 계엄사령관 심재모에게 농민의 문제를 설명하면서 서민영 선생이 말한 위의 대목은 당시의 농민들의 실상을 여실하게 보여준다. 그에 따르면 일제의 잔재가 조금도 청산되지 못하고 식민지적 억압구조가 해방 후에도 그대로 작동하여 민중의 생존을 위협하고 있다. 여순사건 이후 빨치산 활동에 참여한 농민들은 대부분 이념적으로 사회주의를 믿기 때문이 아니라, 살기 위해서 투쟁하다가 어쩔 수 없이 입산했거나, 아니면 죽을 수밖에 없는 입장이라면 한번 신나게 싸워보고 죽자는 심정에서 빨치산이 된 경우들이다. 그러나 그들은 본래 '미륵주임' 이근술의 말대로 "땅이나 파묵음스로 사는디다가, 모이라면 모이고 가라면 가는 그 순헌 사람덜"(7:154)이고, 대부분은 정치에 무관심했었다.

그런데 그들이 생존을 위해 세상에 눈감고 살다가도 이처럼 혁명 대열에서 싸우다 죽어갈 수 있었던 것은 한장수 노인의 말[10]처럼 그들에게

---

10 "「그려, 덕보 자네 말도 철든 소리는 소리여. 헌디, 시방 우리가 허고 있는 소리가 꼭 그리 쓰잘디 없는 소리만은 아니시. 우리가 사는 것이 혼자서만 살아지는

대동세상을 믿는 마음이 있었기 때문이었다. 그들은 사람이 함께 어우러져 잘살아보자는 그 마음 하나 믿고 싸웠으며, 그러다 보면 언젠가는 좋은 세상이 올 것이라는 믿음을 가지고 투쟁했던 것이다. 이것은 당시의 대부분의 민중들이 당면한 현실의 질곡을 타개하기 위한 생존의 논리로서 사회주의 사상을 받아들였다는 작가의 역사인식이다.

당시의 소작쟁의와 빨치산 투쟁이 경제적 불평등의 구조적 모순에서 연유한 것이고, 이런 모순이 남북분단을 고착화한다는 사실을 구체화하기 위하여 작가는 가진자와 못가진자의 갈등에 관한 다양한 사례들을 끊임없이 반복함으로써 심층적인 결속성을 강화한다. 배고픔의 설움에서 연유한 증오와 복수심과 사원私怨이 여순사건과 6·25전쟁 중에 폭력으로 폭발한 것이다.[11] 이때 증오와 복수심과 사원은 한恨을 낳고, 이 한이 또 다른 보복을 감행함으로써 한이 한을 부르고, 보복이 보복을 부르는 일이 끊임없이 반복되는 양상을 보였다. 이러한 현상을 '한의 자동화'[12]라고 부르기도 한다. 이런 점에서 『태백산맥』의 전체적 구성은 '한의 자동화'를 구체화하기 위한 아라베스크적 욕망의 구조라고 할 수 있다. 이 보복의 반복은 소설의 종결을 유예시키는 아라베스크적인 욕망[13]이고, 이

것이 아니고 서로서로가 서리서리 얼크러지고 설크러져 사는 것인디, 갑오난 때나 지끔이나 앞으로 나서서 싸우고, 죽어가고 헌 사람덜이 워디 자기 혼자 잘 살겄다고 그리혔간디? 잘못된 시상 바로잡어 모다 잘살아보자고 헌 일이제. 앞으로 나슨 사람덜이 믿을 것이 머시겄능가? 지기덜 몸띵이겄는가, 손에 든 총이겄는가? 아니여, 아니여, 고런 것덜 아무것도 아니고, 뒤에 남은 사람덜 맘얼 믿는 것이여. 뒤에 있는 수수많은 사람덜 맘이 자기덜허고 똑같다고 믿는 그 맘으로 쌈도 허고, 죽기도 허는 것이여. 그 믿음이 읎음사 무신 기운으로 싸와지고, 무신 강단으로 죽어가겄어. 지 목심 아깝덜 않은 사람이 워디 있겄어.」"(4:59)

11 이러한 증오와 사원이 역사적 사건 속에서 폭력으로 폭발하는 '함축의 구성법'이 『태백산맥』의 전체적인 구성원리이다. 이재선, 『현대소설사』, 민음사, 1991, 105쪽 참조.

12 김윤식, 「태백산맥론」, 『한국문학의 근대성과 이데올로기 비판』, 서울대출판부, 1987, 219쪽.

것이 이 소설의 플롯을 이룬다. 그러나 그 반복은 차이와 닮음의 긴장관계를 유지하면서 언제나 다르게 되풀이된다. 그 중에서도 특히 분열과 갈등의 시대에 돋보이는 인간의 위대한 힘이 민중 속에 항상 잠재해 있다는 것, 그 힘은 어떤 촉발적인 계기만 만들어지면 나타난다는 것[14]을 보여줄 수 있도록 다양한 사건들이 다르게 반복되고 있다는 점이 이 소설의 미덕이다.

이러한 차이와 닮음의 긴장관계를 유지하기 위한 세부적 방법이 장회체로 된 삽화적 구성이다. 작가는 각각의 텍스트 공동체(삽화들)를 선조적으로 병치하면서 매우 드물게 그 공동체 사이에 매개 텍스트를 놓아 하위 텍스트 공동체가 더 큰 상위 텍스트에 엉겨갈 수 있도록 하는 방법을 사용하고 있다. 120개의 각 장들은 각각 독립적으로 기능하는 다양한 삽화들의 연쇄로 구성되어 있고, 각각의 삽화들이 장면의 현장성을 강화한다. 예를 들면, 제1부 17장 〈배고픔과 동물과 인간〉과 18장 〈수혈〉의 경우는 달걀장수로 변장한 정하섭이 소화를 찾아오는 이야기, 토벌대장 임만수가 염상진의 부인 죽산댁을 심문하는 이야기, 김범우가 순천경찰서 유치장에서 한창길에게 매타작을 당하는 이야기와 사답寺畓을 소작인에게 나누어주자는 주장을 했다가 빨갱이로 몰려 고문을 당하는 법일스님의 이야기, 정현동 사장이 재산을 팔고 광주로 이사갈 궁리를 하는 이야기, 이지숙이 안창민을 위해 수혈하는 이야기와 그녀의 좌익 내력, 윤

---

13 피터 브룩스에 따르면 시작과 극치 사이의 최단거리를 가장 길게 늘이려는 에로스적인 욕망이 아라베스크적인 욕망이고, 이것이 소설의 플롯이다. 그래서 소설은 쾌락의 충족을 늦추기 위한 탈선과 반복이 성행위이듯 종결을 늦추기 위해 차이와 닮음의 긴장관계 속에서 다르게 되풀이 반복하는 과정을 보여준다. "따라서 텍스트의 욕망(독서의 욕망)은 끝에 대한 욕망이지만 적어도 긴장을 통해 내러티브의 플롯이 되는 최소한의 복잡성을 지닌 우회로, 의도적 일탈을 통해서만 도달하는 끝에 대한 욕망이다." 피터 브룩스(Peter Brooks)/ 박혜란 옮김, 『플롯 찾아 읽기』, 도서출판 강, 2011, 169쪽 참조.

14 권영민, 『태백산맥 다시 읽기』, 해냄, 1996, 118-119쪽 참조.

부자네 작인 서인출·유동수·장칠복·김종연이 마름 오동평의 집에서 화투치면서 빨갱이를 찬양하고 토벌대를 비방했다는 죄목으로 염상구의 비밀조직에 걸려 몽둥이찜질을 당한 이야기, 멸공단장 윤태주가 문기수의 딸 정님에게 반해 책방을 들락거린 이야기가 주로 장면묘사되어 병치되고 있다. 벌교에서 벌어지고 있는 이런 각각의 이야기가 각각의 하위 텍스트를 형성하여 하나의 모자이크판을 이루고, 이것들이 모여 더 큰 상위 텍스트 공동체를 만들어간다.

삽화 중심의 플롯 전개는 특정한 장면을 자세하게 묘사함으로써 스토리 시간의 흐름을 끊고 플롯의 짜임새를 일시적으로 해체시키기도 한다. 이러한 이야기 전개 방식은 판소리계소설의 구성원리를 창조적으로 계승한 것이다. 판소리계 소설이 '부분의 독자성'[15] 혹은 '부분이나 상황의 독자적인 미와 쾌감'[16]을 추구하는 것을 특징으로 하는 양식이기 때문에 철저하게 삽화적 구성원리를 이야기 전개방식으로 삼았다. 이러한 삽화 중심의 서사문학은 독자가 각 삽화 자체의 상황적 의미와 미의식에 초점을 맞추면서 텍스트를 읽을 것이기 때문에 독자가 표현의 진솔함과 문체의 리듬감, 그리고 건강한 민중의식을 체험하게 되는 장점이 있다. 각각의 삽화들에 요약서술과 장면묘사가 리듬감 있게 교차·반복하고 있는 이런 구성방식은 전체적으로 보면 작가적 서술상황의 화자시점 서술이라고 할 수 있다. 여기에는 전지적인 3인칭 서술자가 보고 판단한 것이라기보다는 등장인물 중의 누군가가 보고 생각하거나 판단한 것을 서술자가 매개하는 서술이 주로 쓰인다. 이때 서술자의 말속에는 등장인물의 말과 생각이 뒤섞이게 되고, 등장인물들의 말에도 다른 인물들의 생각과 말들이 뒤섞이는 대화적 성격이 잘 드러나게 된다. 이런 방식의 서사는 독자가 현장감과 실재성을 느끼도록 대부분 장면의 대화를 통해 이루어

15 조동일, 「판소리의 전반적 성격」, 『판소리의 이해』, 창작과비평사, 1979, 24쪽.
16 김흥규, 「판소리의 서사적 구조」, 위의 책, 116쪽.

진다.

그러나 때로는 그 대화가 장면을 그대로 재현하기보다는 텍스트의 정보성을 극대화하기 위하여 외부시점 서술자에 의해 임의적으로 배열되어 사건의 논리적 필연성을 강화하는 기능을 수행하기도 한다.

> 「무슨 일이 있간디?」
>
> 구산댁은 감정을 내색하지 않고 그냥 지나가는 말처럼 물었다.
>
> 「심심헌께 불르는갑소.」
>
> 「댕게오니라. 영 늦으먼 아조 자고 와뿔고.」
>
> 한동네라고는 하지만 밤늦게 다니다가 무슨 변을 당할지 몰라 구산댁은 그렇게 말했다. 아들이 방을 나가자 구산댁은 가느다란 한숨을 쉬며 담뱃대를 끌어당겼다. '오 서방'이란 말만 들어도 가슴이 죄어드는 자신의 신세가 한심스러웠던 것이다. 그가 주인도 아니고 마름일 뿐인데도 그렇게 살아오기를 평생을 한 것이었다. 마름이라는 것이 도움을 줄 순 없어도 해코지를 하려면 얼마든지 할 수 있었다. 오 서방이 아들을 부른 것은 보나마나 뻔한 것이었다. 제가 이기게 되어 있는 화투판을 벌여놓고 술잔이나 뺏어먹으려는 수작일 것이다. 작인은 뼈 빠지게 농사지어 지주한테 바치고, 마름한테 뜯기고, 평생 그 꼴을 면할 수 없게 되어 있었다.(2:250-251)

여기에서 대화는 단순히 현장성을 확보하기 위한 매개에 불과하고 그 사이에 있는 요약된 지문이 서술 목적을 강화한다. 구산댁에 초점화되어 있기는 하지만 그녀보다는 서술자의 시각과 비전이 훨씬 강하다. '오 서방'이란 말만 들어도 가슴이 죄어든다는 것은 그가 오래 전부터 지금까지 부당한 권력을 부려오고 있다는 전제를 깔고 있다. 또 화투판을 벌여놓고 술잔이나 빼앗아먹으려는 수작이라는 것은 그가 평소에 늘 그런 행티를 부려왔다는 전제가 깔려 있다. 이런 전제는 등장인물이 "소박하고 무식하고 자기 기만적이라는 것을 넌지시 말해주는 강력한 도구인 것"17

이다. 따라서 서술자는 이런 전제를 통해 그 인물의 의식세계나 정신상태를 표현하고, 서술 목적을 분명하게 제시한 것이다. 이처럼 등장인물의 심리적 변화과정과 사건의 논리적 필연성을 높이기 위해 가변적 내적 초점화 서술을 사용하다가 결정적인 순간에는 전지적 외부시점 서술로 서사적 권력[18]을 강화하는 것이 『태백산맥』의 서술 특성이다.

또한 『태백산맥』은 모든 등장인물들이 사제관계에 놓이는 계몽구조의 원리가 작동하고 있다. 등장인물들 간의 사제관계에서 오는 계몽구조와 작가가 독자를 계몽하기 위한 의도에서 오는 계몽구조가 상승작용을 함으로써 과거의 역사적 사건이 당대의 민주화를 위한 열망에 의해 조금씩 달라지거나 다르게 반복되는 현상이 나타난다. 작가는 인물설정에서 대부분의 인물을 가르치고 배우는 사제관계로 설정함으로써 한국 근·현대사에 대한 정보를 제공하고 있다. 특히 민중적 역사의식을 전달 가능한 서사로 만들기 위해서는 등장인물들 간의 사제관계가 필요했던 것이다. 이들의 삶과 행동을 문제 삼고 있는 『태백산맥』은 따라서 소설의 구성상 계몽구조가 주조를 이룰 수밖에 없다.[19] 작가가 모든 이야기 구조를 제도나 인간관계의 합리적 생산성을 가르치고 배우는 단계로 설정하고 있는 것도 이 때문이다. 그러므로 인물들 간의 인간관계는 대부분 사제간

17 시모어 채트먼(S. Chatman)/ 김경수 역, 『영화와 소설의 서사구조』, 민음사, 1990, 257쪽.

18 서사적 권력이란 작가가 어떤 서사체를 가지고 허구라는 장치를 통해 현실적인 문제를 비판하고 징벌할 수 있는 힘을 말한다. 한용환, 『소설학 사전』, 문예출판사, 1999, 242-245쪽 참조.

19 이러한 사제간의 계몽구조를 서술자는 다음과 같이 언급하고 있다. "하대치가 오늘에 이른 것은 모두 염상진이 끼친 영향에 의한 것이었다. 두 사람이 관계를 맺어온 것도 십 년 세월이 넘어 있었다. 사범학교까지 나온 염상진은 하대치의 여백 많은 머릿속에다가 많은 모종을 이식시켰다. 기질적으로 피의 농도가 짙고, 환경적으로 불만요인이 많고, 태생적으로 자학성이 강한 하대치는 양질의 화선지였고, 염상진은 솜씨 탁월한 화공이었다. 화공은 유려한 선을 긋고 현란한 채색을 했고, 화선지는 그 물감을 흠뻑흠뻑 빨아들였다."(1:44)

으로 되어 있다. 예를 들면, 서민영 선생과 그 제자들(염상진, 김범우, 안창민, 손승호 등)의 관계, 염상진·안창민·손승호 등 지식인 빨치산들과 민중 빨치산 대원들의 관계, 서상철 선생과 이지숙의 관계, 빨치산 출판과장을 지낸 광주서중교장과 조원재의 관계, 손승호와 솥뚜껑의 관계, 한 장수 노인과 강동기·마삼수·김복동의 관계 등등 등장인물 대부분은 이런 사제관계로 맺어져 있다. 서민영과 같은 훌륭한 인물이 있었기 때문에 염상진이나 김범우, 안창민, 손승호 등과 같은 인간적이고 세계사적 개인으로서 문제적 인물들이 존재할 수 있었고, 계엄사령관 심재모가 그에게서 한국사의 특성, 특히 농민사와 농촌문제를 배울 수 있었던 것이다. 이런 사제관계는 서술자가 직접 말하는 데서 오는 생경함을 넘어서기 위한 서사전략이다. 선생의 입장에 선 등장인물이 시대적, 사회적 전망이나 바람직한 삶의 방향을 가르치듯이 말하게 함으로써 구체성과 설득력을 확보할 수 있었던 것이다.

인물들 간의 절대성적 사제관계는 민중의 무지를 계몽하고 의식을 고취시키며 일사불란한 조직을 갖추어 가는 빨치산 조직의 간부들인 염상진, 하대치, 안창민, 이지숙 등과 조직원들 사이에서 절정을 이룬다. 그들에게 사상교육과 무장투쟁은 별개가 아니라 온전한 하나이기 때문이다. 이런 인물들이 민중을 계몽하기 위한 교육을 끊임없이 반복해서 되풀이하는 과정이 『태백산맥』의 주된 서사 내용이다. 이러한 사제관계의 계몽구조는 1980년대 형성된 민중 주도성이나 민중적 상상력을 작가가 독자에게 거부감 없이 전달할 수 있는 서사전략이라고 할 수 있다.

그밖에 『태백산맥』에는 서사시적 무시간성과 시간의 공간화를 통해 서사 지연을 극대화하기도 한다. 시간이 공간화되면 소설의 세계는 서사시적 세계에 가까워진다. 제1부의 경우, 작가는 여순 사건의 본질이 무엇인지를 밝히기 위해 다양한 장치를 동원하여 서사를 지연시키고, 과거의 사건을 현재화한다. 그래서 시간 대신 공간 개념이 확대되어 역사적 사건 자체보다는 삶의 본질적 의의가 무엇인지를 심각하게 질문하는 형식을 취한다. 특히 작가가 창작했다고 하는 '대나무 전설'과 '탱자나무 전설'은 그러한 서사시적 무시간성을 극대화한 좋은 예이다. 이런 점에서 『태백산맥』은 역사적 사건의 의미가 무엇인가를 탐색하기보다는 그 사건을 겪어낸 인물들의 인간다운 삶의 본질이 무엇인가를 밝히는 데 서술의 초점이 맞추어져 있다고 할 수 있다. 그러나 3,4부 후반으로 갈수록 역사적 사건 자체의 의미가 무엇인가를 작가를 닮은 허구 외적 서술자가 독자에게 직접 가르쳐 보여주려고 하기 때문에 서사적 긴장이 적지 않게 떨어지는 현상이 일어나기도 한다.

3. 창조된 인물유형의 특징과 민중 주도성

이상과 같은 작가의 서사전략에 따라 창조된 『태백산맥』의 인물군은 크게 다음의 다섯 가지로 유형 분류할 수 있다.[20] 제1유형은 청년단장 염상구, 국회의원 최익승, 주조장사장 정현동, 계엄사령관 백남식, 경찰서장 남인태, 금융조합장 유주상, 토벌대장 임만수, 고흥지주 서운상 등의 보수우익계열의 인물들이고, 제2유형은 염상진, 하대치, 안창민, 이지숙, 정하섭, 조원제 등의 혁신좌익계열의 인물들이다. 그리고 제3유형으로는 지주 김사용, 계엄사령관 심재모, 율어지서장 이근술, 법일 스님 등의 보수양심계열의 인물들을 들 수 있으며, 제4유형에는 김범우, 서민영, 손승호 등의 개혁진보계열의 인물들을 설정해볼 수 있겠다. 여기에 당시의 소작인들을 포함한 민중계열이 제5유형으로 추가된다.

소설적 형상화의 차원에서 보면 제2,3,4유형은 매우 관념적이고 영웅적이며 추상적으로 그려지고 있음에 비해 제1유형의 보수우익계열과 제5유형의 민중계열은 생존과정에서 보이는 '살아남기'의 처절함과 '재산

20 조정래는 5가지로 유형 분류하고 있지만, 권영민은 좌익과 우익이라는 자질과 보수와 진보라는 자질에 따라 4가지로 유형 분류한다. 권영민, 『태백산맥 다시 읽기』, 해냄, 1996.

지키기'의 완강함이 대단히 구체적으로 그려지고 있기 때문에 소설미학을 획득하는 데 크게 기여하고 있다.[21] 이 두 계열 사이의 대결과 갈등이 이 소설의 핵심인데, 당시 남한의 실정이 80% 이상이 농민이었고, 그 중 대부분이 소작농이었다는 점을 감안한다면 이들 가진자와 못가진자의 대립과 갈등은 경작할 땅을 중심으로 한 생존권 투쟁의 성격을 띠지 않을 수 없었다.

그런데 그들의 생존권 투쟁만으로는 전망을 제시할 수 없었기 때문에 작가는 여기에 비교와 판단, 그리고 선택을 거친 확신의 체계로서의 정치사상을 지닌 지식인들을 창조함으로써, 그들을 통해 해방 직후 한국 농촌사회의 구조적 모순과 본질을 적확히 포착하여 제시할 수 있었다. 사실 이 시기의 한국인의 정치의식은 뚜렷한 개념과 구분의 기초를 갖지 못했지만 사회주의에 대한 기대와 선망은 적지 않았다.[22] 해방을 계기로 특정한 사람들이 갑작스레 민주주의 또는 사회주의를 표방하고 나섰지만, 일제의 통치 아래서 정치적 훈련의 기회를 갖지 못했기에, 그들의 마음속에는 민족·자유·평등·진보 등의 관념이 정리되지 않은 상태로 혼재했을 뿐, 비교와 비판 그리고 선택을 거친 확신의 체계로서의 정치사상을 간직한 사람은 드물었던 것이다.[23] 그럼에도 불구하고 작가는 이 작품에서 확신의 체계로서의 정치사상을 간직한 인물들을 여럿 창조함으

---

21 이 작품의 전반부인 1, 2부에서 보여주는 당대 계급투쟁의 물질적 토대로서의 지주층과 민중간의 투쟁 및 민중들의 간고한 삶을 리얼리즘적으로 형상화하고 있다는 점에서 신승엽은 '부분적인 리얼리즘의 승리'라고 말한다. 신승엽, 「『태백산맥』과 장편소설의 새 지평」, 『민족문학을 넘어서』, 소명출판사, 2000, 194쪽.

22 미군정청 여론조사 결과 - 자본주의 : 1,189명(14%), 사회주의 6,037명(70%), 공산주의 574명(7%), 모릅니다 653명(8%) (동아일보 1946. 8. 13일자 3쪽)
조선신문기자회 여론조사 결과 '어떤 국호를 찬성하는가?' 조선인민공화국 69.5%, 대한민국 24.6%, 무응답 6.0% (조선일보 1947. 6. 2일자 2쪽)

23 김태길, 「현대소설에 나타난 한국인의 가치관 연구」, 『대한민국 학술원 논문집』 제19집, 1980, 50쪽.

로써 당시의 시대적 본질과 전망을 드러낼 수 있었다.

작가는 보수우익계열과 민중계열을 통해서는 경제적 불균등의 해소를 위한 계급문제를, 혁신좌익계열과 개혁진보계열, 보수양심계열을 통해서는 통일된 근대적 민족국가 수립을 위한 민족문제를 해결하려고 하였다. 따라서 작가는 이러한 서사적 해결 모색을 위해 계급문제에서는 주로 전라도 사투리를 그대로 사용하여 리얼리티를 확보하는 전략을, 그리고 민족문제에서는 냉철한 이성으로 민족의 방향성을 설정하는 인물 형상을 위해 표준어를 사용하여 객관적 신빙성을 높이는 서술전략을 사용하였던 것이다.

당시 지배계층이라고 할 수 있는 보수우익계열의 인물들은 입신출세와 부의 축적을 가장 중요한 행동양식으로 삼고 있었다. 아마도 한국의 근·현대사가 수난과 굴욕의 역사였기 때문에 한국인의 무의식 속에는 안정을 희구하는 욕구가 강하게 투사되었을 것이다. 안정은 오직 출세를 통해서만 얻어진다고 믿기 때문에 출세는 한국인의 삶의 목표이자 절실한 소망이었다.[24] 자본주의 시대에 돈을 번다는 것은 출세하는 지름길이기 때문에 이들은 수단과 방법을 가리지 않았다.

다음으로 혁신좌익계열의 인물들은 자본주의의 속물성을 거부하고 혁명을 통하여 어둠을 밝히려는 노력[25]을 보여주었다. 이들은 인간 개개인의 욕망을 가능한 억제하고 보다 많은 다수가 인간적인 혁명의 순결성을 유지하면서 살아가는 세계를 건설하기 위해 실천적으로 행동하는 인물들이다. 따라서 그들에게는 그러한 세계를 건설하기 위해 무엇보다도 무지의 상태에 있는 민중들을 계몽하고 조직하는 일이 급선무였다. 그들에

---

24 김태길, 「현대소설에 나타난 한국인의 가치관 연구Ⅱ」, 『대한민국 학술원 논문집』 제21집, 1982, 81쪽 참조.

25 염상진은 "혁명은 어둠을 밝히는 것이며, 혁명동지는 어둠 속에서 빛나는 영원한 별이다."(3:159)고 말하는데, 이것은 혁명이 어둠에 빛을 밝히는 계몽(enlightenment)과 다를 것이 없다는 사실을 가리킨다.

게는 '지금 여기'가 문제가 아니라 해방의 '그날'이 중요하기 때문에 '그날'을 성취하기 위해서 조직이 철저하게 보호되어야 했다. 그러나 그들의 실천적 모습이 오늘날에 주는 시사점이 크기는 하지만, 인간을 위해서 조직이 존재하는 것이 아니라 조직에 인간이 예속되는 도그마는 논리의 편협성에서 자유롭지 못한 결과를 낳았다.

이처럼 혁신좌익계열이 보수우익계열에 대한 반대항으로 기능하고 있다면, 보수양심계열은 앞의 두 계열 사이에서 기묘한 융화를 이끌어내는 인물군이다. 체제를 변혁하려는 혁신좌익계열과는 달리 보수양심계열의 인물들은 운명적으로 주어진 체제를 유지하면서 인간답게 살기를 원했다. 이들은 사회 정치적인 문제보다는 인간적이고 정의적인 측면에 관심하기 때문에 가치평가의 기준은 인간적 성숙함에 있었다.

여기서 한발 더 나아간 개혁진보계열의 인물들은 휴머니즘의 차원에만 머물지 않고 탁월한 비판적 지성으로 진정한 민주주의를 추구하고, 민족 공동체의 운명과 개인의 운명을 연관시켜 가치를 판단하는 모습을 보여주었다. 그들의 이러한 비판적 지성은 우리로 하여금 그들의 논리에서 민족의 화합과 상생의 가치관을 발견하게 했을 뿐만 아니라 인류의 비전이란 차원에서 반성적 사유의 계기를 마련해 주었다.

마지막으로 『태백산맥』을 가장 소설답게 만들었던 민중계열은 생존의 논리를 지향하고 있었다. 이들은 '학습된 무기력'[26]에 따라 죽은 듯이 살아가다가도 일단 어떤 계기만 주어지면 혁명의 대열에 일떠서는 양면성을 지니고 있었다. 민중들이 바라는 것은 평등한 세상에서 서로 얽히고 설키면서 공존하는 것이었지만, 그것이 철저하게 원천 봉쇄되었을 때 혁명이 일어났던 것이며, 그 와중에서 당면한 현실의 모순과 억압을 타개

26 '학습된 무기력'이란 마틴 셀리그만 교수의 개실험에서 유래한 심리학적 개념으로, 강력한 외부적 자극과 억압이 주기적으로 계속되다가 멈추었을 때 그 개체가 아주 쉬운 문제도 해결하지 못하는 무기력 상태에 빠지는 현상을 말한다. 왕샹둥 / 강은영 역, 『심리학의 즐거움』, 베이지 북스, 2010, 81쪽 참조.

하기 위하여 민중지향적인 사회주의 사상을 생존의 논리로 받아들였던 것이다.

이 다섯 계열의 인물들은 독립적으로 존재하는 것이 아니라 애증의 관계로 서로 얽혀 있고, 아무리 악한 사람이라도 근본적으로는 착한 마음을 가지고 있다는 것을 작가는 보여주고자 하였다.

4. 마무리

한국의 근대화는 4·19가 보여준 관념의 근대성과 5·16이 가져온 기술의 근대성이 1980년 광주민중항쟁을 계기로 통합되어 민주적 근대성을 성취할 수 있는 길이 열린 것이다. 이러한 성취를 부분적으로 반영하고 또한 기획한 것이 조정래의 『태백산맥』이라고 할 수 있다. 이것은 1970년대까지 보여주었던 '잘살아보자'는 기술주의적 근대화가 '다함께 더불어 잘살아보자'는 상생의 근대화로 바뀌어가는 중요한 기폭제가 되었다는 데 그 의의가 있다.

이러한 변혁을 위해서 작가 조정래는 『태백산맥』으로 1980년대의 구조적 모순의 원인이 어디에 있는가를 진단하고, 민중적 상상력으로 상생의 방향을 제시하고자 한 것이다. 차이를 동반한 닮음의 긴장관계를 아라베스크적 욕망의 구조로 되풀이하는 구성방식, 부분의 독자성을 극대화하여 사건의 실재성과 현장성을 살리기 위한 삽화적 구성원리, 그리고 당시의 민주화의 열망을 담아내기 위한 등장인물들 간의 사제관계와 계몽구조 등과 같은 서사전략을 사용함으로써 다섯 계열의 문제적 인물들을 창조할 수 있었다. 이 작품의 미학적 성취는 보수우익계열과 민중계열이 재산 지키기의 완강함과 생존의 처절함을 실재적으로 재구성했다는 데에 있다. 여기에 혁신좌익계열, 개혁진보계열, 보수양심계열이 각각의 관점에서 비교·판단하고 선택하여 확신의 체계를 보여줌으로써 다원사회에 대한 전망을 제시할 수 있었다.

그러나 이러한 서사전략이 주도적으로 쓰인 『태백산맥』은 일정한 리얼리즘적 성과를 얻고 있음에도 주인물들, 특히 혁신좌익계열과 개혁진보계열의 인물들이 비현실적으로 영웅화되는 양상을 보임으로써 멜로드라마적 성격이 부각되기도 한다. 척박한 이념논쟁을 소설화하면서도 『태백산맥』이 대중성을 확보할 수 있었던 것도 서사구조가 사랑이야기를 한 축으로 하면서 입담 좋은 성담론을 적절하게 구사한다는 점, 무협소설에서나 볼 수 있는 영웅적 인물들(김범우, 하대치, 염상진, 염상구, 솥뚜껑 등)이 문제 해결에서 비범한 해결사 노릇을 톡톡히 잘 해낸다는 점 때문이었다. 이러한 멜로 드라마적 구성, 다르게 되풀이 반복되는 모티프들, 질박하고 탄력 있는 벌교지역의 사투리 등은 복잡하고 긴 소설을 빠른 속도감으로 읽어낼 수 있도록 하고, 더불어 질서정연한 인상을 주면서 읽는 재미와 함께 도덕적 상상력을 만족시켜준다는 데에 『태백산맥』의 대중성의 미학이 있다.

결국 작가는 민중의 잠재적 힘과 건강한 생명력을 역사발전의 추동력으로 설정함으로써 다함께 더불어 잘살아보자는 민주적 근대성의 실현을 역설한 것이다. 작가의 이러한 시각이 이 소설에 대해 이적성 시비를 불러온 요인이기도 하지만 정작 『태백산맥』의 가치와 효용성은, 이적성이 염려될 만큼 사회주의자들의 순결성과 도덕성을 이상적으로 그림으로써 우리 사회에 인권과 민족의 정체성에 대하여 심각하게 의문을 제기하고, 나아가서 새로운 가치체계의 수립을 위한 토론의 장을 마련하고 활성화했다는 점에서 찾아야 할 것이다. 결국 남은 문제는 균형을 잡기 위해 의견을 조정하는 일이며, 그것은 바로 독자인 우리들의 몫이다. 이 작품이 오늘날 우리 시대에 던져준 의미는 작가에 의해 긍정적 시선을 부여받은 인물유형들을 통해 소아와 대아를 조화롭게 조정해 가는 화합과 상생의 가치관을 창출하고, 우리로 하여금 현재의 자기 자신의 모습을 응시하도록 했다는 데 있을 것이다.

중앙아시아 고려인 단편소설의 지형도

1. 머리말

고려인 문학은 "소비에트 중앙아시아 고려사람 작가가 고려인 독자들을 대상으로 그들의 민족어인 고려말로 창작하고 발표한 작품을 의미한다."[1] 소비에트 중앙아시아 고려인문학은 '고려인'들이 한반도를 떠나 연해주 및 중앙아시아로 떠돌며 정착하게 되는 디아스포라의 삶의 궤적을 다룬 작품들이다. 기존 연구자들은 그들의 문학을 세대에 따라 연해주에서 창간된 한글신문 『선봉』의 문예란에 작품을 발표한 1923년부터 중앙아시아로 강제 이주당한 1937년까지를 제1시기(1세대)의 '망명문학의 태동기', 1938년부터 1954년까지를 제2시기(2세대)의 '망명문학의 정체기', 1954년 이후를 제3시기(3세대) 문학으로 보고 이것을 다시 1954년부터 구체제가 몰락하고 CIS(독립국가연합)가 만들어지는 1990년까지를 '망명문학의 성장기', 1990년 이후 현재까지 러시아어로 작품 활동을 하는 세대들의 문학을 '망명문학의 과도기'로 규정하고 있다.[2]

---

1 김필영, 『소비에트 중앙아시아 고려인 문학사(1937~1991)』, 강남대학교 출판부, 2004, 57쪽.

2 권기배, 「디아스포라와 망각을 넘어 기억의 복원으로 : 러시아 및 중앙아시아 한인 망명문학 연구(2) - 미하일 박 문학세계 연구」, 『외국문학』 제20집, 2012,

그들의 문학 중 소설을 시대에 따라 단계별로 세분화하면, 연해주 신한촌을 중심으로 고려인소설의 원류를 형성하는 단계, 항일투쟁의 영웅들을 소설화함으로써 고려인의 정체성을 찾아가는 단계, 새로운 조국으로서의 사회주의 소련을 예찬하고 조화롭게 다문화 사회로 정착하는 단계, 그리고 현실사회주의의 몰락 이후 다양화 사회의 개방 단계로 나누어 살펴볼 수 있을 것이다. 그러나 한국어로 쓰이지 않고 러시아어로 쓰인 소설들은 넓은 의미에서의 중앙아시아 고려인문학의 범주에 들기는 하겠지만 한국문학사의 영역에서 논의하기에는 다소 무리가 있다. 미하일 박이나 아나톨리 김, 리진, 양원식 등이 러시아어로 쓴 소설들은 한국문학만으로 볼 수 없는 양면성을 가지고 있다. 고려인의 러시아어소설은 고려인의 삶과 생각을 표현한 그들의 문학적 성과이면서 동시에 러시아나 중앙아시아의 소수자 또는 소수민족의 문학적 성취로 평가되어야 하기 때문이다.[3]

필자는 고려인소설의 형성과정을 살피고 나서 중앙아시아 고려인작가들이 공동창작집anthology으로 묶어낸 단편소설, 특히 김기철의 「복별」(1969), 한진의 「공포」(1989), 송 라브렌찌의 「삼각형의 면적」(1989)을 중심으로 그들의 디아스포라적인 삶이 어떤 궤적을 그리며 어떻게 소설화되고 있는가, 그것이 어떤 의미와 가치를 지니는가를 밝히고자 한다. 고려인 작가들이 사라져가는 고려말로 굳이 소설쓰기를 계속하는 이유가 어디에 있는가를 밝히는 것은 고려인의 정체성이 무엇이고, 그들의 지향점이 어디를 향하고 있는가를 아는 첩경일 터이다.

고려인 소설의 지형학적 위치를 확인하는 작업은 한국문학의 외연을 확장하는 일일뿐만 아니라 점점 다민족, 다문화 사회로 진입하고 있는

134쪽 참조.

3 윤여탁, 「세계화 시대의 한국문학 : 세계문학과 지역문학의 좌표」, 국어국문학회 편, 『세계화 시대의 국어국문학』, 보고사, 2012, 238쪽.

한국사회에서 고려인 디아스포라문학이 한국문화의 길잡이 역할을 수행할 수 있는 가능성에 대해 살피는 계기가 될 수 있을 것이다.

2. 고려인소설의 형성과정

중앙아시아 고려인문학의 출발은 연해주에서 창간된 한글신문 『선봉』[4]에서 찾는 것이 일반적이다. 이 신문은 3·1운동 4주년이 되는 날 창간되어 소련의 블라디보스토크 주변에 이주하여 정착한 고려인들의 눈과 귀의 역할을 담당했다. 『선봉』은 문예란을 만들어 문학작품을 게재하였는데 시가 주를 이루었다. 1923년부터 1937년까지 『선봉』에 발표된 소설은 정활의 「광부의 가정」(1935)과 강태수의 「공청회 조직원」(1937) 단 2편뿐이다.

1928년 조명희(1894~1938)[5]가 일제의 가혹한 검열과 탄압을 피해 연해

4 한글신문 『선봉』은 1923년 3월 1일 창간되었다. 리백호가 초대 주필을 맡았고, 1928년 조명희가 소련으로 망명한 이후 이 신문의 문예란이 활성화되고, 1937년 9월 12일 1644호를 끝으로 카자흐스탄 끄즐오르다로 강제이주 당하였다. 1938년 5월 15일 『레닌기치』로 제호가 변경되어 속간되었다.

5 조명희는 1928년 창작집 『낙동강』을 간행한 후 소련으로 망명하고 '조생'라는 필명으로 문학활동을 계속하였다. 연해주 고려인 육성촌에 거주하며 『선봉』에 「짓밟힌 고려」 등의 시를 발표하고 장편소설 『붉은 깃발 아래서』(미완성 원고)를 집필하였다. 1930년에는 벼 재배 전문 농민학교에서 조선어 교사로 있으면서 문예를 지도하고, 1931년에는 동료 교사 황명희(마리아)와 재혼, 우스리스크로 이사하여 조선사범전문학교에서 조선어문학을 강의하였다. 1934년에는 그 해에 결성된 소련작가동맹 원동지부 간부를 맡아 활동하면서 『선봉』의 문예면 편집을 자문하고, 한글잡지 『로력자의 조국』에 시, 평론, 수필 등을 발표하였다. 이듬해 하바로프스크로 이사하여 조선사범대학의 교수로 재직하면서 많은 제자들을 가르쳤다. 그는 소련작가동맹 원동지부 간사로 활동하면서 『선봉』 문예란을 활성화시키고 한글잡지 『로력지 조국』의 주필를 맡아 고려인 문학 건설에 힘썼다. 1937년 장편소설 『만주 빨치산』을 집필 도중에 소련 내무인민위원회(NKVD) 기관원에 의해 연행되고, 가족인 부인과 세 자녀들은 스탈린의 소수민족 강제이주정책으로 중앙아시아 타슈켄트 황무지로 강제이주를 당하였다. 이듬해 4월 15

주로 망명하여 신한촌에 거주하면서부터 러시아 고려인문학은 시작되었다고 보는 것이 더 타당할 것이다. 조명희는 『선봉』의 문예란에 「짓밟힌 고려」(1928) 등의 시를 발표하고, 『붉은 깃발 아래서』(1929), 『만주 빨치산』(1937)과 같은 장편소설을 집필할 뿐만 아니라 다수의 수필과 평론을 발표하였다. 그가 한글신문 『선봉』의 문예면 편집에 간여하고, 한글잡지 『로력자 조국』의 주필을 맡으면서 고려인문학은 태동되기 시작한다.

그런데 그가 1937년 『만주 빨치산』 집필 도중 소련 내무인민위원회NKVD 기관원에 의해 연행되고, 이듬해 9월에 일본을 위한 간첩행위를 하는 자들에게 협력한 죄로 처형됨으로써 러시아 고려인문학은 뿌리를 내리지 못한 채 1937년 중앙아시아로 강제 이주당하고 말았다. 척박한 허허벌판 황무지에 흩어진 고려인들은 살아남기 위한 처절한 투쟁을 계속할 수밖에 없었기 때문에 문학예술은 사실상 휴면기에 들어가게 된 것이다. 더욱이 블라디보스토크에 있던 조선사범대학이 이주민과 함께 카자흐스탄으로 옮겨왔지만 이주 다음해인 1938년부터는 한국어가 아닌 러시아어로 강의하는 학교로 바뀜에 따라 한국어의 사용과 활용이 그만큼 제약을 받게 되었다.[6]

그러나 스탈린 사후 1956년 호르시초프의 해빙정책으로 조명희가 복권되고, 1959년 그의 처남 황동민에 의해 『포석조명희선집』이 간행됨으

일 일본간첩 행위에 협력한 죄로 처형을 결정 받고, 9월 하바로프스크 현지 주르사 감옥에서 총살당하였다. 스탈린 사후 1956년 복권되고, 1959년에는 그의 처남인 황동민(1900~1985, 모스크바 국제관계대학 역사학 교수)이 편집한 한글판 670쪽 분량의 『포석조명희선집』(소련과학원 동방도서출판사)이 간행되었다. 김성수, 「조명희」, 『약전으로 읽는 문학사1』, 소명출판사, 2008, 71-76쪽 참조.

6 이때의 사정을 한진은 『오늘의 빛』 머리말에서 다음과 같이 말하고 있다. "쏘련의 조선사람들이 자기의 조선말을 잊어버리기 시작한 것은 아마 이때부터였을 것이다. 물론 로씨야말로 교육을 받았기 때문에 조선학생들은 빨리 지식을 소유할 수 있었고 그들 속에서는 많은 학자들도 나왔다. 로씨야말교육은 긍정적 역할을 놀았다. 그러나 그것이 조선말도 유지할 수 있는 교육이었더라면 더 좋았을 것이다." 『오늘의 빛』, 알마아따 : 자수싀출판사, 1990, 4쪽.

로써 중앙아시아의 고려인문학은 다시 되살아나기 시작한다. 고려인들이 중앙아시아로 이주 당한 후 대부분의 작가들은 한글신문인 『레닌신문』에 근무하면서 한글로 문학활동을 했는데 그들은 김세일, 김준, 김광현, 임하, 조기천, 전동혁, 김기철, 한상욱, 차원철, 우제국, 김종세, 리 와씰리, 김두칠, 한 아뽈론, 채영, 정상진, 강태수 등이다. 이들은 블라디보스토크의 조선사범학교에서 조명희에게 직접 배웠거나 그의 문학 자장 안에서 문학을 배우고 영향을 받은 사람들이다. 그들의 문학 활동으로 1962년 소련작가동맹 고려인분과가 조직되고, 78개의 다민족소비에트문학 안에 중앙아시아 고려인문학이 정상적으로 자리를 잡게 되었다. 고려인문학 형성에 한글신문 『레닌기치』[7]가 끼친 공헌은 지대하다.

1939년 5월 24일자 『레닌기치』에 '문예페지'가 마련되면서 문학작품이 발표되기 시작한다. 그런데 1940-50년대 『레닌기치』에 발표된 소설은 시에 비해서 극히 미미하다. 허원룡의 「우승긔」(1940), 태장춘의 「할흐 저녁」(1940), 우 블라지미르의 「수치」(1941), 김동철의 「쏜냐」(1941), 주가이 알렉쎄이의 「따마라」(1942), 조정봉의 「생의 불꽃」(1946), 리은영의 「씰로쓰 웅덩」(1957), 신진순의 「이웃 사람」(1958) 등이다. 이것들은 대체로 짧은 단편소설로서 소비에트 다민족주의의 우호를 그리거나 소비에트 사회주의 건설을 주제로 한 내용들이다.

1960년을 전후하여 소련문학 안에 고려인문학이 자리를 잡아가면서 소설 창작이 어느 정도 활성화되었다. 이때 김준(1900~1979)과 김기철

7 카자흐스탄 『한인일보』 주필인 김상욱에 따르면, 『레닌기치』는 1938년 5월 15일 끄즐오르다에서 지역신문의 지위로 창간되어 처음에는 A4 2매, 월 15회 발행되었는데, 이것은 『선봉』이 제호가 변경되어 『레닌기치』가 된 것이다. 1978년 8월에 알마아따로 이전하고 크게 활성화되었다가, 1991년 5월에는 『고려일보』로 개칭되고 국영신문에서 민간신문으로 전환되었다. 2000년부터 카자흐스탄 고려인협회에서 운영하는데, 주1회 16쪽(노어판 12쪽, 한글판 4쪽)으로 발행하고 있다. 김상욱, 「고려인 한글문학의 산실, 선봉, 레닌기치, 고려일보」, 『교려인 강제이주 75주년 기념 '서울 실크로드 국제 문학인 대회'』, 알마아따, 2012. 7. 11.

(1907~1991), 전동혁(1910~1985), 김세일(1912~2001), 김광현(1915~2001), 한상욱(1919~1973) 등에 의해서 고려인 소설이 중앙아시아의 특수성 속에서 소설의 몸을 얻기 시작하였다.

그러나 이들에게 무엇보다 우선한 문제는 소설의 미학적 형식의 아름다움이 아니라 다민족소비에트연방에 안정적으로 정착하여 생존의 위협에서 벗어나고 자치권을 확보하는 일이었다. 그러기 위해서는 고려인으로서의 정체성 확립이 무엇보다 시급했다. 결국 '우리가 누구인가?', '다른 민족들과 더불어 살아갈 자질을 갖고 있는가?'를 진지하게 묻고 여기에 답을 해야만 했다.

중앙아시아 고려인 작가들은 주체적 생존을 위해서 자신들의 원 거주지인 연해주가 소련의 국가형성에 어떻게 기여했는가를 중심으로 소설을 쓰기 시작한다. 연해주는 한국의 독립투사들이 항일운동의 일환으로 사회주의 사상투쟁을 전개한 중심지였다. 그곳은 한국의 이주민들이 삶을 이어가는 터전이자 항일독립운동과 긴밀하게 결부되어 있는 곳이었다. 자신들이 연해주에서 중앙아시아로 이주되어 왔지만 사회주의 이데올로기로 무장한 투사들이 러시아와 일본의 적대관계 속에서 항일투쟁을 함으로써 러시아 국가건설에 나름의 기능을 했다는 자부심이 내재되어 있었던 것이다. 물론 이 두 국가 사이에서 빚어지는 갈등과 의혹 속에는 강제이주의 한 원인이 자리를 잡게 되고, 또 그것으로 말미암아 조명희를 비롯한 많은 지식인이 일본 간첩 혐의로 희생되는 비운을 맞기도 했다.

김준의 『십오만원 사건』[8]과 김세일의 『홍범도』[9]는 중앙아시아 고려인

8 김준, 『십오만원 사건』, 카자흐스탄 국영문학예술출판사, 1964.(총 358쪽의 장편소설)

9 김세일, 『홍범도』, 『레닌기치』에 1968년부터 1969까지 연재한 장편소설. 1989년 전5권으로 서울 제3문학사에서 발간되고, 동시에 같은 해 서울 신문학사에서 3권으로 발행됨.

들의 정체성을 확립하는데 매우 중요한 기능을 하였다. 이 두 장편소설은 항일 무장투쟁만이 아니라 국가독점자본주의에 투쟁하는 사회주의 운동의 성과를 보여주었기 때문에 고려인들이 소련 사회에 끼어들 여지를 마련하기에 부족함이 없었다.

김준의 『십오만원 사건』은 실존 인물 최봉설[10]이 독립자금을 마련하기 위해 중국 연변 용정에서 현금수송차량을 습격하여 15만원을 탈취한 사건을 바탕으로 이루어진 소설이다. 고려인문학의 창시자인 조명희의 영향을 받은 김준의 『십오만원 사건』은 강제이주 체험에서 배태된 민족말살의 불안과 공포를 상징적으로 치유하려는 것인데, 국제주의를 전폭적으로 수용하면서 한국 본토와 연결되어 있는 민족주의를 부정하는 방식을 통해 고려인들이 소비에트연방 형성에 일정한 기여를 한 소련의 공민임을 선언한 소설이다. 이 장편소설이 1922년 원동에서의 소비에트정권 수립에서 서사가 끝나고 있고, 이 이후 중앙아시아로의 강제이주 이후의 기나긴 수난의 역사에 대해서는 침묵하고 있다는 점에서 보면, 『십오만원 사건』은 중앙아시아 소비에트에서 살아남기 위한 당시 고려인들의 '집단적인 꿈의 굴절물'일 수 있다.[11]

김세일의 『홍범도』는 무장투쟁 독립운동가 홍범도[12]의 혁혁한 항일투

10 최봉설은 1920년 윤희준 등과 함께 조선은행 회령지점에서 용정출장소로 가던 현금 수송차량을 습격하여 현금 15만원을 탈취한 후 이 자금으로 블라디보스토크에서 무기를 구입하여 북로군정서에 제공하였다. 그가 일본 경찰에 체포되었으나 탈출하여 연해주에서 사관학교를 졸업하고, 1922년 러시아 내전에 참전하였다. 1923년 만주에서 적기단을 조직하고 단장 및 집행위원장으로 선출되어 항일무장투쟁을 계속하였다. 1925년 적기단이 해체되자 러시아로 들어가 활동하다 중앙아시아로 이주, 카자흐스탄 등지에서 콜호스 회장으로 활동한 뒤 1959년에는 침켄트로 이주하였다. 장사선·김현주, 「SIC 고려인 디아스포라 소설 연구」, 한국현대소설학회, 『현대소설연구』제21호, 2004.3., 12～13쪽 참조.

11 김주현, 「국제주의와 유교적 지사 의식의 결합 - 김준의 작품 세계」, 이명재 외, 『억압과 망각, 그리고 디아스포라 - 구소련권 고려인문학』, 한국문화사, 2004, 172쪽.

쟁을 소설화한 것으로 홍범도와 레닌의 상관성을 간접적으로 보여준 장편소설이다. 작가는 이 소설을 통해 홍범도 같은 전설적인 항일무장투쟁의 영웅이 '지금 여기' 중앙아시아에서 거주하고 있는 고려인들의 직접적인 조상이자 동료라는 것을 일관된 자긍심으로 보여준다. 고려인 자신들이 일본 간첩 의혹에 대한 보복으로 중앙아시아에 유폐된 존재가 아니라 항일 무장투쟁과 사회주의 혁명투쟁에 적극적으로 참여한 사회주의 건설과정의 정당한 일원이라는 점을 복원해냈다는 점에 이 소설의 가치와 의미가 있다. 고려인들의 자기합리화가 내재되어 있다고 하더라도 그들의 역사 복원작업은 자신의 정체성을 찾는 일이라는 점에서 보면, 『홍범도』는 고려인들이 각종의 민족적 차별을 극복하고 소련권에서 살아남아 성공한 자신들에 대한 헌사라고 할 것이다.[13]

『심오만원 사건』이나 『홍범도』는 실존인물의 실화를 바탕으로 재구성된 서사물이기 때문에 오체르크[14] 양식에 가깝다. 작가들은 정치적 대중

12 홍범도(1868~1943)는 1907년부터 산포대를 결성하여 삼수, 갑산, 해산 등지에서 일본수비대를 격파하고, 1910년에는 만주로 건너가 포수단을 조직하여 광복사상을 고취하고 독립군을 양성하였다. 1919년에는 간도대한국민회 예하의 대한독립군 총사령관에 취임, 같은 해 200명의 부하들을 거느리고 두만강을 건너 강계 만진포를 습격, 3일 동안 일본군 70여명을 사살함. 1920년에는 봉오동전투와 청산리전투에 참여하여 큰 공을 세웠다. 일본군의 추격을 피해 간도지방의 김좌진, 최진동 부대와 함께 노령으로 이동, 자유시를 새로운 근거지로 삼았으나 자유시참변을 겪은 후 1922년 고려공산당과 한족공산당이 통합되어 조직된 고려중앙정청의 고등군인징모위원에 임명되고, 레닌정부의 협조를 얻어 고려혁명군관학교를 설립하는 등 후진 양성에 힘쓰다가 1943는 카자흐스탄 끄즐오르다에서 죽었다. 한국정신문화연구원, 『한국인물대사전』, 서울: 중앙M&B, 1999, 2462쪽 참조.

13 강진구, 「고려인 문학에 나타난 역사 복원 욕망 연구 – 김세일의 장편소설 『홍범도』를 중심으로」, 이명재 외, 『억압과 망각, 그리고 디아스포라 – 구소련권 고려인문학』, 한국문화사, 2004, 277-278쪽 참조.

14 오체르크(Ocherk)는 문학의 정치와의 관계성을 가장 극명하게 보여주는 정치적 대중 선동의 서사문학 장르이다. 오체르크에는 기행 오체르크, 인물 오체르크, 사

선전 선동의 필요에 의해 만들어진 산문의 하위 장르를 활용하여 홍범도나 최봉설의 영웅적 행위를 찬양·교육하고, 이를 통해 '상상의 공동체'로서의 민족의 정체성을 확립하려고 노력했기 때문에 그들의 소설 창작 행위는 부정적인 현실에 대한 문학적 응전이라고 해야 할 것이다. 결국 홍범도와 최봉설 같은 영웅적 인물을 부각시킴으로써 중앙아시아의 다민족 속에 하나의 구성체로서 고려인들은 정신적 뿌리를 내릴 수 있었던 것이다.

3. 고려인의 정체성 확립을 위한 소설적 응전 : 김기철의 「복별」

1960년대 이후 고려인들은 중앙아시아에서 어느 정도 자리를 잡아가면서 소비에트 공민으로서의 자격을 갖추어가기 시작한다. 소비에트 중앙아시아 공민으로서의 자격은 사회주의 이념과 국가건설에 기여한 성과가 전제되어야 가능한 일이었다. 이러한 소망을 소설 형식으로 형상화하는데 성공한 작품이 김기철[15]의 「복별」[16]이다.[17]

건 오체르크, 시평 오체르크, 전쟁 오체르크 등이 있다. 북한과 연변에서 소련의 오체르크 양식을 가져다 정치서사물로 활용하였다. 이영미, 「북한의 문학 장르 오체르크 연구」, 한국문학이론과비평학회, 『한국문학이론과 비평』 제24집, 2004. 9., 409-431쪽 참조.

15 김기철은 1907년 함남 단천에서 출생하여 연성룡과 함께 중국 간도 용정의 대성중학을 졸업했다. 연해주 하바로프스키의 변강출판사에서 함께 근무하던 조명희로부터 문학적 감화를 받았다. 1934년에는 희곡 「빠르찌산을 짓고」, 1938년에는 중앙아시아 고려인 최초의 소설 「첫사귐」을 썼다. 「첫사귐」은 공동창작집 『씨르다리야의 곡조』(알마아따 : 사수싀출판사, 1975)에 재수록되었다. 1987년 자신의 소설집 『붉은 별들이 보이던 때』를 사수싀출판사에서 간행한 그는 1991년 3월 알마아따에서 사망했다.

16 김기철의 「복별」은 1969년 11월 『레닌기치』에 연재된 단편소설이다. 이 작품은 고려인 공동작품집 『해바라기』(알마아따 : 사수싀출판사, 1982)에 재수록 되었다. 여기에 수록된 텍스트를 연구 대상으로 하였다.

17 평론가 정상진은 『레닌기치』 1970년 9월 16일자에서 김기철의 「복별」이 "예술

「복별」은 46배판 20쪽에 달하는 상당히 긴 단편소설이다. 이 소설은 강제이주 당하기 전에 살았던, 원동의 '다섯호동리'라는 마을에서 생긴 백위군의 마을 습격 사건과 이것을 계기로 세 장정이 볼세비키의 적위군에 가담하여 일본제국주의 세력을 축출하는 데 어떻게 기여하는가를 형상화하고 있다. 작가를 대변하고 있는 서술자의 서술 초점은 그들이 어떻게 사회주의 이념으로 의식화되어 가는가, 1922년 내전을 종식시키고 사회주의 국가체제를 확립하는데 그들이 어떻게 기여했는가에 맞춰져 있다.

이 소설의 텍스트 효과와 미의식은 서술자의 설정과 초점화 서술에서 발생한다. 작가는 서술자를 1인칭인 '나'로 설정하고 있는데, '나'가 14살 때인 1921년 가을을 시간적 배경으로 서사가 시작된다. 14살짜리 소년인 '나'가 등장인물로써 보고 인식한 것을 서술하는데 인식주체는 14살의 소년이고, 서술주체는 세상물정을 두루 알고 있는 성인이다. 인식주체와 서술주체가 뒤섞여 나타나는데 대부분은 성인 '나'가 어린 시절의 경험을 40년이 훌쩍 지난 시점에서 재구성하고 있다.

> 마을 사람들은 이날 밤을 거의나 뜬눈으로 새였다. 특히 아버지들이 그리하였다. 근심이 태산 같았던 것이다. 집과 살림도구, 옷과 이부자리가 몽땅 타버리고 곡식이란 것은 절반소출도 먹으나마나하다. 죽물이나 우려서 입에 풀칠을 하며 지낼셈치더라도 추위가 코앞에 닥쳐오는데 대체 무엇을 입고 덮고 산단말인가? 이리 파보고 저리 파봐도 돈 나올 구멍수라고는 없다. 그럴수록 어른들은 여태껏 복별이 비치기를 바라고 살아온 자기들의 어리석음을 깨달으며 붉은 파들이 이기면 땅이 생기고 잘 살게 되리라는 그 뜬말에 은근히 희망을 거는 것이었다.[18]

작품이 가져야 할 구성성분을 충분히 갖추고 있"고, "주인공들이 의식적으로 계속 장성 발전하여 가며 그들의 계급적 자아의식이 성숙하여가는 행정이 잘 묘사되었다"고 평가하면서 「복별」이 '우수한 작품들 중의 하나'라고 극찬하고 있다.

어린 소년 서술자라면 적위군과 백위군의 싸움을 알 수도 없을 뿐만 아니라 앞으로 살아갈 날에 대한 근심과 걱정을 이렇게 구체적으로 하지 않을 것이고, 더욱이 복별이 비치기를 바라는 풍수지리적 속신을 믿어온 자신들의 사고방식이 어리석었다는 것을 깨달을 수도 없었을 것이다. '나'의 아버지를 비롯하여 노랑둥이아버지, 복돌이아버지, 보배아버지, 오묵네아버지 다섯 사람이 그 산기슭에 마을의 자리를 잡을 것은 "서산줄기 한가닥이 흘러내리다가 강을 만나서 걸음을 멈추고 치솟아 쪼막바위를 이룬 것이 바로 달리던 룡이 하늘로 날아오르는 형국이라 하여 이곳에 뿌리를 박기만 하면 복별이 비치여 살림이 페고 재산이 불고 자손이 수두룩이 퍼지리라는 것"[19]을 믿었기 때문이다. 이런 미신을 믿고 열심히 살아왔지만 20여 년 동안 이룬 것이라고는 다섯 집 아울러 황소 두 마리, '큰영 김주사네 변돈 몇십량씩과 지난해에 채 바치지 못한 땅세가 조 두섬, 귀밀 한섬씩' 빚을 지고 있을 뿐이다.

그러던 중 1921년 가을은 풍년이 들었다. '복별'이 비쳤다고 좋아하고 가을걷이를 시작한지 엿새째 되는 날 백위군 기병이 들이닥쳐 조밭에 말을 놓아먹이고 황소를 죽이고 집을 불살라버렸다. 일본제국주의 앞잡이인 기병들이 마을에 그런 행포를 부린 것은 조선인 파르티잔들에게 5명이 죽임을 당한 것에 대한 분풀이였다는 서사 정보가 그들이 물러간 다음 '나'의 아버지 입을 통해 직접 드러나기 때문에 서사적 긴장과 재미가 배가되는 것이다. 이러한 서사 정보를 제시하는 크로노토프의 서사전략이 독자에게 미적 감흥을 불러일으킨다.

이 소설이 의식과 행동의 성장과정을 보여줄 수 있었던 것도 이런 크로노토프의 효과 때문이다. '나'의 아버지들이 볼셰비키 적위군에 가담하게 된 것은 백위군 기병들 중에 어떤 러시아 사람이 아버지에게 "소를

---

18 『해바라기』, 알마아따 : 사수싀출판사, 1982. 38쪽.

19 위의 책, 29쪽.

잡아채우고 떠날 때 우리 남정 다섯을 집에 몰아넣고 불을 놓으려고 한 것"을 살짝 귀띔해 준 것이 계기가 되었는데, 살짝 빠져나온 아버지들은 '울뚝밸'이 나서 '베르단총'으로 대항했던 것이다.

그러나 정작 그들이 사회주의 건설 혁명에 직접 참여하게 된 동기는 마을이 습격을 받아 쑥밭이 되었다는 소식을 듣고 도우러 온 '맨웃촌' 사람들, 특히 '김선생'의 도움과 일본제국주의자들('땅지기 이와노브', 일본수비대 소속의 민회장 '김주사' 등)의 횡포이다. '맨웃촌' 사람들 40여 명은 구호물품을 가져오고, 가을걷이를 도와 추수를 마칠 수 있었다. 여기에서 서술자는 "여러 사람의 힘, 뭉친 힘이란 실로 큰 것이었다."고 직접 서술한다. 마당질을 마치고 세 아버지들은 술과 떡을 빚어 '맨웃촌'으로 답례를 가고 없을 때 땅지기와 민회 일당이 찾아와서 땅세와 밀린 '변돈'(꾸어다 먹은 양식 값)이라는 명목으로 모든 곡식을 한 알도 남김없이 빼앗아갔다.[20] 다음날 돌아온 아버지들 세 사람은 크게 분개하고 남은 황소를 팔아 양식을 마련해두고 집을 떠났다. 그들이 떠난 후 마을 사람들은 일본수비대에 끌려가 그들이 간 곳을 염탐하는 고문을 당하는데 특이 '나'의 어머니는 더욱 혹독한 고문을 받았다. 속히 돌아오겠다던 아버지의 소식은 없고, 이듬해 1922년 2월 중순 쯤 하바로프스키에서 '붉은파'(적위군)가 '백파'(백위군)를 쳐서 크게 이겼다는 소식과 '붉은파들'에는 조선 사람들이 많이 들어 싸웠고, 그들은 계속 쳐내려온다는 소식만 전해질 뿐이었다.

변변히 농사를 짓지 못해 먹을 걱정을 하는 가을이 왔을 때 마을 사람들은 쪼막바위 위에서 얼마 안 되는 '백파' 기병을 쫓는 다수의 '붉은파' 기병을 보게 된다. '낫과 마치와 별을 새긴 붉은 기발'을 앞세우고 가는

---

20 수탈을 일삼은 일본 앞잡이들의 논리를 작가는 김주사의 입을 빌려 "조선사람들을 보호하기 위하여 큰영에도 일본수비대가 와 있다는 것, 민회는 조선사람들의 일을 도맡아하는 기관이란 것", "신당들이 말하는 공산을 하며 지어 녀편네까지 네것남의것이 없는 란판이 된다는 것"이라고 제시한다. 위의 책, 43쪽.

기병들 속에는 '러시아사람'과 '조선사람'이 섞여 있고, 그중에 세 아버지들이 말을 잠시 세우고 칼을 휘두르며 쪼막바위를 향해 외치는 모습을 보게 된다.

> – 아버지, 아버지! – 하고 나도 복돌이도 웨쳤다. (노랑둥이는 아직 철을 몰랐다.) 모두다 손을 저어 인사를 하였다. 세 아버지들은 곧 대오에 들어 앞으로 달려 나갔다. 붉은 기발은 바람에 날리며 더 빨리 앞으로 나갔다. 오묵네아버지는 그 기발을 가리키며 이렇게 말하였다.
>
> – 왜 복별이 없다구들하오. 하늘엔 없지만 땅우엔 있소. 저 붉은기에 새긴 저 별이 복별이 아니고 무엇이오?!
>
> 산길 굽인돌이에 사라질 때까지 붉은기를 바라보고 있는 사람들의 얼굴에는 웃음이 꽃피여 있었다.[21]

서술자는 '다섯호동리'의 형국이 복을 받고 자손 낳아 번성할 것이라는 풍수지리적 이미를 '복별'로 상징화하여 등장인물들의 이념적 성장과정을 구체화하고 있다. 다시 말하면, 소련의 사회주의 국가체제를 갖추었을 때라야만 복별이 비칠 수 있다는 당위성을 형상화한 것이다. 더불어 복은 운명적으로 하늘에서 주어지는 것이 아니라 인간의 투쟁과 노력으로 얻어진다는 것을 말한 것이다. 낫과 망치와 별은 소련의 국기의 도상기호이고, 국기 속의 그 별이 '복별'이라는 논리이다. 이것은 소련 국가체제의 사회주의 정권 하에서만 풍요로운 삶이 보장된다는 간접적인 표현이다. 사회주의 국가건설을 위한 혁명에 '조선사람들'이 다수 참여했다는 자부심은 곧 그들이 소련의 공민임을 천명한 것이고[22], 또한 '상상적

21 위의 책, 4쪽면.

22 1922년 내전이 종식되고 소비에트 체제가 성립하자 혁명에 참여했던 고려인들은 소련의 국적이 부여되는 혜택을 누리게 됐다고 한다. 최강민, 「고려인 디아스포라 문학과 민족정체성의 해체」, 이명재 외, 『억압과 망각, 그리고 디아스포라

공동체'로서의 고려인의 정체성을 드러낸 것이라고 할 수 있다.

4. 디아스포라에 대한 기억의 역사 : 한진의 「공포」

1937년 연해주에서 중앙아시아로의 강제이주는 그들에게 정신적으로나 물질적으로 크나큰 상처를 남겼다. 그것이 하나의 거대한 트라우마를 형성하기도 하였지만 동시에 강한 생명력의 원천으로 작동하기도 하였다. 억압과 망각 속에 침묵하던 고려인들은 1989년 소련의 개혁개방이 추진되는 과정에서 조금씩 강제이주 당시의 체험적 상황을 기억 속에서 끌어내 작품으로 형상화하기 시작한다. 고려인 강제이주를 가장 먼저 본격적으로 소설화한 작품으로는 한진[23]의 「공포」[24]를 들 수 있다.

스탈린의 중앙아시아로의 고려인 이주정책을 '강제이주'로 규정하고 이것을 직접 비판하기 시작한 것은 『레닌기치』 1989년 5월 3일자 엠 우쎄르바예와의 「강제이주」부터이다. 강제이주가 고려인들에게는 "기억에서 영원히 사라지지 않는 사변"과도 같은 것이었다. '일본개'라는 누명을 쓴 채 '죄 없는 죄수'가 되어 피땀으로 일군 연해주에서 추방되어 사막 한가운데 버려지듯 내던져졌을 때 그들은 극심한 공포에 휩싸일 수밖에 없었다. 스탈린의 소수 민족 강제이주 정책이 경제건설을 전제로 한 중앙아시아 노동력 확보, 일본의 대륙 침략을 위한 전초기지의 무력화, 고

– 구소련권 고려인문학』, 한국문화사, 2004, 91쪽.

23 1931년 평양에서 태어난 한진은 본명이 한대용인데, 김일성종합대학 로문학부 2학년 재학 중 인민군에 입대하여 한국전쟁에 참가했다. 1951년 리진, 허진 등과 더불어 모스크바에 유학하던 중 망명하여 희곡작가와 소설가로 활동하였다. 1988년 알마아따 사수싀출판사에서 『한진희곡집』을 간행했는데, 「의부어머니」와 같은 좋은 희곡작품을 남겼다. 1993년 위암으로 사망.

24 「공포」는 1989년 5월 23일부터 31일까지 8회에 걸쳐 『레닌기치』에 연재된 단편소설이다. 고려인 공동창작집 『오늘의 빛』(알마아따 : 자수싀출판사, 1990)에 재수록 되었다.

려인 자치주 결성과 민족 분쟁의 가능성 제거 등 어떤 원인에서든 당시 고려인에게 들씌워진 일제 스파이 협의는 강제이주에 따른 고려인들의 반발을 원천봉쇄하려는 고도의 술수라고 해야 할 것이다.

> 1937년 가을 쏘련 연해주의 조선사람들은 한날한시에 모두《승객》이 되었다. 수십만명이 동시에 기차를 탔다. 얼마나 많은 차량이 들었을가? 수천대? 수만대? 어데서 이 많은 차량이 생겼는가? 씨비리로 류형수들을 실어내는 차량들이라고 했다. 빈 차량을 그냥 돌려보낼 수는 없지 않는가…
>
> 살던 집과 가장집물을 그대로 두고 거진 알몸으로 쫓겨나면서도 누구 하나 안가겠다고 때를 쓰는 사람이 없었다. 양무리처럼 온순히들 차에 올랐다. 어데로 무엇 때문에 실려가는지도 몰랐다. 남녀노소 한사람도 남지 못하고 다 고향에서 쫓겨났다. 가는 길도 멀었다. 수만리, 수십만리… 차에서 태어나는 애도 있었다. 그것들은 나서 인차 귀신들이 물어갔다. 출생신고도 사망신고도 할 필요가 없었다. 그들은 정말 이 세상에 왔다가 땅 한번 밟아보지 못하고 사라져갔다. 오직 어머니 가슴속에 피멍울만을 남기고… 많은 로인들과 어린것들이 철도연변에 묻혔다.[25]

「공포」의 서술자는 감정을 배제하고 이주 사실을 가치중립적으로 담담하게 서술한다. 1937년 가을 고려인 36,422가구 171,781명이 영문도 모른 채 40여 일 동안 기차를 타고 중앙아시아로 이주되어 갔다.[26] 그러나 이주과정의 두려움보다는 이주 후에 오는 소련당국의 감시와 통제는 실로 고려인들에게 공포를 불러왔다. 일본간첩이라는 협의를 붙여 국사

25 한진, 「공포」, 『오늘의 빛』, 10쪽.

26 김필영, 앞의 책, 21쪽. 그 강제이주의 전 과정과 그 참상은 김기철의 중편소설 「이주초해 ; 두만강-씨르다리야강」(『레닌기치』 1990.4.11~6.6. 총 18회 연재된 중편소설)에 잘 드러나 있다.

범으로 몰아 많은 지식인들과 혁명가들을 처형하거나 유폐시키는 탄압이 공포의 주요인이었다.

모스크바 종합대학 출신인 역사학자 '김선생'이 일본 간첩이라는 혐의로 끌려간 후 주인물 '리선생'이 밤마다 당하는 공포는 이루 말할 수 없이 가혹한 것이다. 블라디보스토크의 조선사범대학이 사막도시 끄슬오르다로 옮겨왔으나 러시아인 교장이 부임하고 조선어가 아닌 러시아어로 교육하는 고등교육기관으로 바뀌는 과정에서 '리선생'은 러시아어를 잘한다는 이유로 학교에 남게 된다. 그런데 교장은 그에게 '소련 공민의 신성한 의무'를 다할 것을 요구한다. 그 요구는 '학생이든 선생이든 쓸데없는 말들을 지껄이는 것'을 고자질하는 '앞잡이'가 되라는 것이다. 언제 어디서 붙들려갈지 잠시도 마음을 놓을 수 없는 상황에서 교장의 요구는 '리선생'에게 생사여탈을 가름하는 협박과도 같은 것이다. 그가 그 답답한 현실에서 도망하고자 하나 고려인들에게는 씨르다리야강을 건널 권리가 없고, 그 도시를 벗어는 것이 금지되어 있었다. 공민증까지 빼앗기고 거주증만 가지고 있었기 때문이다.

「공포」는 궁극적으로 자신들의 언어와 문자를 지키기 위해서 목숨을 건 영웅적 행위를 보여주기 위한 것이다. 주인물의 이런 행위가 정당성을 얻기 위해서는 고려인을 이간질시키는 '앞잡이'의 유혹에서 벗어나고 그런 행위를 강요하는 현실적 압제에 대항하는 서사적 장치가 필요했다. 그래서 작가는 잡혀가기 전에 교원실에서 했던 '김선생'의 이야기를 소설의 중간에 끼워 넣어 '앞잡이'가 공존의 법칙을 어떻게 깨뜨리는지, 그리고 지배논리에서 어떻게 스스로 자멸하는지를 보여준다.

앞잡이로 길들여진 숫양 '검둥이'가 수많은 양 떼들을 도수장 안으로 몰아넣는 일이 끝나자 그 역시 도수장에서 도살된다는 이 염소 알레고리는 '김선생'이 잡혀간 원인이기도 하지만 '리선생'이 자신의 본분을 지켜가는 시금석이기도 하다. 이 알레고리는 강제이주와 정착과정에서 그러한 고려인 앞잡이들이 소련당국의 억압과 분열정책에 협잡한 경우가 많았음을 간접적으로 보여주는 효과를 낸다. 작가 한진이 '김선생 이야기'라는 독립적인 장을 마련하여 '검둥이' 염소라는 알레고리를 창조해 낸 것은 당시의 고려인 앞잡이들의 죄 역시 스탈린의 강제이주 못지않게 중대한 범죄행위임을 증언한 것이고, 더불어 급변하는 시기에 나타날지도 모르는 또 다른 앞잡이들을 경계하기 위한 것으로 해석될 여지가 있다.[27]

부엌 안에 지은 제비집을 '귀향의 희망의 상징'으로 여기면서 숨죽여 살아가는 '리선생'이 너무도 우연한 사건 덕택으로 『문헌비고』, 『동국여지승람』, 『대전통편』, 『천자문』, 『동몽선습』 등 무려 800권이 넘는 '조선 고전서적'을 상자에 담아 공화국 수도에 있는 알마아따 도서관으로 책을 보낼 수 있었다. 그의 영웅적 행위는 "말 한마디 잘못하고 붙들려가는 세월"에 "죽음까지도 각오"하고 저지른 행동이었다. 그 책은 그 자체로도 중요하지만 더욱 문제가 되는 것은 그것을 보존하는 행위에 조국 광복의 염원이 담겨 있었기 때문이다.

> … 이 책들은 서울 어느 도서관에 있던 책들이 틀림없었다. 이 책들이 어떤 경로로 해삼 신한촌에 들어왔다가 여기까지 실려오게 되었을까? 또 이 책들은 앞으로 어떻게 될 것인가? 이 책들의 운명을 모르는 것이 답답하였다. 의심할바 없이 이 책들은 조선의 광복을 념원한 애국렬사들이 자기 투쟁의 반려로 가지고 온 것이 틀림없다. 그럼 그 사람들은 누구이며 그들의 운명은 어떻게 되었는가? 그러자 이 책들은 그들의 화신처럼 생각되었다. 혼이 깃들어 있는 것 같았다.[28]

조국의 광복을 염원한 애국열사의 혼이 깃들어 있는 책을 지켜냄으로써 고려인의 정체성은 어느 정도 확립될 여지가 많았다. 이 책들이 알마아따 도사관의 낡은 지하실에 보관되어 오다가 제2차세계대전이 끝나갈

27 강진구, 앞의 논문, 65쪽.

28 『오늘의 빛』, 34쪽.

무렵에 세상에 알려지게 되고, 신축한 카자흐공화국 뿌스킨 국립도서관의 특별실에 보관되기에 이른다.

> 그러나 이 책들을 읽으러 오는 사람들이 없다. 그때 조선사범대학이 문을 닫은 후 반세기라는 세월이 흘렀다. 그 동안 어린애들에게 조선말을 가르칠 선생이 없어졌다. 이 책들을 읽을 사람들이 없어진 것이다.
> 그러나 나는 믿는다. 때가 오면 다시 이 도서관을 찾아와 이 책들을 읽을 사람들이 반드시 있으리라는 것을 믿고 싶다. 순진한 리선생이 믿은 것 같이 그날은 오고야말 것이다.[29]

작가에게는 조선의 고서적을 지키는 것도 중요하지만 그것을 읽고 쓸 수 있는 사람이 반드시 있어야 한다는 것이다. 작가 한진에 따르면 "크든 작든 한 민족의 언어는 두말할 것 없이 문화의 기념비"이고, "인민은 자기의 언어로 하여 불멸"하기 때문에 언어를 지키는데 '자손으로서의 신성한 의무'를 다해야한다.[30] 고려인들이 사용하는 한국어는 고려인들이나 고려인소설의 정체성을 보여주는 결정적인 실체이기 때문이다. 우리의 입말과 글을 읽고 쓸 수 있는 능력을 기르는 일이 고려인에게 무엇보다 중요한 이유가 여기에 있다는 것을 소설의 형식으로 잘 보여주고 있는 작품이 한진의 「공포」인 것이다.

5. 다문화 사회의 생존 논리 : 송 라브렌찌의 「삼각형의 면적」

고려인들의 집단 이주는 중앙아시아의 농업 생산력 증대에 많은 기여를 했다. 연해주에서 황무지를 개척하여 벼농사를 성공한 경험을 가지고 있는 고려인들은 중앙아시아에서도 벼 재배에 성공하였다. 그들이 집단

29 위의 책, 40쪽.

30 『오늘의 빛』 머리말, 위의 책, 5쪽.

이주하기 전 1928년에 이미 고려인 70여 가구 300여 명의 벼 재배업자와 양잠업자들이 연해주에서 세미레체군으로 이주하여 고려인 노동협동조합인 '까작스끼 리스'를 조직하고 벼 재배에 성공하여 1931년에는 소련에서 카자흐스탄이 가장 중요한 벼 재배 국가가 되었다.[31] 여기에 집단 이주해온 고려인들의 합세는 중앙아시아의 식량 생산을 크게 향상시킬 수 있었던 것이다. 그래서 현지 중앙아시아 사람들과 고려인 사이에 상호 협력적 관계가 우호적으로 형성될 여지가 있었고, 그들 모두에게 함께 살아가야 할 운명 공동체 의식이 요구되었다. 김기철의 「첫사귐」(1938)이나 주동일의 「백양나무」(1970), 김 보리쓰의 「집으로 가는 길」(1988) 등은 카자흐사람과 고려인이 친구가 되거나 상호 협력하는 관계의 다민족 다원사회를 희구하는 내용을 담고 있다. 고려인들이 현지인과 함께 섞이는 일이 무엇보다 시급했던 것이다. 그래서 현지 적응의 동화전략이 그들의 생존 전술이었다. 그들이 농촌을 떠나서 도시로 이주[32]한 이후의 삶 역시 그런 동화전략이 작동하고 그 속에서 자기실현을 위해 노력하지 않을 수 없었다.

송 라브렌찌[33]의 「삼각형의 면적」[34]은 옷 짓는 재봉일로 성공한 어머

31 김필영, 앞의 책, 22쪽.

32 고려인들은 1940~50년대에 집단농장에 귀속되어 성실함과 탁월한 농업기술을 바탕으로 높은 소득을 얻었는데, 1960년대 부실한 중앙시아인들의 콜호스를 우수한 고려인 콜호스와 강제 통합하면서 생산성이 떨어지고 경제적 여건이 나빠져서 많은 고려인들이 도시로 이주하게 되었다.

33 송 라브렌찌는 1941년 카자흐스탄에서 태어나 1966년 모스크바 전소련연방 국립영화학교(VGIK) 각본과를 졸업한 후, 카자흐 국립 조선극장 등에서 각본가, 연출가로 활동하고 소설도 썼다. 1989년에는 카자흐스탄 작가동맹 산하에 독립된 단체인 '너와 나'를 설립하고 억압받은 소수 민족의 문제를 다룬 기록영화를 많이 남겼다.

34 「사각형의 면적」은 원래 1986년 종합지 『공간』에 발표되었고, 나중에 『오늘이 빛』(알마아따: 자수식출판사, 1990)에 재수록되었다. 『문예중앙』 1996년 봄호에 발표된 「직공: 어머니의 터전」은 「삼각형의 면적」이 개작된 것이다.

니의 모습을 보여준다. 이 소설은 작가의 자전적 소설이라고 하는데, 조명희의 미망인 황명희도 재봉틀로 3남매를 훌륭하게 양육했다고 한다. 인식과 행위의 주체이자 서술자인 '나'가 재봉일로 성공한 어머니의 삶을 직접 독자에게 말을 걸면서 이야기하는 방식으로 소설이 전개된다. 어느 날 '나'는 '좀 웃어볼까' 하고 문화휴식공원의 '웃음의 방'에 갔다가 충격적인 사건을 목격한다. '웃음의 방'에 들어서면 모든 사람들의 모습이 이리저리 비뚤어진 모습으로 거울에 비치는데 어떤 젊은 남녀는 비틀려 보이지 않고 반듯하게 거울에 비취는 것이었다. 너무도 이상해서 집에 돌아와 어머니에게 그 사실을 말하자 어머니는 그 두 남녀는 며칠 전에 결혼한 젊은이들인데 자신이 그들의 옷을 지어 주었고 오늘 아침에 그들이 다녀갔다는 사실을 말해주었다. 이것은 어머니가 지은 옷을 입으면 신기한 마법이 생긴다는 사실의 극단적인 예 중의 하나이다. 또 하나의 예는 무역대표가 어머니가 재봉한 옷을 입고 독일에 가서 압연품을 자르는 기계를 사들이는데 유리한 계약을 체결하고 돌아온 경우이다. 그리고 훗날 옷 만드는 일의 허가가 문제되어 형님네 도시로 떠나서 기성복공장에 취직하고 거기서 만든 작업복을 입은 건설공이 시험에 우등 합격한 일도 같은 경우이다. 서사의 형식으로 제시되지는 않았지만 서술자의 말을 통해서 제시된 어머니의 신통력은 무수히 많다. 감기에 걸린 이웃집 소녀에게 손수건을 만들어주면 그 애의 감기가 말끔히 떨어진다는 것, 낙제생에게 바지를 지어주면 좋은 성적으로 진급한다는 것, 증기계 제작공장의 일꾼에게 작업복을 지어주면 상부의 좋은 평가를 받는다는 것 등이다.

물론 이러한 사건들은 우연의 일치일 수 있지만 그럴만한 개연성이 충분한 것은 어머니가 옷을 만들기 위해 몸의 치수를 재는 방법이 매우 독특하기 때문이다. 어머니가 만든 옷을 입으면 좋은 일이 생기거나 성공한다는 마법 같은 사실이 개연성을 갖도록 작가는 옷 만드는 방법과 행위가 예사롭지 않음을 구체적으로 보여준다.

> 그런데 이야기가 거기까지 가서는 보통사람들은 더 말할것도 없고 재봉사들도 모를 일이 시작되었습니다. 어머니는 그 위풍 있는 사람더러 온갖 잔일에 대해서 캐여묻기 시작하였습니다. 그 사람은 아이가 몇이며 공부는 잘하는지, 안해는 월급이 얼마나 되는지, 그 사람은 동부인을 하고 영화구경을 다니는지, 공장의 아래일군들은 그를 어떻게 대하는지, 아이들을 기르기 힘이 많이 드는지, 축구구경을 다닐 겨를은 있는지, 높은 지도부에 아는 사람아이 있는지… 어머니는 나이가 벌써 많음에도 불구하고 주문자의 말인 로씨야말로 말을 잘하지 못해 미안하다고 하면서 이 모든 일에 대해서 캐여물었습니다. 그리고 대답을 들을 때마다 갑자기 한 팔을 쭉 펴고 웬 숫자인지 중얼거리고 종이쪼박에 얼른 써놓군 하였습니다. 나는 후에야 알게 되었는데 그것은 옷을 마를 때 필요한 어깨며 소매며 품의 길이였습니다. 때로 어머니는 왼쪽 어깨의 끝으로부터 등을 지나 오른쪽 팔굽까지 재야하였습니다. 그렇게 잴 때는 자 대신에 가운데에 매듭이 있는 명주노끈을 썼습니다.[35]

옷을 마르기 위해서는 치수가 정확해야 한다는 것이 재봉사의 상식일 것이다. 자를 사용하지 않고 몸에 맞는 치수를 정확히 잰다는 것은 상식을 뛰어넘는 비결이다. 어머니가 서툰 러시아말로 주문자와 이러저런 일상사에 대해서 묻는 행위는 그 사람의 인품과 개성을 살피는 행위이면서 동시에 몸의 체질을 측정하는 것이라고 볼 수 있다. 그 사람의 인품과 개성에 맞는 옷을 만드는 신비한 능력이 전제되면 어머니가 만든 옷은 불가사의한 힘을 발휘하게 될 것이다. 이것은 신으로부터 부여 받은 능력이라고 밖에 달리 표현할 길이 없다. 그래서 비결이다.

그런데 마음씨가 곱지 않은 사람은 아무리 옷을 잘 만들어 주어도 장래가 성공적이지 못하게 된다. 어느 날 어머니가 '세력 있는 여자'의 옷을 만들어주는 과정에서 신경질을 내고 옷 짓기를 싫어하는데, 그 여자

35 『오늘의 빛』, 88쪽.

의 품성이 좋지 않았기 때문이다. 그 여자의 인품에 어울리는 옷이 아니라 솜씨만 있는 예쁜 옷이기 때문에 그 여자는 직책이 낮아지게 된 것이다. 이 일로 해서 "어머니는 의심스러운 일솜씨로 사람들의 운명을 변경시키는 알 수 없는 무서운 힘을 가지고 있다"는 소문이 돌고, 이로 말미암아 '국영양복점의 재봉사들의 신소'가 몇 번 이어지고, 구역재정부의 검사기관에서 '비법적인 로동'에 대한 검사가 시작된다. 결국 어머니는 많은 벌금을 물고 더 이상 옷 만드는 일을 할 수 없게 되었다.

옷을 지어달라는 주민들의 부탁을 피해 '형님'네로 가서 기성복공장에 취직하고, 기성복 만드는 일을 초과달성하여 상을 받기도 하지만 그로 인해 노동자의 규정 보수를 낮추고 생산량을 높이는 결과를 가져왔다. 그래서 단추를 다는 일을 하다가 '나'의 권고를 받아들여 집으로 돌아왔다. 집에서 옷을 짓는 면허를 받아 어떤 장애도 없이 바느질 주문을 받을 수 있게 되었을 때 어머니의 신통력은 사라지게 된다. '진실과 사랑'이 있는 삼각형의 맨 꼭대기에 올라섰던 어머니가 '시기와 악의'의 맨 밑바닥으로 떨어지게 된 것이다. 더 이상 옷 짓는 일을 하지 않게 되고 오직 다 자란 손자의 적삼을 지어주는 정도에서 그쳤다. 그런데 어느 날, 손자가 낡은 재봉틀로 유행 바지 '바나나'를 지어 입고 자랑하자 동무의 옷도 지어주어야 하다고 충고한다. 할머니는 손자가 바지를 짓는 모습을 보고 크게 기뻐한다.

> 할머니는 방구석에 앉아서 손자가 치수를 잴 순간을 기다렸습니다. 손자는 자를 들지 않았습니다. 동무하고 어제 학교에서 있은 우스운 일에 대해서 이야기하면서 이따금 손을 우로 올려던지듯이 하고는 수자를 대고 종이에 적군 하였습니다…
>
> 《아 하느님… 옳게 하신 일입니다!》하고 할머니는, 우리 어머니는 웨쳤습니다. 그리고는 싱그레 웃고 저녁 차리러 부엌으로 나갔습니다.[36]

몸의 치수를 재는 방법이 할머니와 손자가 똑 같다. 할머니의 신비한 기술이 손자에게 이어진 것이다. 손자가 성공적으로 세상에 뿌리내릴 자질을 갖추었다는 점에서 할머니의 마음은 넉넉하게 되는 것이다.

다소 신비스러운 행위와 사건을 소설화하면서도 이것이 개연성을 가질 수 있는 것은 삶의 현실이 구체적으로 제시되기 때문이다. 어머니가 서른여섯의 나이에 홀몸으로 온갖 설움을 다 겪고 견디면서 아이 넷을 키우는 과정이 서술자의 요약 제시나 인물들의 행위를 통해 드러난다. 어머니는 시집왔을 때 '애기'라고 불릴 만큼 키와 몸집이 작았다. 1937년 강제이주를 당할 때 어머니는 부모와 오라비들과 해어져야 했다. 1949년까지 공민증이 없어서 다른 곳으로 이주할 수 없었던 고려인들도 이주의 자유를 갖게 되었다. 이동금지 명령이 폐지된 사실을 서술자는 "조선사람들은 이동의 자유를 가지게 되었고 그 결과, 생활이 보여준 바와 같이, 새 고장이 참으로 고향땅 같이 귀중하게 되었습니다."[37]라고 서술할 만큼 1949년의 이동금지법 폐지는 고려인들이 새로운 활력을 되찾는 계기가 되었다.

수소문 끝에 부모와 오라비들의 주소를 확인한 어머니는 러시아말을 단 몇 마디밖에 모르고 '까라깔빠끼야말'은 한 마디도 모름에도 불구하고 혼자 짐자동차를 타고 그들을 찾아 떠났다. 그 짐자동차에서 '카사흐늙은이'의 양털외투의 찢어진 옷소매를 알뜰히 기워준 일이 계기가 되어 '카사흐늙은이'의 도움을 받게 되었다. 그 늙은이가 젊었을 때 경험한 사실을 어머니에게 들려주고 다시 어머니에게서 그 이야기를 듣고 '나'가 재구성해서 서술한 것이 다음의 대목이다.

…그는 여러 해 전 그와 같이 궂은비가 내리는 가을날 밤에 쟘불역에

---

36 위의 책, 97쪽.

37 위의 책, 84쪽.

서 어느 민족인지 알 수 없는 사람들의 웨치는 소리, 우는 소리를 들었던 일이 생각났습니다. 그들을 짐자동차에 실어다가 락타가시덤불과 위성류들 사이에 부렸습니다. 흰웃옷에 부연 솜저고리를 입은 사람들은 자존심을 잃고 부끄러운 줄도 모르고 운전수들과 민경원들의 장화발을 움켜잡으며 사람들이 사는 곳으로 도로 실어가달라고 애원하였습니다. 찬바람이 부는 그런 한지에서는 아이들도 늙은이들도 다 얼어 죽을 것이고 젊은이들도 늙은이들도 아침까지 견뎌내지 못할 것이라고들 하였습니다. 운전수들은 장화발을 움켜잡은 애원자들의 손을 뿌리치면서 자기들은 바로 거기에 부리고 오라는 명령을 받았으니 달리 할 수는 없다고, 명령을 어기면 총살까지 당할 수 있다고 하였습니다.[38]

소련 당국이 중앙아시아에 도착한 고려인들을 사막의 곳곳에 흩어놓은 사실을 이처럼 구체적으로 보여준 경우는 흔치 않다. 그들은 고려인들을 몹쓸 물건을 버리듯 그렇게 사막 한 가운데 내팽개친 것이다. 그래서 버려진 고려인들은 "몇 명의 간첩과 변절자가 있다고 해서 온 백성을 잡초처럼 뿌리 채 뽑아던지는 법이 어데 있단 말이냐"[39]고 절규하였던 것이다. 그때 '차반'이었던 그와 그의 아내가 상부의 명령을 어기고 다시 그곳에 갔을 때 고려인들은 추위를 견디기 위해 쌀을 부어놓고 그 쌀자루포대를 덮고 자신들의 등으로 노인과 아이, 여인들을 둘러싸서 찬바람을 막고 있었다. 그 '차반' 부부의 도움으로 고려인들은 살아남을 수 있었다. 이런 카사흐사람들의 호의적인 도움은 다른 소설에서도 많이 발견된다. 이 에피소드를 통해 작가는 독자에게 "예로부터 사람들을 구원해주는 것은 따뜻한 양털외투나 모닥불이 아니라 동정과 결단성이라는 것"[40]이라는 것을 효과적으로 보여준다. 작가는 이것을 '자혜심'이라고

38 위의 책, 86쪽.

39 강 알렉싼드르, 「놀음의 법」, 『오늘의 빛』, 74쪽.

40 위의 책, 88쪽.

명명한다.

물론 이 에피소드가 어머니의 재봉기술이 '나'의 아들에게까지 이어진다는 전체 서사와 겉돌고 있는 것은 사실이다. 그러나 이민족들이 서로 도우면서 마을을 이루고 살아가는 모습이나 공민증 없이 이동의 자유가 제한된 고려인들의 실상을 역사적 사실로 보여준다는데 의의가 있다.

6. 고려인 단편소설의 지형학적 위치 : 결론을 대신하여

중앙아시아 고려인 작가들이 소설을 쓰는 일은 "그들이 어떻게 살아왔으며 또 어떻게 살아가야 하리라는 것"을 보여주기 위해 "사람들의 기억 속에 살아 있는 역사"를 쓰는 행위와 다를 바가 없다. 그들이 상기해낸 것은 경험적 과거라기보다는 순수 과거로서, 겪었던 그 순간에 이미 알아챘던 것이 아니라, 지금까지 한 번도 생각해보지 않았던 어떤 것, 비자발적으로 떠올려진, 억압과 망각 속에 그 자체로 보존된 과거를 '지금 여기'에서 되살리는 작업이었다.

> "너에게 아버지가 없고 네가 조선말을 모르는 것은 네 잘못이 아니다. 크면 너는 자기 민족의 력사를 알게 될 거야. 지금 책에 쓴 그것이 아니라 사람들의 기억 속에 살아 있는 력사를 말이다. 너는 그들이 어떻게 살아왔으며 또 어떻게 살아가야 하리라는 것을 알게 될 거다. 그것을 알게 되면 넌 더 자유롭게 살 수 있겠지. …중략… 조국이란 기억이야. 조국이란 바로 사람들이야. 같이 놀며 자라고 같이 일을 하고 고락을 같이 한 사람들이란 말이다."[41]

위의 인용문은 강 알렉싼드르[42]의 「놀음의 법」[43]에서 러시아인이고

---

41 강 알렉싼드르, 「놀음의 법」, 『오늘의 빛』, 알마아따 자수싀출판사, 1990. 62쪽.
42 1960년 평양에서 태어난 강 알렉싼드르는 주로 러시아어로 작품활동을 하는 문

무용 안무가인 의붓할아버지가 다민족, 다문화 사회에서 작동하고 있는 '놀음의 법'에 짓눌려 고통 받고 있는 '나'에게 들려준 말이다. 중앙아시아 고려인들에게 조국은 남북으로 갈리어 국가체제를 이루고 있는 한반도가 아니라 기억이고, 고락을 함께 한 사람들이다. 다시 말하면, 고락을 함께 한 사람들의 기억 속에 살아있는 역사가 곧 그들의 조국이다. 실재라기보다는 기억 속에 살아있는 '상상의 공동체'가 그들의 조국인 셈이다. 지리적 장소인 중앙아시아에서 고려인들이 창조한 문화적 공간이 그들의 역사이자 조국인 것이다. 그 속에서 어떻게 살아왔고 어떻게 살아가야 하리라는 것이 담겨 있는 것이다. 여기에는 그 역사를 알면 더 자유롭게 살 수 있다는 강한 믿음이 전제되어 있다.

그래서 고려인 작가들은 자신들의 정체성을 확립하기 위해서 자신들의 조국을 건설하는 것이 절대적으로 필요했다. 이 작업은 고려인들의 억압되고 망각된 기억 속에 살아있는 역사를 되살리는 일에 다름 아니었다. 이 되살려낸 소설의 허구적 공간이 '상상의 공동체'로서의 조국이다. 그래서 소설 쓰는 행위는 고려인들의 '상상의 공동체'를 재현하여 조국을 건설하는 일이자 새로운 삶의 공동체를 설계하는 일이기도 하다.

앤더슨에 따르면 민족이라는 개념은 원래가 '상상의 공동체'이다. '민족성nationality', '민족됨nation-ness', '민족주의nationalism'가 특수한 종류의 문화적 조형물이라고 한다면[44], 민족 역시 원래부터 존재하던 본질적인 요소라기보다는 여타 민족들과의 관계, 즉 갈등이나 접촉 등을 통해 후

인으로 모스크바 고리끼 문학대학을 졸업했다. 묘지기, 열차 차장, 종업원에서 『고려일보』기자 등 많은 직업을 경험한 그는 『가정의 세기』(1993), 『꾸지 않는 꿈』(1994)을 펴내기도 한 소설가이고, 철학과 문학연구에도 많은 성과를 거두었다.

43 이 작품은 고려인 공동창작집 『오늘의 빛』(알마아따 : 자수싀출판사, 1990)에 발표되었고, 1991년 8월 『고려일보』에 다시 연재되었다.

44 베네딕트 앤더슨(B. Anderson)/ 윤형숙 역, 『상상의 공동체』, 나남출판사, 2007. 23쪽.

천적으로 형성된 사회적·문화적 구성물일 수밖에 없다. 서구에서도 민족의 개념은 18세기 이후 근대 민족국가의 형성과정에서 만들어지고 형성된 것이다. 그 민족 공동체는 특정한 정본 언어script-language로만 진리에 접근할 수 있는 특권이 주어지고, 다른 족속들과 구별되는 삶의 방식과 우주론을 가지고 있다. 이러한 동질성이 민족이라는 '상상의 공동체'를 형성하게 된 것이다.[45] 따라서 그 구성원이 사용하는 정본 언어는 그 공동체의 정체성을 보여주는 결정적인 실체이면서 동시에 그 정체성을 형성해가는 중요한 매개체인 것이다.

따라서 고려인들이 민족어인 한국어의 사용이 점점 줄고 있는 것에 대한 우려는 너무도 당연한 것이다. 작가 한진이 공동창작집 『오늘의 빛』을 편집하고 머리말에서 "지금 모래시계의 모래가 흘러내리듯 조선말을 아는 조선사람의 수가 시시각각 줄어가고 더욱이 조선글을 아는 사람은 손가락으로 셀 수 있을 정도로 적어졌다."고 진단하고, 이 창작집을 누가 "읽어주겠는가?"고 한탄한 것은 고려인의 정체성이 위협받고 있다는 것을 깨달았기 때문이다. 이주 3세들의 민족어 사용은 더욱 심각하다.

> 나는 한국을 주제로 한 그림을 아직 그려 본 적이 없었다. 나는 한국인이고 내가 이것에 대해서 생각하지 않았다라고 말할 수는 없다. 아니, 정반대로 나는 항상 이것에 대하여 생각을 하고 있다. 〈나는 누구인가?〉라는 하나의 생각으로 인해 나는 잠을 깨곤 한다. 유럽인인가, 아니면 심지어는 종이에 한국어로 자신의 이름도 적지 못하는 한국인의 외모를 가진 러시아인인가? 약간의 시행착오는 있긴 하지만 어린 시절에는 나이 든 분들에게서 물려받은 언어로 대화는 가능했는데, 이런 언어로는 한국에서는 대화가 되지 않겠지? 나는 해답을 찾지 못했다.[46]

45 위의 책, 62쪽 참조.

46 미하일 박의 단편소설 「천사들의 안식처」(1986) 중에서 권기배가 번역한 부분. 권기배, 앞의 논문, 143쪽에서 재인용.

한국에도 잘 알려진 조선족 5세, 고려인 미하일 박이 러시아어로 창작한 단편소설 「천사들의 안식처」(1986)에서 화가인 주인공 '나'가 자신의 정체성에 대해 심각하게 의문을 제기하고 있는 위의 인용문은 이주 3세대 이후의 고려인들이 겪고 있는 현실이다. "한국어로 자신의 이름도 적지 못하는 한국인의 외모를 가진 러시아인"들이 정체성의 혼란을 겪게 된 것은 어쩌면 너무도 당연한 일이다. 그 속에서나마 자신의 정체성을 탐구하는 미하일 박의 노력은 나름의 가치를 가지고 있는 것은 사실이다. 그러나 고려인의 언어가 아니라 러시아어라는 점에서 본질적으로 이 작품은 러시아문학의 주변부로서 소수자문학일 수밖에 없다.

이런 점에서 볼 때, 한진이 「공포」를 통해 고려인들의 말과 문자를 지켜내기 위한 투쟁의 공간을 재현하고 창조해내고 있다는 점은 높이 평가되어야 한다. '리선생'이 죽음을 무릅쓰고 '광복을 념원한 애국렬사들'의 혼이 담긴 '조선고전서적'을 지켜낸 행동의 결단성과 삶의 족적이 새로운 민족 공간으로서의 '상상의 공동체'를 만들어 내기 때문이다.

김기철의 「복별」은 고려인들이 일본제국주의 세력에 대항하여 무장투쟁의 대열에 주체적으로 참여하는 행동의 결단성을 구체적으로 재현함으로써 다민족국가인 소비에트연방에 하나의 소수민족의 자격으로 '상상의 공동체'를 만들어갔다는 사실을 형상화하였다. 사회주의 국가건설에 고려인들이 나름의 기여를 했다는 주인의식의 창조가 소련 사회에 끼어들기 위한 전략의 일종이라고 하더라도 그런 경험의 총체가 그들만의 조국을 상상 속에서 만들어내는 일이었다.

다민족, 다문화 사회의 생존 방식을 보여준 송 라브렌찌의 「삼각형의 면적」도 카자흐인과 고려인의 우호적 관계, 더불어 살아가는 삶에서의 동정과 결단성, 소련당국과 고려인의 종속관계 등이 보여준 삶의 지형도가 여느 한민족의 '상상의 공동체'와도 구별되는 독자성을 가지고 있다.

결국 고려인 작가들이 억압과 망각 속에 그 자체로 보존된 고려인의 과거를 재현하는 일은 기억을 되살리는 작업이고, 이것은 고려인의 조국을 상상 속에서 재현하고 창조하는 일이다. 고락을 함께한 고려인들의 삶을 재현하는 일이야 말로 그들의 '상상의 공동체'로서의 조국을 건설하는 창조적 행위이기 때문이다.

삶의 방식과 관계의 망이 다르기 때문에 고려인의 '상상의 공동체'는 남한이나 북한이 만들어낸 '민족'의 개념과는 엄연히 다를 수밖에 없다. 따라서 고려인 소설은 한국소설의 하위 영역이나 지방문학의 하나로 편입시키려는 것은 재고의 여지가 있다. 그래서 어떤 학자[47]는 '한국문학'과 '해외한인문학'을 동일한 종개념으로 보고 그 상위 개념으로 '한민족문학'을 설정한다. '한민족문학'이 남·북한 문학과 '해외한인문학'을 모두 포괄하여 하나의 문학사로 기술될 수 있을지 의심스럽기는 하지만 어떻든 고려인문학, 특히 고려인 단편소설은 그 독자성이 보장되어야 할 것은 분명해 보인다.

47 조규익, 「해외 한인문학과 탈식민의 관점」, 국어국문학회 편, 『세계화 시대의 국어국문학』, 보고사, 2012, 272-274쪽 참조.

제3부 호남의 시문학

김현구 시 연구

1. 들어가며

한국현대문학사에서 시문학파의 시작 활동과 시운동이 일제의 파시즘화에도 불구하고 한국어를 예술적으로 세련시켜 순수 서정시의 영역을 확고하게 정착시켰다는 점에 대해서는 이론의 여지가 없다. 물론 억압된 사회적 현실에 한 발 비켜서서 탈정치화한 점에 대해서는 역사의식의 결핍이라는 부정적 혐의를 받고 있는 것은 사실일지라도 문학, 특히 시가 언어의 예술이라는 점을 분명하게 인식하고 수순 서정의 본질을 추구했다는 점에서는 한국문학에 기여한 바가 적지 않다. 그런데 시문학파의 그런 문학사적 가치와 의의는 주로 김영랑과 박용철, 정지용 등의 시적 업적에 의존하고 있다. 그래서 그들만이 시문학파의 주역이고 다른 동인들은 거의 부수적인 인물로 인식하는 경향이 강하다. 그러나 언어 미학을 추구하여 순수 서정을 기치로 내건 시문학파의 에콜을 생각한다면 동인 집단의 내적 특수성과 관계를 고려해야 할 것이다. 물론 그 에콜의 형성에 용아와 영랑이 가장 핵심적인 역할을 했을지라도 영랑과 같은 강진 마을에 살았던 김현구의 시적 활동도 영랑에 못지않은 성과를 내고 있다는 점에 주목할 필요가 있다.

김현구의 시에 대한 학계의 관심은 매우 미흡한 편이다. 몇 편밖에 없는 현구시에 대한 연구 논문에서도 그의 시가 영랑의 시와 함께 순수한 시문학파의 본류에 해당한다는 점만을 강조하고 있다. 다시 말하면 영랑과 현구의 시만이 순수 시문학파의 에콜과 시정신에 합당하다는 것이다. 영랑의 시 연구와는 달리 현구의 시에 대한 이해와 해석 및 평가는 뒤로 미룬 채 그가 "시문학파가 자랑해도 좋을만한 멤버"[1]이었다는 사실만을 부각시키고 있다. 현구가 시문학파의 주요 동인이었다는 이런 지적과 평가는 곧 시문학파의 문학사적 가치에 묻어서 그가 훌륭한 시인이라는 당연전제의 오류를 범하고 있다고 할만하다. 그가 가장 순수한 시문학파의 동인이었다는 사실이 중요한 게 아니라 그의 시가 당시의 다른 시인들의 시와 어떻게 다르고, 그만의 독창성이 어떻게 실현됨으로써 시적 형상화의 새로움을 보여주었는가를 밝히기 위해서는 우선 현구시에 대한 철저한 분석과 해석 및 평가가 선행되어야 할 것이다. 그런 다음에라야 현구시의 문학사적 의의와 가치를 논할 수 있을 것이기 때문이다.

지금까지 현구는 영랑에게 가려서 시문학파 제2인자의 모습으로만 언급되고 있는 실정이다. 많은 점에서 영랑과 유사할지라도 현구만의 독특함이 존재한다면 기존의 인식을 바꿔야 할 것이다. 시세계의 다양함은 영랑을 따르지는 못할지라도 마음의 세계를 서정의 아름다움으로 드러내는 형상화의 방식은 영랑과는 다른 현구만의 독특함이 내재되어 있다. 이 글에서는 시 속에 실현되어 있는 현구의 모습을 가늠해봄으로써 그의 시가 가지고 있는 텍스트의 힘의 원천을 밝히고, 나아가 그의 시가 보여준 미의식을 탐색하고자 한다. 시의 구성원리와 서술전략 및 경험의 세계와의 상관성을 통해서만 시문학적 형상을 확인할 수 있고, 여기에서 현구시의 아름다움과 미의식이 밝혀질 것이다.

---

1 김용직, 「시문학파 연구」, 서강대 『인문연구론집』2집, 1969, 241쪽.

2. 현구시의 지향점

김현구를 포함한 1930년대 시문학파의 서정시는 대부분 “속정의 개입을 철저히 배제하고 남녘바다의 온화한 해풍 속에 피어난 서정의 꽃”2이라고 할 만큼 시적 대상과 시인의 마음이 서로 만나는 순간에 공명하면서 마음의 세계를 열어 보여준다. 현구시에서 그 마음의 세계는 ‘빛나는 설움’이 지배하고 있는 공간이다. 그의 시세계는 영랑이나 지용과 비교했을 때 매우 단조롭기는 하지만 그들과는 다른 독특함이 내재되어 있다. 1930년에 씌어진 「나의 노래는」이라는 시는 그의 시적 태도와 지향점, 그리고 시적 특성이 잘 나타나 있다.

(一)

내노래는
드을에핀 쌍씰내의 눈물갓치
그러케 애틋하고
　그향긔는
　눈맛고 픠어난 매화꼿갓치
　그러케 맑으며
노래의 숨결은
시내ㅅ물갓치
처얼 처얼 흐르다가
산에안저서 우는 쑥궁새처럼
나무가지에 쉬여잇다가
　이마를 흘너가는 바람결갓치
　간 길도 모르게 사라져바리는

---

2 김학동, 「현구 김현구론」, 『한국 현대 시인 연구』, 민음사, 1977, 109쪽.

그러케 흔적업는 노래를
나는 부르고 십다.

(二)

내노래는
밋을수업는 시악시 우슴갓치
그러케 것잡을수 업고
그울님은
저녁노을에 써러지는 솟입갓치
그러케 고요하며
노래의 빗갈은
장밋빗아츰 매친이슬에 눈을써
푸른하날에 번썩이는 날빗갓치
그러케 빗나다가
산그늘에 저녁빗갈 춤추다 써지드시
보인듯 안보인듯 어릿거리는
그러케 흐림한 노래를
나는 부르고 십다.

—「나의 노래는」 전문

행 가름이 되어 있을지라도 이 시는 전체적으로 두 문장이다. 시인이 바라는 자신의 노래(시)가 어떠했으면 좋겠다는 바람을 진술하고 있음에도 그것은 명료하지 않고 모두 비유적이다. 현구는 자신의 시가 들에 핀 땅찔래꽃의 눈물같이 애틋하면서도 믿을 수 없는 새색시 웃음같이 걷잡을 수 없기를 바란다. 시의 향기는 눈 맞고 피어난 매화처럼 맑고, 그 숨결은 시냇물처럼 철철 흐르다가 이마를 스쳐가는 바람처럼 간 곳 모르게 흔적 없이 사라져버리고, 그 울림은 저녁노을에 떨어지는 꽃잎같이 고요하고, 그 빛깔은 장밋빛 아침 푸른 하늘에 번쩍이는 이슬의 '날빛' 같이 찬란하게 빛났다가 저녁노을이 산그늘에 잠겨들면서 보일 듯 안보일 듯 어른거리는 그런 '흐림한' 노래를 부르고 싶어 한다.

현구가 바라는 것은 자신의 시가 울림은 고요하고 잔잔하지만 철철 흐르는 시냇물처럼 역동적이고 아침이슬에 빛나는 '날빛' 같이 화려하지만 동시에 이마를 스쳐 흔적 없이 살라지는 바람처럼 미미하고 산그늘에 잠겨드는 저녁빛깔처럼 정태적이면서 고요한 세계를 꿈꾸고 있다. 애틋하면서도 걷잡을 수 없는 이율배반적인 세계는 '눈물'과 '웃음'이 공존하는 마음의 공간이다. 이 '눈물'의 세계와 '웃음'의 세계가 현구시의 두 축인데, 이 양자가 시인의 마음속에서 공명을 이루었을 때 현구시는 빛난다.

이러한 역설의 세계는 『시문학』 제2호(1930.5)에 발표한 다음 시에서도 확인할 수 있다.

> 웃슥칩고 가슴답답한 재ㅅ빗구름이 흐터저버리여
> 푸른하날에 비닭이가튼 흰달이 은ㅅ빗 춤을추고
> 온갓수목의 싹을틔는 미끈한바람이 쏘다저나오면
> 버드나무 피리ㅅ소리 요란한 봄ㅅ거리우에
> 발버슨 어린이들이 긴행녈을 시작합니다
>
> 가삼에 오즉 생명의물ㅅ결이 넘처흐르는
> 천진스러운 깃븜과 거륵함과 밝은마음으로
> 어머니젓가튼 코-러스가 거리에 넘치여감니다
>
> 이러는때 어룬들은 산날맹이로 도라가
> 묵은기억의 서러운 보금자리에 몸을안끼여
> 일흔사랑과 떠난벗들과 죽은사람을 한탄하는
> 세월이 가르친 덧업는 근심을 쌋습니다

웃는봄ㅅ빗도 옛서름을 자아내는 물레가됩니다

이어린이의 거륵한봄과 어룬의 슯흔봄이
한날 한곳에 다른 두나라를 세웟습니다
아 - 작약순가치 곱게버러진 어린이의 깃븜이여!
때의물결에 씻기고남은 어룬의 다맛 슯흠이여!

—「거륵한봄과 슯흔봄」 전문

어린이들에게 봄은 푸른 하늘에 비둘기 같은 흰날이 은빛 춤을 추고, 온갖 수목의 싹을 틔우는 '생명의 물결'이 넘쳐흐르기 때문에 천진스러운 기쁨과 거룩함과 밝은 마음이 넘쳐나는 때(시간)라면, 어른들에게 봄은 묵은 기억의 보금자리에서 잃어버린 사랑과 떠난 벗, 그리고 죽은 사람들을 추억하면서 한탄하기 때문에 오히려 옛 설움을 자아내는 물레의 시간이 된다. 한 날 한 곳에서 느끼는 봄이라도 어린이들의 거룩한 봄의 나라와 어른들의 슬픔의 나라가 공존하는 것이다. 결국 시인에게 봄이란 거룩하고 슬픈 마음의 나라인 것이다. 그러나 이 시가 갖는 역설의 세계는 「나의 노래는」과는 달리 개별 주체로서의 시인에게 마음의 공명을 얻지 못하고 있다. 개인의 실재적 경험의 세계에서 어느 정도 유리되어 다분히 관념적인 사유의 영역에 머물기 때문에 어린이/어른, 기쁨/슬픔, '생명의 물결'/'옛 설움을 자나내는 물레'라는 이분법적 틀에서 벗어나지 못하고 있다. 이 시가 훌륭한 시라고 말하기는 어려울지라도 현구시가 지향하고자 하는 바가 이율배반적인 역설의 세계인 것을 확인하는 데는 부족함이 없다.

결국 현구시는 '때의 물결에 씻기고 남은' 어른들의 슬픔을 '빛나는 설움'으로 형상화하려는 지향성을 지니고 있다고 판단해도 결코 무리가 없을 것이다.

3. 빛나는 설움의 세계

그렇다면 현구시에 자주 나타나는 눈물의 세계가 '빛나는 설움'과 어떤 연관을 맺고 있는가를 살피는 일이 필요하다. 그가 추구하는 '빛나는 설움'은 애틋하면서도 걷잡을 수 없는 세계처럼 다분히 역설적이다.

하날에 쇠북소리 맑고 향기롭게 굴니여가듯
비닭이 하얀털에 도글도글 밋글니는 저녁해ㅅ빗
마음이 비최일듯 환한 솟닙이 언덕에 고이지고
누리는 지금 빗나는서름[3]에 저지워잇다

『누리의 아름다운 모든것 그빗난목숨 짧어야
서러워하는사람 마음속에 기리 산다고』
때가 나즉한 소리로 노래부르고 지나가며
눈물가치 입부게 달린솟을 따가버린다

—「寂滅」 전문

이 시는 시인이 언덕 위에서 꽃잎이 떨어지는 순간에 경험한 마음의 공명을 표현하고 있다. 청각/시각/촉각이 뒤섞여 공감각적으로 하늘의 쇠북소리가 맑고 향기롭게 굴러가듯이 저녁 햇빛이 비둘기의 하얀 털에 도글도글 미끌미끌 미끄러지는 시각에 자연의 섭리로서의 때의 물결에 따라 눈물같이 예쁘게 달린 꽃잎이 고이 떨어지는 낙화에서 시인은 '빛나는 설움'을 읽어낸다. 꽃이 피어있는 시간이 짧아야 사람의 마음속에 그 빛나는 목숨의 아름다움이 기리 산다는 인식이 뒷받침되었을 때 온 누리가 시인과 함께 빛나는 설움에 젖어 있을 수 있는 것이다. 이 빛나는 설움이 일체의 번뇌에서 해탈한 불생불멸의 높은 경지인 열반, 즉 '적멸'

3 『시문학』 제2호(1930.5)에는 밑줄 대신에 방점이 찍혀 있다.

의 세계이다. 그래서 시의 제목이 '적멸'이다.

이런 불생불멸의 높은 경지인 빛나는 설움의 세계는 시인의 마음속에만 있고 현실과의 통로가 마련되면 과거의 기억이나 가난이 슬픔과 고독을 야기한다. 실제 생활인으로서의 현구는 슬픔에 젖어서 슬피 우는 외로운 검정 비둘기일 뿐이다.

뉘눈살에 시다끼여 그맵시 쓸쓸히
외로운넋 물고오는 검정 비들기
해늙은 느름나무 가지에 앉어
구구꾸 목노아 슬피우노나

깨우면 꺼져버릴 꿈같은 세상
사랑도 미움도 물우에 거품
그서름 香火처럼 피워지련만
날마다 못잊어 우는비들기

웰트슈매-쓰? 니힐의 속아푼 우름?
알이없고 둘곳없는 저혼잣 서름!
귀먹은 地獄거리 가에앉어서
虛空에 우러데는 외론비들기

높고푸른 하날은 끝없이 멀리개여
太古然한 햇빛만 헛되이 흐르는날
오날도 혼자앉어 슬피울다가
어디론지 간곳몰을 검정비들기

— 「검정 비들기」 전문

이 시는 현구의 자화상이라고 할만한 시이다. 그가 생전에 검정색 두

루마기를 즐겨 입었고[4], 호가 玄鳩(검은 비둘기)인 점으로 보아 자신의 처지를 검정 비둘기에 빗대어 표현한 것임에 틀림이 없다. 비둘기가 누군가의 눈살에 시달리어 그 맵시도 쓸쓸하게 외로운 넋을 물고 늙은 느릅나무 가지에 앉아 날마다 목 놓아 슬피 우는데, 그 슬픔의 원인이 무엇인지는 텍스트에 전혀 나타나지 않는다. 그에게 세상사는 깨면 사라져버릴 꿈같은 남가일몽의 세계이고, 사랑도 미움도 물 위에 뜬 거품 같은 것으로써 모두가 덧없는 허무일 뿐이다. 그런데 그 슬픔이 세계고世界苦[5]이거나 염세주의에서 오는 것이라는 데는 의문을 제기한다.[6] 그렇다면 그 누구도 알 수 없고 둘 곳도 없는 자신만의 설움에 젖어서 오늘도 슬피 울기만 하는 시인의 환부는 어디인가?

'내마음'의 세계를 노래한 초기의 시들에는 봄의 기쁨과 상실을 동시에 드러내지만[7] 후기의 시들에서는 인간이 세계에 대한 부정적인 인식을

4 임상호, 「후기」, 『현구시집』, 문예사, 1970, 179쪽 참조.

5 Weltschmerz. 세계고란 낭만주의 시대의 시인들과 관련된 당시에 유행한 우울하고 비관주의적인 분위기를 말한다. 이러한 분위기는 낭만주의를 특징짓는 현상으로 시인들이 세상사가 주체성과 인격의 자유에 대한 권리를 파괴한다고 보고 거기에 적응하길 거부하거나 적응하지 못함으로써 생겨났다. 『브리태니커 백과사전』 참조.

6 현구 자신이 1941년에 서문을 쓰고 『無常』이라는 제목으로 시집을 광명인쇄공사에서 출간하려고 했다는 점에서 보면 세계고와 니힐리즘의 세계와 완전히 무관하다고 보기는 어렵다. 그는 자신을 "때오면 무덤에 도라갈 이몸도 이몸도 / 외로운 나그네"(「무상」)라고 직접 서술하고 있다. 인간사 무상하다는 언급은 여러 시들에 나타난다. 이렇게 무상함을 느낀 원인이 어디에 있는가를 밝히는 것이 중요하다.

7 현구에게 봄은 "강물결 환뜻빛나 내눈이 부쉬오/ 머리칼에 희롱하는 바람끝이 간지럽소/ 햇살이 내려와 大地에 소근데면/ 우슴같이 티어오는 아아 봄이여"(「봄(其1)」)에서 확인할 수 있듯이 자연과의 교감에서 오는 마음의 공명이 '간지러움'과 '웃음'을 생성한다. 그러나 봄은 또한 "無常의 슬픈자욱/ 내가슴에 그어놓고 // 실바람 스을 슬 따라/ 늬 어디로 가벼렸니"(「봄(其2)」)라고 하여 상실의 아픔을 생성하기도 한다.

직접 표현하기도 한다. 예를 들면 「이목숨 끈어」에서 인간세상의 죄악을 없앨 수 있다면 자신이 목숨까지 바칠 수 있다는 의지를 보이면서 사랑으로 이 '흐린 세상'을 맑게 하고 눈물로 '더런 세상'을 씻고 싶다는 소망을 드러낸다. 또 「산에 오릅니다」에서는 까막까치도 오직 친화로 때를 지어 노니는 자연의 세계와는 달리 "인간의 거리에는 詛呪와 爭奪의 罪惡"이 넘쳐나는데, 이것은 "惡魔같이 咆哮하는 앤진의 爆音"으로 상징되는 '文明의 罪業'이 빚어낸 현상이기 때문에 시인은 "天國을 꿈꾸려고" 산에 오른다는 자신의 소회를 밝히고 있다.

이 같은 인간의 문명세계에 대한 부정적인 인식은 그의 다른 시에서는 거의 찾아보기 어렵다. 부정적인 현실보다는 오히려 현구 자신의 경험세계와 성격에서 설움과 슬픔이 유래하고 있음을 그의 시에서 유추할 수 있다.

홀아비 시름시절 내어이 니칠니야
탓모를 제심술에 엄풀을 쥐쓰드며
멀정한 잔듸밧을 왼종일 질여놋코
아지랑이 조름에 개을니든 하픔을

째질듯 펴진벗태 종달새 발이듸고
오동닙에 청개고리 비마주 소리할적
느틔나무 그늘에서 네갈내 그로봐를
긴여름이 저물도록 슷슷내 못차잣내

—「홀아비시절」 부분

시인은 홀아비 시절을 결코 잊지 못한다. 짝을 찾지 못해서 원인 모를 심술이 나서 애먼 풀을 쥐어뜯고, 멀쩡한 잔디밭을 왼 종일 짓이기며, 봄날 시름에 겨워 게을리 하품이나 하던 홀아비 시절에 대한 기억 자체가 시인을 매우 슬프게 한다. 또 여름날은 째질 듯 퍼진 볕에 종달새의 발이 데고, 청개구리가 비맞이 소리로 울어댈 때 날이 저물도록 끝끝내 네 잎 클로버를 찾지 못했다. 그리고 가을날에는 귀뚜라미가 정을 노래하고 수수밭이 성기어지면 마음의 갈피를 잡지 못하고 초여드레 달이 져도 밤거리를 해매였으며, 서릿발 선 보리밭 골이 보글보글 허물어지는 겨울날에는 애틋하고 쓸쓸하게 '홀아비 삔추새'의 노래를 하루 종일 듣고 서 있었다. 사계절 모두 짝 없는 설움에 젖어있던 시절을 잊지 못하는 시인은 「홀아비 서름」이라는 또 다른 시에서 "평생을 장가도 못갈몸이/ 귀뜨람이처럼 외로워라"고 자신의 신세를 한탄하기도 했다. 홀아비의 설움에서 벗어나서는 가난을 못이기는 아내에게서 서러움을 느꼈다.[8]

인간사의 부귀영화를 뜬구름처럼 여기고 자연과의 교감에서 행복을 느끼며 사는 일상에서 그 가난을 힘겨워하는 아내에게 슬픔을 느끼는 것은 어쩌면 당연한 일이었을 것이다. 현구는 가난이나 생활고에서 오는 설움을 시로 쓴 경우는 한 편도 없다. 그만큼 실생활의 경험세계가 시인의 마음의 영역을 비집고 들어오는 경우가 거의 없다는 말이다. 다만 고고한 선비처럼 살고 있는 자신의 처지가 스스로 고독을 자초하고 있는 다음 시에서는 그 가난을 어렴풋이 확인할 수 있다.

붉은환락속에 세월을보내는 無爲의 무리
음란한 사교담 뜻없는 哄笑, 虛飾, 아첨
지저거리는 새때처럼 질탕한 술자리에
나는 남원골 이어사처럼 괄새를 받습니다

무거운짐 등에지고 구슬땀 흘리며
일을해도 일을해도 락이없는 세상을

8 "온세상이 부러워하는 부귀와 영화를/ 떠도는 구름같이 여기렸드니/ 그간안 못이기는 안해를 볼때/ 마음은 안쓰러워 눈물고이내" (「貧寒」 전문)

헐벗고 굶주리며 구박받는 무리들께
나는 글방 손힌 선비처럼 눈치를 받습니다

—「孤獨」 전문

현구는 질탕한 술자리를 벌이는 가진 자들('無爲의 무리')에게는 업신여겨 하찮게 대접받고, 굶주리는 못가진 자들에게는 눈치를 받는 독특한 신분상의 처지에 놓여 있다. 음란한 사교담의 질펀한 웃음과 꾸밈과 아첨이 난무하는 질탕한 술자리에서 현구는, 『춘향전』의 이도령이 거지처럼 얻어먹고 괄시를 받았듯이, 돈을 낼 수 있는 처지가 아니었기 때문에 괄시를 받는다. 또한 '헐벗고 굶주리며 구박받는 무리들'에게는 노동하지 않고 선비처럼 살기 때문에 역시 눈치를 받는다. 가진 자와 못가진 자 모두에게 괄시와 눈치를 받는 시인의 처지는 다분히 역설적인 상황이다. 현구는 가진 자와 못가진 자 사이에서 경계인으로 살았다. 이 양자 어디에도 끼지 못하는 현구의 고독은 어쩌면 그의 성격에서 연유한 것일 터이다.[9] 괄시와 눈치를 받는 현실이 시인에게는 슬픈 것이 아니라 오히려 거기에서 오는 고독이 그의 자존감을 높이고 있다고 보아야 할 것이다. 그래서 밤낮없이 "기쁨과 슬픔에 때로 맑고 흐리우는/ 넉시만이 다니는 길 마음속 빛나는 길"(「길」)을 거닐면서 고독하게 "끝없는 한탄을 노래"(「물우에 뜬갈매기」)하는 갈매기가 현구인 것이다. '마음속 빛나는 길'을 거닐면서 고독을 즐기는 것만이 곧 시인이 현실의 비애를 극복하는 유일한 삶의 방식이었다.

9 차부진의 회상에 의하면 김현구 시인은 "고독을 즐기는 사람. 감상적이며 폭발적인 성격의 소유자. 세속의 서러움을 혼자 걸머지고 울고 웃는 사람. 또 유달리 어머니를 그리워하면서도 쉽사리 남에게 정을 주지 않는 사람. 고집이 유달리 세면서도 막걸리 자리에서는 폭소의 주연자"였다고 한다. 차부진, 「내가 아는 현구 시인」, 『현구시집』, 170쪽.

4. 순간의 미학

그렇다면 현구에게 '마음속 빛나는 길'은 무엇일까? 그 길은 실재의 공간이 아니라 대상과 시인이 만나 공명함으로써 만들어지는 상상의 세계이다. 이것이 곧 시인의 마음이 사는 곳일 터이다.

유리ㅅ빗 바람이 소올소올 부러오고
실조름가튼 아지랑이 서리여있는
그밧게 향기로운 바다가 넘실거리고
내마음 늘 사심한 섬둘레 힌모래를
푸른물결이 끄닐새업시 씻고있다.

발근날빛에 바다가 은ㅅ결가치 반짝기고
머언곧 하날이 나직히 내려와 속살대며
사랑어우르는 갈매기떼 어지러히 흐터나르고
춤추는 물결에 은비늘고기 꼬리처 굼실거리며
물새와 고기들이 서로 즐기는 곧

그곧에 푸른빗 기쁨이 꿋머그머 있느니
그곧에 빗나는 보람이 멀리 얼신거리느니
슬픔이 거리에 뜨고 한숨소리 집마다 노플때
넉시는 괴로운 가슴과 수심에저즌 잠ㅅ자리를 고이떠나
새 나르듯 근심마음을 포르르 나라너머서
늘봄의 물결사이에 기쁨을 노래하느니

江南제비 도라오는길 아득한 바다
그곧이 내마음 사라있는 곧
파초열매 무르노근 향기가 가득 떠돌고
닭알처럼 히고 예쁜배가 날마다 돗달고가며

새노래와 고기뛰염 끄니지않는 바다물결에
내마음은 물오리가치 잠방그리고 있다.

—「내마음 사는 곧」 전문

단독자로서의 시인 자신이 느끼는 슬픔이라기보다는 세계고에 가까운 슬픔이 거리에 뜨고 한숨소리가 집마다 높을 때 시인의 넋은 괴로운 가슴과 수심에 젖은 잠자리를 고이 떠나 새가 나르듯 '근심마음'을 포르르 날아 넘어서 늘봄의 물결사이에 기쁨을 노래한다. 푸른 빛 기쁨이 꽃 머금어 있고 빛나는 보람이 멀리 얼씬거리는 곳은 시인의 마음이 사는 강진 앞바다일 것이다. 그곳은 밝은 날빛이 은결같이 반짝이고, 하늘이 나직이 내려와 속살대며, 춤추는 물결에 은비늘 물고기가 꼬리쳐 굼실거리고, 물새와 물고기들이 서로 즐기는 곳이다. 무르익은 파초열매의 향기가 가득 떠돌고, 달걀처럼 희고 예쁜 배가 날마다 돛 달고 오가고, 새의 노랫소리와 물고기 뜀이 끊이지 않는 바닷물결에 시인의 마음은 물오리같이 잠방거린다. 시인이 강진 앞바다와 만나 공명하는 그곳은 아름다움의 세계로서의 이상향이라고 할만하다.

같은 이상향을 노래한 정지용의 「향수」(1927)에도 "옛이야기 지줄대는 실개천이 회돌아 나가고,/ 얼룩백이 황소가/ 해설피 금빛 게으른 울음을 우는 곳"으로써 이상적인 공간이 창조되지만, 그곳은 "엷은 졸음에 겨운 늙으신 아버지가/ 짚벼개를 돋아 고이시던 곳"이면서 "사철 발벗은 안해가/ 따가운 햇살을 등에 지고 이삭 줍던 곳"이며, 자신의 어린 시절 "함부로 쏜 화살을 찾으려/ 풀섶 이슬에 함추름 휘적시던 곳"이자 "흐릿한 불빛에 돌아 앉어 도란도란거리는 곳"으로써 시인의 유년 체험이 녹아 있는 이상향의 고향이다. 그런데 현구의 마음이 사는 곳에는 시인의 경험적인 세계가 전혀 들어 있지 않다. 그가 창조한 이상향은 경험의 세계에서 멀리 물러나 있는 마음속의 관념적인 공간이다. 그것은 자연이 인간화되고 관념화된 조선시대의 강호가도시가처럼 자연을 시인의 마음속에 끌어들여 그것을 인격화하는 동화assimilation와 자연 속에 자신을 상상적으로 투여하는 투사project의 원리가 작동하여 만들어진 강진 남녘 바다의 관념적인 이상향이다. 기억을 통한 경험의 현상학적 도래라기보다는 이러한 낭만적 자연관에 입각해서 시적 대상과 시인이 만나서 만들어낸 순간적 공명의 세계가 현구의 시적 특성이라고 할만하다.

현구시에 빛나는 '순간'을 노래한 시들이 많은 것도 이런 이유 때문이다. 시인의 아니마라고 할 수 있는 어릴 적 꿈의 모습인 '요정'이나 작은 '유령'이 자신 앞에 언뜻 왔다가 사라져버리는 그 빛나는 순간을 그리고 있는 「순간」이나 「妖精」 등은 순간의 아름다음을 형상화하고 있는 현구시의 특징을 잘 보여준다.

현구가 물오리같이 그 순간의 아름다움에서 잠방거리는 일은 곧 밤낮없이 "마음속 빛나는 길"을 노니는 일에 다름 아니다. 현구에게 넋이 기쁨을 노래하도록 하는 일은 마음의 공명을 통해 현실의 비애를 극복하는 방식이다. 이것이 시를 쓰는 행위로서의 황홀이다.

> 햇발속에 우슴짓는 고운꽃송이
> 그늘을 숨어흐르는 향기와같이
> 달빛에 흐릿한 은노을 사이로
> 노래의 마음이 나른다 춤춘다
>
> 느티나무 욱어진 푸른가지 사이로
> 노래하며 나라드는 꾀꼬리같이
> 이슬끝에 소근거린 달빛속으로
> 내넋이 스미여든다 녹아흐른다
>
> —「恍惚」 전문

햇발 속에 웃음 짓는 고운 꽃송이의 향기가 그늘 밑으로 숨어 흐르듯이 달빛의 흐릿한 은빛 노을 사이로 시인의 노래하는 마음이 날면서 춤을 춘다. 현구의 마음이 바다위의 황홀한 달빛을 따라, 꽃향기가 그늘 밑으로 소리 없이 흐르듯이, 그렇게 움직이는데 그것이 곧 시인이 경험한 '황홀'이다. 느티나무 우거진 푸른 가지 사이로 노래하면 날아드는 꾀꼬리같이 이슬 끝에 소곤거리는 달빛 속으로 시인의 넋이 스며들어 녹아 흐른다. 달빛과 시인이 만나는 공명의 순간에 현구의 마음은 기쁨으로 충만하여 춤을 추고, 그의 넋이 위로를 받는다. 자신의 넋을 기쁘게 하는 행위가 곧 시작詩作이고, 이런 시를 쓰는 행위에서 황홀을 경험하는 것이다. 그가 '내마음'의 세계에 집착하는 이유가 자신의 넋을 기쁘게 하기 위한 삶의 방편이면서 동시에, 구체적으로 알 수는 없지만, 현실의 비애를 극복하기 위한 노력임에는 틀림이 없다. 그가 천국을 꿈꾸려고 산에 오르는 것도 그 연장선에 있다.

이 「황홀」을 영랑의 「황홀한 달빛」과 비교하면 더욱 현구만의 시적 특징이 잘 드러난다. 두 시의 시작 시기를 밝히는 것은 불가능한 일이나 거의 동시적이라는 느낌이 강하다. 영랑과 현구는 산위에서 바다에 비취는 달빛의 황홀함을 경험하고 있는 똑같은 시적 상황을 보여준다.

황홀한 달빛
바다는 銀장
천지는 꿈인양
이리 고요하다

불르면 내려올듯
정든 달은
맑고 은은한노래
울려날 듯

저 銀장우에
떠러진단들

달이야 설마
깨어질나고

떨어져보라
저 달이 어서 떨어져라
그 혼란스럼
아름다운 텬동지동

후젓한 三更
산우에 홀히
꿈꾸는 바다
깨울수 없다

— 김영랑의 「황홀한 달빛」 전문

이 시도 낭만적 자연관에 따라 달빛에 충만한 바다의 정경이 한 폭의 동양화처럼 묘사되고 있다. 영랑은 달빛이 반사되는 은빛 바다의 고요함에서 오는 황홀감을 시각과 청각 이미지를 결합하여 공감각적인 심상으로 제시하고 나서, "불르면 내려올듯/ 정뜬 달"이라고 하여 동화의 원리에 따라 달을 인격화하고 있다. '맑고 은은한 노래'가 울려날 듯한 달밤의 고즈넉한 분위기에서 시인은 잔잔한 은빛 바다에 달이 떨어진다고 한들 차마 깨어질 일 없을 터이기에 저 달이 어서 떨어져 천동지동의 혼란스러움을 일으키기를 바란다. 그러나 호젓한 삼경 깊은 밤, 산위에 홀로 달과 바다가 만들어내는 아름다움에 황홀을 경험하면서 꿈꾸는 바다를 차마 깨우지 못한다. 전체적으로 볼 때 이 시는 공감각적 이미지의 활용, 정적 이미지와 동적 이미지의 교차, 그리고 2음보 가락의 율동적인 쾌미음快美音을 탄력 있게 조화시킴으로써 달밤의 고즈넉한 분위기와 아름다운 풍광을 효과적으로 보여주는데 성공하고 있다.10

그런데 영랑이 창조한 시적 세계도 현구와 마찬가지로 자연 그대로의 비정적 타자성과는 거리가 멀다. 영랑은 달빛과 바다를 자신의 마음속으로 끌어와 인격화함으로써 '황홀한 달빛'이 연출하는 고요한 공간에서 맑고 은은한 아름다움을 꿈꾸는 바다가 된 것이다. 그러나 현구는 바다와 이슬을 비추는 달빛을 따라 자신의 마음이 어떻게 변하고 있는가를 예민한 감각으로 포착하고 있다. 그 섬세한 마음의 변화를 형상화하는 데는 현구가 결코 영랑에 못지않다. 이 두 시는 시인과 대상 사이에서 마음의 공명이 이루어지고 난 다음에 그것을 이미지화하는가, 아니면 마음의 공명과정 그 자체에서 이루어지고 있는 마음의 미묘한 변화를 표현하는가에서 차이가 드러난다.

5. 마무리

지금까지 살펴본 바대로 현구의 시는 기본적으로 땅찔래꽃의 눈물처럼 애틋하면서도 새아씨 웃음같이 건잡을 수 없는 역설적인 세계이다. 눈물과 웃음이 공존하는 마음의 세계가 그것이다. 똑같은 시공간에서 느끼는 봄이라도 그 속에서 기쁨과 생명의 물결을 보기도 하지만 동시에 옛 설움을 자아내는 물레를 보기도 한다.

모든 것에서 양면성을 확인하는 시인으로서의 현구는 꽃이 피고 지는 그 순간에 불생불멸의 높은 경지인 '빛나는 설음'을 경험하지만, 생활인으로서는 슬픔에 젖어서 외롭게 울고 있는 검정 비둘기玄鳩일 뿐이다. 과거의 기억이나 가난, 또는 자신의 성격이 슬픔과 고독의 원인이기도 하지만 현구는 그것들 속에 '마음속 빛나는 길'을 마련한다. 그래서 그의 시에서 생활인으로서의 현구의 모습을 추론하기는 매우 어렵다.

릴케는 『젊은 시인에게 보내는 편지』에서 "시인이 될 수 없다는 것은 쓰지 않고도 살아 갈 수가 있다는 것을 느끼는 것만으로도 충분"하다고

10 임환모, 「남도 순수서정의 세계 – 김영랑론」, 『한국 현대시의 형상성과 풍경의 깊이』, 전남대학교출판부, 2007, 68-68쪽 참조.

하면서 "내적 필연성에서 이루어진 예술작품은 훌륭한 것"이라고 말한 바 있다.[11] '끝없는 고독'에서 예술작품이 탄생하는데, 쓰지 않고는 살아갈 수 없는 상황의 내적 필연성이 시인의 운명을 결정한다고 한다면 김현구는 그런 운명을 타고 난 사람이다.

그는 현실의 비애를 극복하는 삶의 방편으로 시를 썼다. 자신이 시적 대상과 만나는 순간에 경험하는 황홀과 희열을 순간의 아름다움으로 형상화하고 있는데, 그 시적 방식은 영랑처럼 마음의 공명이 끝나고 나서 그것을 한 폭의 동양화처럼 이미지화하는 것이 아니라 마음의 공명과정 그 자체에서 섬세하게 움직이는 마음의 변화를 포착하여 비유적으로 표현하고 있다. 현구가 '내마음'의 세계에서 물오리처럼 잠방거리면서 시를 쓰는 행위 자체가 자신의 넋을 기쁘게 하고 황홀을 경험하는 행위이기 때문에 그에게 시 쓰기는 존재의 이유이자 삶의 탈출구였던 셈이다. 어디에도 속하지 못하고 경계인으로 사는 현실적 삶의 비애를 '내 마음이 사는 곳'의 '빛나는 길'에서는 고독을 즐기며 자신의 넋을 위로할 수 있었다. '마음속 빛나는 길'을 걷는 행위가 현구에게는 황홀한 경험으로서의 시작詩作이었다. 예술시로서의 서정시의 모범을 보여줄 수 있었던 것은 이런 순간의 미학이 구체적인 형상성을 얻었기 때문일 것이다.

따라서 현구의 시세계와 시적 태도는 영랑이나 지용과도 구별되는 독특함을 지니고 있다는 점을 인정해야 한다. 현구의 시를 시문학파의 아류쯤으로 치부하기에는 그의 시적 형상화의 원리와 방법이 서정시의 본질에 너무 가깝다.

11 릴케(R.M. Rilke)/ 홍경호 역, 『젊은 시인에게 보내는 편지』, 범우사, 1995, 25쪽.

물의 형상성과 건강한 생명력: 손광은 시집 『波濤의 말』

1. 머리말

보들레르의 『악의 꽃』(1857) 이후 현대시의 주된 경향은 진보에 대한 환상이나 미래에 대한 믿음을 가지고 있든 그렇지 않든 상관없이 시인이 처한 삶의 현실에서 존재론적으로 경험하는 순간순간의 삶의 선택에 대한 감성적 표현이었다. 보들레르는 자신이 다른 모든 불행한 인간들 속에 섞인 한 불행한 인간이라는 의식, 다시 말하면 타락하고 신의 은총을 잃어버렸기 때문에 불행하고, 지난날의 행복에의 향수를 간직하고 어렴풋하게나마 기억되는 잃어버린 힘과 균형을 되찾기 위해 무력하나마 끈질긴 노력을 계속하는 불행한 인간이라는 의식 속에서 시공을 초월하여 삶의 리듬을 최상의 아름다움으로 승화시키려고 하였다. 또 만해 한용운은 길 잃은 양처럼 나라 잃은 백성의 한 사람으로서 '긔룬' '님'을 찾아 정진하는 구도자적 삶의 순간들을 언어의 아름다움으로 표현하였다. 결과적으로 시는 시공을 초월하여 주름진 삶의 과정에서 순간순간 시인의 신체에 작동하는 사고의 표현이었다.[1]

1 "사고는 직접적으로 신체들의 표면에서 실현된다. 신체들은 더 이상 사고에 봉사하는 도구들이 아니라 사고가 작동하는 극장이다." 랑시에르(J. Ranciére)/ 유재홍 역, 『문학의 정치』, 인간사랑, 2011, 240쪽.

35편의 시가 실린 『파도의 말』도 시인 손광은이 고뇌와 열정으로 보낸 젊은 날의 생생한 기록들이다. 1972년 현대문학사에서 발간한 이 시집은 손광은의 첫 번째 시집이다. 1962년부터 내리 3년 동안 김현승 시인에 의해 『현대문학』에 추천이 완료되어 등단한 시인이 10여 년간 써 온 작품을 묶어 출간한 것이다. 이 시기는 시인에게 가장 역동적인 삶의 선택이 이루어진 때이기도 하다. 이 시기에 손 시인은 대학을 졸업하고 「제3광장」이 추천되기 시작했고, 결혼을 해서 가정을 꾸렸고, 대학원에 진학해 공부하고 나서 1968년에는 대학교수가 되어 평생직장을 얻었다. 『파도의 말』은 김현승 시인이 서문을 쓰고, 김현과 이성부가 발문을 썼고, 오승윤 화백이 표지장정을 맡았다. 시집 발간에 명망 있는 당시의 시인, 평론가, 화가가 동원되었으니 시인의 정성도 정성이지만 주변의 기대도 적지 않았음을 확인할 수 있다. 손광은에게 있어서의 시는 시인이 주름진 삶의 과정에서 경험하는 "영혼을 흔들어준 시간들의 모임"[2]이었다.

김현승은 「서문」에서 손광은의 시에 대한 우려와 기대를 동시에 말한다. 자신이 『현대문학』에 추천한 「제3광장」, 「산책」, 「나의 반란」 등의 초기작에는 "생명에 대한 자기정립에 대한 강렬한 추구"를 하면서도 "그 강렬은 분방하기보다는 절도 있는 지적 뒷받침으로 언제나 상당한 안정을 유지하여 앞날을 촉망하게 하였다"고 자락을 깐 다음, 등단 이후 7,8년간 제자인 손광은의 시적 행로에는 기복이 무상하여 성공한 작품이 결코 많지 않았다고 우려하고 있다. 그러나 '근년'에 이르러 '눈부시게 하는 작품'을 내놓고 있다고 안도하면서 기뻐하는 모습을 보인다. 특별히 「보리타작」과 「직녀도」 두 작품을 언급하면서 이것은 초기의 지적 취향과는 사뭇 다르면서도 전기와 같은 생명력의 추구가 더욱 강렬도를 더해가고 있다고 다음과 같이 평가하고 있다.

2 손광은, 『고향 앞에 서서』, 문학세계사, 1996, 8쪽.

> 문학의 가치는 결코 그 소재 자체가 결정하는 것이 아니고, 그 소재에다 작자 자신의 혼을 주입하는 강도와 열도의 여하가 그 가치를 좌우하게 되기 때문이다. 이 시인이 새로이 추구하고 있는 근년의 작품들에는 이 시인의 잡초와 같은 질긴 생명력이 줄기차게 꿈틀거리고 있다. 이 개인의 생명의 총화 - 그것이 곧 다름 아닌 민족의 생명력이라고 할 수 있다. 한 시인의 일생을 통하여 전진하며 변모를 꾀한다는 것은 매우 어려운 일이다. 이 어려운 성과를 이 시인은 10년 남짓한 세월에서 상당히 효과 있게 보여주고 있다. 이 한 가지 사실만을 가지고도 이 시인의 앞날을 축복하며 더욱 큰 기대를 걸어 보고 싶다.[3]

이 글이 제자의 시적 장도를 축복하는 '주례사 비평적' 성격의 글이라고 할지라도 김현승의 평가와 기대는 자못 심상치 않다. 시인이 택한 소재에 자신의 혼을 주입하는 강도와 열도의 여하에 따라 시적 성취가 달라진다는 김현승의 시관은 다분히 장인적이다. 보리를 타작하는 머슴이나 베를 짜는 직녀를 형상화한 시에서 '잡초와 같은 질긴 생명력'을 읽어내고 이 '개인 생명의 총화'가 곧 '민족의 생명력'이라고 규정하고 있다.

1970년 『문학과지성』을 창간하고 한국문단의 헤게모니를 장악한 비평가 김현은 「발문 I」에서 김현승과 비슷한 견해를 피력하고 있다. 그는 손광은의 시에서 뿐만 아니라 그의 어투, 걸음걸이, 작별, 악수, 막걸리집에서의 서툰 농담 등에서 손광은만의 '생명에의 끈질긴 집념'을 발견하고, 그의 힘찬 개성에는 마치 "힘 있게 빚어놓은 「토루소」가 주는 것 같은 매력이 산재해 있었다."고 회고한다. 김현은 특히 「보리타작」과 「직녀도」 같은 시는 '인간에 대한 애정'이 깊이 배어 있어서 손광은의 체취와 개성과 힘이 그대로 번져 나오는 시였기 때문에 자신을 즐겁게 한다고 고백하고 있다.[4]

---

3 김현승, 「서문」, 손광은, 『파도의 말』, 현대문학사, 1972, 9쪽.

4 김현, 「발문 I」, 위의 시집, 124-125쪽 참조.

이성부는 손광은의 시보다 시인의 인간됨을 말하고 있다. 이성부가 보기에 손광은은 우리 시대의 대다수의 사람들이 겪는 삶의 아픔을 “정면에 서 있었던 것이 아니라 많이 비켜 서 있었던 듯한” 삶을 살아왔지만 “끝까지 혼자서라도 「바르게」 살고자 하는 노력”을 보여주었다는 것, “그는 그렇게도 드물게 보이는 순박한 사람”이라는 것을 역설하고 있다.[5]

김현승, 김현, 이성부 등이 본 손광은의 인간됨과 그의 시는 나름대로의 특성과 의의가 있을 뿐만 아니라 생명력을 지니고 있다는 것을 확인할 수 있다. 그렇다면 시인이 추구하는 시의 세계는 어떤가. 손광은은 시집 「후기」에서 ‘물’을 생각의 대상으로 삼고 물처럼 살아가면서 물의 생리를 배우려고 했다는 점을 밝히고 있다.

> 말없는 시간이 밀리고 흐르고 휘도는 물처럼 가면서 씌어진 것들인데, 물에는 무한한 창조적 능력, 무진장한 의미의 원천이 숨어 숨 쉬고 또 거기서 생동하는 움직임이 아내의 몸처럼 뒤적이고 거부와 순응으로 나를 따른 마음이 확실히 있었다.[6]

시인의 말대로 이 시집에 실린 35편의 시 중에 물의 이미지가 없는 시가 거의 없고, 물의 이미지가 없으면 반드시 유동적인 흐름의 이미지가 ‘소리’의 이미지와 결부되어 있다. 이런 점에서 “소리 의식이야말로 손광은 시의 서정성을 직조하고 있는 독특한 구조 원리”로 작동한다고 보아 그를 ‘천성千聲의 시인’으로 규정하였던 것이다.[7] 물은 노자의 철학과 상통한다. 노자의 『도덕경』은 물의 철학이라고 할 만큼 곳곳에서 물의 이

5 이성부, 「발문Ⅱ - 차례를 기다리는 사람」, 위의 시집, 126-127쪽 참조.

6 손광은, 「후기」, 위의 시집, 128쪽.

7 김동근, 「‘소리’의 시학과 존재론적 메타포/ 손광은론」, 손광은 외 지음, 『우리시대의 시인연구』, 시와사람사, 2001, 378-401쪽.

치를 밝히고 있다. 8장에서 말하고 있는 '상선약수上善若水'는 지극히 올바른 것(최고의 선)은 물과 같다는 뜻이다. 노자에 따르면 물은 만물을 이롭게 하면서도 다툼이 없고, 사람들이 싫어하는 낮은 곳에 머무르니 도와 거의 가깝다고 할 수 있다. 이런 물의 세계와 손광은 시인이 추구한 물의 세계가 어떻게 관계 맺고 있는지, 물의 세계에 대한 사유가 소리의 이미지와 어떻게 조우하면서 시적 긴장을 함축하는지를 밝히는 것이 이 글의 목적이다. 이것들은 궁극적으로 손광은 시인의 몸 안에서 작동하고 있는 사유의 내면 풍경을 확인하는 작업이 될 것이다.

2. 시적 출발의 누빔점

손광은 시가 활자화되기 시작한 것은 1962년부터인데, 「제3광장」이 처음이다. 이 시는 「1 숨소리」, 「2 불꽃」, 「3 여운」이라는 세 편의 시가 연작의 형태로 구성되어 있다. 여기에는 다소 미흡할지라도 시인이 앞으로 추구해갈 시적 세계가 모두 응축되어 있다.

햇살 한줄기 담기어, 꽃차림지는 아침
여울목 메아리—
네 걸음이
沈鬱도 아무 倦怠도 없구나.
성기운 가슴으로
너의 숨결 헤이어, 향내음 들어 보면
얼얼이 지아하는
포리뱅이 속에서, 잿더미가 되어,
잿더미가 되어가던 마음에
껄껄대는 꽃물결
웃음.
그

소리결처럼, 그렇게 그, 농우리
웃음.
쓸리는 廣場으로
하염없는 물보래 물갈림은
꽃일레라.

소삽한 물거품
들석이는 숨소리, 시새워 타는 불꽃,
꽃포기와 앉으면
물살져 돌아오는 마음과
마음……
탐스러운 한나절
농우리로
흥겹구나.
지금은 기슭에
머물지 못하는 표적을
나날이 새기는
농우리— 나의 習性인데,
흐뭇한 가슴이
混亂스런 海峽에서처럼, 묵은 물결을 주름잡아 가는…
色고운 네 걸음이,
沈鬱도 아무 倦怠도
없구나……

— 「第3廣場 - 3 餘韻」 전문

시적 주체는 어떤 습성을 가지고 있다. 그것은 파도(농우리)가 물가 기슭에 나날이 머물지 못하는 표적을 새기듯이 어떤 사건을 되풀이 회상하면서 마음에 제3의 광장을 마련하고 있다. 그렇다면 "混亂스런 海峽에서처럼, 묵은 물결을 주름잡아가는" 자는 누구인가? '네 걸음'에는 우울도 권태도 없다. '너의 숨결'을 헤아려 너의 향기를 더듬어보면 포리뱅이 속에서 잿더미가 될지라도 그것은 "껄껄대는 꽃물결/ 웃음"의 농우리(파도)이다. 광장으로 몰리는 꽃물결을 '꽃차림지는 아침' '탐스러운 한나절'을 끊임없이 유쾌하게 상상하고 있는 화자는 분명 '불꽃'같은 '너'에게서 어떤 의지를 닮으려 하고 있다. 그렇다면 너의 숨소리와 불꽃같은 삶은 어떤 모습인가? 결론부터 말하면, 4·19혁명의 물결이 탐스럽게 농우리치는 모습으로 시적 주체에게 상상되는 것이다. "들석이는 숨소리, 시새워 타는 불꽃"은 혁명의 광장에서 벌어지는 젊은이들의 열정적인 행동을 의미하는데, 시인은 마음의 광장에서 그들과 함께 앉으면 한나절이 농우리로 흥겹게 된다.

오늘은
외어진 길목에서
불씨 남은 심지를 돋구는데
아,
선지피 묻은 四月의 옷자락같이
발돋움하는
뜨거운 얼굴이어.
활활 타는 목숨이어.
謹嚴한 목숨이어.
—「第3廣場 - 2 불꽃」 부분

시인의 앙가슴 속까지 풀어헤친 혁명의 숨소리는 시인을 들썩이게 하는 웃음이다. "어리고 숫된/ 숨결이/ 흘러 나리는 소리결 꽃무늬"였던 4·19가 오늘은 외어진 골목에 불씨로만 남아 있다. 그 불씨로 남은 심지를 돋우면서 시인은 '謹嚴한 목숨'을 마주하는 것이다.

그러나 시인은 현실 사회에 대한 '거대한 참여'를 실천하지 못하고 방랑하는 모습을 보인다. 「산책」(1963)에서는 흔들리는 시적 주체를 확인할 수 있다. '幻想的 慾望들의 퐁당거리는' '소리 내는 오후'에 자신을 맡겨버리고 "空虛와 純粹 사이/ 광막한 振幅의 거리"를 방랑하고 있는 것이다. 시인은 "彷徨의 기나긴 넋이 되어/ 散地四方 대가리를 기웃거릴 뿐" 어디에도 끼어들거나 관여하지 않고 말없이 산책하면서 암중모색을 하는 것이다. 이러한 암중모색의 결과가 「나의 叛亂」(1964)이다.

나는 모든 세상을
形象에 가득 넌더리치고,
얼마만큼 세상에 信賴와 交錯을 하리.

얼마는 끝도 없이
저어쪽, 뿌리밑의 물면 곁에
가로질러, 나를 演繹하는 물등허리
달싹이는 아래쪽,
서슬 푸른 물결 밖으로…
行方을 읽은 번개같이, 내 옆구리를
눌러, 野性의 내 女子 허리춤에서
失神한 애무처럼
내려가고.
水平의 여린 記憶들의 둘레 밖을
내려가고.

얼마는 바람속을
通過할 수 있으리.
얼마는 音樂속을, 얼마는 언덕과 숲들을,
無邊의 散髮한 廢墟속을

통과할 수 있으리.
온갖, 아슬함의 넓이와
드높고 깊은 자개빛 숨결들을
끌어 밀리는
서두름 속에
나는 어디로 흩어져 구르는
振幅의 물두렁을 밟고 섰으리.

저, 밑, 멀리,
나의 밖으로, 側面을 돌아서
軍團처럼 밀리고, 흐르고, 휘도는
誘導性.
美學의 물결 곁에
서슬 푸른 叛亂 곁에……

—「나의 叛亂」 부분

시인의 반란은 '진폭의 물두렁'으로서의 '미학의 물결'을 밟고 서는 것이다. 시인이 이런 '서슬 푸른 반란'을 선포하는 것은 세상 자체의 모순에서 연유하는 것이 아니라 세상을 형상하는 방식이나 태도에 넌더리가 났기 때문이다. 그래서 시인은 얼마만큼은 세상을 신뢰하고 때로는 복잡하게 엇걸려 뒤섞임으로써 세상과 교착하고자 한다. 복잡하고 불합리한 현실을 있는 그대로 인정하는 것이다. 그러면서도 동시에 자신의 무의식의 영역인 '뿌리 밑의 물면 곁에'까지 내려가고, 욕망의 끝까지 내려가고자 한다. 자신의 시가 바람과 음악과 언덕과 숲들과 폐허 속을 통과할 수 있도록 온갖 넓이와 높이와 깊이를 지닌 '자개빛 숨결들'을 형상하는 무의식적인 '진폭의 물두렁'(농우리)을 밟고 서고자 한다. 그러나 이런 '물두렁'이 '미학의 물결'이 되기 위해서는 "저, 밑, 멀리,/ 나의 밖으로, 側面을 돌아서/ 軍團처럼 밀리고, 흐르고, 휘도는/ 誘導性"을 지니고 있어야 한다. “軍團처럼 밀리고, 흐르고, 휘도는/ 誘導性”은 결국 노자가 말하는 물의 속성이다. 시인의 내면에서 의식과 무의식을 가로지르는 감각적인 것들의 분할이 물처럼 자연스럽게 형상화될 때 미학적인 아름다움이 가능하다는 진술이다.

이처럼 손광은 시인은 시적 반란을 선포하고 문단에 화려하게 등단했다. 그를 추천한 김현승 시인은 이 시편들을 ‘생명의 자기 정립에 대한 강렬한 추구’라고 극찬하면서 손광은 시인의 앞날에 기대를 걸었던 것이다.

3. 혁명에의 부채의식과 내면의 소리

등단 이후 손광은의 시세계는 크게 달라지지 않았다. 시적 반란을 선포했지만 당분간 그것에 부합하는 시가 창작되지도 않았다. 시인은 4월에의 부채의식에서 자꾸만 왜소해가는 자신을 반성하면서 내면의 소리에 귀를 기울일 뿐이었다. 시인에게 ‘웃음’은 앞 장에서 살펴본 바대로 혁명의 얼굴이면서 동시에 꽃물결이다. 그래서 ‘웃음’은 “나를 밖으로 끌어내는 소리”이면서 “어제를 깔고 앉아 비밀을 터놓는 소리”이고, “내 마음에 움트는 심령의 소리”이기도 하다.(「웃음」) 그 웃음이 이제는 “내안에 돋는 고독과 같이/ 마음깊이/ 무거운 시간을 키운다.”(「웃음(1)」) 시인의 마음 깊숙한 곳에 이러한 혁명의 이미지가 자리 잡은 것이다.

> 내안에 돋는 소리, 四月을 들어 보니
> 오늘은 다만 소리뿐이다.
>
> 내가 끌려가는 視野밖에
> 일렁이는 숨살, 살아오는 死者들.
> 피의 꽃 소리,
> 어디선가, 내 안에 달려와

맑은 도랑물 속을 흐른다.
가슴 한편
쓸어진 쪽을 걸려 흐른다.
사라져 간 것들의 紐帶는 어디인가.

어리석은 땅에
四月은 자꾸 고개가 돌려지고,
솔바람 떠난 곳, 지켜 바라보면—

아예, 눈물뿐이군. 미움뿐이군.
世界는 五色무늬公論, 싸움뿐이군.

뒹굴어 사람들은 지축 위를 깔고 누운 저녁,
밤새워 나를 사로잡고,
흔들어 깨우는
소리, 저 소리.
一年 열두 달,
四月이 들려온다.
기다림은 끝인가,
끝나지 않았는가.

할 말이 많은 내 귀는 알고 있다.
건너와서 빠지는
잃어버린 소리,
소리의 모습을……

—「내 안에 돋는 소리」 전문

시인은 일 년 열두 달 자신을 사로잡고 흔들어 깨우는 4월의 소리를 듣고 있다. 그 소리는 살아오는 사자들의 '일렁이는 숨살'이면서 혁명의 아우성을 의미하는 '피의 꽃 소리'이다. 그 소리가 시인의 의식 한 구석을 타고 흐른다. 그런데 4월의 의미는 자꾸 퇴색되어 가고 우리의 현실 세계는 이제는 눈물과 미움뿐이다. 가지각색의 말들과 싸움뿐인 세계에서 시인은 4월의 소리를 마음에서만이 아니라 현실에서 듣기를 바라고 있는 것이다. 피를 흘리면 쟁취했던 것이지만 이제는 '사라져 간 것들의 紐帶'를 찾고자 한다.

그런 4월의 소리가 시인에게 직접 말을 걸기도 한다. 시인의 의식과 무의식을 가로지르는 '진폭의 물두렁'이 절규하는 내면에 귀를 기울이면 다음과 같은 시가 된다.

> 어느 날 밤 파도는
> 내 방에 들어와 나를 깨웠다.
> 다른 事物들은 일제히
> 다른 이름들을 하나씩 더 갖고
> 눈뜨기 시작했다.
>
> 모양도 없고 그림자도 없는
> 거대한 것이
> 엄청난 사람 같은 것이
> 내 목을 누르고
> 내게 말했다.
> 그냥 이대로만 있기냐
> 그냥 있기냐
> 다시 태어난 다음에야 볼 수 있는
> 벌판의 외침 소리 하나
> 나를 죽이고
> 끝끝내 들려 왔다.
>
> —「波濤의 말」 전문

이 시집에서 '파도'는 매우 다양한 모습으로 나타난다. '진폭의 물두렁'(「나의 반란」), '물등허리', '큰 물결'의 '농우리'(「제3광장」, 「단풍」), '살여울 물소리'(「가을은 내것이다」. 「파도」, 「눈 파도」) 등은 모두 '파도'의 다른 이름이다. 그런데 이 '파도'는 시적 반란을 야기하는 메타포이다. 다시 말하면 그것은 순간순간 시인의 신체에 자동하는 의식과 무의식의 가로지름이 만들어내는 감각적인 것들의 분할이다. 시인의 무의식적 욕망이 만들어내는 역동성에 대한 은유라고 해야 할 것이다. 4월의 '피의 꽃 소리'를 항상 내면의 소리로 듣는 시인에게 이제는 생각만 하지 말고 실천하라고 요구하는 목소리를 다이모니온의 소리로 듣는다. 그냥 가만있지 말고 4월의 소리에 합당하도록 움직이라는 요구이다. 이 '파도'는 시인에게 "흩어진 한 시대가/ 흘러가고 흘러오고/ 밀리고 흐르고 휘도는/ 거대한 참여"을 요구하고 있다.(「波濤의 말(2)」) 이 '거대한 참여'는 「무등산」에서도 반복된다. 이 '거대한 참여'가 '밀리고 흐르고 휘도는' 물의 속성처럼 자연스러운 것이어야 할 것임에도 시인에게는 껄끄럽기만 하다. 그래서 무등산이 '파도처럼 달려'들어 "이 거대한 참여를 밀림같이 세우며/ 말이 없다."(「무등산 Ⅰ」) 그런데 '거대한 참여'가 무엇인지 이 시집 어디에서도 구체화되어 있지 않다. 다만 시대의 흐름 속에서 4월혁명의 정신으로서의 '움직이며 생동하는 저 질서'의 세계라고만 짐작할 뿐이다.

이러한 시적 인식은 시인이 마음으로만 사월혁명의 정신을 계승하고 이것을 생활 속에 실천하지 못함에 대한 부채의식의 다른 표현이다. 달리 말하면 죄의식의 다른 모습니다. 물론 혁명의 실천으로 일떠서지 못함에 대한 부끄러움이 소시민의 반성적 성찰로서 무의미한 일만은 아니다. 그러나 손광은 시인의 초기 시에 보이는 반성적 성찰에는 김수영 시인이 보여주었던 엄격함과 절실함이 없다.

손광은 시인이 부조리한 현실 세계를 극복하기 위한 '대열의 질서'에 적극적으로 참여하지 못하는 대사회적 부채의식에서 자유롭기 위해 시적 반란을 도모했음도 시인의 내면에서는 끊임없이 복합적인 자아들이 서로 갈등하고 있는 것이다. 이런 어정쩡한 상태는 물에 대한 사유가 구체화되고 체화됨으로써 자연스럽게 건강한 생명력의 세계로 나아갈 수 있었다. 물처럼 낮아지고 내려앉으려는 삶의 태도가 「나의 반란」에서 꿈꾸었던 '미학의 물결'을 만날 수 있었던 것이다.

4. '미학의 물결'로서의 건강한 생명력

물의 본질은 "軍團처럼 밀리고, 흐르고, 휘도는/ 誘導性"에 있다. 물은 너무도 자연스럽게 거대한 흐름을 따라가고, 바위를 만나면 휘돌아가고, 언제나 높은 곳에서 낮은 곳으로 임하고, 때를 기다릴 줄 아는 굴신성이 있다. 시인은 "물이 우리에게/ 바다로 가는 길을/ 안내해주는 것"[8]이라고 믿고 있다. 손광은 시인에게는 '겸허한 예술의 구원'을 찾기 위해 물처럼 '밑으로 밑으로 내려가는 기다림'이 필요했던 것이다. 욕망의 뿌리까지 내려가서 의식과 무의식이 가로지르는 '진폭의 물두렁'을 밟고 섰을 때 예술의 구원은 가능해진다고 믿었던 것이다.

그렇다면 먼저 인간 세상의 번뇌와 잡사의 번잡함에서 비껴서는 것이 필요했다. 우선 손광은 시인은 무등산에서 신선이 된 의도인 허백련 옹을 따라 "속기를 벗으려 차를 마신다." "無心히/ 바람과 荒凉한 빛을 함께" 차로 마시면서 자연의 '향 짙은 흐름'을 감촉하고, 자연의 '청정한 소리'가 "花紋을 이룬/ 희한한 세상을" 보고자 희망한다.(「老畵伯毅道人」) 또한 "意識의 안쪽/ 끝없는 蓄積의 바다와 같이/ 출렁이는 곳"을 성찰하면서 물과 같은 '분별'의 지혜를 배우려고 노력한다.(「靑銅細紋鏡」) 이러한 성찰이 자신의 경험 세계와 맞물리면서 지적 허영이나 시혜적 삶의 태도로부터 자유로워질 수 있었다.

8 손광은, 「全南 緊急動議 - 1 地下水開發」, 『파도의 말』, 41쪽.

햇살이 저쪽 그늘을 깔고 앉아
푸른 하늘가를 당겨가면
나를 나그네로 버려두오.
금박칠한 바구니 속에
나를 나의 나그네로 버려두오.

西山엔 듯
한창 내 속에도
실 같은 햇실로 뿌리를 박고
푸른 하늘가를 당겨 순이 나면
나를 나의 나그네로 버려두오.
—「노을」 전문

이 시는 우선 표현의 묘미가 돋보인다. 석양녘 낙조의 시간에 형성되는 놀의 모습이 인상적이다. 해가 서산으로 넘어가면서 그 너머의 어둠을 깔고 앉아 푸른 하늘가를 잡아당기는 것처럼 햇살이 부챗살 모양으로 하늘을 수놓으면 세상은 온통 황금색으로 금박을 칠한 바구니 속이 된다. 그 순간의 바구니 속에서 시인의 내면에는 실 같이 아주 작고 새로운 뿌리를 내리고 푸른 하늘을 닮은 순이 돋아난다. 이 시적 상황은 시인과 자연이 하나가 되는 격물치지格物致知의 경지라고 아니 할 수 없다. 그 순간만이라도 자신을 자신의 나그네로 내버려두라는 것이다. 더 이상 시인은 세상사에 얽매이는 속물적 존재가 아니라 모든 것에서 자유로운 예외자가 된다. 이 예외자는 세상의 이해관계에서 비켜서 있을 수 있는 것이다.

일상생활에서 부딪치는 욕망의 세계와 세속적 이해관계에서 비켜서서 시인 자신의 원초적인 경험의 세계로의 침잠이 이루어질 때 손광은 시의 형상성은 빛을 발한다. 그래서 가능했던 것이 「보리打作」과 「織女圖」인데, 이 작품이야말로 시인의 추천 완료작인 「나의 叛亂」의 희망사항에 부합한다고 할만하다.

어릴 적 머슴인 내 아버지는
마당 복판에 무더위를 불러들인
보릿단을 놓아둔다.
까실까실한 사슬이 매달린 보리,
단정히 부수지 않고
손가락을 대본다.
실한 머슴은 곁에 있는
農酒를 마시며
푸른 보리를 생각한다.

풀잎 같은 풀잎이었다가
풀잎 같은 보리였다가
풀잎 같은 보리국물을
겨울에는 마시며,
지금은 풀잎 같이
意識을 일으켜
秘密의 構造를 갖고 누렇게 살아 있는,
보리를 술잔에 비쳐보곤 히죽이 웃으며,

「여 때리라
 저 때리라」

거만스럽게 삐걱이며
도리깨질을 하면서
잠 깊은 누런 이마를
후려친다. 후려쳐……

서성이는 어머니
빗자루를 치켜들고
왔다, 갔다,
튀어나는 보리알을 쓸면서
신비로운 내 시선 사이로 지나간다.
큰물소리가 지나간다.
곁에 가던 먼지가
불타듯 연기되어 깔리면서
대낮이 무너진다.
모든 것이 지나가며 무너진다.

풀잎이 출렁거리듯
새로운 혁명이 부르는 흔들림,
새로운 파멸의 不正처럼
물살지는 가슴을
실한 머슴은 들여다보면서

「여, 여, 저, 저,」

들고 치고, 살짝 놓고 치고
소리를 만들면서
먼지가 소리를 만들면서
마을을 울리던
도리깨질을 하면서

「여 안 때리고
 어데 때리노

복판 때리라
가에 때리라」

도리깨질을 하면서
머슴은 머슴인 아버지를
머슴으로 길들였다.
—「보리打作」 전문

이 시에는 김현이 말한 대로 힘 있게 빚어놓은 토르소에서 느끼는 것과 같은 건강한 생명력과 역동성이 넘친다. 여기에는 시인의 망설임이나 죄의식이 전혀 없다. 오직 도리깨질의 신명이 극대화되어 있다. 시적 상황은 어린 시적 주체가 아버지의 보리타작 도리깨질을 '신비로운' 시선으로 바라보고 있고, 그 사이를 어머니가 튀어나는 보리알을 쓸어 모으는 장면이다. 시의 발화자인 시인은 어린 시절의 체험을 회상하면서 노동의 신성함과 건강미를 미래의 비전으로 승화시키고 있다. 문병란의 지적처럼 "한 점의 감상이나 이데올로기적 목적의식이 깔려 있지 않은 건강한 생활 풍속도를 소재로 가져다가 노동 그 자체의 역동적인 생명감이 팔팔하게 살아 움직이는 언어로 형상화하였다." 그래서 이 시는 "휘모리 장단에 맞추어 넘어가는 판소리 육자배기 어느 가락을 연상시키는 감정의 폭포수가 일진광풍에 쏟아지는 소나기의 시원함 같은 감동을 불러일으킨다."[9]

머슴인 아버지는 도리깨를 매고 마당 한가운데 무더위를 불러들인, 까슬까슬한 사슬이 매달린 보릿단을 마주하고 있다. 농주를 마시며 보리의 성장과정을 생각한다. 겨울에는 풀잎 같은 보리국물을 마시기도 했다. 지금은 푸른빛이 사라지고 죽은 듯 누렇게 변해 있지만 그 보리는 "의식

9 문병란, 「손광은의 시세계」, 손광은, 『그림자의 빛깔』, 시와사람사, 2001, 144-146쪽.

을 일으켜/ 비밀의 구조를 갖고 누렇게 살아 있는" 생명체이다. 그 보리를 술잔에 비춰보고 히죽이 웃는다. 아버지는 거만스럽게 '비밀의 구조'을 가지고 깊이 잠들어 있는 보리의 이마를 후려진다. 아버지의 경쾌한 도리깨질로 잠 깊은 보리의 의식이 깨어나는 순간 어머니는 '신비로운 내 시선 사이로' 지나가면서 '큰물소리'를 내고, 먼지가 일으키는 광경은 마치 대낮이 무너지고 모든 것이 지나가면서 무너지는 형상을 만들어 낸다. 가히 혁명이라 할 만하다. 마당 한가운데 보릿단을 두고 아버지의 도리깨질이 만들어내는 보리타작의 광경은 '새로운 혁명이 부르는 흔들림'으로서의 물살지는 '물등허리'(파도)이다. 이때 '풀잎'은 머슴과 어우러지면서 민초들을 상징하게 된다. 머슴인 아버지가 보리를 타작하는 것은 '비밀의 구조'를 가지고 깊이 잠들어 있는 민중의 의식을 일깨우는 일이기도 하다. 머슴이 머슴의 아버지를 머슴으로 길들이는 일은 결국 머슴이 민중을 신명나게 혁명의 대열로 나서게 하는 주체일 수밖에 없음을 보여주고 있다. 그것도 아주 신명이 나서 '여, 여, 저, 저'소리를 하면서 "들고 치고, 살짝 놓고 치"는 율동감은 가히 일품이라고 할만하다. 이 율동감이 도리깨질의 역동성을 만들어내고 있다.

보리타작의 광경에서 혁명을 읽어내는 시인의 안목이 범상치 않다. 아버지의 보리타작이 단순한 노동은 아니다. 실제로는 가혹한 노동의 일부일 뿐이지만 여기에서 시인이 읽어내는 것은 민중의 건강한 생명력이고, 답답한 현실의 질곡과 억압을 넘어서는 '새로운 혁명의 흔들림'으로서의 '물등허리'를 밟고 서는 실천적인 혁명성이다. 이런 노동의 건강성은 「織女圖」에도 이어진다.

> 내 女子가
> 물굽이 휘어 흐른
> 江언덕에 앉아
> 무슨 秘密을 가슴에 짜다가

햇살을 따라
窓邊으로 베틀을 놓아둔다.
古朝鮮 창호지 문처럼
갈대로 얽힌 그물 房.
이 房 壁들의 복판에
베틀을 놓아
머언 山 햇살이 묻어오도록
베를 짠다.

거울이 내 얼굴을 비춰보듯
내 마음이 내 秘密을 비춰보듯
날과 올 사이 지나가는
<북> 소리로 하여
햇살을 부수며 에워오는 베를 짠다.
漁夫의 딸인 듯
물굽이 따라온 가난한 이웃
세월을 감고 물레를 돌리듯
베를 짠다.
그물 치는 漁夫의 팔들처럼 베를 짠다.

한 많은 숨소리……
밀물 썰물이 노놔가지듯
날고드는 물소리로 베를 짠다.

— 「織女圖」 전문

이 시도 베를 짜는 직녀의 역동성이 극대화되어 있다. 견우와 직녀라는 설화를 전제하고 있기 때문에 시적 화자는 견우처럼 보인다. 그런데 시적 상황은 설화적 상황이라기보다는 실제적 삶의 현장에서 베를 짜는 여인네의 모습에 가깝다. 직녀는 갈대로 얽어 짠 그물 방 한 가운데 베틀을 놓고 베를 짠다. 날실 사이를 들고나는 북소리의 경쾌함은 마치 날고 드는 밀물과 썰물의 소리를 닮았다. 그 들고나는 물소리 속에는 '무슨 비밀을 가슴에' 숨기고 있는 직녀의 한 많은 숨소리를 나누어가지고 있다. 그녀는 어부의 딸이 가난한 세월을 감고 물레를 돌려 숙명처럼 실을 잣듯이 배를 짠다. 마치 "그물 치는 어부의 팔들처럼 베를 짠다." 베를 짜는 행위가 매우 역동적인데, 그렇게 짜지고 있는 베에는 먼 산의 햇살이 가득 묻어 있다. 날실 사이를 오고가는 북의 올실에 햇살이 비추어서 빚어낸 형상이 시인이 그리고 있는 한 폭의 직녀도이다. 직녀는 씨실과 날실이 직조된 베에 사랑하는 사람의 얼굴과 마음을 비춰보는 것이다. 그래서 베를 짜는 행위는 단순한 노동 이상의 의미를 갖게 된다. 시인에게 베를 짜는 행위 자체가 역동적인 아름다움인 것이다.

「보리타작」과 「직녀도」의 세계는 실제적인 현실의 세계라기보다는 시인이 어린 시절에 경험했던 동심의 세계에 가깝다. 이런 원초적인 경험의 세계가 오늘날의 현실 속에서도 의미를 갖는 것은 그것들이 노동의 건강성이나 잡초처럼 질긴 생명력을 환기할 수 있는 역동적인 이미지를 창조했기 때문이다.

5. 마무리

이상에서 살펴본 대로 『파도의 말』에서 손광은 시인이 추구한 시적 형상의 세계는 "말 없는 시간이 밀리고 흐르고 휘도는 물처럼" 가는 과정 중에 그때그때 시인의 몸에서 이루어지는 감각의 분할들이 만들어내는 동태적인 이미지들이다. 추천 완료작인 「나의 반란」에서 말한 "軍團처럼 밀리고, 흐르고, 휘도는/ 誘導性"을 가장 잘 실현하고 있는 것이 '파도'의 이미지이다. 물론 이런 유도성은 시간과 물이 갖는 본질적인 속성이다. 그중에서도 가장 역동적인 것은 아마도 '파도'이리라. 이 파도는 경우에 따라 '농우리', '물두렁', '물등허리', '큰 물결', '살여울' 등으로 변주된다. 이것은 시인의 신체에 작동하는 의식과 무의식의 가로지름이 만들어내는 감각적인 것들의 분할이고, 시인의 무의식적인 욕망이 만들어내는 역동성에 대한 메타포라고 할 것이다.

그런데 이 파도의 '유도성'은 시인에게 심한 부끄러움을 안겨준다. 사월혁명의 정신을 적극적으로 실천하지 못함에서 오는 부채의식은 「파도의 말」에서 구체화되었다. 내면의 또 다른 자아는 세상이 부조리한데 "그냥 이대로만 있기냐"고 질타한다. '거대한 참여'를 말하고 있음에도 그것이 시인의 반성적인 자기성찰과 맞물려 또 다른 시적 의미를 만들어내지 못한다. 그런 불균형이 오히려 시적 긴장을 떨어뜨린 결과를 가져왔다.

이때 시인이 물의 세계를 닮아 밑으로 낮아지려고 하면서 일상생활에서 부딪치는 욕망의 세계와 세속적 이해관계에서 비켜서게 된다. 이 비켜섬은 삶의 시혜적 태도와 지적 허영에서 어느 정도 벗어났기 때문에 가능했던 것이다. 그러면서 시인 자신의 원초적인 경험의 세계로의 침잠이 이루어지는데 여기에서 손광은 시의 형상성은 빛을 발한다. 그래서 가능했던 것이 「보리打作」과 「織女圖」이다. 여기에는 노동의 건강성과 강인한 생명력이 '미학의 물결'을 밟고 서는 역동성을 보여준다. 그러나 정작 손광은 시의 매력은 유동적인 이미지가 만들어내는 서정성에 있다.

잠시 너울거리는 햇살 밖에서
지친 바람은 나를 두고
하늘 막은 울타리인데,
푸라타나스 밑 벤취에서
사르르 오수에 들만치
그늘로 가려 있는
울타리 안에 앉으면

밖에는 헐떡이는 잎새들의 乾雷聲 소리,
진하게 하늘빛으로 가볍게 뒹구는
바람소리,
오늘토록 思索에 잠기는
가슴에 푸른 물감이 든다.
눈을 감으면
어디서나 흐르는
푸른 江물소리 흐른다.

—「그늘」 전문

시인은 플라타너스 그늘 아래 벤치에 앉아 따가운 햇살을 받고 헐떡이는 잎새들의 건뇌성 소리를 듣는다. 마른 천둥소리처럼 거친 잎새들의 소리는 '푸른 강물소리'와 다를 것이 없는 생명의 흐름소리이다. 여름날 강렬한 햇빛을 받고 잎들이 내지르는 생명의 소리로서의 '건뇌성 소리'를 들을 수 있는 시인의 귀가 아름답다. '잎새들의 건뇌성 소리'와 바람소리가 어우러지면 시인의 가슴에는 푸른 강물이 흐르게 된다. 이제 시인은 자연의 일부가 된 것이다. 여기에는 어떠한 갈등이나 망설임, 죄의식 같은 인간의 감정이 더 이상 자리하지 않는다. 다만 물처럼 순리를 따르면서도 강렬한 생명력으로서의 의지만 군건하다. 손광은 시인은 모든 자연현상과 사회현상에서 잡초처럼 강인한 생명력을 읽어내고 있는 것이다. 흐르고 휘도는 물의 유도성을 닮은 생명력이 이루어낸 언어 예술의 세계가 손광은 시인이 지향하는 시적 경향이었다.

경험의 질서와 원시적 생명력: 범대순론

1. 들어가며

범대순(1930~2014)은 시를 쓰는 시인이면서도 여전히 영향력 있는 영문학자이다. 우리가 그의 시를 읽으면서 학문과 예술이 여기저기에서 갈등하고 있는 양상을 자주 만나게 되는 것은 이 때문일 것이다. 그가 1950년대 후반부터 시를 써왔지만 1980년대에 이르러 제3시집 『異邦에서 老子를 읽다』를 상재할 무렵부터 본격적으로 시인의 길을 걸었다. 이런 점 때문에 우리는 학자로서의 범대순과 시인으로서의 범대순 사이에서 주춤거리지 않을 수 없다. 따라서 시인으로서의 범대순을 살피고자 하는 이글은, 전자와의 상관성 속에서 시 텍스트에 실현되어 있는 내포작가implied author로서의 범대순을 드러내는 작업으로 연결될 수밖에 없다. 왜냐하면 작가란 단지 작품을 쓴 자가 아니라 작품이 창조되는 과정에서 서서히 생겨나는 암시적인 존재implied being이기 때문이다.

그러나 서정시의 주관성은 어떤 경우이든 실제 시인의 그것과는 다른 가상적 주관성virtual subjective이기 때문에 경험적 자아가 시적 자아로 변용될 수밖에 없다. 이로 말미암아 우리는 그의 시 텍스트를 읽어내면서 시인의 무의식을 해명하거나 가능의 세계를 찾아낼 수 있는 것이다. 따라서 '허구'의 독자에게 '허구'의 주인공으로 이야기하는 퍼소나persona가 실제 시인과 너무도 닮아 있는 그의 시에서 내포작가로서의 범대순을 실제 시인과 따로 떼어서 설명한다는 것이 무의미한 일이 될 여지가 있음에도 불구하고, 분석의 가치를 제고하게 하는 것은 경험적 자아와 시적 자아가 빚어내는 긴장과 진정성의 아름다움이다.

2. 경험의 세계

범대순의 시를 관류하고 있는 것은 경험의 세계이다. 범대순은 시인이기보다 먼저 한 사람의 진실한 인간이기를 선언했던(『生命의 書』 서문) 유치환처럼 자신이 경험했던 삶을 중시하고, 그 삶의 내용과 체험에서 가치를 창조하려고 하였다. 그는 1994년 제5시집 『백의 세계를 보는 하나의 눈』을 상재하면서 「독자를 위하여」라는 머리글을 빌어, 이성이나 관념보다는 자신의 경험을 더 신뢰한다고 언명하고 있다. 자신을 궁극적으로 지배하는 것은 이성이나 관념보다 경험을 통해서 형성된 자기 자신이라고 믿기 때문에 그의 경험의 세계가 그의 사상과 인생이라는 것, 그래서 경험에 대한 그 자신의 신뢰를 표현하려는 노력이 그의 시가 되었다는 것이다. 따라서 그의 시는 '경험에 대한 그 자신의 신뢰를 표현하려는 노력'의 결정체에 다름 아니다. 이 지점에서 우리는 범대순의 삶 텍스트와 그의 시 텍스트가 일정한 평행선을 그어가면서 어떤 울림을 만들어갈 것이라는 기대를 갖게 된다. 시라는 양식이 범대순 시인에게는 생명의 근원이며 인격적 완성의 그릇으로서 존재하게 된다.

자를 가지고 있으면 재고 싶고
되를 가지고 있으면 담고 싶듯이
마음을 먹고 있으면 갖고 싶듯이
손이 손을 만나면 쥐고 싶듯이.

시도 담을 그릇을 가지고 있으면
무엇이고 가득 채우고 싶어진다.
살아 있는 곡식으로도 채우고 싶고
금 같은 아이들로도 채우고 싶어진다.

그러나 시의 그릇 안에 담는 으뜸은
바람같이 담지 않고 가득한 느낌
담지 않고 때로 더러 담고
때로 빈 그대로 다만 가득 담는 것.

나도 그런 그릇이 하나 있긴 하지만
너무 큰 그릇이라 반 차기가 힘들다.
대대로 써서 많이 닳아 버렸지마는
스스로 들어 알몸으로 살고 싶다.

—「그릇」 전문

위의 시는 제4시집 『起承轉結』(1993)에 실려 있는 것으로 시인의 시관을 가장 잘 반영하고 있다. 1, 2연은 시인이 시의 구성 원리로서 기승전결이라는 그릇을 발견함으로써 생활의 양식('살아 있는 곡식')이나 안락과 희망('금 같은 아이들')으로 시를 가득가득 채우고 싶어 하는 경험적 자아의 조급성을 보인다.

3연에 오면 경험적 자아는 시적 자아로 변용된다. 경험적 자아가 새로운 방법을 발견하고 그것을 실용적 목적으로 유용하고자 하지만 변용·창조된 시적 자아는 경험적 자아와 일정한 거리를 유지하면서 반성적으로 자기인식을 시도한다. '시의 그릇 안에 담는 으뜸은' '빈 그릇 그대로 다만 가득 담는 것'이라는 역설이다. 여기에서 우리는 화광동진和光同塵을 포함한 노자의 '허虛'의 개념을 만나게 된다. 이 '허'의 개념은 "담지 않고 때로 더러 담고/ 때로 빈 그릇 그대로 다만 가득 담는 것"이라는 표현 속에 완벽하게 담긴다. 특히 '때로 더러 담다'라는 표현은 가히 시인다운 면모를 보여주는 부분이다. '더러'라는 의미가 양을 나타내는 부사 '얼마만큼'과 때를 나타내는 부사 '이따금'을 의미하기도 하지만 동시에 타동사로서 '일정한 수량이나 정도에서 얼마를 떼어 줄이다'는 의미를 함축하기도 한다. 이 '더러'라는 어휘만큼 노자적인 말도 흔하지 않을 것이다.

4연에 이르면 있고 없음이 상보적 관계에서 허虛와 실實의 온전한 전일체를 이루는 기승전결이라는 시의 그릇에 "스스로 들어 알몸으로 살고 싶다"는 염원을 드러낸다. 시의 그릇에 알몸으로 담기고 싶어 하는 바람은 풀어서 말하면, 시인이 노자의 세계에 들어 노자처럼 살고 싶다는 뜻이며, 더 나아가서 온몸으로 시 텍스트를 쓰겠다는 스스로의 다짐인 것이다. 따라서 범대순의 시는 1965년 제1시집 『黑人鼓手 루이의 북』에서부터 1999년 제9시집 『北窓書齋』에 이르기까지 실제 시인의 삶과 깨달음의 과정을 그대로 보여준다.

> 아침 건널목에서 지나가는 기차를 만난다. 우연한 일로 나는 큰 사건 같이 설레었다. 예쁘다 기차도 예쁘고 탄 사람들도 예쁘게 때맞추어 일어나는 햇빛 닮은 소리로 간다. 열 살 때 처음으로 읍내 나들이를 따라갔다. 건널목에 서서 넋을 잃고 기차를 보았을 때 산 너머 기적 소리와 꿈으로 살아 있었던 것이 눈앞에 검고 길게 오래 맨발 앞을 지나갔었다. 있고 없음이 마음속에 있다고 배운 뒤에도 마음 밖에서 다만 거품을 구하고 사는 속에 나이를 먹으면서 나는 기차를 잃어버렸다. 날마다 가까이 만나는 것이 이미 거기 없다. 지금 나는 부처와 예수의 가르침을 지고 있다. 런던 하이게이트 칼 마르크스의 묘지도 믿는다. 그들이 버리고 부린 욕심 나라고 먼 산이랴만 아침 햇빛을 타고 가는 예쁜 기차 같이 [지] 않구나.
>
> —「아침 햇빛을 타고 가는 기차」 전문

『北窓書齋』에 실린 이 시는 시인의 지향점이 어디에 있는가를 극명하게 보여준다. 범대순의 시정신의 지형도를 그리는 데는 이 시만한 것도 드물 것이다. 시인은 어느 날 건널목에서 아침 햇살 속에서 햇빛을 타고 가는 기차를 보면서 어린 시절(열 살 때) 기차를 처음 보고 꿈을 키웠던 충격을 회상한다. 시인에게 있어, 그것은 미지의 세계에 대한 동경과 문명 세계에 대한 선망을 심어주기에 충분한 것이었다. 그가 처녀 시집 『黑人鼓手 루이의 북』의 후기에서 "처음으로 汽車를 본 그때의 感激을 좀체 놓지 못한다."고 쓰고 있는 것이라든지, 제3시집 『異邦에서 老子를 읽다』(1986)에서 "먼 산 어느 모롱이 뒤로/ 기적이 상기 메아리로 서서 있다."(「落葉」)고 표현한 점으로 미루어보면 시인에게 기차는 하나의 이상향이거나 꿈이다. 그러나 시인은 이성적으로 사유할 때 모든 것은 마음에 달렸다는 일체유심조一切唯心造를 배웠지만 이를 실천하지 못하고 오직 물질세계의 허상만을 좇아 살다가 그 기차를 잃어버렸다. 그래서 '날마다 가까이 만나는 것'이지만 그것은 어린 시절 꿈의 기차가 아니다. 시인은 부처와 예수와 마르크스를 찾아 배우고 그 가르침을 믿지만 그 가르침이 '아침 햇빛을 타고 가는 예쁜 기차'와 같지 않음을 새삼스러이 깨닫는다. 자신이 의식적으로 배우고 익힌 모든 철학과 사상이 어린 시절 체험을 통해 꿈을 꾸게 하는 초심初心만 못하다는 깨달음에 이른 것이다.

위의 시에서 우리는 다음 몇 가지 사실을 확인할 수 있다. 먼저 앞에서 언급했다시피 시인은 경험의 세계에 절대적 가치를 부여하고 있다는 점이다. 그리고 그 경험의 세계 중에서도 유년의 체험이 중요하기 때문에 시인에게는 그때 경험한 검은 기차로서의 원시적 생명력이 중요한 시의 지향점으로 남아 있음을 알 수 있다. 이러한 과정 속에서 위의 시는 그 생명력으로서의 기계문명에 대한 동경과 강인함에의 의지를 드러내게 되었다. 그리고 그러한 서구적 기계문명과 동양적 정신문명을 조화롭게 끌어안으면서 자족적인 삶을 살고자 노력하는 시적 자아의 독특한 세계관과 조우하게 될 때 독자는 이 시인의 시를 이해할 수 있는 단서를 발견하게 된다. 이러한 단서가 기계문명과 정신문명의 어우러짐을 꿈꾸는 시인 범대순의 시세계에 한발 더 접근하는 통로를 제시해 줄 것이기 때문이다.

3. 야성적 힘에의 의지

범대순 시인의 시는 기계가 보여주는 역동적인 힘과 미래에 대한 낭만적 환상에서 출발한다. 어린 시절 '아침 햇빛을 타고 가는 예쁜 기차'로 상징되는 꿈의 세계가 심어준 환상은 시인으로 하여금 기계문명이 인간의 꿈과 이성을 실현시켜 줄 것이라는 믿음을 갖게 했다. 그는 자신의 시론에서 밝혔던 바대로 열등의식에 대한 강력한 반발에서 오는 강인함에의 의지를 가지고 있다. 이 강인함에의 의지가 기계시를 쓰게 하고 원시적 생명력을 형상화하려는 근본적 동력을 마련한 것이다.

> 처음에는 女王처럼 조심스레 주위를 살피다가
> 스스로 울린 청명한 나팔에 氣球는 비둘기
> 꼬리 쳐들고 뿔을 세우면 洪水처럼 신음이 밀려 이윽고 바위 돌 뚝이 무너지고.
>
> 그것은 희열
> 사뭇 미친 瀑布같은 것
> 짐승 소리 지르며 목이고 가슴이고 물려 뜯긴 新婦의 남쪽 그 뜨거운 나라 사내의 이빨 같은 것.
>
> 그리하여 슬그머니 두어 발 물러서며
> 뿔을 고쳐 세움은
> 또 적이 스스로 무너짐을 기다리는 知慧의 자세이라.
>
> —「불도오자」 부분

시인은 불도저가 작업하는 모습에서 사납고 힘센 '부사리' 황소와 상씨름꾼인 사촌 형의 이미지를 본다. 그 불도저는 여왕처럼 우아하고 꼬리를 쳐든 황소처럼 당당하며 상대가 스스로 무너지기를 기다리는 아량과 지혜까지 겸비하고 있다. 그가 하는 작업은 젊은 남녀의 육체적 열락처럼 격정적인 희열을 동반한다. 시인은 불도저에 매료되어 오래도록 서서 지켜보면서 "어느 화사한 마을 너와 더불어 찬란한 화원/ 찔려서 또 기쁜 薔薇의 茂盛을 꿈꾸고 있"다. 불도저의 작업이 이루어낼 미래의 문명, 그것은 찬란한 화원일 터인데 그 화원에서 시인은 가시에 찔리는 아픔을 감수하면서 장미의 무성한 아름다움을 만끽할 수 있을 것이라는 꿈을 꾸고 있는 것이다. 무의식적일망정 시인은 기계문명이 가져올 아픔과 부작용을 직관적으로 보아내고 있으면서도 문명 세계로의 동경과 유혹을 전위로 드러내려고 한다.

이러한 문명에 대한 예찬은 마리네티를 중심으로 한 미래파 운동에서 쉽게 볼 수 있고, 시인이 연구한 스펜더의 시에서도 접할 수 있다. 우리의 경우는 1930년대 주지주의 시를 쓰려고 했던 김기림의 「기상도」에서 기계문명에 대한 예찬을 읽어낼 수 있다. 그러나 이런 문명 예찬은 세계의 문화사가 보여주듯이 자칫 파시즘에의 경사를 갖지 않을 수 없는 함정이 도사리고 있다.

> 하늘이 고우니 입이 달다.
>
> 위로 팔뚝과 나의 시가
> 낭랑한 깃발처럼 뜰에 선다.
>
> 거리의 움직임은 어느 개선의 엔진
> 간간 산새가 날아 또 미더웁다.

아 어젯밤 나는 보람찬 제왕
폭풍에 몰리던 파도의 행렬.

아침은 유유한 솔개의 행차
아침은 기적소리 잡종 수탉의 혼례.

인간은 알로 자연을 딛고
뒤로 영광을 더불고

아 화려한 출발을 동자에 심자.
그리하여 하늘을 풀어 벼룻결에 앉히고
역사를 닮은 하나의 회상을 새겨놓자.

—「아침의 印象」 전문

시인의 이성은 '개선의 엔진'으로 상징되는 기계문명과 '산새'로 상징되는 자연이 공존하는 것을 이상으로 한다. 그런데 시적 자아는 어젯밤의 '보람'처럼 문명으로서의 '기적소리'와 자연으로서의 '잡종 수탉'을 갈등 없이 혼례시킨다. 인간은 아래로 자연을 딛고 정복하여 영광스러운 미래를 설계해야 한다는 이러한 논리는 철저하게 서구적 진보 사관에 따른 문명관으로(이런 인식은 뒷날 노자를 읽으면서 동양적 세계관으로 회귀하는 모습을 보인다.), 1960년대 이후 '잘살아 보자'는 개발 논리와 맞닿아 있다. 그러나 이것은 운명 공동체의 역사에서 드러나는 열등의식을 기계론적 사유로 극복하려는 것에 지나지 않는다. 시인은 개인의 열등의식과 민족의 열등의식을 극복하기 위해 정신적·물질적 강인함을 길러야 하다는 사유체계 속에서 기계를 노래하면서 상승지향적 의지를 키우며(「안테나」), '싸이렌처럼' 울던 황소와 그 황소를 닮은 아버지를 형상화하면서 힘찬 도약으로서의 개발 논리를 폈던 것이다(「부사리 畵像」).

여기에서 문제가 되는 것은 서구적 진보 사관에 의한 개발 논리가 아니라 그것을 너무 쉽게 긍정하는 시인의 자세이다. 인간다운 삶을 영위하기 위해서는 문명의 진보가 불가피하다. 그러나 그것은 시에서가 아니라 과학으로서의 학문과 정치, 경제 분야에서 문제 삼아야 할 일이다. 오히려 시인의 관심은 그 개발 논리에 함몰되는 인간성의 상실과 원시성의 상실을 복원하는 일에 집중되어야 할 것이다. 시인이 개발 논리를 긍정하는 태도는 체질적 병약함에 대한 반작용일 개연성이 높다.

범대순 시인의 산문과 시들을 보면 어린 시절 병약한 아이로서 겪었던 물리적 힘에 대한 열등의식을 여기저기에서 만날 수 있다. 예를 들면, 시인이 자신의 "애기들이 욕하는 것을/ 착한 어린이가 아니라고 나무라는 것이지만,/ 속으론 실은 이놈들아 조금 더 큰 것을/ 조금 더 큰 놈들에게/ 아프리카의 어느 사건 만큼이나 그렇게 크게 해보라고/ 속으로 실은 그렇게 희망하고 있는 것"(「辱說考」)은 열등의식의 반작용으로서 자식들이 강인하게 자라기를 바라는 염원이다. 그 염원이 자기 자신에게 미칠 때는 자기반성을 수반한다.

> 그러나 나 또한 보잘것없이 흔들고 흔들리는 것
> 가까운 사람의 변두리에 서성거리며
> 눈은 작은 것에 까다롭다
>
> 그러나 정말로 내가 흔들고 싶은 것은
> 죄없는 자식이나 아내의 순한 마음이 아니고
> 애잔한 이웃이나 벗의 시새움이 아니고
>
> 한 여름 시골길 어느 연못
> 소나기에 연잎 물방울이 흔들리듯
> 멀리 섬이 서서 큰 바다를 흔들듯

주먹이 멱사릴 흔들듯
오 나도 한번 천지를 흔들고 싶다
—「나도 한번 天地를」 부분

일상의 삶에서 보잘것없는 것에 흔들리고 작은 것에 까다로워서 죄 없는 자식과 순한 아내와 애잔한 이웃과 벗들을 귀찮게 흔들어 왔다는 자기반성이 수반됨으로써 시인은 이제 자연과의 교감을 통해 근원에 접근하면서 천지를 흔들고 싶어 한다. 자기반성을 통해 그 열등의식을 강인함에의 의지로 승화시킨 것이다. 그러나 그 의지만으로는 천지를 뒤흔들 수 없다. 시인이 자신의 '원시'를 회복했을 때만 천지를 흔들 수 있는 잠재력이 발동한다.

차가웁고 순수한 것이
나의 가슴 속에서
어린 시절을 흐르더니
이윽고 나의 원시에 닫는다.

그때다 기가 난 것은
맑은 무엇이 나의 원시와 닿는 순간
불 속을 달리는 들소같이
나는 소나기 속에서 크게 넘쳤다.

내가 넘치자
번개가 따라온다.
번개에 놀란 숲이 움추리는 가운데
나와 천둥은 마음껏 세계를 웃었다.
—「소나기」 부분

시인이 미국의 숲 속에서 기세 좋게 쏟아지는 소나기를 흠뻑 맞고 어린 시절을 회상하면서 자신의 원시라고 할 수 있는 생명의 근원을 되살려 낸다. 이것을 쉽게 뒤집어 말하면 어린 시절을 통해서 원시의 근원과 본질에 도달할 수 있다는 이런 생각은, 시인이 자신의 마음 안에서 "불보다 더욱 안에 있고/ 뿌리보다 더욱 오래 있는/ 끊임없는 하나의 바람과 같은/ 그것이 일어서고 있음을"(「바람」) 자기 성찰을 통하여 명징하게 들여다보고 있기 때문에 생겨난 것이다.

따라서 "먼 나라 숲 속에서/ 소나기 속을 달리면서/ 천둥과 번개를 거느리고/ 나는 비로소 나의 원시를 회복하였다."는 것은 결국 천둥과 함께 마음껏 세계를 웃어줄 수 있는 힘과 능력을 갖추었다는 말이며, 소나기로 대표되는 자연까지를 '다스리는' 것으로 그 힘이 넘치고 더욱 가득하면서 찬란하다는 의미까지를 포함한다. 시인은 어린 시절을 통해서만 생명력의 근원에 도달할 수 있다는 믿음을 가졌던바, 초기부터 최근의 시집에 이르기까지 아름답게 가난한 어린 시절과 처음 시를 배우던 '목포 오거리'를 시의 주조적 내용으로 삼는 요인의 근거도 여기에 있다.

어떻든 시인의 열등의식은 강인함에의 의지로 바뀌고 이 의지가 서구적 이성과 만나면서 기계시가 탄생하게 된 것이다. 그 의지가 내면의 성찰로 이어질 때는 원시적 생명력의 추구로 이어지지만, 그 원시성에도 자연을 정복하려고 하는 서구적 이성이 짙은 음영을 드리우고 있다.

그렇다면 그의 시에서 '원시'란 무엇인가? 범대순 시인은 초기 기계에 대해 관심을 가지고 시작할 때부터 '짐승'의 이미지와 아프리카의 검은 이미지를 기계와 병치시키려고 하였다. 따라서 이성에 의한 학자로서의 지향점과 함께, 아프리카의 검은 색깔에 대한 이미지와 동물적 원시성을 추구하는 시인으로서의 지향점이 맞닿은 곳에서 시인의 시는 긴장을 얻는다.

짐승 소리 지르며 목이고 가슴이고 물려 뜯긴 新婦의 남쪽 그 뜨거운 나라 사내의 이빨같은 것.

—「불도오자」

그리하여 太陽과 密林과 검은 빛깔이/ 아아 이 靑春의 祖國되게 할 // 당신은 아뜨라스/ 검은 손이 불꽃처럼 밝다.

—「黑人鼓手 루이의 북」

짐승이 풀과 더불어 사람과 더불어 이웃하여 있을건가 나의 103號 硏究室.

—「103號硏究室」

짐승이 신화처럼 가까운 그런 벌판을 우리는 기대하였다.

—「四월에 우리가 期待하였던 것은」

언젠간 지구를 엎는 파도이고자 하였더니/ 새빨간 혀가 수도 없이 천공을 향하여 움직이는/ 이 짐승의 소망이었더니.

—「龍舌蘭」

창백한 오늘을 울어라 짐승이여

—「黑」

손바닥과 손바닥을 대고/ 조용히 땀을 흘리고 있는 짐승 // 그 짐승이 되기까지는/ 아직도 먼 平壤 221키로의 물소리

—「통일로 종점」

당신이 불같이 울며/ 짐승처럼 소리치며/ 그 속에서 기뻐 날뛰며/ 내가 살고 있음을/ 비로소 깨닫게 될 것만 같아

—「詩人 로버트 크릴리에게」

오 소나기 원시의 해와 숲/ 그리고 검은 머슴새 할 것 없이/ 더운 맨살의 그 몸짓 몸짓이여

— 「아프리카의 印象」

순수한 짐승이 되어라./ 어금니와 소리와 발톱과/ 사나움을 보면 더욱 사나운/ 아이야, 나는 너무 허약하였다.

— 「복중기」

이러한 시들에서 보이는 짐승의 이미지는 때 묻지 않은 순수성과 길들여지지 않은 야성적 활력과 열정, 그리고 절대자의 신성神聖과 자연에 투시된 신성神性, 또는 온전한 유기적 생명체 등을 의미한다. 이 같은 의미를 얻고 깨닫기 위해서 시인은 자신의 어린 시절로 되돌아가서 원시성을 회복하는 일이 무엇보다 중요했던 것이다. 그런데 "세월의 물레를 거꾸로 거꾸로 돌리면/ 짐승도 나무도 같이 물이 되고 불이 되고/ 바람과 같은 별과 별 같은 하늘과/ 그리하여 마침내 다만 검은빛이 되었다."(「검은빛」)고 기술하고 있는 이 시에서 보듯이 자신의 근원을 찾아 어린 시절로 되돌아가고, 더욱 세월을 되돌리면 마침내 짐승이미지와 별과 하늘이 모두 검은빛으로 변하고 만다. 그래서 아프리카의 검은 색깔로 표현되는 검은 이미지는 생명의 원천이라는 뜻을 함축하기에 이른다.

제4시집 『起承轉結』(1993)을 전후로 하여 이 짐승의 이미지를 통한 원시적 생명력의 추구가 잡초의 이미지를 통한 원시성 추구로 바뀌게 된다. 원시적 생명력이 교육이라는 현실과 만나게 됨으로써 학생들이 잡초처럼 강인하게 자라주기를 바라는 염원을 잡초에 투사한 것이다. 범 시인은 1986년 「雜草考」라는 수필을 통해 시만 야성의 땅에서 자라는 것이 아니라 큰 인물도 꽃밭이 아닌 거칠고 모진 잡초밭에서 나온다는 믿음을 설파한 바 있다. 그는 여기에서는 1950년대 시인이 몸담고 있는 초등학교장의 반대로 자신이 만든 어린이 신문의 제호가 '잡초'가 되지 못하고

‘꽃밭’이 되고 말았기 때문에 오래도록 미련이 남았다는 사실을 보여준다. 그런데 그의 시 「잡초고 6」에서는 그러한 사실들이 시의 내용을 이루지만 의미가 약간 변형되어 있다. 수필에서는 ‘꽃밭’이라는 이름으로 어린이 신문이 발간된 것으로 되어 있는데 시에서는 시인이 제호를 ‘잡초’라고 우기는 바람에 결국 쓸모없이 버려지게 되고 사십 년이 지난 “지금도 생각하면 피가 선다”고 되어 있다. 이런 차이에서 우리는 시인의 무의식의 내면세계를 엿볼 수 있다. 시인은 어떤 신념을 가지고 있으면서도 그것을 실제의 삶에서는 끝까지 밀고 나가는 힘이 부족하여 현실과 일정하게 타협하고야마는 나약함을 가지고 있다는 것을 암묵적으로 시인하고 있다. 그러나 시속에서는 그 신념을 원시적 생명력으로서의 잡초에 투사하여 끝까지 밀고 나가 시적 긴장과 형상을 얻는다.

그의 시 「잡초고」와 「잡초고 1~6」에 실린 내용들은 모두 시인의 어린 시절, 잡초처럼 살아왔던 기록들이다. 여기에는 잡초처럼 살았던 야성적 힘이 오늘날 자신의 삶을 건강하게 유지시켜 주는 원동력이라는 인식이 밑바탕에 깔려 있다. 이 어린 시절의 체험이 그의 제7시집으로 ‘절구시’라고 이름하는 『아름다운 가난』(1996)의 내용을 이룬다. 범 시인에게 시를 쓴다는 것은 자신의 근원을 찾아 떠나는 길고 험난한 여정이었다.

4. 시와 시학의 갈등과 진솔함

우리는 그의 시에서 이성과 감성, 또는 개발과 원시 사이에서 고뇌하는 학자 시인의 모습을 담아내려는 처절한 몸부림을 만나게 된다. 그가 시인이면서 영문학자라는 신분상의 모순과 그의 사고방식이 서구적 이분법에 익숙해 있기 때문일지도 모른다. 기계와 원시(자연), 서양(異邦)과 동양(老子), 과거와 현재, 탐구와 회귀, 시작과 끝, 창조와 파괴, 있음과 없음을 한눈에, 동시에 봐버리려는 의도에서 탐구된 것이 ‘기승전결’과

‘절구’라는 시의 형태이다. 이 양극단을 거시적으로 통합하려고 할 때 학자의 자아와 시인의 자아는 물과 기름처럼 겉돌기 십상이다. 시인이 미국과 유럽과 아프리카를 여행하면서 끊임없이 배우고 익히지만 언제나 이 양극단 사이에서 방황하는 보습을 보인다. “예이츠의 깨달음을 알 만한 나이/ 이렇게 보면 지혜의 나이가 좋지마는/ 저렇게 보면 푸른 젊음이 귀하고/ 지혜의 비잔티움에서 하루내 헤매었다.”(「헤매임」)는 진술 속에 그러한 시인의 태도가 잘 나타난다.

앞장에서 살펴본 원시적 생명력을 추구한 시들은 대체로 후자의 입장을 취하지만 다음과 같은 시는 철저하게 전자의 입장을 고수한다.

고래잡이가 고래를 잡는 것이
작살질이 뛰어나서가 아니듯
사냥꾼이 호랑이를 잡는 것이
불질이 세상 없어서가 아니듯.

만 리 험한 바다에 나아가서
고래가 아닌 자기와 싸우듯이
시베리아에 닿는 장백산 깊은 골에
호랑이 아닌 자기가 적이듯이

시인이 싸워서 무찌르고 이기는 일은
사나운 호랑이도 고래도 아닌
한 줌의 흙으로 된 자기의 뼈 안에
수없이 작살을 꽂고 불을 놓는 일.

수도 없이 작살을 맞고 불을 맞고
안간힘으로 도망치는 짐승을 향하여
다시는 못 일어나도록 마지막 순간의 한 대를

심장을 향하여 힘껏 내꽂는 일.

—「시정신」 전문

작살질이 뛰어나거나 불질을 잘해서 고래나 호랑이를 잡는 것이 아니듯이 시를 잘 쓰는 일은 언어를 다루는 기교에 있지 않다는 것, 오직 자기 안에 있는 짐승의 심장을 더 이상 도망치지 못하도록 꿰뚫어 버려야 한다는 것, 그것이 바로 그의 시정신이다. 다시 말하면 철저한 자아성찰을 통하여 자기 안에 있는 적을 무찌르는 것만이 진정한 시가 솟아나게 되는 통로라는 것이다. 따라서 이 경우에는 앞에서 살펴본 바와는 대조적으로, 원시적 생명력의 원천인 짐승의 속성을 철저하게 버림으로써 인격을 수양하고 인격체가 되는 것이 그의 시정신의 목적이 된다. 대단히 규범적인 이 같은 시정신에서는 훌륭한 인간 정신만을 문제 삼기 때문에 그것을 어떻게 예술화할 것인가에 대해서는 눈을 감지 않을 수 없다. 예를 들면 2연 같은 경우는 오히려 3연으로 넘어가서 만들어지는 긴장을 미리 흩뜨리는 군더더기 진술에 가깝다. 차라리 2연을 빼버리면 시적 긴장이 견고해진다. 이런 현상은 굳이 시인이 기승전결이라는 규범적인 시 형식을 고집하기 때문에 생기는 오류일 가능성이 크다.

따라서 이처럼 규범적인 시인에게 있어 "아름다움은 스스로 있는 것이 아니라/ 숨어 누군가 애써 만드는 것"(「아름다움은」)이 된다. "애기가 일어나 아침 해를 만들 듯/ 수평선 멀리 누군가 낙조를 만들 듯/ 눈 내려서 피는 매화의 아름다움은/ 차고 외로운 마음이 만드는 것이 아니랴."는 표현에서 우리는 시인이 믿는 아름다움의 실체를 읽어낼 수 있다. 시인 안에 있는 '차고 외로운 마음'이 없다면 어떤 것도 아름다움은 만들어내지 못한다. '차고 외로운 마음'은 자연 그대로가 아니라 자연과 인간이 합일하는 격물치지格物致知의 경지가 아니고서는 불가능하다.

물론 여기餘技로서 예술을 했던 전통적인 시인들에게는 시를 쓰는 행위가 인격완성을 위한 한 과정으로서 중요한 의미를 가질 것이다. 그러나 오늘의 시는 그러한 고귀한 인간 정신이 아니라 그것의 형상화에서 참다운 시정신을 구하는 것이 바람직하다고 믿고 있다. 그래서 시인도 그의 시정신과 시가 서로 상반된 모순을 보인다는 것을 냉정하게 인식하고 있다.

> 뒤부터 먼저 굴에 드는 짐승같이
> 나의 씨름판은 뒤씨름이 먼저다.
> 결판을 내고 처음부터 다시 붙인다.
> 상씨름은 처음부터 정해져 있다.
>
> 씨름판 뒤에는 꼭 싸움이 난다.
> 그리고 흥분하고 아쉽고 즐거웁다.
> 나의 시는 때가 없이 서는 씨름판
> 모래 밖에서 언제나 나는 장사이다.
>
> —「씨름판」 부분

시인에게는 자신의 시(씨름판)에서 마지막(뒤씨름)이 중요하다. 결結을 마무리하고 나서 그에 따라 처음인 기起부터 시작하여 승承과 전轉을 다시 구성하는 방식이 그가 생각하는 가장 적합한 시의 구성원리이자 양식이었다. 그래서 좋은 시(상씨름)는 처음과 끝이 동시에 보이기 때문에 처음부터 정해져 있을 수밖에 없다. 그러나 시는 시도때도없이 시인의 마음에서 씨름을 하지만 정작 시인은 그 씨름판의 모래 밖에서만 장사이다. 어린 시절 어른들에 밀려 뒤에서 '어 어 소리'만 듣고 마음속으로 씨름판을 그렸듯이, 지금도 시인은 시의 한가운데 들어가지 못하고 그 밖에서 생각만으로 장사인 것이다. 이러한 자기인식은 시인이 시 쓰는 행위와 학문하는 행위 사이에서 갈등하는 자신의 모습을 객관화할 때 가능한 것이다. 이런 진솔함이 이 시인의 매력이고 강점일 것이다.

5. 역설의 미학

범대순 시를 읽는 재미는 어디에 있는 것인가? 그것은 아마도 천진난만하고 악동 같은 시적 화자의 역설에 있을 게다. 애란인 젊은 여자와의 추억을 노래한, 첫 시집에 실린 「解剖學 教室에서 생긴 일」에서 보여주는 언어유희와 재치는 우리를 즐겁게 한다. 또 천장에 사는 쥐와 자신의 삶을 비교하는 「쥐」가 보여주는 골계미와 해학도 우리를 즐겁게 한다. 또 젊은 아낙이 들에서 말이 사랑하는 것을 보고 "콩 소승 한 말이 다 취해 버렸다"(「님」)고 표현한 것에서 넘쳐나는 재기와 여유도 예사롭지 않다.

> 무슨 텐트가 이리 시원찮은 건지 일어서기가 바쁘게 무너졌다. 나의 빨갛고 귀여운 일인용 텐트 석양에 풍선처럼 바람이 빠졌다. 트로이전쟁 때 그리스 군의 텐트엔 투구를 쓴 총사령관 아가멤논 장군이 유럽을 석권하던 몽고인의 텐트엔 짐승보다 사나운 징기스칸이 앉아 있었다. 나도 텐트 안에서 아가멤논 장군이나 징기스칸의 몽고 텐트를 꿈꾸었다. 큰 칼과 활 그리고 호랑이를 옆으로 텐트 앞에는 전차가 발을 굴렀다. 무너지는 텐트에 깔리는 나의 꿈이여. 나의 새벽이여 나의 젊음이여 인생이여 땅에 엎드려 새벽에 석양을 통곡하노니 돌아오라 바람이여 일어서라 나의 텐트여.
>
> —「텐드 유희」 전문

이 시는 새벽이면 태양의 양기를 받아 아가멤논과 징기스칸의 텐트처럼 위풍당당하던 것이 이제는 바람 빠진 풍선처럼 무너졌다는 처절한 통곡을 지적 유희와 언어적 해학 및 역설어법으로 재미있게 보여준다. 이런 어법 뒤에는 퇴락과 죽음에 대한 무의식적인 거부가 가슴 쓰리게 밀려온다.

진솔하고 담백하며 역설적인 시어 구사가 그의 시적 조사poetic diction라고 한다면 그의 시 형식은 기승전결이다. 기승전결은 시의 구성 원리이기도 하지만 자연의 법칙으로서의 삶과 생명의 원리이기도 하다. 이것은 시인이 '트인 시학'으로 주장한 "담장이 실해야 이웃간에 사이가 좋다"는 믿음에서 오는 전통 지향적 경향의 산물이다. 그의 전 시기의 시에 걸쳐 작용하는 이 원리가 얼마나 성과를 거두었는지는 미지수이다. 왜냐하면 그릇이 문제가 아니라 가치 있는 인간의 체험이 얼마나 예술적 형상성을 얻어내고 있는가를 심각하게 문제 삼아야 할 것이기 때문이다.

특히 8행 4절 8음보 20음절로 된 자수 정형시인 '절구시'는 새롭게 억지로 짜맞추어진 전통 가구 같은 느낌을 지울 수 없다. 마치 요즘 유행하는 샹들리에가 있는 물레방아 커피숍 같다. 물론 "가시/ 다음에 // 가시로/ 드는 // 가난/ 가시길 // 가는/ 꽃가마."(「아름다운 가난 110」)와 같이 작위적이긴 하지만 가시밭 같은 인생길에서 가난의 가시에 찔려 꽃가마 타고 죽음의 길을 가는 슬픔을 유려한 리듬에 실어 자수를 맞춘 시가 없는 것은 아니나, 오히려 짧은 시 중 자수에 얽매이지 않는 "무등산/ 스님 // 장작불/ 앞에 // 동짓달/ 눈보라 // 춘삼월/ 꽃보라."(「장작불」)가 훨씬 자연스럽고 정제되어 있다고 느껴진다.

또 '백지시'도 마찬가지이다. 『서경(書經)』에서 시언지詩言志하고 가영언歌永言이라 하였고, 20세기 서구의 시학에서도 시는 언어의 예술이라는 대전제가 무엇보다 중요했다. 언어를 떠난 백지의 세계나 깨달음과 같은 도道의 세계는 더 이상 시가 아니다. 백지로서 무엇인가를 전달하고 가득 채우려는 범 시인의 '백지시'와 '백지시론'은 다만 새로움과 전위를 추구하는 시정신으로서의 의의만을 가질 수밖에 없다.

이러한 일정한 한계에도 불구하고 우리가 범대순의 시를 즐겨 읽는 것은 그의 시가 시인의 삶 텍스트를 건강하게 붙들어주는 구실을 할뿐 아니라 우리에게 어떻게 사는 것이 바람직한 삶인가를 끊임없이 질문하기 때문일 것이다.

모래밭을 온 사람이 뒤돌아보면서

스스로 흐트러지지 않는 한결같음을 찾듯
산길을 가는 사람이 고개 앞에 쉬면서
가파른 길 앞으로 하얗게 있음을 구하듯.

관목을 쪄 말리는 작업을 거들면서
묘를 미리 준비해둔 할머니가
곱게 접어 장안에 넣어두고
가끔씩 만족스레 수의를 꺼내보듯.

전집을 엮고 짜는 일로 일하다가
고개를 들어 순간 눈을 감고 바라노니
글 하나 하나가 살아온 흔적이기보다는
살고 난 뒤 앞으로 먼 보람이기를.

하늘에 구름이거나 푸름이거나
석양 너머 빛나는 어둠이거나
백의 세계를 보는 하나의 눈
나의 처음 다음 그 다음이듯.

—「그 다음」 전문

6. 자연 순환의 이법에 따른 자성적 삶의 실천

범대순의 시가 야성을 추구하면서도 그에 못지않은 관심의 영역은 인간 존재에 대한 탐구이다. 그의 시에서 '짐승'의 이미지만큼이나 많이 등장하는 또 다른 이미지는 '자색'이다. 범대순 시인은 자색의 이미지를 통해서 시라는 울타리를 넘어 인간 존재에 대한 탐색을 게을리 하지 않는다.

내가 무등산에 가는 것은
이미 캠퍼스를 벗어난 화가같이

저주 같은 광기로
태초의 야성을 향하는 일

환상과 현실이 어지럽게
피를 흘리며 공존하고 있음을 만나고

때로 맨발로 정막과 침묵이
원시 그대로의 동작에 취하고

어디서 왔는가 어디로 가는가
오늘 여기 나는 무엇인가

조숙한 소년의 화두철학같이
산이 싫어하는 질문을 던지면서

자연의 깊은 곳을 파헤치고 들어가
아름답고 무서운 자색을 구하는 일

— 『무등산』 「혼자 가는 산」 전문

이 시에는 범대순 시인의 시력 50여 년이 고스란히 담겨 있다. 무등산 정상을 1,000회 이상을 오르면서 무등산과의 물아일체를 경험하기도 하고(「땀」), 언어의 세계를 넘어서 자연의 본질을 보거나 깨달음에 이르기도 하며, 자신의 속된 삶을 자성하고 무등산이라는 책에서 '연월의 높이'를 읽어낸다.(「입석대」) 시인에게 무등산은 '죽음에 이르는 병'이다.(『무등산』 권두의 「시인의 말」) 시인이 무등산을 가는 것은 이미 시의 영역을 벗어난 일이다. 『나는 디오니소스의 거시기氣다』에서부터 본격화된 '광기'는 무등산에서 '태초의 야성'을 탐색하고 실천하는 일이며, 거기에서 환상과 현실이 공존하는 화광동진의 세계를 만나고 나서 알몸의 원시 그대로를 대면하서 시인은 현존재에 대한 심각한 의문을 제기한다. 나는 누구인가? 무등산이 이런 이성적 의문에서 벗어난 절대적 존재이기에 시인은 그곳에서 '아름답고 무서운 자색을 구하는 일'에 몰두하는 것이다.

그렇다면 그의 시에 끊임없이 등장하는 '자색'이란 무엇인가? 시인은 '자색'과 '보라색'을 분명하게 구별하여 쓰고 있다. 「80」(『산하』)이라는 시에서는 "산에 가면 보라색 그 작은 꽃이 왜 예쁜지"처럼 '보라색'이 단순한 색채의 의미만을 지닌다. 그런데 제6시집(『유아원에서』의 「석양」)에서부터 자주 등장하는 시어 '자색'은 단순한 색채가 아니라 인생이나 자연의 깊이와 연관되어 있다. 범대순 시인에게 자색은 '멀고 아득한 마음'의 세계이다. 시인에게 있어 "아름다움은 스스로 있는 것이 아니라/ 숨어 누군가 애써 만드는 것"(「아름다움은」)이기 때문에 "눈 내려서 피는 매화의 아름다움은/ 차고 외로운 마음이 만드는 것"이다. '차고 외로운 마음'은 자연 그대로가 아니라 자연의 대상과 인간이 합일하는 격물치지格物致知의 경지에서 만들어지는 것이다. 그의 '자색'도 역시 그러한 '차고 외로운 마음'의 세계를 다르게 변주한 것이다. 이러한 마음의 세계는 시문학파의 영랑이나 현구의 시세계와 크게 다르지 않다.

자색의 이미지는 범대순 시인이 고희를 넘긴 2000년 이후의 시집에 집중적으로 나타난다. 시인은 석양녘 새인봉 바위에 앉아 겨울 누운 햇빛을 받고 '숨어 사는 바위 앉은 모습'에서 자색을 본다. 다만 생각까지도 쉬고 있을 때에만 마음의 눈에 바위가 자색으로 보이는 것이다.(「혼자 가는 길」) 또 국회의사당 앞에서 우루과이라운드 반대 농성을 했던 '배인수' 노인, 50년 전 인민공화국 시절 광주에서 만났던 그를 우연히 다시 만난 자리에서 서로가 '자색의 느낌'을 나누었다면(「배인수 노인」)

이때의 자색은 인생의 황혼기에 갖추고 있는 인간다운 삶의 향기에 가깝다. 이밖에도 시인의 마음의 세계에서 자색을 느끼고 보는 것은 '진도 소치의 여름 산과 물', '윤동주의 오늘과 하늘', '대영 박물관에 누워 사는 미라', '아침에 일어서는 참새소리' 등이다.(「자색단장」) 광기를 형상화한 시집 『나는 디오니소스의 거시기氣다』에는 한 번도 시어로 '자색'이 등장하지 않는다는 점을 고려해본다면 그 '자색' 이미지는 시인의 지향점이나 의지보다는 경험의 세계에서 오는 인간다운 삶과 어떤 대상과의 아름다운 합일에 가깝다. 범박하게 말하면 '자색'은 인생의 황혼기에 시인의 마음속에서 만들어지는 인간다움의 향기이거나 그가 깨달은 자연 순환의 이법이라고 할 것이다.

> 기가 먹구름같이 사납다 바다에 가고 산에 가는 까닭이다 이 안에서 그러나 어지러움은 자색을 원한다 고비사막의 지평선에 닿은 장성의 끝자락에 지면서 대정정같이 일어서는 진하게 미친 해 미친 바람으로 대륙 깊은 안을 물들이는 자색 우연한 사람의 순간을 발견하였다 아 당장 실성하는 대륙이고 싶다
>
> — 『산하』 「자색의 순간」 전문

> 봄에는 큰 바위 옆에 서서 천둥의 꿈을 꾸었다 여름 산 구름 아래서 돌 하나가 우주를 꿈꾸듯 그리고 그의 천둥은 평양성같이 노랗게 물들었다 그렇게 꿈꾸는 하나의 생애는 저물어간다 지금은 자색 늘 비겁하였던 천둥의 꿈이 거기 있다
>
> — 『산하』 「자색 유희」 전문

> 나는 바위가 무엇을 생각하는지 안다 마을을 멀리 산에 석양이 가까울 때 힘겹게 올라온 산 그 옆에 아직 작게 있으면서 나도 바위같이 다만 푸른 머리 위로 일월성신의 자색을 향하고 싶다
>
> — 『가난에 대하여』 「자색의 꿈」 전문

무등산 솔바람은
헤아릴 수 없는 삶
멀고 아득한 마음 그 자색을 분다

— 『무등산』「무등산 솔바람」 부분

먹구름같이 사나운 기를 다스리기 위해 산이나 바다에 가듯이 시인은 만리장성의 끝자락 고비사막에서 대륙을 물들이는 '미친 해 미친 바람'의 자색에서 '사람의 순간'을 발견하고 그 자신 역시 그런 대륙을 꿈꾼다. 누구나 생성과 소멸의 법칙에서 자유로울 수 없는 자연의 이법, 그러나 인생의 황혼기에 접어들었을지라도 대륙의 장엄함처럼 역동적인 삶의 과정을 거치고 싶다고 시인은 바란다. 이것이 '자색의 순간'에 시인의 마음속에 만들어지는 전율이고 울림이다.

그러나 젊은 시절부터 천둥을 꿈꾸어왔지만 평양성이 노랗게 물들 듯 시인의 생애 역시 저물어 지금은 자색의 시기에 접어들었다. 노년의 시인에게는 비겁하였던 천둥의 꿈이 아직도 거기 그대로 남아 있다. 설령 비겁했을지라도 애련에 물들지 않고 세사에 흔들리지 않는 바위처럼 일월성신의 자색, 다시 말하면 비장하고 냉혹한 자연의 이법으로서의 자색을 향하고 싶어 하는 시인의 마음은 인간사의 욕망에서 벗어나 있다.

이러한 자색의 이미지는 곧 시인이 전 생애를 통해 경험하고 깨달은 '헤아릴 수 없는 삶/ 멀고 아득한 마음'이다. 이러한 자색 앞에 무릎을 꿇는 시인의 겸허가 "오솔길 같은/ 팔십의 나이가/ 스스로 향기롭다"(「국화제」)고 말하는 것을 가능하게 하고, 여기에서 우리는 시인의 삶과 시적 진정성에 공감하게 된다. 범대순 시인 걸어왔던 시작의 과정이 청빈하고 아름다운 자성적 삶의 실천이었다는 점에서 그의 생애가 스스로 향기롭다.

참고문헌

강수미, 『아이스테시스: 발터 벤야민과 사유하는 미학』, 글항아리, 2011.

강진구, 「고려인 문학에 나타난 역사 복원 욕망 연구 – 김세일의 장편소설 『홍범도』를 중심으로」, 이명재 외, 『억압과 망각, 그리고 디아스포라 – 구소련권 고려인문학』, 한국문화사, 2004.

강호정, 「해방기 동인지 『죽순』 연구」, 『한국문학논총』 제69집, 2015. 4.

고미숙 외, 『들뢰즈와 문학-기계』, 소명, 2002.

고지현, 『꿈과 깨어나기: 발터 벤야민 파사주 프로젝트의 역사이론』, 유로, 2007.

괄란디(Gualandi, A.)/ 임기대 옮김, 『들뢰즈』, 동문선, 2004.

구재진, 「최인훈 소설에 나타난 노스탤지어와 역사 감각」, 『한국문학이론과 비평』 제34집, 2007.

구재진, 「최인훈의 『화두』에 나타난 애도와 기억」, 『외국문학연구』 제57호, 한국외국어대학교 외국문학연구소, 2015.

구창환 외, 『문학교육론』, 삼지원, 1988.

권기배, 「디아스포라와 망각을 넘어 기억의 복원으로 : 러시아 및 중앙아시아 한인 망명문학 연구(2) – 미하일 박 문학세계 연구」, 『외국문학』 제20집, 2012.

권보드래·천정환, 『1960년을 묻다 – 박정희 시대의 문화정치와 지성』, 천년의상상, 2012.

권성우, 「근대문학과의 대화를 통한 망명과 말년의 양식 – 최인훈의 『화두』에 대해」, 『한민족문화연구』 제45집, 2014.

권영민, 『태백산맥 다시 읽기』, 해냄, 1996.

권오룡 엮음, 『이청준 깊이 읽기』, 문학과지성사, 1999.

권오룡, 「어둠 속에서의 글쓰기」, 이청준, 『소문의 벽』, 열림원, 1998.

권오룡, 「잃어버린 '나'를 찾아서」, 이청준, 『키 작은 자유인』, 문학과지성사, 1990.

권용선, 『세계와 역사의 몽타주, 벤야민의 아케이드 프로젝트』, 그린비, 2012.

권택영, 『소설을 어떻게 볼 것인가』, 문예출판사, 1995.

귄첼, 슈테판(Stephan Günzel)/ 이기홍 역, 『토폴로지』, 에코리브르, 2010.

근대문학100년 연구총서 편찬위원회, 『약전으로 읽는 문학사 1, 2』, 소명출판, 2008.

김남시, 「"역사의 기관차", 역사를 보는 발터 벤야민의 시각」, 『비교문학』 제60집, 2013. 6.

김동근, 「'소리'의 시학과 존재론적 메타포 – 손광은론」, 손광은 외 지음, 『우리시대의 시인연구』, 시와사람사, 2001.

김동환, 「초본과 문학교육 –〈소나기〉를 중심으로」, 『문학교육학』 제26호, 한국문학교육학회, 2008.

김명인, 「한국 지식인 소설의 가장 드높은 자리」, 『화두2』(전집15), 문학과지성사, 2008.

김병익, 「'남북조 시대 작가'의 의식의 자서전 – 최인훈의 『화두』를 보며」, 『새로운 글쓰기와 문학의 진정성』, 문학과지성사, 1997.

김상욱, 「고려인 한글문학의 산실, 선봉, 레닌기치, 고려일보」, 『고려인 강제이주 75주년 기념 '서울 실크로드 국제 문학인 대회'』, 알마아따, 2012. 7. 11.

김선태, 「비애와 무상의 시학 – 김현구론」, 『시문학파의 표층과 심층』, 강진군 시문학기념관, 2012.

김선태, 『김현구 시 전집』, 태학사, 2005.

김성기, 「세기말의 모더니티」, 『모더니티란 무엇인가』, 민음사, 1994.

김성수, 「조명희」, 『약전으로 읽는 문학사1』, 소명출판사, 2008.

김승숙, 『소수의 시학 – 들뢰즈와 가타리의 리좀적 사유양식』, 한국학술정보(주), 2009.

김영찬, 「불안한 주체와 근대」, 『1950년대 소설의 근대성과 주체』, 상허학회 편, 깊은샘, 2004.

김용직, 「시문학파 연구」, 『인문연구론집』 2집, 서강대학교 인문과학연구소,

1969.
김윤식, 「심정의 넓힘과 심정의 좁힘 – 이청준론」, 『한국현대소설비판』, 일지사, 1981.
김윤식, 「태백산맥론」, 『한국문학의 근대성과 이데올로기 비판』, 서울대출판부, 1987.
김윤식·정호웅, 『한국소설사』, 예하, 1993.
김인호, 『해체와 저항의 서사 – 최인훈과 그의 문학』, 문학과지성사, 2004.
김재인, 「고원의 미학 – 들뢰즈의 미학사상」, 『세계의 문학』 2000년 봄호.
김종회 엮음, 『중앙아시아 고려인 디아스포라 문학』, 국학자료원, 2010.
김주연, 「체제변화 속의 기억과 문학 – 최인훈의 장편 『화두』」, 『뜨거운 세상과 말의 서늘함』, 솔, 1994.
김주현, 「국제주의와 유교적 지사 의식의 결합 – 김준의 작품 세계」, 이명재 외, 『억압과 망각, 그리고 디아스포라 – 구소련권 고려인문학』, 한국문화사, 2004.
김태길, 「현대소설에 나타난 한국인의 가치관 연구」, 『대한민국 학술원 논문집』 제19집, 1980.
김태길, 「현대소설에 나타난 한국인의 가치관 연구II」, 『대한민국 학술원 논문집』 제21집, 1982.
김필영, 『소비에트 중앙아시아 고려인 문학사(1937～1991)』, 강남대학교 출판부, 2004.
김학동, 「현구 김현구론」, 『한국 현대 시인 연구』, 민음사, 1977.
김현, 「60년대 문학의 배경과 성과」, 김현문학전집 7권 『분석과 해석』, 문학과지성사, 1992.
김현, 「비평의 유형학을 향하여」, 『예술과비평』 1985년 봄호. 김현문학전집 7권 『분석과 해석』, 문학과지성사, 1992.
김현, 「찬란한 슬픔의 봄」, 『한국현대시문학대계7』, 지식산업사, 1982.
김현, 『김현문학전집1, 2』, 문학과지성사, 1991.
김현구, 『현구시집』, 문예사, 1970.
김형중, 「문학, 사건, 혁명: 4·19와 한국문학 – 백낙청과 김현의 초기 비평을 중심으로」, 『살아 있는 시체들의 밤』, 문학과지성사, 2013.

김홍중, 『마음의 사회학』, 문학동네, 2009.
김효주, 「최명익 소설에 나타난 사진의 상징성과 시간관 고찰 - 〈비오는 길〉을 중심으로」, 『한민족어문학』 제61호, 2012. 8.
김흥규, 「판소리의 서사적 구조」, 『판소리의 이해』, 창작과비평사, 1979.
나병철, 「근대적 환등상 경험과 비동일성의 미학」, 『한국현대문학연구』 제49집, 2016. 8.
노명완 외, 『국어과교육론』. 갑을출판사, 1988.
노명우 외, 『발터 벤야민 - 모더니티와 도시』, 라움, 2010.
다형김현승시인기념사업회, 『다형 김현승 전집』, 한림, 2012.
들뢰즈(Deleuze, G.)/ 권영숙 외 역, 『들뢰즈의 푸코』, 새길출판사, 1995.
들뢰즈(Deleuze, G.)/ 김종호 역, 『대담』, 솔, 1993.
들뢰즈(Deleuze, G.)/ 김현수 역, 『비평과 진단』, 인간사랑, 2006.
들뢰즈(Deleuze, G.)/ 이정우 역, 『의미의 논리』, 한길사, 1999.
들뢰즈·가타리(Deleuze, G.·F. Guattari)/ 이정임·윤정임 역, 『철학이란 무엇인가』, 현대미학사, 1995.
들뢰즈·가타리(Deleuze, G.·F. Guattari)/ 이진경 역, 『카프카 - 소수적인 문학을 위하여』, 동문선, 2001.
들뢰즈·가타리(Deleuze, G.·F. Guattari)/ 조한경 역, 『소수집단의 문학을 위하여』, 문학과지성사, 1992.
들뢰즈·가타리(Deleuze, G.·F. Guattari)/ 김재인 역, 『천개의 고원』, 새물결, 2003.
랑시에르(Ranciére, J.)/ 오윤성 역, 『감성의 분할』, 도서출판 b, 2008.
랑시에르(Ranciére, J.)/ 유재홍 역, 『문학의 정치』, 인간사랑, 2011.
랜서(Lanser, Susan Snaider)/ 김형민 역, 『시점의 시학』. 좋은날, 1981.
레저(Lesser, Simon O.). *Fiction and the Unconscious.* New York. Vintage Books. 1962.
로베르(Robert, Marthe). *Roman des origines et origines du roman.* Grasset. coll. 1972.
루카치(Lukács, G.)/ 반성완 역, 『소설의 이론』, 심설당 1985.
루카치(Lukács, G.)/ 황천석 역, 『현대리얼리즘론』, 열음사, 1986.

리먼-케넌(Rimmon-Kenan, Shlomith)/ 최상규 역, 『소설의 시학』, 문학과지성사, 1985.

리카르두(Ricardou, Jean). *Pour une théorie du nouveauroman.* Paris. Editions du Seuil. 1971.

릴케(Rilke, R.M.)/ 홍경호 역, 『젊은 시인에게 보내는 편지』, 범우사, 1995.

모슨(G.S. Morson)·에머슨(C. Emerson)/ 오문석·차승기·이진형 역, 『바흐친의 산문학』, 책세상, 2006.

문광훈, 『가면들의 병기창 – 발터 벤야민의 문제의식』, 한길사, 2014.

미첼(Mitchell, W. J. T.)/ 김전유경 옮김, 『그림은 무엇을 원하는가: 이미지의 삶과 사랑』, 그린비, 2010.

민족문학사연구소 현대문학분과, 『1960년대 문학연구』, 깊은샘, 1998.

민충환, 『송기숙 소설어 사전』, 보고사, 2002.

바디우(Badiou, Alain)/ 박정태 역, 『들뢰즈 – 존재의 함성』, 이학사, 2001.

바디우(Badiou, Alain)/ 현성환 옮김, 『사도 바울』, 새물결, 2008.

바디우(Badiou, Alain)/ 조형준 옮김, 『존재와 사건』, 새물결, 2013.

바르트(Barthes, R.). *Image – Music – Text.* London, Fantana. 1977.

박명림, 「『태백산맥』, '80년대' 그리고 문학과 역사」, 고은 외 저, 『문학과 역사와 인간 – 『태백산맥』의 소설적 성과와 통일문학의 전망』, 한길사, 1991.

박민규, 『해방기 시론의 구도와 동력』, 서정시학, 2014.

박성수, 『들뢰즈와 영화』, 문화과학사, 1998.

박성창, 「모더니즘과 도시 – 박태원 소설에 나타난 산책자 모티브 재고」, 『구보학보』 제5호, 2010.

박철화, 「고통, 화해, 성숙 – 이청준의 자아와 그 진실」, 이청준, 『가위 밑 그림의 음화와 양화』, 열림원, 1999.

박태순, 김동춘, 『1960년대의 사회운동』, 까치, 1991.

박태일, 「목포지역 정훈매체 『전우』 연구 – 한국전쟁기 정훈문학 연구 1」, 『현대문학이론연구』 제38집, 2009.

박태일, 「전쟁기 광주지역 문예지 『신문학』 연구」, 『영주어문』 제21집, 2011. 2.

박태일, 「황순원 소설 「소나기」의 원본 시비와 결정본」, 『어문논총』 제59호,

한국문학언어학회, 2013. 12.
발(Bal, Mieke)/ 한용한·강덕화 역, 『서사란 무엇인가』, 문예출판사, 1999.
백수인, 「종합문예지 『신문학(新文學) 연구』, 『한국언어문학』 제95집, 2015.
벅-모스(Buck-Morse, S.)/ 김정아 옮김, 『발터 벤야민과 아케이드 프로젝트』, 문학동네, 2005.
벤야민(Benjamin, W.)/ 차봉희 편역, 『현대사회와 예술』, 문학과지성사, 1980.
벤야민(Benjamin, W.)/ 반성완 편역, 『발터 벤야민의 문예이론』, 민음사, 1983.
벤야민(Benjamin, W.)/ 조형준 옮김, 『아케이드 프로젝트 Ⅰ, Ⅱ』, 한길사, 2005.
벤야민(Benjamin, W.)/ 김남시 옮김, 『발터 벤야민 선집14』, 도서출판 길, 2007.
벤야민(Benjamin, W.)/ 김영옥·윤미애·최성만 옮김, 『발터 벤야민 선집1』, 도서출판 길, 2007.
벤야민(Benjamin, W.)/ 최성만 옮김, 『발터 벤야민 선집2』, 도서출판 길, 2007.
벤야민(Benjamin, W.)/ 윤미애 옮김, 『발터 벤야민 선집3』, 도서출판 길, 2007.
벤야민(Benjamin, W.)/ 김영옥·황현산 옮김, 『발터 벤야민 선집4』, 도서출판 길, 2010.
벤야민(Benjamin, W.)/ 최성만 옮김, 『발터 벤야민 선집5』, 도서출판 길, 2008.
벤야민(Benjamin, W.)/ 최성만 옮김, 『발터 벤야민 선집6』, 도서출판 길, 2008.
벤야민(Benjamin, W.)/ 최성만·김유동 옮김, 『독일 비애극의 원천』, 한길사, 2009.
벤야민(Benjamin, W.)/ 최성만 옮김, 『발터 벤야민 선집9』, 도서출판 길, 2012.
벤야민(Benjamin, W.)/ 최성만 옮김, 『발터 벤야민 선집10』, 도서출판 길, 2012.
벤야민(Benjamin, W.)/ 심철민 옮김, 『독일 낭만주의의 예술비평 개념』, 도서출판b, 2013.
보그(Bogue, R.)/ 이정우 옮김, 『들뢰즈와 가타리』, 새길, 1995.
볼츠·라이엔(Bolz, Norbert. & W. Reijen)/ 김득룡 옮김, 『발터 벤야민 : 예술, 종교, 역사철학』, 서광사, 2000.
뷔뎅(Buydens, M.)/ 안구·조현진 옮김, 『사하라 – 들뢰즈의 미학』, 산해, 2006.
브룩스(Brooks, Peter)/ 박혜란 옮김, 『플롯 찾아 읽기』, 도서출판 강, 2011.
블룸(Bloom, H.)/ 윤호병 역, 『시적 영향에 대한 불안』, 고려원, 1991.
비치슬라(Wizisla, E.)/ 윤미애 옮김, 『벤야민과 브레히트: 예술과 정치의 실험실』, 문학동네, 2015.
비테(Witte, Bernd)/ 안소현 옮김, 『발터 벤야민』, 역사비평사, 1994.
비테(Witte, Bernd)/ 윤미애 옮김, 『발터 벤야민』, 한길사, 2001.
사월혁명연구소 편, 『한국 사회변혁운동과 4월혁명』, 한길사, 1990.
사이드(Said, E.W.)/ 장호연 역, 『말년의 양식에 대하여』, 마티, 2012.
서동수, 「망각의 번역과 자기구원의 서사 – 임철우의 『백년여관』을 중심으로」, 『한국문예비평연구』 제42집, 2013. 12.
서동욱, 「무엇이 외국이론 수용의 문제인가 – 지난호 황정아의 비판에 대한 반론」, 『창작과비평』 제37집 제3호, 2009년 가을호.
서동욱, 『들뢰즈의 철학 ; 사상과 그 원천』, 민음사, 2002.
서울사회과학연구소 편, 『탈주의 공간을 위하야』, 푸른숲, 1997.
서은주, 「최인훈 소설 연구 – 인식 태도와 서술 방식의 상관성을 중심으로」, 연세대학교 박사논문, 2000.
서정주, 『미당 시전집 1』, 민음사, 1994.
성주현, 『동학과 동학혁명의 재인식』, 국학자료원, 2010.
손유경, 「유년의 기억과 각성의 순간 – 산업화시대 '성장' '서사'의 무의식에 관한 일고찰」, 『한국현대문학연구』 제37호, 2012. 8.
손철, 「『신문학』 동인지 발간 비사 – 원로 수필가 손철 박사(대담)」, 『문학춘추』, 2005년 봄호.
송기숙, 『마을, 그 아름다운 공화국』, 화남, 2005.
송승철, 「화두의 유민의식 – 해체를 향한 고착과 치열성」, 『실천문학』 1994년 여름호.
쇼울즈·켈록(Scholes, R. & R. Kellogg)/ 임병권 역, 『서사의 본질』, 예림기획, 2001.
숄렘(Scholem, G.)/ 최성만 옮김, 『한 우정의 역사: 발터 벤야민을 추억하며』, 한길사, 2002.
슈람케(Schramke, J.)/ 원당희·박병화 옮김, 『현대소설의 이론』, 문예출판사, 1995.
슈탄젤(Stanzel, F. K.)/ 김정신 역, 『소설의 이론』, 탑출판사, 1990.
신동엽, 「60년대 시단 분포도」, 조선일보, 1961. 3. 30-31. 『신동엽전집』, 창작과비평사, 1985.
신승엽, 「『태백산맥』과 장편소설의 새 지평」, 『민족문학을 넘어서』, 소명출판사, 2000.
신혜경, 『벤야민 & 아도르노: 대중문화의 기만 혹은 해방』, 김영사, 2009.
쏘번(Thobun, N.)/ 조정환 역, 『들뢰즈 맑스주의』, 갈무리, 2005.
아감벤(Agamben, G.)/ 박진우 옮김, 『호모 사케르』, 새물결, 2008.
아감벤(Agamben, G.)/ 조효원 옮김, 『유아기와 역사』, 새물결, 2010.
안상원, 「백석 시의 알레고리 연구」, 『한국문예창작』 제15권 제1호, 2016. 4.
안지나, 「〈만세전〉의 식민지적 근대성 연구」, 『한국문학이론과 비평』 제22집, 2004. 3.
앤더슨(Anderson, B.)/ 윤형숙 역, 『상상의 공동체』, 나남출판사, 2007.
양윤의, 「최인훈 소설의 주체 연구」, 고려대학교 박사논문, 2009.
연남경, 『최인훈의 자기 반영적 글쓰기』, 혜안, 2012.
오생근, 「『화두』와 기억의 소설적 형식」, 『화두2』(전집15), 문학과지성사, 2008.
오윤호, 「『화두』와 20세기 식민지 지식인의 탈이데올로기적 저항」, 『국제어문』 제46집, 2009.
와트(Watt, Ian)/ 전철민 옮김, 『소설의 발생』, 열린책들, 1988.
왕샹둥/ 강은영 역, 『심리학의 즐거움』, 베이지 북스, 2010.
우찬제, 「이청준」, 『약전으로 읽는 문학사 2』, 소명출판사, 2008.
우찬제, 「한의 역설 – 이청준의 〈남도사람〉 연작 읽기」, 이청준, 『서편제』, 열림원, 1998.
우찬제・이광호 엮음, 『4・19와 모더니티』, 문학과지성사, 2010.
우한용, 「소설의 담론과 소설교육」. 『소설교육론』. 평민사. 1993.
위의환, 『장흥동학농민혁명과 그 지도자들』, 사단법인 장흥동학농민혁명기념사업회, 2013.
윔젯트・브룩스(Wimsatt, William K. & Cleanth Brooks). *Literary Criticism.* Routledge & Kegan Paul, London, 1957.
유성호, 「김현승」, 『약전으로 읽는 문학사 2』, 소명출판, 2008.
유윤식, 「시문학파 연구」, 한양대 박사학위논문, 1987.
윤여탁, 「세계화 시대의 한국문학 : 세계문학과 지역문학의 좌표」, 국어국문학회 편, 『세계화 시대의 국어국문학』, 보고사, 2012.
이광래, 『유목하는 철학자들』, 지성의 샘, 2006.
이글턴(Eagleton, T.)/ 김정아 옮김, 『발터 벤야민 또는 혁명적 비평을 향하여』, 이앤비플러스, 2012.
이동순 엮음, 『박흡문학전집』, 국학자료원, 2013.
이동순, 「한국전쟁기의 순문예지 『신문학』 연구 – 시를 중심으로」, 『현대문학이론연구』 제43집, 2010.
이마무라 히토시/ 이수정 역, 『근대성의 구조』, 민음사, 1999.
이승원, 「1960년 '저항시'의 위상」, 『논문으로 읽는 문학사 2』, 소명출판사, 2008.
이양숙, 「대도시의 미학과 1990년대 한국 소설 – 하성란의 초기소설을 중심으로」, 『한국현대문학연구』 제47호, 2015. 12.
이연숙, 「최인훈 소설 연구 – 『광장』에서 『화두』까지 주체의 욕망을 중심으로」, 중앙대학교 박사논문, 2005.
이영미, 「북한의 문학 장르 오체르크 연구」, 한국문학이론과비평학회, 『한국문학이론과 비평』 제24집, 2004.9.
이용주 외 6인, 「국어교육학 연구와 교육의 구조」, 서울대학교 『사대논총』 46. 1993.
이윤옥, 『비상학, 부활하는 새, 다시 태어나는 말』, 문이당, 2005.
이은애, 「소설 속에 나타난 대도시인의 '정체성' 연구 – 김승옥의 몇 가지 모티프에 관하여(1): 보들레르, 벤야민 그리고 김승옥: 「서울 1964년 겨울」을 중심으로」, 『한중인문학연구』 제49집, 2015.
이재선, 『현대소설사』, 민음사, 1991.
이정우, 『시뮬라크르의 시대 : 들뢰즈와 사건의 철학』, 거름, 1999.
이지엽, 『한국전후시 연구』, 태학사, 1997.
이진경, 『노마디즘1·2』, 휴머니스트, 2002.
이찬, 「김수영 산문에 나타난 알레고리적 방법론과 전복적 사유」, 『현대문학이론연구』 제59집, 2014.
이찬, 「김수영 시와 산문의 진리의 윤리학과 알레고리적 역사의식」, 『현대문학연구』 제30집, 2014.

이청준, 『나의 삶 나의 문학 오마니』, 문학과의식사, 1999.
이청준, 『신화의 시대』, 물레, 2008.
임환모 편, 『송기숙의 소설 세계』, 태학사, 2001.
임환모, 『한국 현대소설의 서사성과 근대성』, 태학사, 2008.
임환모, 『한국 현대시의 형상성과 풍경의 깊이』, 전남대학교출판부, 2007.
장사선·우정권, 『고려인 디아스포라 문학 연구』, 도서출판 월인, 2005.
장사흠, 「최인훈 소설의 정론과 미적 실천 양상 – 헤겔 사상의 비판적 수용과 극복 양상을 중심으로」, 서울시립대학교 박사논문, 2004.
장석주, 『들뢰즈, 카프카, 김훈』, 작가정신, 2006.
장시기, 『들뢰즈와 탈근대 문화연구』, 당대, 2008.
장제형, 「비평가 발터 벤야민이 읽는 이상의 텍스트 실험(1) – 자기반영이론의 견지에서 '오감'한 「오감도 시제일호」」, 『비교문학』 제64집, 2014.
정과리, 「김현비평의 현재성」, 『문학과사회』, 2000년 여름호.
정영남, 「형상과 그 너머」, 『창작과비평』 121, 2003년 가을호.
정영훈, 『최인훈 소설의 주체성과 글쓰기』, 태학사, 2008.
정재림 엮음, 『최인훈』, 글누림, 2013.
정지용, 『정지용전집 1 시』, 민음사, 1988.
정형철, 『들뢰즈와 가타리 – 포스트구조주의와 노매돌로지의 이해』, 세종출판사, 2004.
정호웅, 「최인훈의 〈화두〉와 일제 강점기 한국문학 –〈낙동강〉을 중심으로」, 『한중인문학연구』 제45호, 한중인문학회, 2014.
제라파(Zéraffa, M.)/ 이동렬, 역, 『소설과 사회』, 문학과지성사, 1977.
조규익, 「해외 한인문학과 탈식민의 관점」, 국어국문학회 편, 『세계화 시대의 국어국문학』, 보고사, 2012.
조동일, 「판소리의 전반적 성격」, 『판소리의 이해』, 창작과비평사, 1979.
조연정, 「'번역체험'이 김수영 시론에 미친 영향 – '침묵'을 번역하는 시작 태도와 관련하여」, 『한국학연구』 제38집, 2011. 9.
조정래, 「『태백산맥』 창작 보고서」, 『작가세계』 26호(7권3호), 1995년 가을호.
조정래, 『태백산맥』 1~10, 해냄출판사, 1995.
조현일, 「대도시와 군중 – 박태순의 60년대 소설을 중심으로」, 『한국현대문학연구』 제22집, 2007. 8.
조효원, 『부서진 이름(들) (발터 벤야민의 글상자)』, 문학동네, 2013.
즈네뜨(Genette, G.)/ 권택영 역, 『서사담론』, 교보문고, 1992.
지마(Zima, P.V.)/ 허창운 옮김, 『문예미학』, 을유문화사, 1993.
지젝(Zizek, S.)/ 김지훈 외 옮김, 『신체 없는 기관 – 들뢰즈와 결과들』, 도서출판b, 2006.
지젝(Zizek, S.)/ 이현우 외 옮김, 『폭력이란 무엇인가』, 난장이, 2011.
질로흐(Gilloch, G.)/ 노명우 옮김, 『발터 벤야민과 메트로폴리스』, 효형출판, 2005.
차미령, 「최인훈 소설에 나타난 정치성의 의미 연구」, 서울대학교 박사논문, 2010.
차봉희, 「발터 벤야민의 예술 이론」, 『문학과지성』 통권36호, 1979년 여름.
차봉희, 「독어독문학과의 문학교육」, 『한신논문집』 3집, 한신대학교, 1986.
채트먼(Chatman, S.)/ 김경수 옮김, 『영화와 소설의 서사구조 – 이야기와 담론』, 민음사, 1990.
최강민, 「고려인 디아스포라 문학과 민족정체성의 해체」, 이명재 외, 『억압과 망각, 그리고 디아스포라 – 구소련권 고려인문학』, 한국문화사, 2004.
최문규, 『파편과 형세 – 발터 벤야민의 미학』, 서강대학교출판부, 2012.
최성만, 『발터 벤야민 기억의 정치학』, 도서출판 길, 2014.
최원식·임규찬 엮음, 『4월혁명과 한국문학』, 창작과비평사, 2002.
최인훈, 「원시인이 되기 위한 문명한 의식」, 『길에 관한 명상』(전집13), 문학과지성사, 2010.
최인훈·김인호 대담, 「작가의 세계인식과 텍스트의 자기증명」, 김인호, 『해체와 저항의 서사– 최인훈과 그의 문학』, 문학과지성사, 2004.
최인훈, 『광장』, 문학과지성사, 1993.
최인훈, 『소설가 구보씨의 一日』(전집4), 문학과지성사, 1991.
최인훈, 『하늘의 다리/두만강』(전집7), 문학과지성사, 1994.
최인훈, 『화두1·2』(전집14,15), 문학과지성사, 2008.
컬러(Culler, J.)/ 이종인 옮김, 『바르트』, 시공사, 1999.
컬러(Culler, J.)/ 조규형 옮김, 『문학이론』, 교유서가, 2016.

콜브룩(Colebrook, C.)/ 백민정 역, 『질 들뢰즈』, 태학사, 2004.
쾨슬러(Koestler, A.)/ 문광훈 옮김, 『한낮의 어둠』, 후마니타스, 2010.
툴란(Toolan, M.J.)/ 김병욱, 오연희 옮김, 『서사론』, 형설출판사, 1993.
풀트(Fuld, B.)/ 이기식·김영옥 옮김, 『발터 벤야민 – 그의 생애와 사상』, 문학과지성사, 1985.
하선규, 「대도시의 미학을 위한 프로레고메나」, 『도시인문학연구』 제3권 2호, 서울시립대 도시인문학연구소, 2011.
하트(Hardt, M.)/ 김상운·양창렬 역, 『들뢰즈 사상의 진화』, 갈무리, 2004.
한국비평이론학회, 『들뢰즈와 그 적들』, 우물이 있는 집, 2006.
한병철, 『심리정치』, 김태환 옮김, 문학과지성사, 2015.
한용환, 『서사 이론과 그 쟁점』, 문예출판사, 2002.
한용환, 『소설학 사전』, 문예출판사, 1990.
함돈균, 「김수영 시의 시간의식 연구 – 해방적 시간과 '역사화'라는 관점을 중심으로」, 『국제한인문학연구』 제10호, 국제한인문학회, 2012.
함돈균, 「인민의 원한과 정치적인 것, 그리고 민주주의」, 『민족문화연구』 제58호, 고려대 민족문화연구원, 2013.
함석헌, 「5·16을 어떻게 볼까?」, 『사상계』 통권 96호, 1961. 8.
허난희, 「이청준 소설의 감각 경험과 세계인식 연구」, 『이화어문논집』 제31집. 2013.
허상문, 「발터 벤야민 문학비평의 현대적 의의 – 반영이론에서 생산이론으로」, 『영미어문학』 제105호, 한국영미어문학회, 2012. 12.
허창운, 『현대 문예학 개론』, 서울대출판부, 1993.
헤르나디(Hernadi, P.) 편/ 최상규 옮김, 『비평이란 무엇인가』. 정음사, 1984.
황광수, 『소설과 진실 – 조정래의 소설세계』, 해냄출판사, 2000.
황정아 엮음, 『다시 소설이론을 읽는다』, 창비, 2015.
황정아, 「묻혀버린 질문 – '윤리'에 관한 비평과 외국이론 수용의 문제」, 『창작과비평』 제37집 제2호, 2009년 여름호.
황호덕, 「외부로부터의 격발들, 고유한 연구의 지정학에 대하여 – 한국현대문학연구와 이론, 예비적 고찰 혹은 그래프·지도·수형도」, 『상허학보』 제35호, 2012. 6.